珍藏本
纪念版

汉译世界学术名著丛书

俄国革命史

第三卷

〔苏〕列夫·托洛茨基 著

丁笃本 译

2017年·北京

目　录

第三卷　十月革命　第二部分

第　三　卷

十月革命　第二部分

第十五章　十月革命前的农民 5

文明化进程使农民成了该进程的负重毛驴。资产阶级到头来也只是改变了这种负重的形式。勉强被容忍处在国家生活边缘的农民实际上仍然被学术研究拒之门外。历史学家对他们的兴趣通常是如此之少，就如剧评家所说的那样——他们是一群打扫舞台，搬运绘有天空和大地的布景，为演员清洗化妆室的愚昧无知的人。迄今为止，农民参加过去时代革命的问题，仍然几乎没有得到阐明。

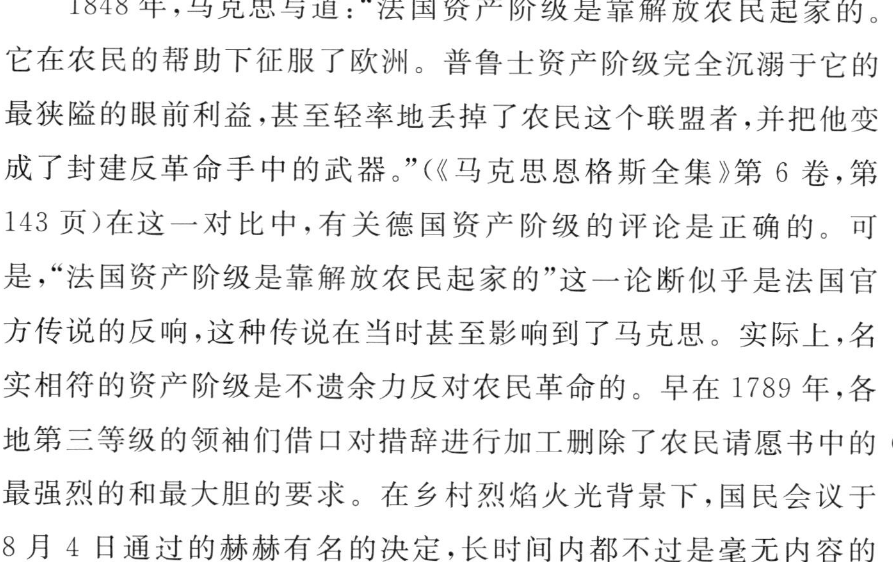

1848 年，马克思写道："法国资产阶级是靠解放农民起家的。它在农民的帮助下征服了欧洲。普鲁士资产阶级完全沉溺于它的最狭隘的眼前利益，甚至轻率地丢掉了农民这个联盟者，并把他变成了封建反革命手中的武器。"（《马克思恩格斯全集》第 6 卷，第 143 页）在这一对比中，有关德国资产阶级的评论是正确的。可是，"法国资产阶级是靠解放农民起家的"这一论断似乎是法国官方传说的反响，这种传说在当时甚至影响到了马克思。实际上，名实相符的资产阶级是不遗余力反对农民革命的。早在 1789 年，各
地第三等级的领袖们借口对措辞进行加工删除了农民请愿书中的 6
最强烈的和最大胆的要求。在乡村烈焰火光背景下，国民会议于 8 月 4 日通过的赫赫有名的决定，长时间内都不过是毫无内容的

动人形式。立宪会议则恳求不愿容忍欺骗的农民“以应有的尊重态度恢复履行自己对（封建的！）私有制的义务”。国民警卫队也多次闯进农村去镇压农民，但站在暴动者一边的城市工人则用石块和瓦片迎接资产阶级镇压者。

5 年时间内，法国农民在各个紧急时刻都起来举行革命，从而阻止了封建私有制与资产阶级私有制之间进行勾结。巴黎无套裤汉在为共和国流血的同时，也使农民挣脱了封建枷锁。1792 年的法兰西共和国意味着一种新的社会制度，它有别于 1918 年的德意志共和国或者 1931 年的西班牙共和国，后两者只不过是去掉了王朝的旧制度。不难发现，土地问题乃是它们区别的根本所在。

法国农民并不直接去想什么共和国的问题，他们想的是摆脱地主。巴黎的共和主义者通常把农村给忘记了。然而光是农民对地主的冲击便保证了共和国的建立，并且为它清除土壤中的封建主义残渣。有贵族的共和国不是共和国。马基雅维利老人通晓这个道理，他在艾伯特任总统 400 年之前、自己流放佛罗伦萨期间，利用猎取鸫鸟和跟屠户进行古双陆棋（*tric trac*）赌博的间隙总结了民主革命的经验：“谁想在有众多贵族的国家建立共和制，如果一开始不把贵族全部消灭，就不可能做到这一点。”俄国的农夫实际上持同样的看法，他们也公开表露出了这一点，而且不带任何“马基雅维利主义”色彩。

7 如果说彼得格勒和莫斯科在俄国工人和士兵的运动中起到了领头作用，那么在农民运动中居首要地位的就必定属于落后的大俄罗斯中央农耕区和伏尔加河中游地区。在这些地方，农奴制的残余保持着特别深厚的根基，土地的贵族所有制具有最明显的寄生性质。农民的分化还很落后，而且还暴露出农村的极端贫困。早在3月份，运动就在这个地带爆发了，而且带有恐怖色彩。然而通过执政党派的努力，它很快就纳入了妥协主义政策的轨道。

在工业落后的乌克兰，为出口而生产的农村经济具有更加进步得多也更具资本主义的性质。农民的分化在这里比大俄罗斯地区要深刻得多。民族解放斗争不可避免地抑制了其他形式的社会斗争，至少暂时是这样。但是，地区甚至民族的条件差别归根结底仅仅反映在时间先后的差别。到了秋季，农民斗争的范围几乎遍及了全国。组成旧俄罗斯的624个县当中，有482个或者说占77%的县被运动所笼罩。不算因耕作条件特殊而与众不同的边远地区——北方地区、外高加索、草原地区和西伯利亚，剩下481个县当中的439个县，或者说占91%的县卷入了农民暴动。

斗争的方式是不同的，这要看所在地是耕地、森林还是牧场，是收取地租还是雇佣劳动而定。在革命的各个不同阶段，斗争的形式和方法也在改变。但是总的来说，农村的运动经历了与城市的运动相同的两个重要阶段，但难免要落后一些。在第一个阶段，农民还在适应新的制度，他们企图通过新机构来解决自己的任务。然而在这里，事情涉及的形式要比实质重要。革命前就染上了民粹主义色彩的一家莫斯科自由主义报纸，以值得称许的直率表达 8
了地主分子1917年夏季时的自我感觉。“一个农夫环顾四周，他暂时什么都没有做，但是请您仔细注意他的眼睛，他那双眼睛在说，他周围所有的土地——都是他的土地。”4月时，坦波夫一个村庄4月间给政府发的一份电报就是理解农民“和平”政策不可代替的关键：“为了已经获得的自由，我们愿意保持平静，这是因为你们

禁止地主在立宪会议召开之前出卖土地。否则我们即使抛洒鲜血，也不允许别人来耕种它。”

农夫比较得体地保持着一种恭敬的威胁口吻，以致在对历史上形成的权利施压时他们几乎没有必要与国家直接发生冲突。地方还没有建立政府的政权机关。警察所由乡委员会支使。法庭陷于混乱之中。各地的特派委员显得无能为力。“是我们选出了你们，我们也可以赶走你们。”农民冲他们大声喊道。

农民前几个月就开展了斗争，到夏季期间，他们朝国内战争走
得越来越近了，其中的左翼正在跨过内战的门槛。根据塔甘罗格
区土地所有者提供的消息，农民擅自强占草场，夺走土地，阻挠耕
种土地，随意拟定租金标准，把主人和管家排除在外。下诺夫哥罗
德特派委员的报告称，该省强行夺占土地和森林的行为更加频繁
了。县里的特派委员害怕在农民面前充当大土地所有人的保护
者。村警察所是不怎么靠得住的：“往往发生警察所的官员与人群
一道参与暴力行动的事情。”在施吕瑟尔堡县，乡委员会禁止土地
所有人砍伐自己的森林。农民的想法很简单：无论哪个立宪会议
9 都不可能用树桩来恢复被砍掉的树木。宫廷事务部特派委员抱怨
占领草场的行为说：只得去花钱购买宫廷马匹所需的草料了！在
库尔斯克省，农民自行分掉了时任外交部长之职的捷列申柯肥沃
的休闲土地。农民向奥廖尔省的养马场主施内德尔宣布，不仅要
把他领地上的三叶草全部割尽，而且好像还要把他本人“交给士兵
处置”。乡委员会命令罗将柯庄园的管家们把草场出让给农民：
“假如你们不听土地委员会的话，那就把你们另行处理，你们将被
逮捕。”下面是签名和盖章。

从各个角落，从受害人、从地方政权、从贵族出身的目击证人那里不断传来申诉和号啕。土地所有者的电报乃是对粗糙的阶级斗争理论最完美的驳斥。有尊号的地主、大地产所有人、教会和世俗的农奴制度拥护者非常关心他们的共同利益。敌人——不是农民，而是布尔什维克，有时是无政府主义者。大地主不过是从祖国兴旺的角度来关心自己的地产而已。

切尔尼戈夫省的300名立宪民主党党员声称，受布尔什维克唆使的农民不让战俘去干活，他们擅自收获庄稼：末了还威胁说“不可能缴纳赋税”。自由派地主在维护地方金库一事上看到了生存的意义！国家银行波多利斯克支行指控乡委员会独断专行，“担任其主席的通常是奥地利战俘”。这里是蒙受羞辱的爱国主义的语言。在弗拉基米尔省公证人奥金佐夫的庄园里，“用来修建慈善机构的”建筑材料被搬走了。公证人仅仅是为了慈善事业而活着！波多利斯克的主教报告了擅自强占属于高级僧侣家族森林的情况。总检察长对抢夺亚历山大—涅夫斯基大修道院草地一事提起 10
控诉。基兹利亚尔修道院长对当地苏维埃成员大发雷霆，说他们妨碍修道院的正常工作，为了自己的利益没收租金，怂恿修女反对她们的上司。在所有这些情况下，教会的利益受到了直接损害。列夫·托尔斯泰的一个儿子托尔斯泰伯爵代表乌法省乡村雇主联盟通报说，土地交给地方委员会的行为是表示“不再等待立宪会议来解决……这在有地农民中间……导致了不满情绪的爆发，在本省，他们的人数超过了20万”。世家地主唯一操心的就是小兄弟。特维尔省的地产主、枢密官别利加尔德愿意容忍盗伐森林的现象，但是他对农民“不愿意服从资产阶级政府”感到悲伤。坦波夫的地

主韦利亚米诺夫要求挽救他的两座庄园，因为它们“为军队的需要提供服务”，而这两座庄园是意外成为他的财产的。对于地主的唯心主义哲学而言，1917 年的上述电报的确是真正的宝库。唯物主义宁可在其中看到恬不知耻的样品陈列。他也许可以补充说，凡是伟大的革命都排除了有产阶级施展哪怕是彬彬有礼的伪善的机会。

受害人向县里和省里的当局、向内务部、向内阁主席发出的请求通常来说都是没有结果的，有如石沉大海。到底该向谁求助呢？向国家杜马主席罗将柯吧。在七月危机到科尔尼洛夫叛乱之间的日子里，这位高级宫廷侍从再次觉得自己是一个有影响的人物，许多事情正是按照他的电话铃声办理的。

内务部的官员向各地发出了把罪犯交付法庭审判的通告。一些冒失的萨马拉地主致电回应说：“没有经社会主义部长签字的通
11 令是没有效力的。”社会主义的用处就这样显示出来了。策烈铁里不得不克服羞怯心理：7 月 18 日，他发布了一道冗长的命令，内称要采取“迅速而坚决的措施”。像地主们自己一样，策烈铁里关心的仅仅是军队和国家。可是，农民觉得策烈铁里在保护地主。

政府改行镇压方式的转折点来临了。直至 7 月，多半采取口头劝说的方式。如果派军队到地方上去，那也是作为政府发言人的护卫。战胜彼得格勒的工人和士兵之后，已经没有劝说人同行的骑兵队直接由地主指挥。据年轻的历史学者尤戈夫说，在最纷扰不宁的喀山省，骑兵队仅仅通过逮捕，派武装分队进入农村，甚至恢复鞭刑……就成功地使得农民暂时屈服了。在其他地方，镇压也不是没有效果的。7 月份,受到损坏的地主庄园数量有所减少,从 516 座降到 503 座。8 月,政府取得了进一步的成功。不平安的县从 325 个减少到 288 个,即减少了 11%。农民运动波及的庄园数量甚至减少了 33%。

到那个时候,一些最不安宁的地区平静下来了,或者说退到了次要地位。相反,那些昨天还很可靠的地区今天却走上了斗争的道路。在此之前不过一个月之际,奔萨的特派委员描绘过一幅令人慰藉的情景:“农村到处都在收获庄稼——准备选举乡里的自治机关。政权危机时期已经平安度过了。新政府的建立受到了令人十分满意的欢迎。”到 8 月,这幅田园诗一般的情景已经无影无踪了:“发生了大规模的侵占果园和砍伐林木现象——为了消除混乱,不得不求助武装力量。”

就其自身总体性质而言,夏季运动仍然属于“和平”阶段。但是,在其中确实已经可以看到微弱然而又是准确无误的激进化征 12
兆。如果说前 4 个月期间直接攻击地主庄园的事件逐渐在减少,那么从 7 月起这类事件就开始不断增加了。研究人员大体上按照从多到少的顺序对七月冲突进行了这样的分类:侵占牧场、庄稼、粮食和饲料、耕地、财物;为改变租赁契约开展斗争;破坏庄园。到 8 月则变为:侵占庄稼、粮食和饲料储存、牧场和草地、土地和林地;农村恐怖。

9 月月初,身为最高总司令的克伦斯基发布了一项特别命令,重申了自己的前任科尔尼洛夫反对出自农民的“暴力行为”的理由与威胁。过了几个星期,列宁写道:“要么是……全部土地立即交给农民;……要么是让地主资本家……激怒农民,导致无比暴烈的农民起义。”（《列宁全集》中文第二版第32卷，第163页）在随后一个月期间，这的确成了事实。

与8月相比，9月被土地冲突笼罩的庄园数量上升了30%；10月与9月相比又上升了43%。在9月和10月前3个星期，超过了从3月以来登记在册的全部的土地冲突的1/3。不过，与冲突的次数相比，它们的坚决程度更是无可比拟地增强了。在前几个月，即使直接占领各类用地的事情也是采用为妥协主义机关所软化和掩盖起来的契约形式。现在，合法的掩盖也失去了意义。运动的每一个领域都具有更加果断的性质。农民从施加各种形式和不同程度的压力转变为强行侵占地主经济的各个组成部分，转变为捣毁地主老爷的巢穴，焚烧庄园，甚至杀死其所有者和管家。

6月，改变租赁条件的斗争的事件次数多于破坏行为。到
13 10月，前者次数降至还不到后者的1/40。而且租赁行为本身也改变了自身性质，变成了仅仅是赶走地主的另一种形式。禁止买卖土地和森林让位于直接占领。大规模砍伐林木和大规模耕地放牧的行为带有消灭地主财产的性质。9月份登记在册的公开毁坏庄园的事件有279起；它们已经构成了全部冲突的1/8多一点，10月则占到了警察机关从二月革命到十月革命之间登记的全部破坏事件的42%以上。

因为森林而引发的斗争具有特别激烈的性质。林木经常烧得只剩下树桩。建筑用木材原先保护得很好，可以卖好价钱。农夫们渴望得到林木，况且预备过冬劈柴的时候也来临了。从莫斯科、下诺夫哥罗德、彼得格勒、奥廖尔和沃伦等省，总之从全国各个角落都传来了毁坏森林和抢夺木柴储备的控诉。“农民擅自无情地砍伐森林”，“有 200 俄亩的地主森林被农民烧毁了”，“克利莫维奇县和切里科夫县的农民正在消灭森林和毁坏秋播土地”，……护林人用逃走来摆脱危险。贵族的森林在呻吟，全国各地都是木片飞舞。整个秋季，农夫的利斧都在敲打出狂热的革命节拍。

在粮食需要输入的地区，食品供应情况比城市还要紧张。不仅缺乏口粮，而且连种子也不足。在输出地区，由于当局加紧榨取粮食资源，情况也好不了多少。提高谷物的固定价格打击了贫困阶层。在许多省开始出现了饥饿风潮与捣毁粮仓以及冲击粮食供应机关的事件。居民们转而寻找粮食的代用品。出现了有关败血病和伤寒病的报道，也有由于绝望而自杀的消息。饥荒，或者说饥荒的幽灵使富足和奢华的邻居成了尤其令人难以忍受的对象。农村最贫困的阶层走到了斗争的前列。

残酷无情的波浪从底部搅起了不少沉渣。在科斯特罗马省， 14
“可以看到黑帮宣传和反犹太宣传。犯罪违法行为正在蔓延……对国家政治生活兴趣的衰减也显露出来了。”特派委员报告中最后一句话的意思是：有教养的阶级不理睬革命了。在波多利耶省，出人意料地响起了黑帮保皇主义的声音。杰米多夫卡村委员会不承认临时政府，认为尼古拉·亚历山德罗维奇皇上才是“俄罗斯人民最忠实的领袖”。如果临时政府不走开，那么“我们将归附德国人”。如此大胆的坦白承认毕竟还是极其罕见的：农民中的保皇分子早就紧随着地主改头换面了。在不少地方，也如那个波多利耶省一样，军队和农民一起捣毁了酿酒厂。关于无政府状态，特派委员报告说：“将会毁灭村庄和居民，也会毁灭革命。”不，革命已经远离了毁灭。它正在给自己掘开更深的河床。它那狂暴的水流正在

逼近河口。

9 月 8 日入夜之际，坦波夫省瑟乔夫卡村的一些农民手持棍棒和草叉，从一个院子走到另一个院子，召集大伙，从小孩到大人，都去攻击地主罗曼诺夫。在全村大会上，有一群人提议有秩序地夺取庄园，在居民之间进行财产分配，出于文化方面的目的要保护好建筑物。贫困阶层则要求烧掉庄园，不留一块石头。贫困阶层占了多数。就在当天夜晚，全乡的庄园都笼罩在火海之中。一切被火焰包围的东西都烧毁了，甚至连试验田地也不例外，良种牲畜也被宰杀殆尽，“人们一直狂饮到发疯的地步”。火种从一个乡蔓延到另一个乡。乡巴佬的军队已经不限于使用旧式草叉和镰刀。省特派委员的电报指出：“用左轮手枪和手榴弹武装起来的农民和一些陌生人攻击了伦堡县和里亚日斯克县的庄园。”战争把高级技术带进了农民暴动。雇主联盟的报告称，3 天之内已经有 24 座庄园被烧掉了。“当地政权没有能力恢复秩序。”军队指挥官派来的部队姗姗来迟，战时条令颁布了，集会遭到禁止，并且对主谋实行逮捕。沟壑堆满了地主的财物，河流吞没了不少劫掠来的东西。

奔萨的农民别吉舍夫讲道：“9 月，大家都去攻击洛格温（早在 1905 年它就曾受过攻击。——托洛茨基）。马车一辆接一辆奔向庄园又离开那里，几百个农夫和女人开始驱赶和接走牲口，运走粮食等东西。地方自治局召来的部队企图抢回某些被抓的人，可是大约有 500 个女人和农夫聚集起来赶到乡里，于是部队散开了。”显然，士兵根本不急于恢复被侵犯了的地主权利。

据农民加波年科的回忆，在塔夫里达省，从 9 月最后几天开始，“农民开始破坏地主大农场，赶走管理人员，从谷仓里运走粮食，抢走牲口和农具……甚至从窗户取下护板，从墙体卸掉门板，从屋内撬开地板，连白铁皮房顶也被掀掉，一起拿走了……”明斯克的农民格鲁恩科讲述说：“起初，人们是步行前来拿东西带走，后来有马的人已经把马套上车来了，整车整车地运走。人多挤得水泄不通……就这样从中午12点开始，一连两天两夜没有间断地拿走和运走东西。在这两昼夜间，所有物品都一扫而光了。”据莫斯科农民库兹米切夫说，人们是这样来解释抢夺财产的行为的：“地主是我们的，我们为他干活，因此以前归他所有的财产，如今应该只分给我们。”曾几何时，贵族对农奴这样说：“你们是我的，因此你们的一切也是我的。”现在农民回应说：“地主是我们的，因此所有的财物也是我们的。”

另一个明斯克省农民诺维科夫回忆说：“有些地方每天晚上都在惊扰地主，焚烧地主庄园的事件越来越常见了。”终于轮到了前最高总司令尼古拉·尼古拉耶维奇大公的庄园。“既然拿走了一 16
切可以拿走的东西，接着就是动手砸烂炉灶，取走炉门，撬走地板和墙板，把所有这一切都搬到了家里。……”站在这类破坏行为身后的是千百年所有农民战争的用意，把敌人的坚固阵地连根挖掉，不给他们留下藏身之所。库尔斯克的农民瑟甘科夫回忆说：“比较慎重的人说：‘不必毁掉建筑物，我们将来可以用它们来做学校和医院。’可是多数人大喊必须毁掉一切，万一出了什么事让我们的敌人无处藏身……”奥廖尔省农民萨甫琴科讲述说：“农民抢夺了地主的全部财物。把地主赶出庄园，在地主家里撬开门窗、地板和天花板……有士兵说，既然捣毁狼窝，那就要杀死狼。鉴于这样的

威胁，为头的和家业大的地主躲藏起来了，因此也就没有发生杀死地主的事情。”

在维捷布斯克省扎列斯耶村，法国人巴纳德拥有的庄园里储藏有粮食和种子的谷仓被烧毁了。农夫们不太想去弄清国籍，因为许多地主已经赶紧把自己的土地转给了享有特权的外国人。“法国大使馆请求采取措施。”可是到10月中旬，在靠近前线的地带，即便是为了讨好法国大使馆也很难采取什么“措施”了。

捣毁梁赞附近的一座大庄园延续了4天，“甚至小孩也参与了抢劫”。土地所有者联盟呈报给部长们的消息称，如果不采取措施，那么“就会出现私刑，饥荒和内战”。令人不解的是，为什么地主还在把内战说成是未来的事。

17 在9月初举行的合作社代表大会上，经商致富的农民领袖之一别尔根盖姆说：“我坚信，整个俄国还没有变成疯人院，暂时——主要还只是大城市的居民发狂了。”这种由部分殷实和保守农民的发出的自负声音不可救药地落伍了，因为恰恰就在这一个月，农村彻底挣脱了慎重行事的所有圈套，并且因斗争的狂暴而使城市“疯人院”远远地落在了自己后面。

4月时，列宁还认为爱国主义的合作社工作者和富农会把跟随自己的农民群众主要部分拉上同资产阶级和地主妥协的道路是可能的。于是他越来越孜孜不倦地坚持要建立特别的雇农代表苏维埃和最贫困农民的独立组织。但是，一个接一个月过去的时间显示，布尔什维克政策的这一部分并没有风行起来。除了波罗的海沿岸地区以外，其他地方根本没有雇农苏维埃，贫困农民同样没有找到独立的组织形式。仅仅用雇农和农村最贫困阶层的落后来解释这一现象等于绕开了事情的实质。主要原因植根在历史任务自身——民主的土地革命的实质之中。

在两个最重要的问题——地租和雇佣劳动上，比什么都令人信服地表现出与农奴制残余做斗争的共同利益是如何不仅切断贫困农民，而且切断雇农通向独立政策的道路。在俄国欧洲部分，农民租种地主的土地为 3700 万俄亩，约占全部私有土地的 60%，农民每年缴纳的租金达到 4 亿卢布。反对苛刻租地条件的斗争成了二月革命以后农民运动最重要的成分。不仅反抗地主剥削而且反抗农民剥削的农村工人的斗争占有不大但是仍然很重要的地位。承租人为缓解租地条件而斗争，农村工人则为改善劳动条件而斗 18
争。他们双方分别依照自己的方式把承认地主是所有者和主人作为出发点。但是，从把事情一干到底，也就是夺取土地并且自己稳坐其上的可能性展现出来的那个时刻起，贫苦农民不再关注地租问题，而工会也开始失去了对雇农的吸引力。也正是这些农村工人和租地贫农加入总体运动，赋予了农民战争最后的坚决果敢和不可逆转的性质。

反对地主的进程还没有那么充分地吸引农村相反的那个极端。事情暂时还没有发展到公开暴动的地步，农民的上层在运动中起到了明显的、有时是领导的作用。到秋季，富裕农民满怀疑虑地注意到农民战争的洪水，他们不知道，这种局势会怎样收场，他们会失去什么，他们躲到一边去了。可是对他们来说完全躲避毕竟是做不到的，因为农村不允许他们这样做。

身处村社之外的小土地所有者的举止比“自己”村社里的富农更加孤僻和敌对。全国统计共有 60 万户拥有土地达到 50 俄亩的农民。他们在许多地方构成了合作社的骨干，政治上倾向于已经成为通向立宪民主党桥梁的保守的农民联盟，在南方尤其是这样。据明斯克省农民古利斯说：“单独田庄主和富裕农民支持地主，他们企图通过劝说使农民平静下来。”在当地环境影响下，有些地方农民内部的斗争到十月革命前夕已经带有激烈的性质。在这方面，独立田庄主的痛苦感到特别强烈。下诺夫哥罗德省农民库兹米切夫讲述道：“几乎所有的独立田庄都被烧毁了，田庄的财产一部分被毁掉了，一部分被农民抢走了。”独立田庄主是“地主的仆
19 人，是照看某些地主的森林别墅的受托人，是警察、宪兵和自己的主人所喜爱的人”。下诺夫哥罗德县某些乡最富裕的农民和商贩到秋天都躲藏起来了，直到两三年后才回到自己的家乡。

但是在国家大部分地区，农民内部的关系还没有达到如此尖锐的程度。富农行事十分机巧，他们在进行阻碍和反抗，但是力求做到不让自己与“村社”过于对立。普通农民基于自己的利益非常卖力地监视富农，不让他们与地主联合起来。贵族与农民之间争取对富农施加影响的斗争贯穿于整个 1917 年，它采用了从“友善”影响到凶狠恐怖的各种形式。

就在大地主所有者献媚地向农民私有者打开贵族聚会的正面大门的时候，小土地所有者却示威性地与贵族划清界限，以免同他们一起走向覆灭。用政治语言来说，就是这表现为革命前属于极右政党的地主现在摇身一变，成了自由主义的精华，依据陈年记忆把自由主义作为保护色。然而，以前通常支持立宪民主党的农民中的私有者现在却向左转了。

9 月举行的彼尔姆省小私有者代表大会与以“伯爵、大公和男

爵”为首的大土地所有者莫斯科代表大会严格划清了界限。一个有 50 俄亩土地的私有者说道:“立宪民主党人无论何时都不会穿农民的厚呢上衣和树皮鞋,因此无论何时都不会捍卫我们的利益。”在跟自由主义者疏远的同时,私有劳动者寻找赞成私有制这样的“社会主义者”。一位代表发言表示支持社会民主工党:“……工人？你们给他土地,他到农村来就会停止吐血。社会民主工党的人不会夺走我们的土地。”当然,他指的是孟什维克。“我们不会把自己的土地交给任何人。那些轻易得到土地的人,比如地主,也 20
会轻易抛弃它。而农民是历尽艰难才获得土地的。”

当年秋天,农村跟富农展开了斗争,同时也没有把他们排斥在外;相反,农村强迫他们参加统一的运动,以掩护运动免遭来自右边的打击。甚至出现了这样的事情,有时逃避参加破坏行为而遭受的惩罚竟然是当作不服从者被处死。在可以回避的时候富农便回避,可是到了最后关头,他们再次挠了挠后脑勺,接着把喂饱了的马套上铁皮四轮大车,运走自己分得的那一份。结果它运走的往往是最大的一份。奔萨省的农民别基舍夫讲道:“主要是富裕的人在享用,因为他们有马匹和闲人。”奥廖尔省农民萨甫琴科几乎说出了同样的话:“大多数富农在坐享其成,他们吃得饱饱的,有办法运木材……”

根据韦尔梅尼切夫的统计数字,2—10 月期间,与地主发生的土地冲突有 4954 次,而跟农民资产阶级的冲突总共才 324 次。对比是十分鲜明的！单就这一点就无可辩驳地表明,1917 年的农民运动就其社会基础而言,它不是反对资本主义,而是反对农奴制残余。同富农阶级的斗争只是在后来,即 1918 年彻底消灭了地主阶级以后，才开展起来。

农民运动的纯粹民主主义性质按理应该给予官方民主派坚不可摧的力量，但是实际上却使它的腐朽暴露无遗了。如果从上往下看，农民全都是由社会革命党来统领着，农民把他们选上台，跟着他们走，几乎要与他们汇成一体了。在农民苏维埃五月代表大会上，选举执行委员会时切尔诺夫得了 810 票，克伦斯基得了 804 票，而列宁总共才得到 20 票。怪不得切尔诺夫自命为乡里人的部长！可是也怪不得乡村的战略突然同切尔诺夫的战略分道扬镳了。

21 经济上的分散性使在与个体地主斗争时如此坚决的农民，在以国家为代表的总体地主面前却显得无能为力。由此，农夫的本能要求正是依靠童话里的国家来反对现实中的国家。在古代，他们创造了僭主，团结在虚构的沙皇黄金证书周围，或者是关于合乎正义标准土地的传说周围。二月革命以后，他们又在社会革命党的“土地和自由”的旗帜周围团结起来了，从中寻求援助来反对已经当上了特派委员的自由派地主。民粹主义纲领对待现实的克伦斯基政府的态度，就如同虚假的沙皇证书对待现实的专制制度的态度一样。

社会革命党的纲领一贯存在着许多乌托邦成分，他们要在小商品经济基础上着手建设社会主义。但是，纲领的基础又是民主革命的：剥夺地主的土地。该党在必须贯彻纲领的时候却停步不前，又陷入了联合政府的迷魂阵。坚决反对没收土地的不仅有地主，而且有立宪民主党的银行家，因为银行为土地所有权抵押支付的金额不少于 40 亿卢布。社会革命党人打算在立宪会议上与地主讨价还价，但是也准备友好地结束协商，他们竭尽全力不让农夫们去动土地。这样一来，他们不是在自己社会主义乌托邦性质方面，而是在自己站不住脚的民主主义方面遭到了失败。检验他们的乌托邦主义可能需要很多年时间，但他们背弃土地民主主义几个月时间内便表现得很明显。结果在社会革命党的政府下面，为了实现社会革命党的纲领，农民非得走上暴动的道路不可。

在临时政府采用镇压手段打击农村的7月份，农民一时冲动急忙去寻求同一个社会革命党的庇护，他们在小本丢那里寻求保护，以免遭到老彼拉多[①]的伤害。布尔什维克在城市里力量最薄弱的那个月同时又是社会革命党势力在农村扩展最多的一个月。
这如同常见的现象，在革命时代尤其常见，即有组织的进攻顶点与 22
政治上衰败的开端同时出现了。农民躲在社会革命党人身后，以免遭到社会革命党政府的打击，因而越来越丧失了对这个政府，也丧失了对这个政党的信任。于是社会革命党组织在农村的急剧膨胀便成了这个无所不包的政党的致命伤：它的下层举行暴动，它的上层却实行镇压。

在7月30日莫斯科举行的军事组织会议上，一位本人就是社会革命党人的前线代表说道：尽管农民仍然认为自己是社会革命党人，但是在他们与党之间出现了裂痕。士兵们证明：处于社会革命党宣传影响之下的农民仍然对布尔什维克抱敌视态度，可是他们实际上是按照布尔什维克的方式来解决土地问题和政权问题的。在伏尔加河地区工作的布尔什维克波沃尔日斯基证实，最令人尊敬的社会革命党人、1905年革命运动的参加者越来越感到自

① 本丢·彼拉多是下令处死耶稣的罗马总督。——译者

己遭到了排挤:“农妇们把他们叫作老头子,表面上尊敬他们,但投起票来就按自己的方式。”是工人和士兵教会了农村“按自己的方式”投票和行事。

要精确说出工人对农民的革命影响到底有多大是不可能的:它具有长期的、微观的、随处发生的,因而并不为统计所左右的性质。相当多的工业企业办在农村地区,这使相互渗透变得容易一些了。不过,即使最欧化的城市彼得格勒的工人也与其出生的村庄保持着密切联系。在夏季几个月期间,不断恶化的失业现象和企业同盟歇业使成千上万的工人去农村做工,他们当中大多数成了鼓动者和领导人。

5—6 月间,彼得格勒的工人按照各自原籍的省、县乃至乡建立了不少同乡会。工人报刊整栏整栏专门刊登同乡会会议的海
23 报,那里面关于农村旅行的报告让人听得入了神,对代表的委托编写出来了,用于宣传的资金也找到了。革命前不久,同乡会团结在布尔什维克领导下的一个特别中央局周围。同乡会运动迅速扩展到莫斯科、特维尔,大概还有其他一系列工业城市。

不过,就对农村的直接影响而言,士兵起了更大的作用。只有在前线和城市兵营的人为环境中,年轻的士兵才能在一定程度上克服自己的散漫性,直接面对全国性的问题,可是也正是在这里,政治上的依赖性发挥了作用。农民经常处于爱国主义和保守派知识分子领导之下,同时又力求摆脱他们,试图在军队里面单独联合成不同于其他社会团体的组织。当局对这样的意图不怀好意,陆海军部反对它,社会革命党也不迁就它,——农民代表苏维埃在军队里又不太吃得开。甚至在最有利的条件下,农民也没有能力把自己占压倒多数的人数转变为政治上的优势！

只有在大型革命中心和处在工人直接影响之下，农民—士兵苏维埃才能有效地开展意义重大的工作。例如彼得格勒农民苏维埃从1917年4月—1918年1月1日共派遣了1395名携有专门委任书的宣传人员去了农村，大概还有同样多的没有委任书的宣传人员。代表们跑遍了65个省。在喀琅施塔得的水兵和士兵当中，有人仿效工人建立了同乡会。同乡会给代表发放了“有权利”免费乘坐火车和轮船的证件。私营运输单位顺从地接受了这种证件，在国营运输单位则发生了冲突。

在农民的海洋中，各组织的正式代表不过是沧海一粟。自动离开前线和后方卫戍部队的数以百万计士兵从事了不可胜数的大
量工作，他们的耳朵里灌满了集会演说的强硬口号。在前线不太 24
作声的人在自己村子里则成了相当健谈的人，而且，这里并不缺少如饥似渴的听众。莫斯科的布尔什维克穆拉洛夫讲道：“在莫斯科四郊的农民中间，发生了大规模向左转的情况……莫斯科的村镇到处都是前线来的逃兵。与农村没有中断联系的首都无产阶级也深入到四郊的农民那里去。”据农民纳乌姆琴科夫的讲述，“6—7月间，由于各种原因从前线回来的士兵唤醒了”昏昏欲睡的卡卢加农村。下诺夫哥罗德省的特派委员报告说：“所有违法乱纪和无法无天的行为都与逃兵、休假士兵和团队委员会的代表在省内出现有关。”女公爵巴里雅京斯卡娅在佐洛托诺沙县的庄园总管8月份控诉了由喀琅施塔得水兵加特兰任主席的土地委员会的独断专行。布古利马县的特派委员报告说：“前来休假的士兵和水兵进行旨在制造无政府状态和煽动暴力情绪的鼓动。”“来到姆格林县别

洛戈什镇的一个水兵擅自禁止采伐和从森林里运出劈柴与枕木。”如果说是由士兵开始进行斗争的，那也是由他们结束斗争的。在下诺夫哥罗德县，农夫们对修道院步步紧逼，割光了草场，拆毁了围墙，还不让修女出行。修道院长拒不屈服，警察把肇事农夫送上法庭。对此农民阿尔别科夫写道：“案件就这样一直拖下去，直到士兵们来了。前线来的人马上就打中了要害。”修道院被扫荡一空。据农民布勃科夫说，在莫吉廖夫省，从前线回家的士兵成了委员会最初的首领，并且领导了驱逐地主的斗争。

25 前线来的人习惯用步枪和刺刀对着他人，他们带来了当兵的那种坚强有力的决心。甚至士兵的妻子也从丈夫那里学到了好斗情绪。奔萨省的农民别吉舍夫讲述说：“8 月里，士兵妻子的运动是强大有力的，她们在村社大会上支持发动攻击。”同样的情况在其他省也可以看到，士兵妻子在城市里通常也是发酵的因素。

根据韦尔梅尼切夫的统计，士兵充当农民首领这样的事情在 3 月份为 1%，而 4 月份为 8%，9 月份为 13%，10 月份达到 17%。这个统计不能指望它很准确，但是它指出的总的趋势是没有错的。社会革命党教师、文书和小官吏有节制的领导被勇往直前的士兵的领导所取代了。

帕尔乌斯以前是有名的德国马克思主义作家，战争期间他积攒了一批财富，然而完全丧失了原则和洞察力，他把俄国士兵比作中世纪的雇佣兵、强盗和暴徒。有关于此，不必去看，就能清楚，尽管有了很多过激行为，俄国士兵只不过充当了历史上最伟大的一次土地革命的工具而已。

在运动尚未彻底失去合法性之前，派军队去农村也只是维持着象征的性质。事实上，几乎只有哥萨克才可以作为镇压者使用。“有 400 名哥萨克被派到了谢尔多布斯克县……这一措施产生了安定局势的效果。农民们宣布将等候立宪会议的召开。”10 月 11 日的自由主义报纸《俄罗斯言论报》这样写道：“400 名哥萨克——为召开立宪会议找到一个毋庸置疑的理由！可是哥萨克人数不够，况且他们还动摇不定。其实，临时政府更多的是被迫采取所谓
坚决措施。”韦尔梅尼切夫统计出头四个月出现了 17 次派军队对 26
付农民的事件，7 月和 8 月出现了 39 次，9 月和 10 月出现了 105 次。

动用武装力量镇压农民等于是用油来浇灭大火。在多数场合，士兵们转而站到了农民那边。波多利斯克省的一位县特派委员报告说：“军队组织甚至单支部队正在决定社会和经济问题，它们强迫(?)农民侵占财物和砍伐林木，而有时在某些地方，它们自己也参与抢劫……地方部队拒绝参加制止暴行的行动……”农村的暴动就这样破坏了军队里的最后纽带。至于在工人领导农民战争的条件下，军队不再让自己去对付城市起义，这种情况人们论及的则不多。

从工人和士兵那里，农民首次了解到有关布尔什维克的新情况，但不是社会革命党人对他们所说的那样。列宁的口号和他的名字都深入了广大农村。不过，在许多场合，对布尔什维克越来越频繁的指控具有虚构和夸张的性质：地主指望通过这种途径得到更加可靠的帮助。“奥斯特罗夫斯基县彻底的无政府状态就是布尔什维主义宣传的后果。”从乌法省来的报告称：“乡委员会成员瓦西里耶夫大肆传播布尔什维克的纲领，并且公开宣称地主将被吊死。”寻求“防止抢劫”办法的诺夫哥罗德地主波隆尼克没有忘记补

充说明:“执行委员会里面全是布尔什维克。”这等于说他们是一些对地主不怀好意的人。辛比尔斯克的农民祖莫林回忆说:“8月份,工人们开始遍访各个村镇,他们为布尔什维克党进行宣传。讲解它的纲领。”谢别日县的一个侦察员负责来自彼得格勒的26岁纺织女工塔季扬娜·米哈伊洛娃的案件,因为后者在自己出生的村镇里鼓动“推翻临时政府和颂扬列宁的策略”。据农民科托夫证
27 明,8月月底在斯摩棱斯克省,“大家开始关注列宁,开始倾听列宁的声音……”不过,被选进乡地方自治会的绝大多数仍然是社会革命党人。

布尔什维克努力进一步接近农民。9月10日,涅夫斯基要求彼得格勒委员会着手出版一份农民报纸:“务必使事业不要经历法国公社当年的经历,当时农民不理解巴黎,巴黎也不理解农民。”《贫农报》很快就出版发行了。然而,在农民中间开展的纯粹党的工作毕竟是无关紧要的。布尔什维克党的力量不在于技术手段,也不在于机构方面,而在于正确的政策。就像空气的流动撒播种子一样,革命旋风也在撒播列宁的思想。

特维尔省农民沃罗比约夫回忆说:“到9月份,已经不仅是前线来的人,而且贫苦农民自己也开始在会议上越来越多,也越来越大胆地出来为布尔什维克辩护……”辛比尔斯克农民祖莫林再次肯定:“在贫农和某些中农中间,列宁的名字经常挂在嘴边,一谈话就只说列宁。”诺夫哥罗德省的农民格里戈里耶夫讲到,乡里一个社会革命党人把布尔什维克称为“强盗”和“叛徒”。农夫们大吼起来:“打倒这个恶棍,用石头砸死他! 你从没告诉我们——土地在哪里? 够了! 让布尔什维克来吧!”可是话又说回来,这个插

曲——类似这样的插曲还真不少——也许是十月革命以后才发生的。在农民的回忆中事实是牢牢记住了的，但是时间顺序记不清。

士兵契涅诺夫带着一只装满布尔什维克宣传品的大箱子回到了自己的故乡奥廖尔省，可是他出生的村子对他很冷淡：里面大概装着德国黄金吧。但是到了 10 月，“乡支部就有 700 名成员了，还有许多步枪，而且总是为苏维埃政权进行辩护”。布尔什维克弗拉切夫讲述说，纯农业的沃罗涅日省的农民“从社会革命党的迷醉药 28
中清醒过来了，开始关心我们党，由于这样的缘故，我们已经有了不少村和乡的党支部，还有自己的报纸订户，我们在自己狭小的委员会房间里接待过很多农民代表”。根据伊万诺夫的回忆，在斯摩棱斯克省，“布尔什维克在农村还难得一见，在县里他们也很少，也没有布尔什维克的报纸，印发传单也是罕见的事情……然而，越是接近 10 月，农村也越来越转向布尔什维克……”

还是那位伊万诺夫写道：“直到十月革命前，布尔什维克在苏维埃拥有影响的那些县，摧毁地主庄园的自发事件要么还没有出现，要么规模很小。”不过，这方面情况并不是在任何地方都是相同的。例如，塔杰乌什就讲道：“布尔什维克提出的把土地交给农民的要求很快被莫吉廖夫县的农民群众接受了，农民们攻击了庄园，有些人还放了火，割刈草场，砍伐森林。”上述说法之间实质上并不存在矛盾。布尔什维克普遍的宣传无疑催生了农村的内战。可是，在布尔什维克成功扎下更牢固根基的地方，他们很自然地要力求做到在不削弱农民的攻击的同时调整攻击的形式，减少它的破坏性。

土地问题不是孤立存在的。农民作为卖主或买主都感到十分痛苦难受，特别是战争后期。他们的粮食按固定的价格出售，工业品却越来越买不起。农村和城市之间的经济关系已经露出了自己的狰狞面目，这个问题后来演变成了名曰“剪刀差”这么一个苏联经济面临的核心问题。布尔什维克对农民说：苏维埃一定要夺取政权，还要把土地交给你们，结束战争，让工业回到平时状态，实行
29 工人对生产的监督，以及调节工业品与农产品价格的相互关系。不管这个答案是多么笼统，但是毕竟它指出了一条途径。10 月 10 日，托洛茨基在工厂委员会代表会议上说道：“横在我们和农民之间的障碍就是阿夫克先季耶夫的苏维埃工作人员。必须推倒这堵墙。必须向农民讲清，在工人还没有对有组织的生产实行监督前，工人通过向农村供应农具来帮助农民的全部努力将无果而终。”代表会议依照这种精神发表了一份告农民书。

彼得格勒的工人那时在工厂建立了特别委员会，负责收集金属和边角废料交由专门的“工人援助农民”中心处理。废料被用来制作简单的农具和备用部件。这是工人首次有计划地干涉生产过程，规模还不算大，宣传的目的也大于经济方面的考虑。但是它展示出了不久的将来的前景。被布尔什维克对农村这个神圣不可侵犯的领地进行干涉吓坏了的农民执行委员会，企图以新的举措来控制农民。不过，对于在农村已经丧失了立足之地的颓丧的妥协主义者来说，也根本无力同布尔什维克在城市舞台上展开竞争。

布尔什维克宣传引起的反响“把贫苦农民惊动到这种程度”，特维尔省的农民沃罗比约夫后来写道，“以致可以断定：十月革命即使在 10 月不爆发，到 11 月也会爆发”。这种对布尔什维主义政

治实力的鲜明评述与它在组织上弱小的事实找不到任何矛盾之处。只有通过这样一些极不相称的现象，革命才可以为自己不断开辟道路。顺便指出，正因为如此，才可以说把革命运动强行赶进形式民主的范围之内是不可能的。为了能够实现土地革命，在 30
10 月或者说在 11 月份，除了利用依然是那个社会革命党日益破损的组织以外，并没有给农民留下其他任何东西。该党的左翼成员在农民暴动的冲击下匆匆忙忙和混乱无序地聚集起来，力求赶上布尔什维克并且同他们展开竞争。最近几个月期间，农民政治上的进展主要是在左派社会革命党的零散口号下取得的。这个昙花一现的政党是农村中反射性的和不稳定的布尔什维主义形式，是农民战争通向无产阶级革命的临时桥梁。

土地革命需要自己的本地机构，它们看起来是什么样子呢？农村已存在着某些类型的组织：有国家的，比如乡执行委员会，土地委员会和粮食委员会；有社会的，比如苏维埃；还有纯政治的，比如政党；最后还有以乡地方自治会为代表的自治机关。农民苏维埃只是在省一级范围，有部分在县一级范围内成功发展起来了，乡一级的苏维埃就很少了。乡自治会很难吃得开。相反，本来是国家机关的土地委员会和执行委员会变成了农民革命的机关，无论这初看起来是多么古怪。

由官员、地主、教授、农学家、社会革命党政客组成的，并且掺杂着几个可疑农民的总土地委员会，实际上是土地革命的总制动阀。各省土地委员会从未停止充当政府政策的传导器。县级土地委员会在农民与上司之间摇摆。但是农民选举产生的并且立即在乡村眼皮底下开展工作的乡土地委员会乃是土地运动的工具。委

员会成员通常把自己算作社会革命党人这种现象并没有使事情发
31 生变化。他们向农夫的小屋而不是向贵族庄园看齐。农民尤其看重自己的土地委员会的国家性质，认为它也算是一种国内战争的特许证。

早在5月的时候，萨兰斯克县一个警察头子就抱怨过："农民说，除了乡委员会以外，他们不承认任何人，县里和市里的委员会毕竟仍然在为土地所有者工作。"用下诺夫哥罗德特派委员的话来说就是："有些乡委员会与农民自行做斗争的尝试几乎总是以失败而告终，结果导致自己全体成员被撤换……"用普斯科夫省农民杰尼索夫的话来说则是："委员会总是站在农民运动一边反对地主，因为当选为委员的就是农民中的革命分子和前线士兵。"

在县级尤其是在省级土地委员会当中充任领导的是力求与地主维持和平关系的官员"知识分子"。莫斯科农民尤尔科夫写道："农民看出了这是同一件皮袄，但是被翻过来了；这是同一个政权，但是改变了名称。"库尔斯克的特派委员报告说："看来有改选县土地委员会的……企图，因为它们坚定不移地贯彻临时政府的决定。"但是，农民要支配县土地委员会是困难的：社会革命党掌握了村和乡的政治联系，因此农民不得不通过该党开展行动，而该党的主要使命是把旧皮袄翻过来。

农民对三月苏维埃的冷淡乍看起来是令人吃惊的，实际上却是有其深刻原因的。苏维埃代表的不是像土地委员会那样的专门组织，而是革命的万能组织。但是在公共政治领域，没有人领导，农民就连一步也不可能迈出去。全部问题就在于它这种领导是从哪里产生出来的。省级和县级的农民苏维埃是由合作社发起并且

在相当大程度上是靠合作社的经费建立起来的，而合作社不是农
民革命的机关，它是保守分子监管农民的工具。农村之所以忍受 32
右翼社会革命党的苏维埃凌驾于自己之上，是把它作为对抗当局
的盾牌。在自己家里，农村宁愿服从土地委员会。

为了防止农村锁闭在“纯粹农民利益”的狭小圈子里，临时政府连忙建立了民主地方自治机关。这的确一定是一个迫使农夫们警惕起来的做法。选举往往是强加于人的。奔萨的特派委员报告称：“存在着违法行为，而且因它的缘故选举遭到了破坏。”在明斯克省，农民扣押了乡选举委员会主席德鲁茨基-柳别茨基公爵，指控他暗中偷换了选民花名册。要农夫们与公爵就用民主方式来解决历时久远的争执一事达成协议是不容易的。布古利马县的特派委员报告说：“全县的乡地方自治会选举根本不是有秩序地进行的……参加投票的人只有农民，排挤本地知识分子尤其是大土地所有者的现象是很明显的。”在这种背景下，地方自治机构与土地委员会没有多少区别。明斯克省的特派委员抱怨说：“农民群众方面以恶劣态度对待知识分子尤其是大土地所有者。”从 9 月 23 日莫吉廖夫的报纸上可以读到下面的文字：“知识分子在农村的工作伴随着很大的危险，假如你不是立即无条件答应协助把全部土地都交给农民的话。”在那些基本阶层之间无法达成协议，甚至无法交流的地方，便失去了民主机构的立足地。乡地方自治会胎死腹中也就明确地预示了立宪会议的破产。

下诺夫哥罗德的特派委员报告说：“本地农民中间存在着一种固执观念，那就是所有的民法都已失去了自身的效力，以及所有的法律关系现在都应该由农民组织来进行调整。”在对当地警察机关

33 发号施令的同时，乡土地委员会还颁布本地法律，确定租金标准，调节工资水平，在庄园里建立自己的管理，把土地、草场、森林和农具抓到自己手里，收缴地主的武器，进行搜查逮捕。古老的声音和革命的新鲜经验同样告诉农夫，土地问题就是暴力问题。为了实行土地革命，便需要农民的专政机关。尽管农夫还不知道这个拉丁词汇，但是农夫知道他想要什么。地主、自由主义特派委员和妥协主义政治家所指责的那种“无政府状态”就是农村革命专政的第一个阶段。

早在1905—1906年事变期间，列宁就坚持在各地为实现土地革命而建立纯粹农民的特殊机关的必要性。他在党的斯德哥尔摩代表大会上做报告说：“农民革命委员会是可以开展农民运动的唯一途径。”[1]农夫们没有读过列宁的报告，但是列宁读懂了农夫的心思。

直到秋天，即苏维埃本身改变了自己的政治方针的时候，农村才改变自己对苏维埃的态度。县城和省城的布尔什维克和左派社会革命党的苏维埃已经不再阻止农民，而是相反，推动他们向前。如果说头几个月，农村在妥协主义苏维埃那里寻求合法的掩护，以便将来为跟它们发生敌对冲突做准备，那么现在农村在革命的苏维埃当中第一次开始找到了现实的领导。9月间，萨拉托夫的农民写道：“整个俄国政权应当转到……工人、农民和士兵代表苏维埃手里。这将是更可靠的。”也只是到了秋天，农民才开始把自己的土地纲领与苏维埃政权的口号联系起来。可是在这里，农民还

① 《列宁全集》中文第二版第12卷前言称此报告至今没有找到。——译者

不知道是由谁以及怎样来引导这些苏维埃。

在俄国，土地风潮有自己悠久的传统，有自己简单却又明晰的 34
纲领，还有自己的殉难者和英雄。对农村而言，1905 年轰轰烈烈的经历并非没有留下踪迹。为此必须加强对支配千百万农民的教派思想方面的研究。有一位熟悉这种情况的作者写道："我认识许多把十月革命当作自己的宗教夙愿得以直接实现来接受的农民。"在历史上所有著名的农民起义当中，1917 年的俄国农民运动无疑在最大程度上受到了政治观念的滋养。然而，如果说它没有能力确立独立的领导，把政权夺到自己手中，那么这种现象的原因就存在于相互隔绝的、规模很小的和因循守旧的经济本质属性之中。正是它榨干了农夫们的全部血汗，却没有赋予他们可充作总结能力的素质。

农民的政治自由事实上就等于在各个城市政党之间进行选择的自由。但是这种选择并不是先天造成的。农民用自己的暴动推动布尔什维克去夺取政权。然而，只有在掌握了政权以后，布尔什维克才能争取到农民，把土地改革变成工人国家的法律。

在雅科夫列夫带领下，一批研究人员对体现二月革命到十月革命期间土地运动发展进化性质的资料进行了极有价值的分类。在假定每个月无组织的行动平均为 100% 以后，他们又统计出，"有组织"的冲突 4 月相当于 33%，6 月为 86%、7 月达到了 120%。这也是社会革命党的组织在农村达到巅峰状态的时刻。8 月份相对于 100% 无组织的冲突，有组织的冲突已经降为只有 62%，而到 10 月份，总共加起来也不过 14%。虽然这些极为有用的数字提供了一切条件，但是雅科夫列夫从中得出了出人意料的

结论：如果说到 8 月之前，运动显示出越来越“有组织”，那么到了
35 秋季则相反，它越来越具有“自发的性质”。另一个研究者韦尔梅尼切夫得出了相同的公式：“在十月革命之前的风潮中，有组织的运动比例的降低证实了这几个月期间运动的自发性。”如果拿自发性跟自觉性进行对比，这就像拿失明和有视力进行对比（而这是唯一科学的对比）一样，那么必将得出这样的结论：直至 8 月之前，农民运动的自觉性在不断提高，而此后则开始降低，以致在十月起义之际完全消失了。显然，我们的研究者不愿说出这一点。在对问题多少有点认真考虑的场合，那就不难理解：例如，农民在选举立宪会议时，尽管选举表面上是“有组织的”，但是与农民反对地主的“无组织”运动相比，其“自发的”，也就是愚昧无知的、随声附和的、盲目跟从的性质不知要严重多少，因为反对地主时，每个农民都知道他想要什么。

在秋季的山隘上，农民不是为了自发性而与自觉性决裂，而是为了国内战争而与妥协主义领导决裂。组织性的降低实际上只具有表面的性质：妥协主义组织瓦解了；但是在它们身后留下的绝对不是一片空旷。通向新道路的出口在最革命的分子——士兵、水兵和工人直接领导下打开了。在采取坚决行动时，农民经常召开全体大会，甚至设法让全体村民在通过的决定上签名。第三位研究人员舍斯塔科夫写道：“在农民运动以其混乱的形式进入秋季时，更常见的是农民古老的‘村社大会’登上了舞台……农民正是通过村社会议分配抢来的财物，通过村社会议跟地主和庄园管理人员、跟县里的特派委员和各种各样的镇压者进行谈判……”

为什么曾经认真地把农民领向国内战争的乡土地委员会，现

在要离开舞台呢？关于这个问题，资料中没有直接的说明，但是可 36
以自然而然地做出解释。革命在极其迅速地磨损自己的机关和工具。确实是因为土地委员会领导半和平行动的缘故，因此对于发动直接攻击来说，它们必定是不太适宜的。普遍的原因加上了个别的但同样有分量的原因。在跟踏上与地主进行公开战争的道路时，农民非常清楚地知道，一旦失败，他们将会面临怎样的危险。其实，有不少土地委员会已经处于克伦斯基的严密控制之下了。分散责任就成了策略方面必不可少的要求。对此最适宜的形式就是“村社”。农民之间惯有的互不信任无疑在同一个方面起了作用。现在问题涉及直接夺占和瓜分地主的财物，每一个人都想亲自参与，不把自己的权利托付给任何人。这样一来，更加高度紧张的斗争导致以村社大会与村社裁决为形式的古老的农民民主暂时摆脱了代表机关。

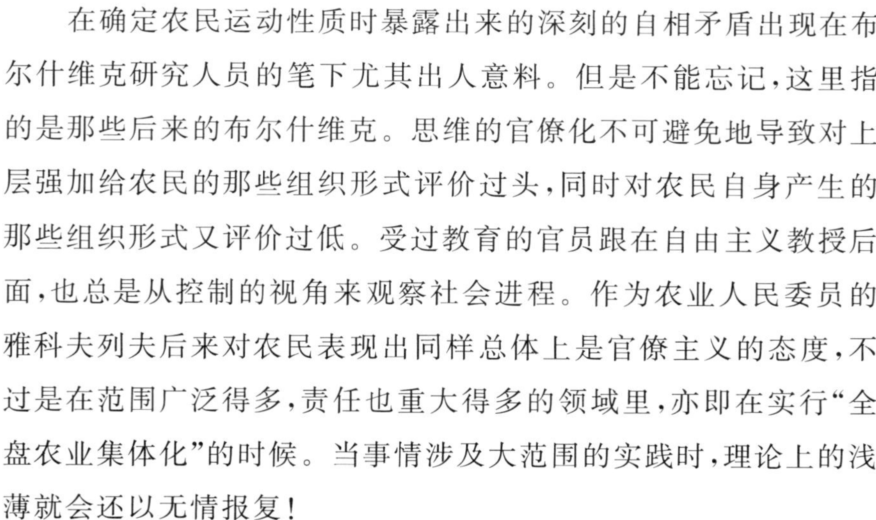

在确定农民运动性质时暴露出来的深刻的自相矛盾出现在布尔什维克研究人员的笔下尤其出人意料。但是不能忘记，这里指的是那些后来的布尔什维克。思维的官僚化不可避免地导致对上层强加给农民的那些组织形式评价过头，同时对农民自身产生的那些组织形式又评价过低。受过教育的官员跟在自由主义教授后面，也总是从控制的视角来观察社会进程。作为农业人民委员的雅科夫列夫后来对农民表现出同样总体上是官僚主义的态度，不过是在范围广泛得多，责任也重大得多的领域里，亦即在实行“全盘农业集体化”的时候。当事情涉及大范围的实践时，理论上的浅薄就会还以无情报复！

但是当时离全盘集体化的错误还有整整 13 年。现在的事情 37

还仅限于剥夺土地私有权。134000 名地主还舍不得自己的 8000 万俄亩土地。上层的情况是最危险的，拥有 7000 万俄亩土地的 3 万名旧俄国主人平均每人拥有 2000 多俄亩土地。贵族博博雷金写信给宫廷高级侍从罗将柯说："我是一个地主，我的脑子怎么也想不通，我失去了自己的土地，而且是为了最不可思议的目的，为了试验社会主义学说。"然而，革命正是把实现统治者脑子想不通的东西作为自己的任务。

但是，更有远见一些的地主不可能看不到他们无法保留庄园了。他们已经不竭力去做到这一点，而是与土地脱离得越快越好。他们想象立宪会议首先是一个大的清算议院，在那里国家不仅会为土地，而且会为焦虑对他们进行赔偿。

农民私有者则从左边来附和这个计划。他们不反对消灭寄生贵族，但是担心撼动土地私有权的概念。他们在自己的代表大会上宣布，国家是够富裕的，足以向地主支付不多于 120 亿卢布的赔偿。同时作为"农民"的他们期望在优惠的条件下使用由全民偿付赔偿金的地主土地。

土地所有者明白，赎金的多少就是政治的尺寸，而后者取决于缴付时的力量对比状况。到 8 月月底之前仍然抱有希望，那就是按科尔尼洛夫方式召开的立宪会议将会执行介乎罗将柯与米留科夫之间的土地改革路线。科尔尼洛夫的覆灭则意味着有产阶级输掉了比赛。

38 9—10 月间，地主就像一个不可救药的病人等死那样等待结局的来临。秋天是农夫政治的季节。田地已经收割完毕，幻想已经烟消云散，耐心也已丧失殆尽。是动手的时候了！运动正在冲决堤岸，遍及所有地区，抹掉所有的地方特性，吸引农村的所有阶层，冲洗一切法律上的顾虑和谨小慎微的心理，它正在变成攻击性的、猛烈的、残暴的和疯狂的运动。它用铁和火、用左轮枪和手榴弹武装起来，捣毁和焚烧庄园，赶走地主，清扫大地，有些地方则用鲜血浇灌大地。

普希金、屠格涅夫和托尔斯泰歌颂过的贵族巢穴毁灭了。古旧的俄罗斯被遍地烽烟弄得精疲力竭。自由主义报刊充斥着因毁灭英国式花园、用农奴制画笔绘制的作品、祖传藏书楼、坦波夫式花坛、良种赛马、年代久远的版画、配种的公牛而发出的呻吟和号啕。资产阶级历史学家力图把农民摧残贵族“文化”的“破坏文物行为”的责任推到布尔什维克头上。事实上俄国农夫不过是完成了在布尔什维克降生之前几百年就已开始出现的事情。他们用那些他们所掌握的独特方式执行了自己的进步历史任务。他们用革命的野蛮根除了中世纪的野蛮，何况无论他们，还是他们的孩子或先辈从来就没有遇见过任何仁慈与宽恕。

当封建主对扎克雷起义（它在四个半世纪期间决定着法国农民的解放）占有优势的时候，一位担任副主教的僧侣在编年史中记下了这样一笔：“他们使国家遭受了如此之多的灾难，以至于无须英国人前来破坏王国了。英国人任何时候都无法做到法国贵族所做过的事。”只有 1871 年 5 月资产阶级在残暴方面超过了法国贵族。俄国农民多亏处在工人领导之下，俄国工人多亏有农民的支持，才避免了文化和人道捍卫者造成的这个双重教训。 39

俄国主要阶级之间的相互关系在农村找到了自己的再现。就像工人和士兵违背资产阶级的计划，奋起反对君主制度一样，贫苦农民也不听富农的警告，越来越勇敢地起来反对地主。就像妥协主义者相信革命只有从米留科夫承认它的那一刻起才能牢牢地开始站稳脚跟一样，左顾右盼的中农也错以为富农的签名会使得侵夺地主财物合法化。最后，就像敌视革命的资产阶级毫不犹豫把政权据为己有一样，反对破坏的富家也不拒绝享用它的果实。资产者手中的政权就像富农手中的地主财产一样保持不了多久，在这两种场合事情都是出于相同的原因。

土地民主革命实际上是资产阶级革命，它的威力表现在革命暂时抑制了农村的阶级矛盾：雇农猛烈攻击地主，同时又在帮富农的忙。俄国历史上的17世纪、18世纪和19世纪爬上了20世纪的肩膀，并且压得它弯腰朝地。迟到的资产阶级革命的软弱性表现为农民战争没有推动资产阶级革命者向前，而是相反，最终把他们抛进了反动阵营。昨天的苦役犯策烈铁里在保护地主的土地免受无政府状态之害！被资产阶级抛弃的农民革命于是与工业无产阶级结合起来。通过这事本身，20世纪不仅得以从重重压在它身上的以往诸世纪之下解脱出来，而且在它们的肩膀上继续上升到新的历史高度。为了让农民能够清理土地和划定土地界线，工人就应该成为国家的主人。这就是十月革命最简单的公式。

第十六章　民族问题 40

语言——是人与人进行交流的最重要的工具，因而也是进行经济交流的工具。伴随着把民族联合起来的商品流通的胜利产生了民族语言。在这个基础上形成了作为资本主义关系最合适、最有利和最正常活动舞台的民族国家。如果姑且不论尼德兰人争取独立的斗争和英格兰的岛国命运，那么西欧资产阶级民族形成的时代就是从法国大革命开始的，而且是大体上花了100年的时间，随着德意志帝国的建立而完成。

但是，当欧洲民族国家再也容纳不下生产力的发展以及发展到帝国主义国家的时候，在东方的波斯、巴尔干半岛、中国和印度才刚刚开始步入民族民主革命的时代。东方革命的推动力来自俄国1905年革命。1912年的巴尔干战争标志着东南欧民族国家的完全形成。紧接着爆发的帝国主义战争顺便完成了民族革命尚未完成的工作，这导致了奥匈帝国的解体，导致了从沙皇帝国分离出来独立的波兰等帝国边境上国家的建立。

俄国不是作为一个单一民族国家，而是作为一个多民族国家 41
存在的，这种情况与它的滞后发展特征是一致的。立足于粗放农业和家庭手工业基础之上的商业资本没有得到深入的发展，也没有改变生产方式，而仅仅是横向扩大了自己的活动半径。为了找寻新的土地和摆脱苛捐杂税的农民深入到居住着更加落后的部落的新土地，并且分散安顿下来了，有些商人、地主和官吏则紧随他们之后从中央地带来到了边远地区。国家的扩张是建立在农业自身扩张的基础之上的。这种自身完全处于不开化状态的农业对南部和东部的游牧民却显示出了优势。在这种无比辽阔和不断扩展的基地上形成的等级官僚制国家有足够的力量来迫使西部具有更高文明的，然而由于人数较少或者内部危机而没有能力捍卫自己独立的某些民族（波兰、立陶宛、波罗的海沿岸各族、芬兰）臣服自己。

构成国家主体的7000万大俄罗斯人得到了大约9000万“异族”的逐渐补充，后者清晰地分为两个集团：自身文明优于大俄罗斯人的西部各族和低于大俄罗斯人的东方各族。帝国就这样形成了，其全体居民中属于统治民族的只有43%，而57%的居民（其中乌克兰人占17%，波兰人占6%，白俄罗斯人占4.5%）则属于文明程度不同和无权程度也不同的少数民族。

国家贪得无厌的需要和统治阶级下面缺乏农民基础培育出了最残酷的剥削形式。俄国的民族压迫不仅较之西方邻国而且较之东方邻国也显得无可比拟地粗暴。无权民族数量之多和无权程度
42 之烈使得民族问题在沙皇俄国具有巨大的爆炸力。

如果说在单一民族国家，资产阶级革命培育了强大的离心倾向，因而要在克服割据主张的旗帜下进行，就像在法国那样；或者像在意大利和德国那样要在克服民族分散性的旗帜下进行；那么在诸如土耳其、俄国和奥匈帝国这样一些多民族国家，迟到的资产阶级革命则是相反，它使向心力丝毫不受限制。尽管这些过程用力学术语来表述表面上是相反的，它们的历史功能其实是相同的，

因为在这两种场合，都是把民族的一致性作为经济的主要源泉来加以利用的。为此之故，德国需要统一，而奥匈帝国则相反——需要分裂。

列宁预先估计到了离心性民族运动发展的不可避免性，并且多年来为贯彻规定实现民族自决权，也就是为实现完全的国家分离的老党纲著名的第九条进行了顽强的斗争，也包括反对罗莎·卢森堡的斗争。不过布尔什维克党根本不会因此要承担鼓吹民族分裂主义的责任。它只承担毫不妥协地反抗各种形式的民族压迫的义务，其中包括反对把任何一个民族强行留在统一国家的边境之内。只有通过这样的途径，俄国无产阶级才能逐渐取得被压迫民族的信任。

不过这仅仅是事情的一个方面。布尔什维主义在民族领域的政策还有似乎是与第一个方面矛盾的，而事实上是对其进行补充的另一个方面。在党的范围内，一般来说也在工人组织范围内，布尔什维主义实行最严格的集中制，同各种能够引起工人内部互相对抗或者导致他们分裂的民族主义传染病进行毫不调和的斗争。布尔什维主义坚决否认资产阶级国家把强制共同生活或者哪怕是 43
把全国性的语言强加给少数民族的权利。与此同时，它把尽可能通过劳动人民自愿的阶级纪律把各个民族更紧密地融合起来视为自己真正的神圣任务。于是，它坚决否定了建党的民族—联邦制原则。革命组织不是未来国家的原型，而仅仅是建立这一国家的工具。工具应当是宜于用来制造产品的，而根本没有必要使产品跟自己相似。只有集中制组织才能确保革命斗争的成功，哪怕斗争是关系到摧毁对各民族实行的集中制压迫。

对于俄国被压迫民族来说，推翻君主制度必定等于是它们的民族革命。可是在这里暴露出了与二月体制其他所有领域中同样的现象:受到自己对帝国主义资产阶级的政治依附束缚的官方民主派根本没有能力砸烂旧的枷锁。它认为由自己决定所有其他民族命运的权利是无可争议的,同时继续热衷于维护财富、实力和影响的根源,而这一切正是由官方民主派的统治地位赋予大俄罗斯资产阶级的。妥协主义民主派只不过把沙皇制度的民族政策传统翻译成了空谈解放的语言:现在事情与捍卫革命的统一相关。然而掌权的联合政府有另外的也更加尖锐的论据:出于战时的考虑。这就意味着个别民族寻求解放的努力被说成是奥地利—德国参谋部亲手操纵的事情。在这里,立宪民主党扮演了第一小提琴手的角色,妥协派分子则随声附和。

当然,新政权不可能把对异族的中世纪式侮辱的丑恶渊薮置
44 于不可侵犯的地位。不过,它希望并且力图仅仅做到废除对一些民族实施的特别法律为止,也就是说只限于让各部分的居民在大俄罗斯国家的官僚制度面前参加平等投票。

形式上的平等权利也完全给了犹太人,原先限制他们权利的法律总数达到了 650 条。此外,作为纯粹的城市民族和极其分散的民族,犹太人不仅不可能奢望建立独立国家,而且不可能实行区域自治。至于让全国范围内的犹太人在学校和其他文化机构周围联合起来的所谓“民族文化自治”方案,这个反动的乌托邦本是各犹太人团体从奥地利理论家奥托·鲍威尔那里借用过来的,从获得自由的第一天起,它就像日光照射之下的蜡一样溶化了。

然而,革命之所以成为革命,是因为它既不满足于小恩小惠,也不满足于分期支付。取消最可耻的限制实现了公民不由民族出

身决定的形式上的平等权利；但是，这些民族自身不平等的状况却越来越强烈地显现出来了，从而使它们当中的大多数被置于大俄罗斯国家的继子和养子的地位。

公民权利平等首先没有给芬兰人带来任何东西，因为他们追求的不是与俄罗斯人享有平等权利，而是脱离俄国实现独立。它也没有给乌克兰人增加任何东西，他们早已不再感受到无论什么样的限制，因为他们已经被强行宣布为俄罗斯人了。它同样没有使拉脱维亚人和爱沙尼亚人的处境发生任何改变，它们一直处于德国地主庄园和俄国—德国城市重压之下。最后它没有使亚洲的落后民族和部落的命运有任何改善，因为令它们处于最无权底层的不是法律上的限制，而是经济和文化奴役的镣铐。自由主义者—妥
协主义者的联合政府甚至不愿意提出所有这些问题。民主国家仍 45
然还是那个大俄罗斯官僚的国家，它不打算把自己的位置让给任何人。

革命在国家边远地区吸引群众愈深入，在那里就愈显示出国家的语言就是有产阶级的那种语言。有出版和集会自由的形式民主制使得落后民族和被压迫民族更为痛苦地感觉到，它们多么严重地失去了最有效的文化发展手段：自己的学校，自己的法庭，自己的官员队伍。把事情推给未来的立宪会议只会激怒它们，要知道在立宪会议中居统治地位的同样是组建临时政府的和继续坚持俄罗斯化传统的那些政党，同时它们带着热切关注发现了当权阶级不愿进一步跨过的那条界线。

芬兰很快就成了二月体制的肉中刺。在芬兰，具有托帕尔即奴役性小佃农特性的土地问题达到了尖锐程度，占居民总数 14%

的产业工人因此能带领农村跟自己走。芬兰塞姆[1]是世界上唯一的社会民主党人在其中占多数的议会，200 个议席中他们占了 103 个席位。通过 6 月 5 日的法令，芬兰社会民主党宣布塞姆是除军事和外交政策问题以外的主权机关，随后它发表了《告俄国各友党书》以寻求支持。这份呼吁书完全没有找对对象。起初，临时政府退到一旁，让“各友党”去采取行动。以齐赫泽为首的规劝代表团两手空空从赫尔森福斯回来了。当时彼得格勒的社会主义部长们——克伦斯基、切尔诺夫、斯科别列夫、策烈铁里决心用强制手段取缔赫尔森福斯的社会主义政府。大本营参谋长、保皇派分
46 子卢科姆斯基警告芬兰民政当局和芬兰居民说，无论发生何种反对俄国军队的情况，“他们的城市，首先是赫尔森福斯将遭到毁灭”。做了这番准备之后，临时政府在前线开始发动进攻的那一天发布了一个连在文风方面都是从君主制度那里抄袭来的郑重宣言，解散塞姆，并且把从前线抽调来的俄国士兵摆到了芬兰议会的门口。于是，正走在通向十月革命道路上的俄国革命群众得到了一个不错的教训，关于民主原则在各阶级力量搏斗中占有怎样一种有条件的地位的教训。

面对统治阶级在民族问题上肆无忌惮的行为，驻扎在芬兰的革命军队采取了令人尊敬的态度。9 月上半月在赫尔森福斯举行的地区苏维埃代表大会宣布：“如果芬兰民主派觉得塞姆需要恢复开会，那么代表大会将会把阻碍此事的全部企图视作反革命行为。”这意味着直接提议要求军队支援。但是，党内妥协主义倾向

① 议会。——译者

占上风的芬兰社会民主党没有意愿开始走上武装起义道路。在面临再度遭到解散的威胁下举行的新选举保证资产阶级政党（临时政府正是根据与这些政党达成的协议解散了塞姆）取得了微弱的多数：占有 200 个席位中的 108 个。

但是，存在于这个花岗岩山脉和贪婪的私有者的“北方瑞士”国家中的内部问题现在被提到了首要地位，它们将不可避免地会导致国内战争。芬兰资产阶级在半公开地培训自己的军队骨干。同时，赤卫军的秘密支部也建立起来了。资产阶级向瑞典和德国提出了获得武器和教官的要求。工人则得到了俄国军队的支持。与此同时，在昨天还倾向于与彼得格勒达成协议的资产阶级人士当中，主张彻底脱离俄国的运动加强了。主导性报纸《胡乌茨塔茨伯拉德特报》写道：“俄国人民已经被无政府主义肆意横行所控制 47
了……在这样的情况下，难道我们不应该……竭尽可能摆脱这种混乱状况吗？”临时政府觉得自己只有做出让步，不要再等立宪会议召开了。关于芬兰独立的决定于 10 月 23 日“原则上”通过了，但军事和外交事务除外。然而，从克伦斯基手里获得“独立”已经没有多少价值了，因为离他的倒台只剩下两天时间了。

乌克兰是第二根、也是深得无法比拟的肉中刺。6 月月初，克伦斯基禁止在拉达召开乌克兰军人代表大会。乌克兰人并不服从。为了挽回当局的面子，克伦斯基过些时候便承认了代表大会的合法性，他给代表大会发去了一份宽宏大量的电报，但遭到了与会人员极为不恭的嘲笑。痛苦的教训并没有妨碍克伦斯基在 3 个星期之后去禁止在莫斯科举行的穆斯林军人代表大会。这个民主政府好像要急于对心怀不满的民族暗示说：你们得到的仅仅是你们可夺到的东西。

在6月10日出版的第一号《万有报》当中，拉达指责彼得格勒反对民族独立，它宣布："从现在起，我们将创造自己的生活。"立宪民主党人把乌克兰领导人视为德国间谍。妥协派分子向乌克兰人提出了饱含温情的劝诫。临时政府派了一个代表团赶到基辅。在乌克兰炽烈的空气中，克伦斯基、策烈铁里和捷列申柯结果被迫采取了一些措施来迎合拉达。但是在7月击败工人和士兵暴动以后，临时政府把方向舵转向朝右，甚至在乌克兰问题上也是如此。8月5日，拉达以压倒多数通过决议，谴责临时政府"充满俄国资产阶级的帝国主义意图"，破坏了7月3日的协议。"当政府到了
48 要支付自己开出的支票之际，"乌克兰当局首脑温尼琴科宣布，"真相大白了，临时政府……是个小骗子，它想以自己的欺诈行为来解决重大的历史问题。"这种毫不含糊的语言充分说明了政府已经威信扫地，即使在应该与它足够亲近的人中间也是如此。归根结底，乌克兰妥协主义者温尼琴科与克伦斯基的区别就像一个平庸的小说作家与一个平庸的律师的区别一样，仅此而已。

的确，9月临时政府终于颁布了一道法令，承认俄国境内各民族在未来召开的立宪会议规定的范围内实行"自决"的权利。但是对未来开出的这张什么都保障不了的、自相矛盾的、在各方面都极不明确的支票，除了自己的限制条件外，没有取得任何人的信任：临时政府的所作所为已经是在大喊大叫地反对它。

9月2日，枢密院（即那个曾经不允许没有身穿老式制服的新成员出席自己会议的机构）决定拒绝公布政府核准的对乌克兰总秘书处，也就是基辅内阁发出的指令。其理由是，还没有与总秘书

处相关的法律，而不能向一个不合法的机构发出指令。这些法律界高层人士并不隐瞒，政府与拉达达成的协议本身就是篡夺立宪会议的权利，沙皇的枢密官结果成了纯粹民主派最坚定的拥护者。右翼反对派人士表现出了那么大的勇气，因为他们根本不要冒任何风险：他们知道，他们的反对派立场是再适合统治者心意不过的。如果说俄国资产阶级还能容忍由相当薄弱的经济关系与俄国联系起来的芬兰实行一定程度的独立的话，那么它无论如何也不会同意让乌克兰的粮仓、顿涅茨克煤矿区和克里沃罗格铁矿区实行“自治”。

10 月 19 日，克伦斯基发电报命令乌克兰总秘处成员“火速赶 49
到彼得格勒来”，“当面解释清楚”他们为什么要进行有关乌克兰立宪会议的非法宣传。同时，基辅检察院接到命令，要求它开始对拉达进行侦查。对乌克兰的霹雳只引发了小小的恐慌，就如同对芬兰的宽宏引发了小小的喜悦一样。

乌克兰妥协主义者觉得自己此刻的地位并不比他们在彼得格勒的表兄们稳固很多。除了随他们为民族权利开展的斗争而来的有利气氛以外，就像其他一系列被压迫民族一样，乌克兰的小资产阶级政党的相对稳定有其经济和社会的根源，它们可以用一个词汇来概括：落后性。尽管顿涅茨克和克里沃罗格矿区的工业发展迅速，整个乌克兰的发展还是仍然落后于大俄罗斯地区。乌克兰无产阶级的一致性还比较少，也没有锻炼成熟。布尔什维克党数量上和质量上都处于比较薄弱的状态，迟迟没有跟孟什维克划清界限，对政治形势尤其是对民族形势的认识还很不清楚。甚至在东乌克兰的工业区，到 10 月中旬，地区苏维埃代表会议还是由妥协主义者拥有微弱的多数！

乌克兰的资产阶级仍然是相当弱小的。正如我们所记得的，就整体而言，俄国资产阶级社会方面不稳定性的原因之一就在于其最强大的那个部分是由外国人，甚至是由并不住在俄国的外国人所组成的。在边远地区，这一事实又因其意义并不亚于它的另一个事实——本地区内的资产阶级并不属于构成当地主体居民的那个民族——而得到了强化。

在民族结构方面，边远地区的城市居民与农村居民是完全不同的。在乌克兰和白俄罗斯，地主、资本家、律师、记者是大俄罗斯
50 人、波兰人、犹太人和外国人，可是农村居民则全是乌克兰人和白俄罗斯人。在波罗的海沿岸地区，城市是德国、俄罗斯和犹太资产阶级的家园；农村则全是拉脱维亚人和爱沙尼亚人。在格鲁吉亚的城市里，占优势的是俄罗斯和亚美尼亚居民，在讲突厥语的阿塞拜疆，情况也是这样。边远地区的地主、工业家和商人就像英国人在印度一样，不同于本地主体居民的不仅是生活水平和习俗，而且还有语言。他们依靠官僚机构保护自己的领地和收入，与全国的统治阶级保持着不可分割的联系，他们把俄罗斯人官吏、职员、教师、医生、律师、记者以及部分工人聚集在自己周围，形成一个狭小的社会圈子，把城市变成了俄罗斯化和殖民地化的策源地。

直到农村停止默不作声之前，可以不去注意它。可是，在它越来越不耐烦地开始抬高自己的声音以后，城市还在继续进行顽抗，以保持自己的特权地位。官员、商人和律师很快就学会了借用对正在苏醒的“沙文主义”进行高傲自大的谴责来掩盖自己为维护经济和文化方面的支配地位而进行的角力。统治民族维持现状

(*status quo*)的意图往往会染上上层民族主义的色彩,就像战胜国保留赃物的意图会采用取和平主义的形式一样。例如,麦克唐纳在甘地面前就觉得自己是国际主义者。又例如,奥地利人对德国的向往对普恩加莱来说就是对法兰西和平主义的侮辱。

5 月由基辅拉达派来晋见临时政府的一个代表团写道:"居住在乌克兰城市里的人只看见自己面前这些城市俄罗斯化的街道……他们完全忘记了,这些城市在全体乌克兰人民的汪洋大海中只不过是一些小小的孤岛而已。"罗莎·卢森堡与十月革命的纲领进行论战的小册子是在其死后发行的,书中断言乌克兰民族主义以前只不过是一打小资产阶级知识分子的"游戏",是由于布尔 51
什维克的民族自决口号发酵而人为地膨胀起来的。尽管她自己有清醒的头脑,还是犯下了最严重的历史性错误:过去,乌克兰农民没有提出民族要求,那是因为一般说来他们没有上升到政治层面的缘故。看来,二月革命唯一的,却又完全够重要的功绩就在于,恰恰是它终于使俄国最受压迫的阶级和民族有机会大声说话。不过,农民政治上的觉醒,无非是通过本民族母语以及由此派生出来的结果——学校、法庭和自治机构实现的,反对这一点就意味着企图要使农民回到不复存在的境地。

城市和农村的民族差异通过苏维埃这类多半是城市的组织把自己痛苦地暴露出来了。处在妥协主义政党领导之下的苏维埃往往忽视当地居民的民族利益。乌克兰苏维埃力量薄弱的原因之一就在这里。里加和列维尔的苏维埃忘记了拉脱维亚人和爱沙尼亚人的利益。巴库的妥协主义苏维埃忽视了讲突厥语主体民族的利益。在国际主义的虚幻旗帜下,苏维埃经常开展反对乌克兰人或穆斯林的防卫性民族主义的斗争，从而把城市的压迫性俄罗斯化掩盖起来。这种情况在布尔什维克统治下还延续了不少时间，直到边远地区的苏维埃讲农村的语言为止。

经济和文化普遍落后不允许被自然条件和剥削程度压得喘不过气来的西伯利亚异族达到开始提出民族要求的水平。伏特加、国库和强制信奉东正教历来就是国家组织在这里的主要推动力。
52 这种被意大利人称之为法国病的而又被法国人称之为那不勒斯病的东西在西伯利亚人民中间被称之为俄罗斯病，这说明了文明的种子究竟来于何处。二月革命还没有到达此地。极地区域的猎人和养鹿人还须长期地等待那一线光明。

伏尔加河流域、北高加索和中亚的民族和部落第一次被二月革命从史前状态中唤醒过来了。这些地方依然既见不到民族资产阶级，也见不到民族无产阶级。处于农民或者牧民群众之上的是从其上层脱离出来的薄薄的知识分子中间阶层。在这些地方，直到民族自治纲领的声望提高之前，斗争一直是围绕本民族的字母、自己的教师、有时是自己的神父等问题展开的。这些受压迫最深的民族在痛苦经历中只得确信，那些有教养的国家主人不会自愿让它们站起来。落后中最落后的民族结果被迫寻找最革命的阶级作为盟友。于是，沃恰克人、楚瓦什人、泽梁人以及达吉斯坦和突厥斯坦诸部族通过本民族年轻的知识分子中的左翼分子开始为自己开辟出走向布尔什维克的道路。

殖民领地，尤其是在中亚的殖民领地的作用随着中央地带的经济进步一同改变了，后者由直接和公开的掠夺（包括贸易方面的掠夺）转变为更加隐蔽的方式，把亚洲的农民变成了工业原料，主要是棉花的供应者。把资本主义的野蛮和宗法习俗的野蛮结合在一起的层层有组织的剥削使得亚洲人民停留在极端低下的民族状态。二月体制在这里仍然是按照旧的方式建立起来的。

在沙皇制度下，从巴什基尔人、布里亚特人、吉尔吉斯人以及其他游牧民族那里掠夺来的最好土地依旧掌握在被安置在当地居
民中间的移民孤岛上的地主和富裕俄罗斯农民手里。在这里，民 53
族独立意识的觉醒首先意味着反对移民的斗争，后者建立了人为的耕地交错制度，使游牧民族陷于饥饿与灭绝境地。至于说这些外来人，他们发狂似地坚守俄国统一，也就是保证自己的掠夺成果不受侵犯，以防止亚洲人的“分离主义”。移民对土著人运动的愤恨情绪带有极其野蛮的形式。在外贝加尔，毁灭布里亚特人的准备工作在乡里的文书或者从前线回来的军士出身的三月社会革命党人的领导下，正在开足马力进行。

移民地区的剥削者和暴徒自己怀有从现在起尽可能长久保留旧秩序的意图，并把它诉诸立宪会议的主权：在这些人当中找到了自己最可靠支柱的临时政府也给他们添加这种空谈。另一方面，被压迫民族享有特权的上层人士越来越频繁地提到立宪会议的名字。穆斯林宗教人士把谢里亚特①的绿色旗帜高举到已经觉醒了的北高加索山地民族和部落的头上，在下层反抗将他们置于困难境地的所有场合，甚至他们也坚持把问题拖延到“立宪会议”。这话是全国各地保守主义和反动派的口号，是贪图私利和特权的口号。诉诸立宪会议就意味着拖延和赢得时间，拖延就意味着聚集

① 伊斯兰法规。——译者

力量和扼杀革命。

然而，领导权落到宗教界人士和封建显贵手里的情况仅仅发生在最初阶段，也仅仅是在落后民族，几乎仅仅是在穆斯林那里。一般说来，农村中的民族运动本来就是由乡村教师、乡里的文书、
54 下级官吏和军官，部分是由商人领导的。最稳重和最可靠的人士与俄罗斯或者俄罗斯化的知识分子一道，已经在边区城市里组成了另外一个阶层。这是一个更年轻的、与所出生的农村有紧密联系的、没有找到通往资本家王位门径的阶层，它天生要充当民族的政治代表，部分地还要充当本地农民群众社会利益的政治代表。

边远地区的妥协主义者依据民族要求的路线敌视俄罗斯的妥协主义者，不过他们属于同一种基本类型，甚至多半拥有相同的名称。乌克兰的社会革命党人和社会民主工党成员、格鲁吉亚和拉脱维亚的孟什维克、立陶宛的“劳动派分子”与他们的大俄罗斯同名党团成员一样，都力图把革命保持在资产阶级制度的范围之内。可是本地资产阶级的极端衰弱使得这些地方的孟什维克与社会革命党人没有实现联合，而是单独掌握国家政权。在土地问题和工人问题方面被迫比中央政权走得更远的边区妥协主义者占了许多便宜，他们是作为联合的临时政府的对头出现在军队和全国的。即使所有这一切还不足以造成俄罗斯妥协主义者与边区妥协主义者命运的区别，那么也足以决定他们兴旺和衰落速度的区别。

格鲁吉亚社会民主工党不仅带领小小的格鲁吉亚的赤贫农民跟自己走，而且迫切希望领导全俄国的“革命民主派”运动，在这方面并非没有取得一定的成功。在革命初期几个月期间，格鲁吉亚知识分子上层不是把格鲁吉亚当作民族祖国来对待，而是把它当

作吉伦特省，一个其使命就是为全国提供领袖的得天独厚的南方省份。身为著名的格鲁吉亚孟什维克之一的奇亨克利在莫斯科国务会议上夸耀说，即使在沙皇统治时期，格鲁吉亚人无论幸运与否都会这样说："唯一的祖国——就是俄罗斯。"一个月过后，同是这位奇亨克利在民主会议上问道："谈到格鲁吉亚民族，该说些什么 55
呢？这整个民族都在为伟大的俄国革命效力。"的确是这样，格鲁吉亚妥协主义者像犹太妥协主义者一样，每当需要抑制和阻挠某些区域的民族要求的时候，总是为大俄罗斯官僚制度"效力"。

不过，只有在格鲁吉亚的社会民主工党成员还保有把革命限制在资产阶级民主范围之内的希望时，事情才是这样延续的。随着在布尔什维主义指导下群众获胜的危险变得清晰起来，格鲁吉亚社会民主工党成员削弱了自己与俄罗斯妥协主义者的联系，同时与格鲁吉亚本土的反动分子更紧密地联合起来了。到苏维埃胜利之际，反对统一的俄国格鲁吉亚人变成了分离主义的宣扬者，并且向外高加索其他民族露出发黄的沙文主义利齿。

在边远地区，发育不太充分的社会矛盾其实不可避免地会披上民族伪装，这通常能充分说明，为什么十月革命在大多数被压迫民族中间必定比在俄国中央地区会遇到更大的阻力。但是民族斗争自身无情地动摇了二月体制，从而为在中央地区的革命创造了足够有利的政治外围。

在民族对抗与阶级矛盾同时出现之际，前者就会显得特别激烈。拉脱维亚农民与德国贵族之间自古以来的仇恨在战争初期促使成千上万的拉脱维亚劳动者走上了当志愿兵的道路。由拉脱维亚农村雇工和农民组成的轻步兵团是前线最优秀的部队之一。但是在5月，它们已经在为苏维埃政权而行动起来。民族主义结果只是成了未成熟的布尔什维主义的外壳。同样的进程也发生在爱沙尼亚。

56 在白俄罗斯，有波兰或波兰化地主，城市和村镇有犹太人，还有俄罗斯人官吏，那里受两三倍压迫的农民在附近前线的影响下，早在十月革命前就已经把民族和社会的愤恨纳入了布尔什维主义轨道。在选举立宪会议时，绝大多数白俄罗斯农民把票投给了布尔什维克。

所有这些把已经觉醒的民族尊严和社会愤慨结合起来了的进程有时抑制这种民族尊严，有时又推动它向前发展。同时，这些进程在军队中得到了极端尖锐的反映，因为按民族成分的团队在军队里面急速建立起来了，基于对待战争和布尔什维克的态度，它们时而得到中央政权的庇护，时而得到它的容忍，时而遭到它的迫害。不过总体来看，它们越来越怀着敌意转身反对彼得格勒。

列宁满怀信心地把握诊察革命的“民族”脉搏。在9月月底发表的著名的《危机成熟了》一文中，他坚定地指出，民主会议的民族代表团“就激进性来说占第二位，仅次于工会代表团，对联合投反对票的百分比（55票中，反对的占40票）高于工兵代表苏维埃代表团。”（《列宁全集》中文第二版第32卷，第272—273页）这就意味着：被压迫民族已经不指望大俄罗斯资产阶级的任何仁慈。它们以革命战利品的形式一点一滴地自行逐步实现自己的权利。

在遥远的上乌金斯克山区举行的布利亚特人十月代表大会上，报告人证明：“二月革命没有使任何新东西引入”异族人的处境。如果说这样的结论还没有立刻迫使人们开始站到布尔什维克一边，那么至少在对待他们的态度方面保持着越来越友好的中立。

在彼得格勒起义期间就已经开幕的全乌克兰军人代表大会做

出决定，要跟把乌克兰政权交给苏维埃的要求进行斗争，但是同时
拒绝把大俄罗斯布尔什维克的起义视作“反民主的行动”，并且答 57
应将运用一切手段，以保证不派军队去镇压起义。这种两面态度再好也不过地说明民族斗争还处在小资产阶级阶段，却也使决心要消灭一切两面态度的无产阶级革命变得容易些了。

另一方面，向来一成不变地倾向中央政权的边远地区资产阶级人士，如今在许多场合也醉心于连民族依据的影子都没有的所谓分离主义。波罗的海沿岸地区资产阶级曾经是罗曼诺夫王朝最可靠的支柱，昨天还在追随德意志贵族高喊爱国主义万岁，如今在反对布尔什维克的俄国和本地群众的斗争中站到分离主义的旗帜下了。在这条道路上还出现了更为古怪的现象。10 月 20 日，一个名为“哥萨克部队、高加索山民和草原自由人民东南联盟”的新的国家模样的东西开始出现了。曾经是帝国中央集权制最重要的支柱的顿河、库班河、捷列克河和阿斯特拉罕的哥萨克上层在这几个月期间变成了联邦制的狂热捍卫者，并且在此基础上与山地和草原的穆斯林领袖联合起来了。联邦制度的屏障应该成为抵抗来自北方的布尔什维克危险的堡垒。不过在反对布尔什维克最重要的内战据点建立之前，反革命的分离主义直接反对联合政府的当权者，狠狠地教训和削弱了它。

于是，民族问题紧随其他问题向临时政府露出了美杜莎的头颅[①]，那上面每一根寄托着三月和四月希望的头发都变成仇恨和愤怒的毒蛇。

① 希腊神话中的蛇发女妖，人只要看她一眼，就会变成石像。——译者

在民族问题方面，革命之后的布尔什维克党远不是马上就采
58 取了确保它最终取得胜利的那种立场。不仅党组织力量薄弱和没有经验的边区是这样，而且彼得格勒这个中心也是这样。在战争年代，党遭到了如此严重的削弱，干部的理论水平和政治水平出现了如此程度的下降，以致在列宁的提纲提出之前，正式领导集团在民族问题上采取的是极其混乱和动摇的立场。

依照传统，布尔什维克确实像以往那样捍卫民族自决权。不过，孟什维克口头上也承认这个公式，因为党纲的条文仍然是共同的。但是，政权问题更具决定意义。然而，党的临时领导人根本不能理解布尔什维克有关民族问题的口号（就像土地问题的口号一样）与维持资产阶级帝国主义制度（哪怕用民主形式掩盖起来了）之间不可调和的矛盾。

民主主义立场在斯大林笔下得到最庸俗的表达。3 月 25 日正好是临时政府颁布取缔民族限制法令的日子，斯大林当天发表的一篇文章试图把民族问题放到历史的广泛范围内来考察。他写道："没落的土地贵族是民族压迫的社会基础，是民族压迫的鼓舞力量。"至于民族压迫在资本主义时代得到了前所未有的加强和在殖民政策中得到了最野蛮的表现，这位民主主义作者仿佛根本就没有领悟到。他继续写道："在英国，土地贵族（大地主）和资产阶级分掌政权，那里早已没有这种土地贵族的独占统治了，因此，民族压迫比较缓和，不那么残忍。当然，这里不包括（?）战争时期的情况，在战争进程中，政权一转入大地主（!）手中，民族压迫就大大地加剧了（例如对爱尔兰人、印度人的迫害）。"在对爱尔兰人和印度人的压迫中暴露了英国大地主的罪行。很显然，以劳合·乔治

为代表的这个阶级多亏战争而攫取了政权。斯大林接着写道:“在 59
瑞士和美国,没有而且不曾有过(?)大地主统治,那里的政权完全掌握在资产阶级手中,因此,各民族的发展比较自由,一般说来,民族压迫几乎不存在。”(《斯大林全集》第3卷,第17—18页。引语内括号为托洛茨基所加。)在这里作者彻底忘记了美国的黑人问题和殖民地问题。

从这种只限于对封建主义和民主制度的模糊对立进行的不可救药的浅薄分析中,得出的是纯粹的自由主义政治结论。斯大林写道:“把封建贵族赶出政治舞台,从他们手中把政权夺取过来,——这也就等于消灭民族压迫并为民族自由创造必要的实际条件。既然俄国革命获得了胜利,它就创造了这些实际条件,……”(《斯大林全集》第3卷,第18页)在这里,我们也许发现了为帝国主义“民主”所做的辩护,它比当时孟什维克就帝国主义“民主”这个论题所写下的一切东西更具根本性,就像斯大林在对外政策方面追随加米涅夫期望与临时政府分担争取民主和平的任务一样;在国内政策方面,斯大林在李沃夫公爵的民主制度当中发现了民族自由的“实际条件”。

君主制度的覆灭实际上第一次充分暴露出不仅反动的地主,而且全体自由主义资产阶级,还有追随它的小资产阶级民主派,他们与工人阶级的爱国主义上层一起都是真正民族平等的,也就是取消统治民族特权的不可调和的敌人。他们的全部纲领都可归结为对大俄罗斯人的统治进行软化,进行文明抛光和民主遮掩。

在四月代表会议上,斯大林捍卫列宁关于民族问题的决议,他
表面上的出发点已经是:“民族压迫就是帝国主义集团……的一套 60

办法，就是……各种办法……”然而旋即就不可避免地转到了自己的三月立场。“国家愈民主，民族压迫就愈轻，反过来说也是一样。”这就是报告人自己特有的，而不是列宁那里借用过来的抽象法。民主的英国压迫封建种姓制的印度这一事实照旧从他相当有限的视野里消失了。斯大林继续说下去，与“旧土地贵族”统治的俄国不同，“在英国和奥匈帝国，民族压迫从来没有采取过蹂躏的方式”。(《斯大林全集》第 3 卷，第 47—48 页)仿佛英国“任何时候”都没有由旧土地贵族统治过似的，或者土地贵族似乎没有在匈牙利一直统治到今天似的！把“民主”和扼杀弱小民族结合起来的历史发展的叠合性质，对于斯大林来说，仍旧是一部七印之书①。

至于俄国形成为一个多民族的国家，那是它历史发展迟缓的结果。但是发展的迟缓性是一个难免自相矛盾的复杂概念，落后国家并非亦步亦趋跟在先进国家后面走，也不总是保持着相同的距离。在形成了世界经济的时代，发展迟缓的民族在先进民族的压力下会进入共同的发展环节，同时会跨越一系列中间阶段。此外，缺乏牢固定型的社会形式和传统使落后国家对世界技术和世界思想最新成就极其敏感，至少在一定范围内是如此。但是落后性并不因此而不再是落后性了。整体的发展具有矛盾和叠合的性质。后起民族的社会结构就是历史的两个极端——落后的农民和先进的无产阶级相对中间阶层，相对资产阶级占有特殊优势。一个阶级的任务转而落到了另一个阶级的肩上。民族领域清除中世纪残余的任务也落到了无产阶级肩上。

① 《圣经·启示录》中关于末日审判的内容，这里指百思不得其解的东西。——译者

如果把俄国当作一个欧洲国家的话，那么除了它在20世纪还 61
不得不来消灭奴役性租佃关系和定居点制度，也就是消灭野蛮的农奴制和特定居留区制度以外，再也没有什么能如此鲜明地说明俄国的历史落后性。但是对于解决这些任务而言，正是由于自己的后起发展，俄国因此拥有了新的、现代化程度最高的阶级、政党和纲领。为了清除拉斯普京的思想和方法，俄国需要马克思的思想和方法。

政治实践确实始终要比理论简单得多，因为事物的改变要比思想困难，可是理论毕竟只不过是把实践的要求贯彻到底而已。为了达到争取实现自由解放和文化高度发展，被压迫民族结果不得不把自己的命运与工人阶级的命运联系起来。而为了做到这一点，它们必须摆脱本民族资产阶级和小资产阶级政党的领导，也就是说，要沿着历史发展的道路远远地抢先到前面去。

使所有民族运动都服从革命的基本进程，服从无产阶级夺取政权的斗争的任务不会很快得到完成，而且，在某些阶段，在国家不同的区域会通过不同的方式来完成。仇视克伦斯基、仇视战争、仇视俄罗斯化的乌克兰、白俄罗斯和鞑靼的工人、农民和士兵撇开本民族的妥协主义领导层，后来也成为了无产阶级起义的同盟军。在随后的阶段，他们不得不从客观上支持布尔什维克转向从主观上走上布尔什维主义的道路。临近十月之际民族运动的分化在芬兰、拉脱维亚、爱沙尼亚，以及在乌克兰(程度稍逊一些)已经达到如此尖锐的地步，竟使得只有靠外国军队的干涉才能阻止这里的无产阶级取得成功。在以最原始的方式实现民族觉醒的东方亚洲
地区，它的民族运动只能一步一步相当缓慢地进入无产阶级领导 62

之下，而且那已经是在无产阶级取得政权以后的事情了。如果从整体上把握了这一复杂而矛盾的进程，那么结论是很明确的：民族运动的洪流就像土地革命的洪流一样，也汇入了十月革命的河床。

群众从政治、土地和民族解放这些最基本的任务不可避免和不可阻挡地转向建立无产阶级的统治，这个转变过程不是如自由主义者和妥协主义者所想的那样是“花言巧语”宣传的产物，也不是偏执的提纲和不断革命的理论的产物，而是俄国社会结构和世界形势的条件所造成的结果。不断革命的理论只不过是表达出了这个发展的叠合过程而已。

在这里，问题不仅仅涉及俄国单独一个国家。让后起民族的革命从属于无产阶级革命有其自己的世界性规律。19 世纪的战争和革命的基本任务仍然在于确保民族市场发展生产力，我们这个世纪的任务却在于把生产力从已经成了它的铁枷的民族界限中解放出来。从广阔的历史角度来看，东方的民族革命仅仅是无产阶级世界革命的阶梯，就如俄国民族运动是苏维埃专政的阶梯一样。

列宁异常深刻地评价了蕴藏在被压迫民族命运中间的革命力量，沙皇俄国也是这样，全世界还是如此。在他的心目中，对日本出于奴役目的而发动对中国的战争和中国为了自己的解放而抗击日本的战争进行同样“谴责”的伪善“和平主义”，除了蔑视以外，别的什么也谈不上。在列宁看来，与帝国主义压迫战争相反，民族解放战争只不过是民族革命的另一种形式，它同样成为了全世界工
63 人阶级解放斗争必不可少的一个环节。

然而，从对民族革命和战争的这种评价当中无论如何也不会得出承认殖民地和半殖民地民族资产阶级负有任何革命使命的结论。

相反，落后国家才长出乳牙的资产阶级正是作为外国资本的代理人发展起来的，尽管对外国资本怀有忌妒的敌意，但它在各种紧要关头无论现在还是将来都与后者同处一个阵营。中国的买办是殖民地资产阶级的典型形式，就如国民党是典型的买办政党一样。小资产阶级的上层，其中包括知识分子可能积极地、有时是很喧嚣地参加民族斗争，但是它完全没有能力起到独立的作用。只有成为民族首领以后的工人阶级才能把民族革命，还有土地革命进行到底。

以斯大林为首的篡改者的致命错误，就在于他们从列宁提出的被压迫民族斗争的进步历史意义的学说中，得出了殖民地国家的资产阶级负有革命使命的结论。不理解帝国主义时代革命的不断性，学究式地图解革命的发展过程，把活生生的叠合进程肢解为一个个死板的阶段（它们仿佛在时间上免不了是互相隔离的），这一切引导斯大林对民主或者“民主专政”进行庸俗的理想化，而实际上民主专政要么可能是帝国主义专政，要么又可能是无产阶级专政。在民族问题方面，斯大林集团在这条道路上一步一步地一直走到完全背离列宁的立场，在中国则一直走到酿成大祸的政策。

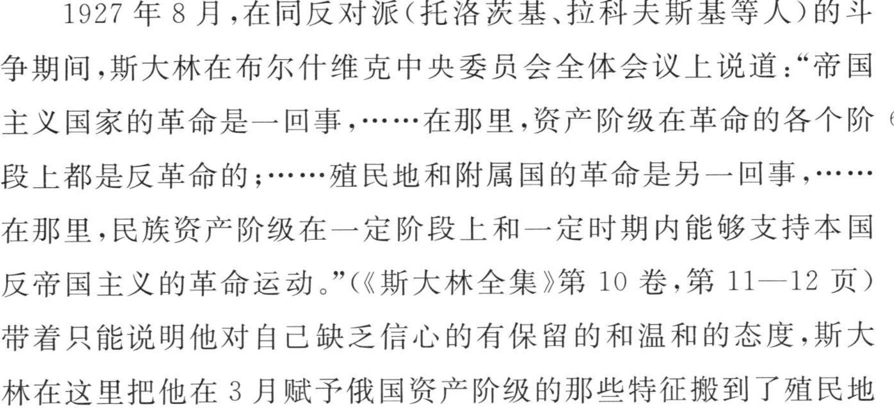

1927 年 8 月，在同反对派（托洛茨基、拉科夫斯基等人）的斗争期间，斯大林在布尔什维克中央委员会全体会议上说道：“帝国主义国家的革命是一回事，……在那里，资产阶级在革命的各个阶 64
段上都是反革命的；……殖民地和附属国的革命是另一回事，……在那里，民族资产阶级在一定阶段上和一定时期内能够支持本国反帝国主义的革命运动。”（《斯大林全集》第 10 卷，第 11—12 页）带着只能说明他对自己缺乏信心的有保留的和温和的态度，斯大林在这里把他在 3 月赋予俄国资产阶级的那些特征搬到了殖民地

资产阶级那里。服从自己深刻本性的斯大林机会主义正是在重力法则的作用下，通过各种不同渠道为自己开辟道路。在这种情况下，理论论据的选择是纯粹偶然的事件。

从把 3 月对临时政府的评价搬到中国“民族”政府那里一事中，产生了斯大林同国民党为时三年的合作，这是现代历史上最令人震惊的事件之一：布尔什维主义的篡改者作为忠实奴仆，追随中国资产阶级直到 1927 年 4 月 11 日，也就是直到后者对上海无产阶级实行血腥镇压前一天为止。斯大林如此来证明跟蒋介石在武装力量方面精诚合作是正确的：“反对派的基本错误就在于他们把俄国这个压迫其他民族的帝国主义国家一九〇五年的革命和中国这个被压迫的……国家的革命混为一谈。”（《斯大林全集》第 10 卷，第 12 页）令人惊讶的是，斯大林本人没有领悟到如何把握俄国革命，不能从“压迫其他民族”的民族的视角来看问题，而要从那些遭受的压迫并不亚于中国人的、同处一个俄国的“其他民族”的经验的视角来看问题。

在三次革命期间俄国所代表的那种宏伟的试验场当中，可以找到民族斗争和阶级斗争的全部样式，只有一个除外：那就是被压迫民族的资产阶级对本国人民起到了解放作用。没有显现出任何
65 色调的边远地区资产阶级在其发展的各个阶段都一成不变地要依附中心地区的银行家、托拉斯和贸易商行，从而实质上成了全俄资本代理人，它自己从属于这种资本的俄罗斯趋势，并且使众多的自由主义和民主主义知识分子也从属于这种趋势。边远地区的资产阶级显得愈“成熟”，它与全国性机构的联系也就愈密切。被压迫民族结成一个整体的资产阶级充当了居统治地位的资产阶级的买

办角色，这与后者对国际财政资本所扮演的角色是相同的。依附性和对抗性的繁复层次一天也没有排除它们在跟起义群众进行的斗争中的根本一致性。

在反革命时期(1907—1917 年)，民族运动的领导权集中到了本民族资产阶级手里，它比俄国自由主义者还要露骨地寻求跟君主制度妥协。波兰的、波罗的海沿岸的、鞑靼的、乌克兰的和犹太的资产者在帝国主义的爱国主义舞台上展开了竞争。二月革命后，他们躲在立宪民主党人背后，或者仿效立宪民主党人的做法，躲到了本民族妥协主义者的背后。到 1917 年秋季，边区资产阶级不是在与民族压迫的斗争中，而是在与即将发生的无产阶级革命的斗争中开始走上分离主义道路的。总之，被压迫民族的资产阶级对革命表现出来的敌意，无论如何也不亚于大俄罗斯资产阶级。

不过，三次革命的巨大历史教训对于许多事件的参加者，首先是对于斯大林来说已经消失得无影无踪了。对殖民地民族内部阶级相互关系的妥协主义亦即小资产阶级的理解断送了 1925—1927 年中国革命，篡改之徒甚至把它纳入了共产国际的纲领，并且把纲领的这一部分变成了东方被压迫民族的真正陷阱。

为了理解列宁民族政策的真正实质，最好是运用对比的方法，66
把它跟奥地利社会民主党的政策进行对照。布尔什维主义寄希望于几十年来爆发的民族革命，并且用这种前景的精神来教育先进工人；与此同时，奥地利社会民主党却顺从地去适应统治阶级的政策，出面充当强迫奥匈帝国十个民族共同生活的辩护人。在根本没有能力使各个民族的工人实现革命统一的时候，它便在党和工会组织当中用垂直的隔板把他们按民族分开。学识渊博的哈布斯堡王朝官吏卡尔·伦纳孜孜不倦地在奥地利马克思主义的墨水瓶里寻找让哈布斯堡国家返老还童的方法——直至认识到自己是一个奥匈帝国鳏居的理论家为止。在两个中央帝国瓦解之际，哈布斯堡王朝仍然企图在自己的权杖之下打出自治民族联邦的旗号。预定帝国范围内和平发展的奥地利社会民主党的正式纲领一转眼就变成了用400年战争血污掩盖起来的帝国本身的纲领。

原先把十个民族箍在一起的生锈铁箍已经断裂成了碎片。奥匈帝国是被凡尔赛外科手术所强化的内部离心倾向的力量所瓦解的。结果形成了一些新国家，也重建了一些老国家。奥地利的德意志人悬挂在深渊的上方。对他们来说，问题已经不是保持对其他民族的统治，而是自身有落到外族政权统治之下的危险。奥地利社会民主党的“左翼”代表奥托·鲍威尔认为这是提出民族自决

67 公式的适当时机。本该是近几十年间鼓励无产阶级开展反对哈布斯堡王朝和当权资产阶级的斗争的纲领，结果成了昨日的统治民族自我保护的工具，因为该民族今天面临着来自已经获得解放的斯拉夫民族的威胁。奥地利社会民主党的改良主义纲领刹那间就变成了濒临灭顶的君主制度力图抓住的一根稻草；同样，被奥地利马克思主义者阉割了的自决公式也势必会变成拯救德国资产阶级的船锚。

1918年10月3日，也就是事情已经一点也不再由议会中的社会民主党代表来决定的时候，他们宽宏大量地“承认”了前帝国各族人民实行自决的权利。10月4日，资产阶级政党也接受了自决纲领。就这样，社会民主党对奥地利—德意志帝国主义者拥有

领先一整天的优势，可它这个时候还是继续保持观望态度，因为它不知道事态会出现怎样的转变，以及威尔逊会说些什么。直到10月13日，用鲍威尔的话来说，就是军队和帝制的彻底崩溃创造了“我们的民族纲领已经预计到的革命形势”的时候，奥地利马克思主义者才实际上提出了自决问题：此刻他们真的是已经没有什么可失去的了。鲍威尔十分露骨地解释说：“随着自己对其他民族统治的崩溃，德意志民族资产阶级认为自己的历史使命已经完成了，为了这个使命，它自愿忍受把自己跟德意志人的祖国分开的痛苦。”新纲领之所以流行起来，不是因为被压迫民族需要它，而是因为它不再对压迫者构成危险了。被塞进历史缝隙中的有产阶级终于被迫在法律上承认了民族革命，奥地利马克思主义者则认为让革命在法律上合法化是十分适时的。这是——成熟的革命，适时的革命，历史准备好了的革命，它反正已经完成了。社会民主党的 68
灵魂于是在我们面前暴露无遗了！

至于社会革命，那完全是另外一回事。因为社会革命无论如何也不可能指望得到有产阶级的承认。务必将它一把甩开，让它失去尊严，叫它名誉扫地。因为帝国是沿着最微弱的也就是民族的裂缝自然瓦解的，所以奥托·鲍威尔由此得出了有关革命性质的结论：“它绝对还不是社会革命，而是民族革命。”实际上运动一开始就具有深刻的社会革命内容。革命的“纯粹”民族性质通过奥地利有产阶级公开邀请协约国来俘虏整个军队一事得到了颇为不错的说明。德意志族资产阶级央求一位意大利将军率领意大利军队占领维也纳！

把革命进程的民族形式与社会内容割裂为两个好像是各自独

立的历史阶段的庸俗做法(在这里我们看到奥托·鲍威尔是多么地接近斯大林!)具有最大限度的功利主义效用。它必定为社会民主党在反对危险的社会革命的斗争中与资产阶级合作进行辩解。

如果接受如马克思所说的革命是历史的火车头的观点,那么奥地利马克思主义需要在它旁边画出刹车的位置。在君主制度事实上已经崩溃了以后,其天职就是在政权里面作为同谋的社会民主党至此也没有下决心跟哈布斯堡王朝的旧大臣分道扬镳:“民族”革命只限于做到通过担任国务秘书来加强他们的地位。直到11月9日德国革命推翻了霍亨索伦王朝以后,奥地利社会民主党才向国务会议建议宣布成立共和国,同时用群众运动来吓唬资产阶级伙伴,其实他们自己也已被该运动吓得魂不附体。奥托·鲍
69 威尔漫不经心地讽刺说:“11月9—10日还在保卫君主制度的基督教社会主义者到11月11日决定停止自己的抵抗……”社会民主党比黑帮保皇分子政党抢先了整整两天!人类的全部英雄传说在这种革命气魄面前都相形见绌了。

从革命开始时起,奥地利社会民主党就像俄国的孟什维克和社会革命党一样,违背自己的意愿不由自主地充当了全国的领导力量。也像后者一样,该党最害怕的就是自己的力量。在联合政府中,它设法占据尽可能小的角落。奥托·鲍威尔解释说:“与革命的纯粹民族性质相适应的,首先就是社会民主党人一开始就要求自己仅仅是低调地参加政府。”对于这班人来说,政权问题的解决不是靠现实的力量对比,不是靠革命运动的威力,不是靠统治阶级的破产,也不是靠党的政治影响,而是取决于聪明过人的分类学家贴在事件上的“纯粹民族革命”的迂腐标签。

卡尔·伦纳作为国务委员会办公室主任正在等待风暴过去。其他社会民主党领袖则变成了资产阶级部长的助手。换句话说，社会民主党人躲到办公桌下面去了。可是，群众还是不同意靠核桃的民族外壳过日子，而奥地利社会民主党人为了资产阶级把它的社会核仁贮藏起来。工人和士兵把资产阶级部长们挤到后面去了，并且迫使社会民主党人离开自己的藏身之所。无法替代的理论家奥托·鲍威尔解释说："只有最后几天的事件才加强了我们在政府中的分量。"翻译成通俗易懂的语言就是：在群众的压力之下，社会民主党人不得不从桌子下面爬出来。

但是他们一刻也没有改变自己的目的，他们夺取政权是为了 70
开展反对浪漫主义和冒险主义的战争。那些告密者就是以这样的名称来称呼那场加强了他们"在政府中的分量"的社会革命本身的。如果说奥地利马克思主义者在 1918 年履行自己充当维也纳信贷银行的保护天使，使之摆脱无产阶级浪漫主义危害的历史使命方面有所成就的话，那么这仅仅是因为没有遇到来自真正革命政党方面的阻碍。

两个多民族国家俄国和奥匈帝国通过自己最近的命运鲜明地反映出了布尔什维主义和奥地利马克思主义之间的对立。15 年来，列宁在跟形形色色的大俄罗斯沙文主义进行的毫不妥协的斗争中反复宣传所有被压迫民族脱离沙皇帝国的权利。指控布尔什维克的人说他们力图要肢解俄国。然而，民族问题上大胆的革命提法使布尔什维克党赢得了沙皇俄国境内备受压迫的弱小和落后民族牢不可破的信任。1917 年 4 月，列宁说过："如果乌克兰人看到我们这里是苏维埃共和国，他们就不会分离；如果看到我们这里是米留科夫共和国，他们就会分离。”（《列宁全集》中文第二版第29卷，第428—429页）在这方面他的确是对的。历史对民族问题上的两种政策进行了无与伦比的检验。奥匈帝国的无产阶级是在胆怯动摇的气氛中接受教育的，帝国还是在可怕的震荡中瓦解成了碎片，而且帝国的崩溃主要是由社会民主党的不同民族成分主动促成的。但是，在沙皇俄国的废墟上却产生了新的多民族国家，这些民族在经济上和政治上与布尔什维克党紧密联系在一起。

无论苏联（它离平静的码头还远得很）今后的命运是什么样的，列宁的民族政策将永远成为人类的宝贵财富。

第十七章　退出预备国会和为苏维埃代表大会而斗争 71

战争每一天都在撼动前线，削弱临时政府，恶化国家所处的国际环境。10 月月初，德国的舰队和空军在芬兰湾发起进攻行动。波罗的海水兵英勇战斗，竭尽全力守卫通向彼得格勒的道路。但是他们比前线其他部队更清楚和更深刻地了解自己处境的深深矛盾：既是革命的先锋队，也是帝国主义战争的被迫参与者。他们通过自己军舰上的无线电台向地平线四面八方发出了请求国际革命援助的呼唤。“我们的舰队遭到德国优势兵力的攻击，正在力量悬殊的战斗中蒙受着牺牲。我们舰队任何一艘舰船都不会逃避战斗。备受诽谤和抨击的舰队将会履行自己的职责……但不是遵照任何一个因革命长期容忍而为王的可怜的俄国波拿巴的命令，也不是为了我们国家的执政者跟盟友签订的用镣铐锁住俄罗斯自由双手的条约。”不是的，而是为了保卫通向革命策源地彼得格勒的要道。“在波罗的海的波涛被我们兄弟的鲜血染红和海水淹没他们尸体的时刻，我们大声地发出自己的呼唤：……全世界的被压迫者，举起起义的旗帜吧！”

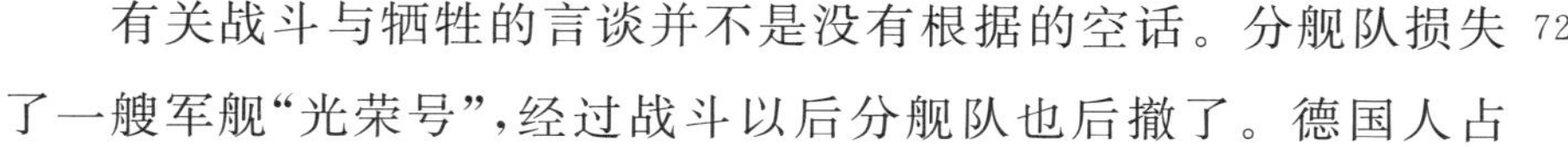

有关战斗与牺牲的言谈并不是没有根据的空话。分舰队损失 72
了一艘军舰“光荣号”，经过战斗以后分舰队也后撤了。德国人占

领了蒙尊德群岛。战争史册中黑暗的一页还是翻过去了。政府决定利用这次新的军事打击来迁都：伴随每一个适当的理由，那个老计划就会浮现出来。当权者圈子里的人对莫斯科并没有什么好感，但是对彼得格勒却充满了仇恨。保皇反动派、自由主义者、民主派轮番竭力贬低首都，迫使它屈膝，把它压垮。现在，最极端的爱国主义者对彼得格勒的仇恨要比对柏林的仇恨强烈得多。

撤退问题以特别紧急的方式解决了。总共花两个星期时间来让政府与预备国会一起搬迁的决定做出来了。在最短的期限内疏散从事国防生产的工厂同样决定下来了。作为“民间机构”的苏维埃中央执行委员会则必须自己去操心自己的命运。

鼓励后撤的立宪民主党人明白，简单地搬迁政府还解决不了问题。他们打算用饥饿、围困与消耗的办法来清除革命传染病的老巢。国内对彼得格勒的封锁已经加足了马力。定制的产品就在工厂附近被抢走了，燃料供应缩减了四分之三，食品供应部阻止牲畜进入首都，货物滞留在马林水系的河道中。

好斗的国家杜马（10月月初，临时政府终于决定解散它）主席罗将柯在莫斯科自由主义的《俄罗斯晨报》上十分露骨地谈论威胁首都的军事危险。“我想，不要管它啦，不要管彼得格勒啦……有人担心中央机关（也就是指苏维埃等机关。——托洛茨基）在彼得格勒遭到毁灭。我反对这种担心，假如所有这些机关都毁灭了，那是非常值得高兴的事，因为它们给俄国带来的无非就是灾难。”当
73 然，随着彼得格勒被占，波罗的海舰队也该毁灭。但是无须为此感到惋惜：“那里的军舰完全堕落了。”由于这位宫廷高级侍从没有说话含蓄的习惯，因此人民也就知道了贵族和资产阶级俄国最真实

的想法。

俄国代办从伦敦发来报告称，英国海军司令部不顾俄方所有的坚决要求，仍然认为没有可能缓解自己的盟邦在波罗的海的处境。解释这种回应时，不单是布尔什维克认为，盟国与俄国本国的爱国主义上层一道，所期待的仅仅的是因德国对彼得格勒的打击而给合伙生意带来的利润。工人和士兵并不怀疑——尤其是在罗将柯坦白以后——临时政府蓄意准备把他们交给鲁登道夫和霍夫曼来进行调教。

10 月 6 日，苏维埃士兵部以迄今从未有过的一致通过了托洛茨基提出的决议："如果临时政府没有能力保卫彼得格勒，那么它就有责任缔结和约，或者让位给另一个政府。"工人不妥协的态度也不亚于此。他们认为彼得格勒是自己的堡垒，他们把它与自己的革命希望联系在一起了，他们不愿意放弃彼得格勒。至于说被军事威胁、后撤、士兵和工人的愤怒情绪以及全体居民的激昂情绪吓坏了的妥协派分子，也发出了警报，不能听任彼得格勒自生自灭。临时政府也确信迁都的企图遇到了来自各方面的反对，于是开始做出让步，说什么后撤主要不是考虑自身的安全，而是考虑将来立宪会议开会的地点问题。不过，它也没能做到坚守这一立场。一个星期过后，临时政府被迫进一步宣布，它不仅准备自己留在冬宫，而且照旧打算在塔夫里达宫召开立宪会议。这一声明没有使
军事和政治形势发生任何改变，但是它再次显示出了彼得格勒的 74
政治实力，彼得格勒把终结克伦斯基政府当作自己的使命，它不允许这个政府走出自己的城墙。后来只有布尔什维克才敢于把首都迁往莫斯科。他们在执行这个任务时没有遇到任何困难，因为对

他们而言，这个任务实在是出于战略考虑。他们不可能有逃离彼得格勒的政治原因。

这个保卫首都的忏悔声明是临时政府应俄罗斯共和国临时议会或者叫预备国会的妥协主义多数派要求发表的，这么一个古怪荒唐的机关最后还是出世了。喜欢并且善于开玩笑的普列汉诺夫很不恭敬地把无能和短命的共和国临时议会称作“盖在鸡腿上的小木屋”。这个定义在政治上并非很精确。只不过必须补充说明，作为小木屋的预备国会看上去还很不错，从前作为国务会议庇护所的富丽堂皇的玛丽亚宫拨给了它。这座外表漂亮的宫殿与无人照管的和充满士兵气味的斯莫尔尼宫的鲜明反差使苏哈诺夫感到惊讶，他坦言：“很想在这极其富丽堂皇的环境中休憩，忘记操劳和争斗，忘记饥饿和战争，忘记混乱景象和无政府状况，忘记国家和革命。”可是，为休憩和遗忘而留下的时间实在是太少了。

预备国会所谓“民主的”多数由 308 人组成：社会革命党人有 120 名，其中包括大约 20 名左翼分子，各种类型孟什维克共有 60 名，布尔什维克有 66 名，其余就是合作社工作者，农民苏维埃执行委员会的代表等等。有产阶级拥有 156 个席位，其中几乎一半为立宪民主党人所占据。在一系列问题上，右翼与合作社工作者、哥萨克以及相当保守的农民苏维埃执行委员会委员合在一起，就差
75 不多快要构成多数。于是，在盖在鸡腿上的舒适小木屋中进行的席位分配与城乡各种坚决表达出来的主张处于难以容忍的矛盾状态之中。不过，与平淡无奇的苏维埃代表制以及其他代表制相反，玛丽亚宫把“全民之花”搜罗到了自己的宫墙之内。由于预备国会的成员不是由竞选的偶然因素决定的，也不取决于地方影响和外

省偏好，因此每一个社会团体、每一个政党派出了自己最杰出的领导人。据苏哈诺夫的证实，个人构成情况是“极其出色的”。当预备国会召开第一次会议的时候，用米留科夫的话来说，就是许多持怀疑态度的人，都感到放心了：“如果立宪会议不比这次会议更糟，那就好了。”“全民之花”心满意足地在宫中照镜子，它没看出自己不过是一朵不结果的花而已。

10 月 7 日，克伦斯基宣布共和国临时议会开幕以后，没有放过机会来提醒大家，尽管政府拥有“全部完整的权力”，然而它还是准备倾听“所有真正有价值的指教”。政府是绝对的，但它并非不再是有教养的。在以阿夫克先季耶夫为主席的五人主席团当中，有一个席位给了布尔什维克，可是它一直在空着。这场毫无价值和令人烦闷的喜剧的导演神情慌张起来了。在一个灰蒙蒙的雨天举行的开幕式同样是暗淡的，其全部重要性事先就集中到了布尔什维克当前的言行上。据苏哈诺夫说，在玛丽亚宫的走廊里传开了一则“耸人听闻的流言：托洛茨基以两三票的多数获胜了……布尔什维克马上就会退出预备国会”。实际上，示威性地离开玛丽亚宫的决定是在 10 月 5 日的布尔什维克党团会议上一致通过的，只有一票除外。此前两个星期内朝左边移动的步伐是如此之大！只有加米涅夫保持忠于最初的立场，说得更准确些，是他一个人敢于公开坚守这一立场。在提交给中央委员会的一份特别声明中，加 76
米涅夫直截了当地把已获通过的方针说成“对党是十分危险的”。布尔什维克不明晰的意图在预备国会中引发了相当程度的不安：人们所担心的其实不是制度的动摇，而是怕在盟国外交官面前“丢脸”，因为多数派刚刚才用恰如其分的爱国主义整齐掌声向他们表

示过致敬。苏哈诺夫讲述了把一个官方人物——阿夫克先季耶夫本人——派往布尔什维克那里的情形，事先征询下面的问题：究竟发生了什么事情？托洛茨基回答说："小事一桩，小事一桩，一次小小的手枪走火。"

会议开幕以后，根据国家杜马留下来的类似议事规则，托洛茨基获准有 10 分钟来代表布尔什维克党团发表一项议程以外的声明。大厅里充满了令人紧张的沉默。声明是从查明下面的事实开始的，当局现在也像民主会议（它似乎是为管束克伦斯基而召开的）前夕那样如此不负责任，以致有产阶级的代表竟有如此多的人进入了这个临时议会，他们没有丝毫这样的权利。假如资产阶级真的筹备一个半月以后召开立宪会议，那么其领袖现在就没有理由如此顽固地维护当局的不负责任的行为，哪怕是在歪曲了民意的代表制面前。"全部实质就在于资产阶级把破坏立宪会议作为自己的目的。"这一击打中了要害。右翼的抗议越来越猛烈。发言人并没有偏离声明原文，他严厉抨击政府的工业、土地和粮食供应政策：即使把推动群众走上起义道路树立为自己的自觉目标，也不可能实行另外的方针。"把革命首都放弃给德国军队的意图……
77 作为总体政策的一个自然环节而被采纳了，它势必……使反革命阴谋变得容易实现。"抗议逐渐增强成为一场风暴。"柏林"、"德国黄金"和"铅封车厢"之类的喊叫声，在这种总体背景下，它们就如同泥泞中的玻璃瓶碎片——泼妇骂大街一样。在泥泞的、被遗弃的和被士兵的口水吐脏了的斯莫尔尼宫，即使在最激烈的战斗时刻，从来没有发生任何类似的事情。苏哈诺夫写道："一进入玛丽亚宫良好的上流社会，就足以让我们想起曾经在充满有身份的国

家杜马中的那种酒馆气氛。”

发言人为自己开辟出了一条穿越仇恨爆发与短暂沉寂交替出现的道路，他最后说：“我们布尔什维克党团宣布：我们与这个背叛人民的政府，与这个纵容反革命的议会毫无共同之处……我们在离开临时议会的同时，呼吁全俄国的工人、士兵和农民提高警惕和鼓足勇气，彼得格勒在危急中！革命在危急中！人民在危急中！……我们要诉诸人民。全部政权归苏维埃！”

发言人走下讲台。几十名布尔什维克在送行的咒骂声中离开大厅。经历了短暂的慌乱之后，多数派准备轻轻松松地休息一会儿。布尔什维克独自离开了，全民之花还留在岗位上。只有左翼妥协派人士在打击面前弯下了腰，而这打击看来并非是针对他们的。苏哈诺夫坦承：“我们这些离布尔什维克最近的邻居因所发生的一切而处于非常苦恼的状态。”纯说大话的壮士感觉到了，说大话的时代过去了。

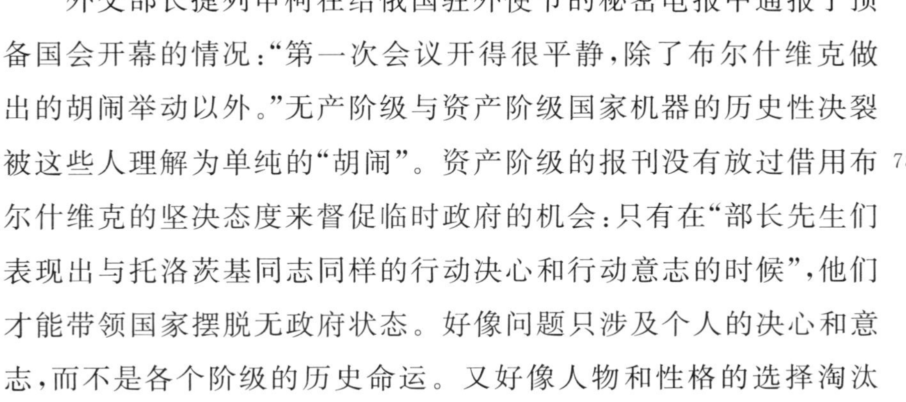

外交部长捷列申柯在给俄国驻外使节的秘密电报中通报了预备国会开幕的情况：“第一次会议开得很平静，除了布尔什维克做出的胡闹举动以外。”无产阶级与资产阶级国家机器的历史性决裂
被这些人理解为单纯的“胡闹”。资产阶级的报刊没有放过借用布 78
尔什维克的坚决态度来督促临时政府的机会：只有在“部长先生们表现出与托洛茨基同志同样的行动决心和行动意志的时候”，他们才能带领国家摆脱无政府状态。好像问题只涉及个人的决心和意志，而不是各个阶级的历史命运。又好像人物和性格的选择淘汰并不依赖历史任务似的。米留科夫谈到布尔什维克退出预备国会时写道：“他们是作为感觉到了自己身后的力量，知道明天将属于

他们的人而说话和行动的。”

蒙尊德群岛的失守、彼得格勒面临的危险不断增长和布尔什维克退出预备国会来到大街上，这一切迫使妥协派分子去思索以后怎样对待战争的问题。在陆海军部长、特派委员和军队团体代表列席的情况下，苏维埃中央执行委员会经过 3 天商讨以后，终于找到了挽救局势的解决办法：“坚决要求让俄国民主派代表出席盟国巴黎代表会议。”经过一番新的努力，斯科别列夫被任命为代表。一份详细的委托书拟定出来了：签订不割地和不赔款的和约，黑海海峡以及苏伊士运河和巴拿马运河实行中立化（妥协主义者的地理视野要比政治视野宽），废除秘密外交，开展渐进的裁军。中央执行委员会解释说，其代表参加巴黎会议“带有向盟国施加压力的目的”。让斯科别列夫对法国、英国和美国施加压力！立宪民主党的报纸提出了一个不怀好意的问题：如果盟国毫不客气地拒绝了斯科别列夫的条件，他将怎样应对呢？“他会用向全世界人民发出新的呼吁来进行威胁吗？”呜呼哀哉，妥协主义者早就已经因为自己原先发出的那个呼吁而感到难为情了。

在打算硬要美国让巴拿马运河实行中立化的同时，实际上中
79 央执行委员会甚至没有能力对冬宫施加压力。12 日，克伦斯基给劳合·乔治发去了一封充满温和责备、凄切抱怨和热烈诺言的长信。信中称前线处于“比过去了的春天更好的状态中”。当然，失败主义宣传——这是俄国政府首脑向英国首相控告俄国布尔什维克的主要罪状——妨碍了所有既定目标的实现。可是，不能提及有关和平的问题。政府弄清了一个问题：“怎样继续进行战争？”在自己的爱国主义担保之下，克伦斯基自然提出了贷款请求。

摆脱了布尔什维克的预备国会同样没有浪费时间，它在 10 日那天展开了关于提高军队战斗能力的辩论。占用了三次会议的令人难受的对话以一成不变的可笑方式进行着。“必须说服军队，让它相信是为和平与民主而战。”左翼这样说。“不能用说服，而要强迫它相信这一点。”右翼反驳说。“没什么可用来强迫，要强迫，也必须先说服，哪怕是部分说服。”妥协主义者回答说。“在说服部队方面，布尔什维克比你们更强。”立宪民主党人提出了异议。双方都说对了。不过落水者在沉到水底之前大声呼救，他也是对的。

18 日，做出决定的时刻来临了，可是这也无法改变事情的本质。社会革命党提出的公式得到了 95 票赞成，127 票反对，50 票弃权，右翼的公式——赞成的有 135 票，反对的有 139 票。令人吃惊的是居然没有多数！据报纸称，大厅里“出现了普遍的躁动和尴尬”。尽管目标是一致的，结果全民之花就国家生活中最尖锐的问题连一个不切实际的决定也不能做出来。这不是偶然现象；在所有其他问题上，同样的情况在各委员会里以及全体会议上都是日复一日地重复着。零碎的意见没有综合起来，所有团体都专注于政治主张难以觉察到的细微差别，而主张本身却又不存在。或许它与布尔什维克一道跑到大街上去了？……预备国会陷入的绝境 80
乃是制度的绝境。

再要说服军队是困难的，而且也无法强迫它。鉴于克伦斯基对坚持战斗并且付出了牺牲的波罗的海舰队发出了新的呵斥，水兵代表大会向苏维埃执行委员会提出要求，要把“用自己无耻的政治恫吓来侮辱和危害这场伟大革命的那个人”从临时政府成员中清除出去。克伦斯基以前还没有从水兵那里听到过这样的语言。

在芬兰，已经在作为政权机关而开展活动的军队、舰队和俄国工人地区委员会拦截了政府的辎重货物。克伦斯基以逮捕苏维埃特派委员来进行威胁。他得到的回答是：“地区委员会泰然地接受临时政府的挑战。”克伦斯基不作声了。波罗的海舰队实际上已经处在起义状态之中了。

在陆上前线，事情还没有走得这么远，不过也是在沿着相同的方向发展。10 月期间，粮食供应状态迅速恶化。北方战线总司令报告说，饥饿是“导致军队道德败坏的主要原因”。虽然妥协主义上层人士在前线仍然反复强调提高军队的战斗力，当然只能背着士兵说，结果还是有一个接一个的团自下而上提出了公布秘密条约和马上提议举行和谈的要求。10 月月初，西方战线的特派委员日丹诺夫报告说：“极度恐慌的情绪是由于寒冬逼近和供应恶化而引发的……布尔什维克正在享用毫无疑问的成功。”

前线的政府机关悬在半空之中。第三集团军特派委员报告说，军事法庭无法起作用了。因为士兵证人拒绝出庭做证。“指挥
81 人员与士兵的相互关系变得更加紧张了。士兵认为军官对战事拖长负有罪责。”士兵对政府和指挥人员的仇视早已迅速扩及到了军队委员会，它们自革命初期以来就没有改组过。各团越过它们的首领，把代表派往彼得格勒，向苏维埃诉说战壕内无法忍受的状况：没有面包，没有衣服，没有战争信心。在布尔什维克势力非常薄弱的罗马尼亚战线，整团整团的人拒绝开枪。“再过两三个星期后，士兵们就要自行宣布停战，放下武器。”有一个师的代表通报说：“士兵们决定，下第一场雪便解散回家。”第三十三军代表团在彼得格勒苏维埃全体会议上发出威胁说：“如果还不马上开展争取

和平的斗争”，那么士兵就会自己夺取政权并且安排停战。第二集团军特派委员向陆海军部长报告说：“不少人在放话，随着寒冬的来临，他们将会离开阵地。”

七月事件后，几乎全被禁止的在前线与敌方士兵友好言欢的行为重新出现了，并且迅速地蔓延起来。一段沉寂过后，不仅士兵逮捕军官，而且杀死其中最令人痛恨者的事件再度开始频繁地发生。处决几乎是当着士兵的面公开进行的。谁也不出来为被害人说话：大多数人是不愿意，少数人是不敢。行刑者总能成功地躲藏起来，在士兵群众中似乎消失得无影无踪。有一位将军写道：“我们紧紧抓住某种不知什么样的东西，祈求出现某种奇迹，不过大多数人都明白，事态已经变得无可挽回了。”

集狡诈与愚钝于一身的爱国主义报刊在还继续登载鼓吹继续战争、发动进攻和争取胜利的文章。将军们不住地摇头，有些人则模棱两可地随声附和。驻扎在德文斯克附近的某军军长布德别尔格男爵在 10 月 7 日写道：“只有精神完全错乱的人才会幻想现在发动进攻。”刚过一天，他就不得不在同一本日记里记下：“我收到了一份预定不晚于 10 月 20 日发动进攻的指令，我被它惊呆和难
住了。”什么都不相信和对一切都不在乎的各级司令部拟定了好些 82
发动新战役的计划。也有不少这样的将军，他们认为最后的挽救方法就是大规模重复科尔尼洛夫在里加的经验，把军队拖进战斗，尝试用失败来猛击革命的头颅。

根据陆海军部长韦尔霍夫斯基的提议，把年长者从前线撤回来充当后备军的决定做出来了。在回撤士兵的重压之下，铁路轧轧作响。在超载的车厢里，弹簧断裂了，地板也塌陷了。留下的人

的情绪并不会因此而得变得好一些。“战壕正处在崩溃之中。”布德别尔格写道，“交通壕蒙上了一层污物，到处是垃圾和粪便……士兵断然拒绝干清理战壕的活……这一切将会引起什么，想起来就可怕；春季来临时，所有这些东西都会开始腐烂和分解。”处在极度消极状态中的士兵甚至普遍拒绝预防接种，这也成了反对战争的一种斗争形式。

在进行了通过缩减军队人数以提高其战斗力的徒劳尝试以后，韦尔霍夫斯基突然得出结论：唯有实现和平才能挽救国家。在同立宪民主党领袖举行的一次私人会面中，这位年轻而天真的部长希望把他们拉到自己这边来，韦尔霍夫斯基展示出了一幅军队物质和精神都在崩溃的场景：“所有继续战争的尝试只能加速灾难的降临。”立宪民主党人不会不明白这一点，然而在其他人一言不发之际，米留科夫以蔑视态度耸了耸肩膀：“俄国的尊严”，“对盟国的忠诚”……这位资产阶级领袖并不相信上述任何一句话，但他顽固地追求达到把革命埋葬在战争的废墟和尸体下面的目标。韦尔霍夫斯基表现出了政治勇气：10 月 20 日，在政府并不知情也没有事先告知它的情况下，他来到预备国会的一个委员会，宣称必须立
83 即缔结和约，不管盟国同意与否。那些在私下会谈中曾经认同他的人都疯狂地起来攻击他。一份爱国主义报纸写道，陆海军部长“跳上了托洛茨基同志马车的仆从踏板”。布尔策夫暗示性地提到了德国黄金。韦尔霍夫斯基于是获准休假。而爱国主义者私下里反复说，实际上他是对的。布德别尔格甚至在日记中也显得十分谨慎，他写道：“从信守诺言的观点来看，建议当然是阴险狡诈的；不过从俄国一己私利的观点来看，它或许是唯一能带来挽救局势

的希望的建议。”男爵顺便承认了自己对德国将军的羡慕心情，说“命运给他们带来了幸运，使他们成了胜利的缔造者”。他没有预料到，厄运很快就将轮到德国的将军们。一般说来，这班人什么都不能预见到，甚至他们当中最聪明的人不例外。布尔什维克则预见到了许多事情。这就是他们的力量所在。

当众退出预备国会的举动摧毁了还在把起义的政党与官方社会连接起来的最后桥梁。布尔什维克带着新的能量——接近目标即能使力量倍增——开展宣传，敌人把这种宣传称之为巧言惑众，因为它把他们私自隐藏在内室和办公室当中的东西统统搬到了大庭广众之中。构成这种孜孜不倦宣传说服力的因素包括：布尔什维克了解历史发展的进程，并且使自己的政策服从于它，他们不害怕群众，坚定地相信自己的正义性，相信自己必将取得胜利。人民也不知疲倦地倾听他们所说的话。群众有紧密团结在一起的要求，每一个人都通过他人来检验自己，而且大家都全神贯注和全力以赴地观察同一种思想是怎样在他们的意识中变成具有各种风味和特征的成分的。望不到头的人群站在马戏院和其他大房子附近，最受欢迎的布尔什维克在那里发表演说，他们得出了最后的结论，发出了最后的号召。

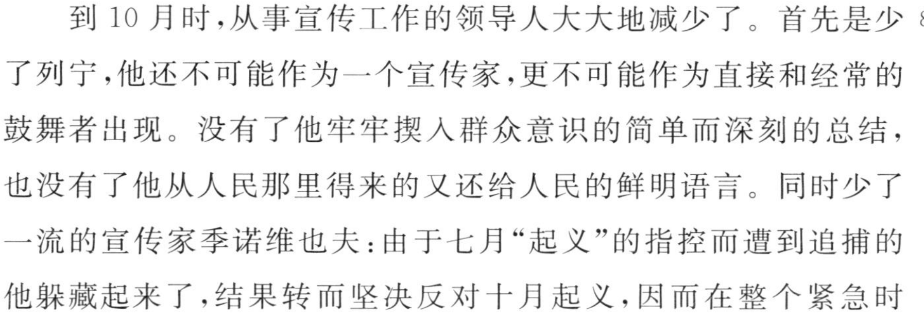

到 10 月时，从事宣传工作的领导人大大地减少了。首先是少 84
了列宁，他还不可能作为一个宣传家，更不可能作为直接和经常的鼓舞者出现。没有了他牢牢楔入群众意识的简单而深刻的总结，也没有了他从人民那里得来的又还给人民的鲜明语言。同时少了一流的宣传家季诺维也夫：由于七月“起义”的指控而遭到追捕的他躲藏起来了，结果转而坚决反对十月起义，因而在整个紧急时

期，他离开了活动场所。作为党不可缺少的宣传家和经验丰富的政治指导员，加米涅夫却指责发动起义的方针，他不相信能取得胜利，他向前看到的是灾祸，因此苦闷地消失在僻静的角落里了。斯维尔德洛夫就其天赋而言，当组织家比当宣传家更适宜，他经常出席群众聚会，他那均匀、浑厚而不知疲倦的男低音传播着平静的信心。斯大林既不是宣传家，也不是组织家，他不止一次作为报告人出现在党的会议上。但是，你看见他哪怕是出席过一次革命的群众集会吗？在众多文献和回忆录当中都没有留下这方面的任何踪迹。

从事卓越宣传的是沃洛达尔斯基、拉舍维奇、柯伦泰和丘德诺夫斯基这些人。他们后面跟着数以十计的次要一些的宣传人员。人们饶有趣味和满怀好感（文化程度较高的人则加上宽容）地倾听卢那察尔斯基的讲话，他是一个经验丰富的宣传家，既善于告诉人们事实，也善于做出总结，既擅长慷慨陈词，也擅长玩笑嘲讽。但是他不奢望带领任何人前进，因为他本人就需要有人给他领路。随着十月革命的临近，卢那察尔斯基迅速失去神采而变得颓丧。

苏哈诺夫是这样描述彼得格勒苏维埃主席的：“他经常放下革命司令部的工作，飞速地从奥布霍夫工厂赶到铸管厂，从普梯洛夫工厂赶到波罗的海舰队，从赛马场赶到士兵营房，仿佛他在所有的
85 地方同时讲话。每个彼得格勒工人和士兵都了解和听说过他这个人。无论在群众当中还是在司令部里面，他的影响远远超过他人。他是这些日子的中心人物，是历史上这精彩一页的主角。”

但是在革命前夕这最后的阶段，那种基层宣传的影响要大得无法比拟，从事这种宣传的是那些没有留下姓名的工人、水兵、士

兵，他们逐个争取志同道合者，消除最后的怀疑，战胜最后的动摇。政治生活急遽转变的几个月时间造就了大批基层干部，培养了成千上万习惯从下面而不是从上面观察政治的人才。正因为如此，他们能对事物和人物做出远不是学院气质的宣传人员所总能企及的中肯评价。站在最前列的是彼得格勒的工人，世代的无产者，他们当中产生了经过特殊锻炼的、有高度政治修养的，以及在思想、言论和行动上独立的宣传者和组织者阶层。车工、钳工、锻工这些车间和工厂的教育者在自己周围形成了自己的学校，有自己的教师，有未来的苏维埃共和国的建设者。波罗的海水兵是彼得格勒工人最亲密的战友，他们中相当多的人也是彼得格勒的工人出身，他们选派出的宣传队通过斗争把落后的团队、县城和乡村争取过来了。随便哪位革命领袖在现代马戏场提出的概括性公式都在数以百计有思想的头脑里充满了血肉，然后在全国不断取得进展。

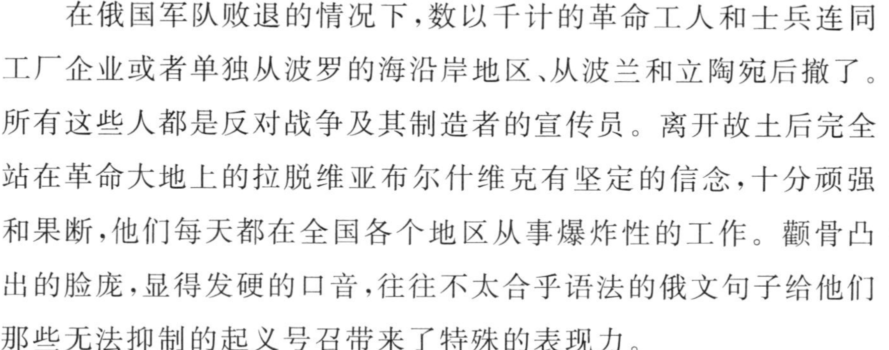

在俄国军队败退的情况下，数以千计的革命工人和士兵连同工厂企业或者单独从波罗的海沿岸地区、从波兰和立陶宛后撤了。所有这些人都是反对战争及其制造者的宣传员。离开故土后完全站在革命大地上的拉脱维亚布尔什维克有坚定的信念，十分顽强和果断，他们每天都在全国各个地区从事爆炸性的工作。颧骨凸 86
出的脸庞，显得发硬的口音，往往不太合乎语法的俄文句子给他们那些无法抑制的起义号召带来了特殊的表现力。

群众对自己队伍中的动摇分子、怀疑分子和中立分子已经不再容忍了。他们在努力把大家吸引过来，拉拢过来，唤醒过来，争取过来，工厂和团队一起派代表去前线。战壕与相距最近的后方的工人和农民紧紧地联系在一起了。在靠近前线的城市，举行了无数次群众集会、协商会议和代表会议，在这些会议上，士兵和水兵使自己与工人和农民协调一致了。靠近前线落后的白俄罗斯就是这样被布尔什维克征服的。

在那些地方党组织的领导不太坚定和还在观望的地方，例如基辅、沃罗涅日以及其他一些地方，群众通常还处在消极状态。领导人以群众消极悲观的情绪为自己的政策进行辩解，其实这种情绪就是他们造成的。相反的情况，正如喀山的一个叫波沃尔日斯基的宣传员所写的："愈是坚定和勇敢地号召举行起义，士兵群众对演讲者就愈加信任和友好。"

彼得格勒和莫斯科的工厂和驻军团队越来越坚定地敲响了乡村的木门，工人们共同出资派代表前往他们出生的省份。各团做出决定号召农民支持布尔什维克。分布在城外的企业工人遍访了周围的乡村，在那里散发报纸，建立布尔什维克支部。通过这些拜访，他们的瞳孔带回了农民战争烈火的反光。

布尔什维主义征服了国家。布尔什维克成为了一支不可战胜的力量。人民跟他们走。通过普选产生的喀琅施塔得、察里津、科斯特罗马和舒亚的城市杜马掌握在布尔什维克手中了。在莫斯科
87 各区杜马选举中，布尔什维克得到了 52％的选票。在遥远和宁静的托姆斯克以及根本不是工业城市的萨马拉，他们在杜马中的席位居第一位。在施吕瑟尔堡县地方自治会，4 个议员中有 3 个是布尔什维克。在利戈沃县自治会，布尔什维克获得了 50％的选票。尽管情况并非在所有地方都是如此有利，但是它到处都在朝布尔什维克党的比例迅速提高的方向演变。

不过，群众的布尔什维克化在阶级组织中的体现得要鲜明得

多。在首都，工会联合了超过 50 万的工人。仍然掌握着某些工会理事会的那些孟什维克也觉得自己不过是昨日的残迹而已。无论哪个部分的无产阶级聚集在一起，也无论其直接任务是什么，他们都会不可避免地得出布尔什维克的结论。工会、工厂委员会以及常设和临时的工人阶级的经济和启蒙团体，都会迫于整个形势而提出与每一个局部任务相关的同样问题：谁是家里的主人？这种现象绝不是偶然的。

在为调整与管理当局的关系而召开的会议上，制炮局所辖工厂的工人在回答怎样做到这一点的问题时说道：通过苏维埃政权，这已经不是纯粹的公式了，而是拯救经济的纲领。正在走近政权的工人同时也越来越具体地走近了工业问题，大炮制造工厂的会议甚至为制订把兵工厂转向和平生产的方案而设立了一个特别中心。

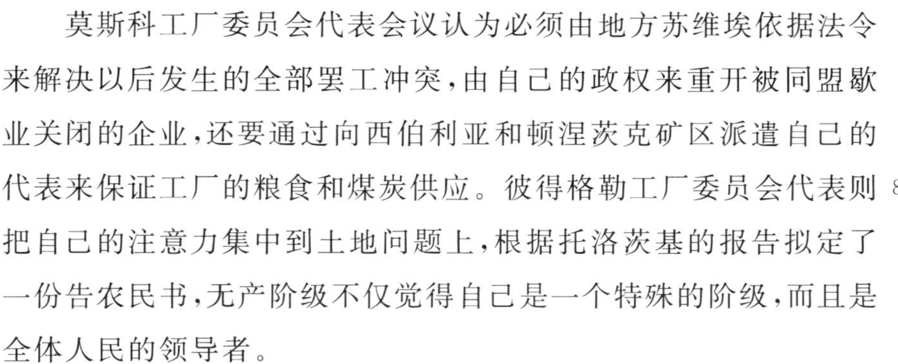

莫斯科工厂委员会代表会议认为必须由地方苏维埃依据法令来解决以后发生的全部罢工冲突，由自己的政权来重开被同盟歇业关闭的企业，还要通过向西伯利亚和顿涅茨克矿区派遣自己的代表来保证工厂的粮食和煤炭供应。彼得格勒工厂委员会代表则 88
把自己的注意力集中到土地问题上，根据托洛茨基的报告拟定了一份告农民书，无产阶级不仅觉得自己是一个特殊的阶级，而且是全体人民的领导者。

10 月下半月召开的全俄工厂委员会代表会议把工人监督问题提到了全国性任务的高度："工人比厂主更关心企业按照规章和连续不断地生产。"工人监督"符合全国的利益，必将得到革命农民和革命士兵的支持"。打开新的经济秩序之门的这个决议是由全俄国工业企业代表通过的，只有 5 票反对和 9 票弃权。为数不多的几个弃权者是那样一些老孟什维克，他们已经不能再同自己的党一道走了，但是也还没有下决心公开举手赞成布尔什维克革命。明天他们就将这样做。

不久前刚刚建立的民主市政机关与政权机关同时衰败了。诸如保证城市供水、照明、燃料和粮食供应等最重要的任务越来越多地落到了苏维埃及其他工人组织肩上。在彼得格勒，发电站工厂委员会在市区和近郊四处寻找，有时找煤炭，有时给汽轮机找油料，通过其他企业工厂委员会的帮助以及同工厂主和管理人员进行斗争，结果两样东西都找到了。

苏维埃政权绝不是空洞的幻想，不是独断专行的机构，也不是党的理论的发明物。它是从经济崩溃中，从有产阶级的无能中，从群众的需要中自下而上不可阻挡地成长起来的。苏维埃事实上就是政权了，对于工人、士兵和农民来说，别的道路是不存在的。关
89 于苏维埃政权，已经不是自以为是和争论不休的时候，是需要实现它的时候了。

在 6 月举行的第一次全俄苏维埃代表大会上做出了每三个月召开一次代表大会的决定。但是全俄中央执行委员会不仅没有如期召开第二次代表大会，而且总是流露出不再召开它的意图，目的是为了避免面对敌对的多数。民主会议把取消苏维埃，并且用“民主派”机关取而代之作为自己的主要目标。可是，这事没有这么简单。苏维埃不打算给任何人让路。

在民主会议行将收场的 9 月 21 日，彼得格勒苏维埃投票赞成尽快召开苏维埃代表大会。根据托洛茨基和莫斯科来的客人布哈

林的报告，就这个问题通过了一份决议，它表面上是出于准备应对新一波反革命浪潮的必要而通过的。这份为将来的进攻开辟道路的防御纲领所依靠的是作为有能力开展斗争的唯一组织的苏维埃。决议要求苏维埃巩固自己在群众中的阵地。在那些实际政权掌握在其手中的地方，苏维埃无论如何也不应该让出它。在科尔尼洛夫叛乱期间成立的革命委员会应当继续做好准备："为了统一和协调所有苏维埃在它们同日益临近的危险开展斗争中的行动，为了解决革命政权的组织形式问题，必须立即召开苏维埃代表大会。"于是，防御决议就直逼推翻临时政府的主题了。从此以后直至起义爆发之际，宣传活动都是根据这种政治基调进行的。

前来参加民主会议的各苏维埃代表第二天就向中央执行委员会提出了召开代表大会的问题。布尔什维克要求在两个星期之内召开代表大会，并且提议，更准确地说是威胁为达到这个目的要建立一个依靠彼得格勒和莫斯科苏维埃的特别机构。实际上他们也 90
认为，代表大会由老中央执行委员会来召集要妥当一些。这样做事先就排除了有关代表大会权限的争议，使在妥协派分子自己协助下打败他们成为可能。布尔什维克半遮半掩的威胁产生了效果，中央执行委员会的领袖们暂时还没有想象如何跟苏维埃的合法性翻脸，他们宣布任何人都不得委托他人履行自己的职责。代表大会定于 10 月 20 日召开，也就是还有不到一个月的时间。

但是，外省的代表刚一离去，中央执行委员会的领袖猛然睁眼看到了，召开代表大会不是时候，因为这将使地方工作人员脱离选举运动，因而对立宪会议不利。而真正的危险还在于代表大会将成为政权强有力的僭夺者。但是，出于外交式的考虑，这一点一个字也没有提到。其实在9月26日，达恩就已赶紧向没有注意做好准备的执行委员会常务局提出了关于代表大会延期召开的建议。

这些拥有专利的民主派人士极少跟民主主义的基本原则讲客气。他们刚刚推翻了本是由他们召开的民主会议做出的拒绝与立宪民主党联合的决定。现在他们又显示出自己对苏维埃主权的蔑视，而他们恰恰是从彼得格勒苏维埃开始，踏着它的肩膀取得政权的。他们真的能做到不中止与资产阶级的联盟的同时，又考虑千百万拥护苏维埃的工人、士兵和农民的愿望与要求吗？

托洛茨基回答达恩的建议时指出，代表大会反正是要召开的，如果不是通过宪法途径，那就会通过革命的途径来召开。一般情况下那么俯首帖耳的常务局这一次却拒绝沿着苏维埃军事政变（*coup d'État*）的道路前进。但是一次小小的失败绝对不会迫使阴谋分子放下武器，相反，似乎还能激发他们的好胜心理。达恩在执行委员会军事部得到了有力的支持，该部决定"征询"各前线
91 组织的意见，要不要召开代表大会，也就是说要不要执行最高苏维埃机关两度做出的决定。在这间隙期间，妥协主义报纸发动了一场反对代表大会的战役。社会革命党人表现得尤为猖狂。《人民事业报》写道："代表大会召开与否，这对于解决政权问题不可能有任何意义……克伦斯基政府无论如何也不会屈服的。"不会向什么屈服呢？列宁问道。他接着解释说："不听命于苏维埃政权，即不听命于工农政权，《人民事业报》为了不落在暴徒、反犹太主义者、君主派和立宪民主党人的后面，把这个政权叫作'托洛茨基和列宁'的政权。"（《列宁全集》中文第二版第32卷，第315页）

农民苏维埃执行委员会基于自己的立场同样认为召开代表大

会是"有害的和不合时宜的行为"。在苏维埃上层弥漫着不怀好意的混乱情绪。妥协主义政党派往全国各地的代表动员地方组织起来反对由苏维埃最高机关正式召集的代表大会。中央执行委员会的半官方刊物每天都在刊登妥协主义领导集团选定的反对召开代表大会的决议，它们的确完全是出自取了个庄严名称的三月幽灵。《消息报》的社论则埋葬了苏维埃，把它们说成是临时住房，只要立宪会议一建成"新制度的大厦"，它们势必随即就拆除。

反对召开代表大会的宣传很少能给布尔什维克造成措手不及的冲击。早在 9 月 24 日，不信赖中央执行委员会决定的布尔什维克党中央就已经做出决定：通过地方苏维埃和前线组织自下而上地发起争取召开代表大会的运动。斯维尔德洛夫被布尔什维克指派参加中央执行委员会为召集，更确切地说是为破坏代表大会而成立的官方委员会。在他的领导下，党的地方组织动员起来了。而通过它们苏维埃也动员起来了。9 月 27 日，列维尔的所有革命机关都要求立即解散预备国会和为了建立政权而召开苏维埃代表 92
大会，并且郑重承诺"动用要塞拥有的一切力量和手段"来支持它。一大批地方苏维埃由莫斯科各区苏维埃领头，提议把有关召开代表大会的事务从不奉公守法的中央执行委员会手中收回来。来自各营、各团、各军以及各地方组织方面召开代表大会的要求，跟军队委员会反对召开代表大会的决议迎头相撞。"苏维埃代表大会务必夺取政权，无论遇到什么情况都不能停止前进。"乌拉尔克什特姆驻军士兵全体会议如是说。诺夫哥罗德省的士兵号召农民不要理睬农民苏维埃执行委员会的决定。各省、各县甚至最遥远角落的苏维埃、工厂和矿山、团队和战列舰、驱逐舰、部队医院、群众

集会、彼得格勒的汽车连、莫斯科的卫生救护队——统统都要求撤销临时政府和把政权交给苏维埃。

布尔什维克并不局限于宣传运动，在召开了由来自23个地方的150名代表组成的北方地区苏维埃代表大会以后，为自己奠定了重要的组织基础。这是一次盘算得很周密的攻击！在自己的琐事大师领导下的中央执行委员会宣布北方地区代表大会是一次私自召开的会议。为数不多的几个孟什维克代表没有参与代表大会的工作，只是“出于报道的目的”留了下来。即便如此，好像也丝毫不能贬低这次代表大会的意义，因为出席代表大会的代表代表了彼得格勒及其周围地区，以及莫斯科、喀琅施塔得、赫尔森福斯和列维尔的苏维埃，也就是说代表了两个首都、海军要塞、波罗的海舰队、彼得格勒周围的卫戍部队的苏维埃。由安东诺夫主持开幕的这次代表大会被有意染上了军队的色彩，大会是在克雷连科准尉担任主席的情况下进行的，他是党在前线的一位优秀宣传人员，也是布尔什维克未来的军队最高总司令。处于托洛茨基所做政治报告中心位置的问题是临时政府想把各革命团队调离彼得格勒的
93 图谋：代表大会绝不允许“解除彼得格勒的武装和扼杀苏维埃”。彼得格勒卫戍部队问题是有关政权的根本问题的一个组成部分。“全体人民都投票拥护布尔什维克。人民信任我们，并且托付我们把政权夺到自己手中来。”托洛茨基提出的决议内称：“只有通过所有苏维埃采取坚决而一致的行动才能……解决中央政权的问题，这样的时刻已经来临了。”这个几乎是赤裸裸的起义号召获得了除3票弃权以外的全体票数通过。

拉舍维奇呼吁各苏维埃要以彼得格勒为榜样，把当地卫戍

部队的指挥权集中到自己手里。拉脱维亚代表彼得森答应召集4万名拉脱维亚轻步兵来保卫苏维埃代表大会。受到热烈欢迎的彼得森声明绝不是一篇空话。几天之后，拉脱维亚各团委员会宣布："只有人民起义……才有可能做到把政权转到苏维埃手中。"各军舰的无线电台于10月13日向全国播出了北方地区代表大会发出的筹备召开全俄苏维埃代表大会的呼吁。"士兵、水兵、农民和工人们！你们的天职就是扫除一切障碍……"

党中央建议参加北方地区代表大会的布尔什维克不要离开彼得格勒。以便等待已经临近的苏维埃代表大会。受代表大会选出的执行局委托，有些代表带着大会报告和其他文件前往各军队组织和地方苏维埃，为在外省发动起义做准备。中央执行委员会看到了一个强大有力的机构和自己并排站立，这个依托彼得格勒和莫斯科的机构通过战列舰无线电台同全国进行联系，在召开代表大会一事上时刻准备取代已衰败的最高苏维埃机关。在组织问题上玩弄小花招并不能给妥协主义者提供任何帮助。

赞成与反对召开代表大会的斗争给各地苏维埃布尔什维克化以最后推动力。在一系列落后的省份，如斯摩棱斯克，只是在争取召开代表大会运动或者选举代表的时候，布尔什维克才或独自或 94
与左派社会革命党人一起第一次获得了多数。甚至在10月中旬召开的西伯利亚苏维埃代表大会上，布尔什维克也获得了成功，他们和左派社会革命党构成了稳固的多数，结果这个多数很容易使各个地方的苏维埃受到自己的深刻影响。10月15日，基辅苏维埃以159票赞成，28票反对，3票弃权投票的结果承认不久将召开的苏维埃代表大会是"拥有主权的机关"。16日，在明斯克亦即西

方战线中心召开西北地区苏维埃代表大会认为召开代表大会是刻不容缓的。18日，彼得格勒苏维埃为行将召开的代表大会举行了选举：布尔什维克候选人（托洛茨基、加米涅夫、沃洛达尔斯基、尤列涅夫和拉舍维奇）获得了443票，社会革命党人获得了162票，这些全都是倾向布尔什维克的左派社会革命党人；孟什维克只有44票。由克列斯廷斯基担任主席的乌拉尔苏维埃代表大会的110名代表中有80名布尔什维克，大会以223900名有组织的工人和士兵的名义要求按预定日期召开苏维埃代表大会。就在同一天，10月19日，最直接的和无可争辩的全国无产阶级代表机构全俄工厂委员会代表会议赞成立即把政权转到苏维埃手中。20日，伊凡诺沃-沃兹涅辛斯克宣布全省所有苏维埃都处于“与临时政府进行公开和无情斗争的状态”，同时号召它们独立解决地方的经济和行政问题。反对这一等于推翻临时政府地方政权的决议的总共只有一票，另有一票弃权。22日，布尔什维克刊物登出了56个要求把政权交给苏维埃的新的组织名单：它们全都是地地道道的群众，而且在很大程度上是已经武装起来的群众。

未来革命的各支队伍之间强大有力的相互呼应却没有妨碍达
95 恩在执行委员会常务局做报告时说，现有的917个苏维埃组织中，只有50个答复同意派出代表，而且“毫无热情”。至于那些仍然认为必须相信自己对中央执行委员会的感觉的为数不多的苏维埃，它们对代表大会没有什么热情，这可以不难理解。但是，绝大多数地方苏维埃和军队委员会简直忽略了中央执行委员会的存在。

在召开代表大会一事上，妥协主义者暴露了自己并且损害了自己的名誉，不过，他们不敢把事情一干到底。当无法阻挠代表大会召开显得十分明晰的时候，他们完成了一次急剧的转变，号召所有地方组织选举代表出席代表大会，这样做是为了不让布尔什维克取得多数。可是，中央执行委员会忽然想到为时太晚，在距预定时间三天之际，它意识到自己只得把代表大会延期至 10 月 25 日召开。

多亏妥协主义者这个最后策略，二月体制以及与它在一起的资产阶级社会得到了意外的宽限期，可是它们已经不能从中得到任何重要的东西了。倒是布尔什维克利用增加的 5 天时间取得了很大的进展。后来敌人也承认为时已晚。米留科夫说道："布尔什维克首先利用延期来巩固自己在彼得格勒工人和士兵中的阵地。托洛茨基出现在彼得格勒卫戍部队各支队伍的集会上。他所制造的气氛的特征从下面这样的事实得到了说明。例如在谢苗诺夫团，士兵们不让接着他后面登台的执行委员会成员斯科别列夫和郭茨讲话。"

谢苗诺夫团的名称早已用令人害怕的文字写进了革命历史，因此其转变具有象征意义：1905 年 12 月，谢苗诺夫团的官兵在镇压莫斯科起义过程中担负了主要任务。该团团长米恩将军下令说："不应该有被捕者。"在莫斯科—戈卢特维诺铁路段，谢苗诺夫
团官兵枪杀了 150 名工人和职员。因自己的功劳而受到沙皇热情 96
相待的米恩将军在 1906 年秋天遭到社会革命党人科诺普良尼科娃刺杀。身处旧传统中心的整个谢苗诺夫团比其他大多数近卫团队坚守得更久。它的"可靠"名声是如此牢固，以致尽管斯科别列夫和郭茨遭到了可悲的失败，然而直到革命爆发那天之前甚至那天过后，临时政府还是顽固地继续把希望寄托在谢苗诺夫团的官

兵身上。

在从民主会议到十月起义之间的5个星期时间内，苏维埃代表大会问题始终是政治生活的核心问题。布尔什维克在民主会议上发表的声明就已经宣告，未来的苏维埃代表大会将是国家的主权机关。“目前这个会议的决定和提议……只有得到全俄工人、农民和士兵苏维埃代表大会方面的承认，才能付诸贯彻执行。”布尔什维克中央委员一半支持，另一半反对的抵制预备国会的决议说：“现在我们认为我党参加预备国会的问题将直接取决于全俄苏维埃代表大会为建立革命政权而采取的措施。”召开苏维埃代表大会的呼吁贯穿了这个时期全部布尔什维克文献，几乎无一例外。

在农民战争如火如荼、民族运动日渐剧烈、经济崩溃日益深化、前线趋于瓦解、政府朝不保夕的情况下，苏维埃成了创造性力量的唯一堡垒。各种问题都演变成了政权问题，而政权问题会通向苏维埃代表大会。它必将对包括立宪会议问题在内的所有问题做出回答。

无论哪个政党包括布尔什维克在内都还没有撤销立宪会议的
97 口号。但是在革命事变的发展过程中，这个主要的民主口号在15年时间内几乎是不知不觉地使群众的英勇斗争染上了自己的色彩，现在这口号变得苍白了，完全褪色了，仿佛被石碾磨掉了，变成了空洞的皮壳，变成了没有内容的纯粹形式，它成了传统而不是前景。在这个过程中，没有任何令人费解的成分。革命的发展遇到了社会的两个基本阶级——资产阶级和无产阶级之间为政权而发生的直接搏斗。立宪会议实在不能给其中任何一个阶级带来任何好处。在这场搏斗中，城乡小资产阶级只能起到辅助和次要的作用。这个阶级在任何情况下都没有能力把政权夺到自己手中，如果说前几个月时间证明了什么，那么就是这一点。然而在立宪会议中，小资产阶级还可以取得——后来确实取得了——多数。这是为了什么？仅仅是为了不知道怎样用这个多数来干什么。在这当中反映出了发生深刻历史转折之际形式民主的破产。传统的力量表现在，甚至在以立宪民主会议的名义开展的最后一次搏斗前夕，无论哪个阵营都还没有放弃。但是事实上资产阶级为排除立宪会议而诉诸了科尔尼洛夫，而布尔什维克将诉诸苏维埃代表大会。

可以很有把握地推测，相当广泛的各人民阶层，甚至布尔什维克党某些成员对苏维埃代表大会也抱有某种立宪幻想，也就是把它们与政权自动地和无痛苦地从联合政府手里转到苏维埃手里的概念联系起来了。实际上必须用暴力夺取政权，光凭投票不能做到这一点，只有武装起义才能解决问题。

但是，正是在作为难以避免的杂质而伴随着各种伟大的人民
运动甚至是最现实的人民运动而来的所有幻想中，综合全部条件 98
来看，苏维埃“议会制”幻想是危害最小的。苏维埃实际上在为政权而斗争，它越来越多地依靠武力，用战斗来争取自己独有的代表大会。对于立宪幻想来说，确实没有给它留下多大余地，真有一点也在斗争的过程中被冲刷掉了。

苏维埃代表大会的口号使全国工人和士兵的革命努力协调一致，对其提出了统一的目标，规定了统一的期限，同时借助不断呼吁建立工人、士兵和农民合法的代表制来掩盖半秘密半公开的起义准备工作。苏维埃代表大会使为举行革命而聚集力量变得容易了，然后它应当使革命成果合法化，并且组建人民没有异议的新政权。

99

第十八章　军事革命委员会

尽管 7 月月底出现了转折，但 8 月期间在重新恢复过来的彼得格勒卫戍部队中占优势的依旧是社会革命党和孟什维克。有些部队仍然弥漫着对布尔什维克的强烈猜忌。无产阶级没有武器，赤卫队手里总共才保有几千支步枪。在这样的形势下，起义只能以惨重的失败而告终，尽管群众重新涌向了布尔什维克。

9 月份，形势在不断地发生变化。将军们的叛乱过后，妥协派分子在卫戍部队中迅速失去了支持。对布尔什维克的不信任变成了同情，在最差的情况下也是观望性的中立。但是同情还不是积极的因素。卫戍部队在政治上仍然是极其松散的，也像农夫一样充满疑虑：布尔什维克不会骗人吧？他们事实上给予了大家和平和土地吗？多数士兵还没有打定主意在布尔什维克旗帜下为实现这些任务而斗争。既然卫戍部队成员中有一个敌视布尔什维克的几乎完全难以化解的少数（五六千名士官生，三个哥萨克团，一个摩托营，一个装甲营）还没有消失，那么 9 月间冲突的结果就显得是颇有疑问的。于事有补的是，发展的进程还进行了一次直观教
100 学，彼得格勒士兵的命运与革命以及布尔什维克的命运在其中紧密联系在一起了。

指挥武装力量的权力是国家政权的基本权力。苏维埃执行委

员会强加给人民的第一届临时政府曾经答应不解除参加过二月革命的部队的武装，不把它们调离彼得格勒。这就是与两个政权并存实质上不可分割的军事二元论形式上的起点。最近几个月来政治上的大幅度震荡——四月示威、七月危机、科尔尼洛夫暴动的策划与覆灭——每一次都不可避免地碰上了彼得格勒卫戍部队的管辖问题。但是在这一点上，临时政府与妥协主义者之间的冲突归根到底还是具有家庭事务的性质，通过友好协商便结束了。随着卫戍部队的布尔什维克化，事情走向了另一面。现在士兵自己已经想起了临时政府3月对中央执行委员会做出的又被二者违背了的承诺。9月8日，苏维埃士兵部提出了让因七月事件而调到前线的那些团队返回彼得格勒的要求，而参加联合政府的人正在绞尽脑汁，谋划如何把其余的部队调出去。

在一系列省会城市，情况与首都大致差不多。7—8月间，各地卫戍部队忍受了爱国主义的复兴；8—9月期间，已经恢复过来的卫戍部队经历了布尔什维克化。必须从头开始，也就是说要重新安排和重新振作它们。临时政府准备对彼得格勒实施打击，并且从外省开始动手。政治动机精心隐蔽到了战略动机之下。9月27日，列维尔的城市和要塞苏维埃联席会议就调离部队的问题做出决定：在有关苏维埃事先同意这样做的情况下，对部队进行重新部署认为是可以的。弗拉基米尔苏维埃领导人问莫斯科的同事，克伦斯基下达的调走全部卫戍部队的命令要服从吗？布尔什维克莫斯科地区局确认："对有革命情绪的卫戍部队下这样的命令是常有的事。"在交出自己的全部权力之前，临时政府企图掌管各个政府都拥有的根本权力——指挥武装力量。

遣散彼得格勒卫戍部队变得更加迫切了，因为即将举行的苏维埃代表大会无论如何都必将把争取政权的斗争进行到底。以立宪民主党《言论报》为首的资产阶级报刊每天都在强调，不能让布尔什维克有“选择宣布内战的时机”的机会。这就意味着必须亲自出马打击布尔什维克。事先改变卫戍部队中的力量对比的企图不可避免地从这里流露出来了。在里加和蒙尊德群岛失陷以后，战略方面的理由看上去就显得够有力的了。军区司令部发布了改编彼得格勒驻军，以便让其上前线的命令。同时根据妥协主义者的主动建议，问题提交给了苏维埃士兵部。对手们的计划是不错的：向苏维埃提出战略性的最后通牒，通过一次打击连根拔掉布尔什维克的武力支柱；或者在遇到苏维埃反对的情况下，在彼得格勒卫戍部队与需要补充人员和需要换防的前线之间挑起激烈冲突。

苏维埃领导人对他们自己所处的陷阱看得一清二楚，他们打算在迈出坚定的一步之前好好试探一下立足地是否坚实。只有确
102 信拒绝的理由会被前线认真接受，才可以拒绝执行命令；不然，较为有利的做法就是通过跟战壕协商，让需要进行休整的前线革命部队与卫戍部队换防。就如前面所指出的，列维尔苏维埃已经表达出的正是这种精神。

士兵们则更加直率地面对问题。现在深秋季节开赴前线，要容忍新的冬季战役——不行，他们头脑根本没有装进这种想法。爱国主义的报纸旋即对卫戍部队进行狂轰滥炸：因无所事事而发胖的彼得格勒驻军各团再次背弃了前线。工人为士兵打抱不平。普梯洛夫工厂的工人头一个站起来抗议调走这些团队。这个问题不仅在兵营，而且在工厂都再也没有撤下议事日程。这也使得苏维埃的两个部①相互接近得更紧密了。各团开始特别友善地支持把工人武装起来的要求。

妥协主义者企图用彼得格勒失守的危险重新加热群众的爱国主义情绪，10 月 9 日，他们向苏维埃提议建立“革命防御委员会”，它本身的任务是在工人积极协助下参与首都的保卫工作。苏维埃拒绝“为临时政府的所谓战略，其中包括把部队调离彼得格勒”承担责任，但是又不赶紧就那个命令的实质发表意见，而是决定审查它的动机和理由。孟什维克打算提出如下抗议：阻碍指挥人员的作战命令是不能容忍的。可是仅仅在一个半月以前，同样是他们对科尔尼洛夫要阴谋的命令说过同样的话，也有人对他们提醒过这一点。为了检验把驻军团队调走是迫于军事还是政治方面的考虑，就需要一个专门机关。让妥协主义者大吃一惊的是布尔什维克接受了“防御委员会”的主张：正是这个机构应该把与保卫首都有关的全部手段都集中到自己手里。这是重要的一步。苏维埃把一件危险的工具从敌人手里夺过来了，从而为自己保留了依据形 103
势做出无论往何处调动部队的决定的机会，不过无论怎样调动都是反对临时政府和妥协主义者的。

布尔什维克更加自然地采纳了建立军事委员会的孟什维克方案，其实此前他们在自己内部多次讨论过为领导即将举行的革命及时推出有权威的苏维埃机关的必要性。党的军事组织甚至拟定了相应的方案。直至那时不能克服的困难就在于使起义机关与选举产生的和公开活动的苏维埃相互协调配合，何况敌对党派的代

① 指士兵部与工人部。——译者

表也进入了苏维埃。对于使建立革命的司令部变得简单易行来说,孟什维克的爱国主义倡导来得再适时不过了,这个司令部不久便更名为军事革命委员会,并且成了十月革命的主要杠杆。

在上面记述的事件过去两年之后,本书作者在一篇专门论述十月革命的文章中写道:“调走部队的命令刚从军区司令部送到彼得格勒苏维埃执行委员会……这个问题在其自身进一步的发展过程中可能获得决定性政治意义的前景就变得一清二楚了。”起义的主张马上得开始找到一个化身。无须再发明一个苏维埃机关了。即将成立的委员会的真实目的由下面这个事实,即托洛茨基在同一次会议上所做的关于退出预备国会的报告结尾高喊的口号毫不含糊地强调出来了:“直接与公开争取国家革命政权的斗争万岁!”把这个口号翻译成苏维埃的合法语言就是:“武装起义万岁!”

恰好就在第二天,10 月 10 日,布尔什维克中央委员会在秘密会议上通过了列宁提出的把武装起义作为目前实际任务的决议。
104 从此,党有了一个明确而必须执行的战斗方针。防御委员会纳入了为政权而开展的直接斗争之中。

临时政府及其盟友用一个个同心圆围住卫戍部队。10 月 11 日,北方战线司令官切列米索夫将军向陆海军部长报告,称军队委员会要求用彼得格勒的后勤人员替换已经疲惫的前线部队。在这种场合,战线司令部只能是军队的妥协派分子与他们那些竭力为克伦斯基的计划提供更多掩护的彼得格勒领袖之间的传话设施。联合派政党的报刊用来给包围战伴奏的是爱国主义狂怒的交响乐。但是,各团和工厂每天举行的聚会说明,有产阶级的音乐在底层没有产生一点哪怕是最为微小的印象。12 日,首都最革命的一个工厂(老帕尔维埃宁工厂)的工人全体会议回答资产阶级报纸的诬蔑说:“我们坚定声明,必要时我们将会上街。即将来临的斗争吓不倒我们,因为我们坚决相信,我们将成为斗争的胜利者。”

彼得格勒苏维埃执行委员会在设立一个小组为“防御委员会”草拟章程的同时,也给这个即将产生的军事机关指定了如下一些任务:与北方战线和彼得格勒军区司令部建立联系,与波罗的海舰队中央委员会和芬兰地区苏维埃建立联系,以便弄清军事形势和阐明必要措施;清查彼得格勒卫戍区及其周围地区的人员组成情况,以及战斗装备和粮食供应状况;在士兵和工人群众中实行维护纪律的措施。条款无所不包同时又含糊不清:所有这些几乎都处在首都防御和武装起义之间的界线上。不过,到此前为止互相排斥的这两项任务现在实际上互相接近了:把政权夺取到自己手中以后,苏维埃必将承担起武装保卫彼得格勒的任务。防御的伪装成分不是从外部强加的,而是在一定程度上从起义前夕的环境中产生的。

为了进行同样的伪装,为委员会草拟章程那个小组为首的不是布尔什维克,而是一个年轻而谦逊的军需官、社会革命党人拉齐米尔,他是起义爆发前已经完全与布尔什维克一道行进的左派社会革命党人之一,当然,他们并非总是预见到这会把他们引向何方。拉齐米尔的最初方案在两个方面经托洛茨基校订过,控制卫戍部队的实际任务规定得更准确了;革命的总目标则被进一步掩盖起来了。在两名孟什维克抗议的情况下,执行委员会赞成的方案把苏维埃主席团和士兵部成员,以及舰队、芬兰地区委员会、铁路工会、工厂委员会、工会、党的军事组织、赤卫队等组织的代表列入了军事革命委员会组成人员之中。组织基础跟其他许多场合是相同的。但是,委员会的每个成员都事先被他担负的新的任务确定下来了。可以猜想得到:各组织将会派出那些熟悉军事事务的或者接近卫戍部队的代表。应该由职能决定机关的性质。

另一个新生事物也差不多同样重要:在军事革命委员会下面设立了卫戍部队的常设会议。士兵部在政治上代表卫戍部队,它的代表是在党的旗帜下选出来的。卫戍部队会议也必须由各团委员会组成,这些委员会主管本部队的日常生活,它们是“行会的”、讲究实际的和最直接代表部队的代表制。各团委员会与工厂委员会之间的相似性自然而然地出现了。借助苏维埃工人部,布尔什
106 维克就能够在重大政治问题上很有把握地依靠工人。但是要成为工厂的主人,就必须带领工厂委员会跟自己走。苏维埃士兵部的人员构成也保证了大多数卫戍部队在政治上同情布尔什维克。可是要实际上指挥军队,就需要直接依靠各团的委员会。这就能解释清楚,在行将爆发起义的时候,卫戍部队会议为什么站到了前列,自然而然地就把士兵部挤到一边去了。其实,士兵部最重要的代表也参加了卫戍部队会议。

在此前不多几天写的文章《危机成熟了》中,列宁用责备的口吻问道:“党在研究军队布防……等等方面,到底做了些什么呢?”(《列宁全集》中文第二版第 32 卷,第 277 页)尽管军事组织进行了忘我的工作,列宁的责难还是对的。由对武装力量和军事手段进行纯粹参谋机关式的研究给党带来了困难,因为缺乏素养,门径也没有找到。自从卫戍部队会议登上舞台以来,形势马上发生了变化。从此,不仅首都,而且周围距它最近的驻军活生生的全景每天都在领导人的眼前移动过去。

10 月 12 日，彼得格勒苏维埃执行委员会对拉齐米尔小组草拟的章程进行了审核，尽管会议带有封闭的性质，辩论在很大程度上还是带有隐喻的特征："说的是这件事，所指的却是另一件事。"苏哈诺夫这样写并非没有根据。章程计划在委员会下面设立防守、补给、联络和情报等部门，这是一个司令部或者是一个与司令部对等的机关。提高卫戍部队战斗力被宣布为卫戍部队会议的目标。这里没有说假话，但是战斗力可以有各种不同的运用方式。孟什维克无奈又气愤地确信，他们基于爱国主义提出的主张变成了准备起义的掩护。伪装极少是不易识别的：大家都明白它意味的是什么，可是同时它又能不可抗拒地保留下来，要知道以前妥协主义者自己也完全就是如此行事的。紧急时刻他们在自己周围部署警卫部队，并且建立与国家机关平行的政权机关。布尔什维克看起来仅仅是追随两个政权并存的传统。然而，他们在旧形式中装进了新的内容。从前为达成妥协采用的手段现在却在导致内战。孟什维克要求记录写明，他们是整个地反对这一切事情的。这个空谈的请求得到了尊重。

第二天，在士兵部（不久以前它还是完全由妥协主义者近卫军组成的）就军事革命委员会和卫戍部队会议问题展开了讨论。在这次意义最为重要的会议上，有权利占据主要位置的是波罗的海舰队中央委员会主席、水兵德宾科，他是一个黑胡子大块头，不习惯说话吞吞吐吐。这位赫尔森福斯来客的讲话像一股清新而强烈的水流注入了卫戍部队凝重的氛围。德宾科谈到了舰队同临时政府彻底决裂和以新的态度对待指挥人员的问题。在最近的海战开始之前，海军上将询问那些天召开的水兵代表大会：战斗命令会得到执行吗？“我们回答说：在我们的监督下会得到执行的。但是，……如果我们看出来……舰队有覆灭的危险时，那么司令官就会第一个被吊死在桅杆上。”对于彼得格勒卫戍部队来说，这是崭新的语言。在舰队它也只是到最后几天才得到使用。这是起义的语言。一小撮孟什维克躲在角落里张皇失措地埋怨唠叨。主席团也不无恐慌地不时看一眼密密麻麻聚集在一起的身着灰色军大衣的人群。他们的队伍里连一声抗议也没有发出！眼睛在激动兴奋的脸上闪闪发光。勇敢的气息在会场上空飘荡。

因普遍的同情而激情迸发的德宾科最后满怀信心地宣布：“有人说，为了保卫通向彼得格勒，包括通向列维尔的要道，必须把彼得格勒卫戍部队调出去。请你们不要相信。我们自己来保卫列维尔。你们留下来在这里保卫革命的利益……当我们需要你们的援助时，我们会亲口对你们说的，我相信你们会支援我们的。”这个呼吁再好也不过地装进了士兵的头脑，引发了一阵真正的热情旋风，某些孟什维克的抗议被不留踪影地淹没在其中了。从此，调走卫戍部队诸团队的问题可以认为已经解决了。

拉齐米尔报告的章程草案以 283 票多数赞成，1 票反对，23 票弃权获得通过。这些连布尔什维克自己也没有料到的数字测出了群众革命压力的程度。投票结果意味着士兵部公开和正式地把卫戍部队的指挥权从政府的司令部手里转到了军事革命委员会手里。即将来临的事变将会证明，这不是一次简单的示威行动。

就在这同一天，彼得格勒苏维埃执行委员会公布了关于在其下面设立特别的赤卫队部门的通知。在妥协主义者得势时受到藐视甚至遭到追究的武装工人一事，现在成了布尔什维克苏维埃最重要的任务之一。士兵对赤卫队的疑虑态度被远远地抛在后面了。相反，在各团做出的所有决议中，都提出了武装工人的要求。从此以后，赤卫队和卫戍部队并肩站在一起了。而且，很快又因它们共同隶属于军事革命委员会而更紧密地联系起来了。

临时政府深感不安。10月14日早晨，在克伦斯基那里举行了部长会议，会议同意由司令部采取措施来对付行将发生的“武装暴动”。这班当权者猜测，这一次事件是仅限于武装示威游行还是会走到起义地步呢？军区司令部对报界代表说：“对发生任何事件，我们都做好了准备。”注定要失败的人在自己灭亡前夕，往往要经历一次精力的高涨。

在执行委员会联席会议上，达恩模仿此刻正躲藏在高加索的策烈铁里的六月腔调，要求布尔什维克回答下面这个问题：他们要武装暴动吗？如果想，那么在什么时候？从梁赞诺夫的回答中，孟什维克波格丹诺夫得出了不无道理的结论：布尔什维克在准备发动起义并且将领导起义。孟什维克的报纸写道：“看来，在夺取政权之际，布尔什维克的盘算指靠的是不调走卫戍部队。”但是夺取政权在这里加上了引号：妥协主义者还不当真相信有危险。他们所担心的主要不是布尔什维克的胜利，而是一场新的内战的结果会使反革命取得胜利。

把工人武装掌握在自己手中以后，苏维埃便为自己获取武器开辟了道路。不过这种情况并没有马上出现。在这里，实践中每向前迈出的一步都得到了群众的提醒。需要做的仅仅是认真对待他们的意见。事件过了4年以后，托洛茨基在专为十月革命举行的一次回忆晚会上说道：“当一个工人代表团来到会场并且说我们需要武器时，我说：‘然而军械库不在我们手里，不是吗？’他们回答说：‘我们就去谢斯特罗茨克兵工厂。’‘啊，那又会怎样？’‘那里的人说：如果苏维埃下命令，我们就给。’于是我开具了一张要5000支步枪的凭据，他们在那一天就得到了这些枪支。这就是第一次经历。”敌人的报刊马上大喊大叫起来，说什么凭一个还在受到叛国罪指控和取保出狱的人开的一张单据，就让国家兵工厂发了货。临时政府则默不作声。但是民主派的最高机关登台了，它发布了一项严厉命令：没有苏维埃中央执行委员会的许可，谁也不能把武器发出去。看来，在发放武器的问题上，达恩或者郭茨很少能令行禁止，如同托洛茨基很少能发号施令一样，因为兵工厂和军械库是
110 由政府管辖的。可是，每逢重大时刻蔑视官方政权已经成了中央执行委员会的传统，并且牢牢地成了政府自身的习惯，因为它符合事物的本质。然而，传统和习惯在另一端还是遭到了破坏，工人和士兵不再区分中央执行委员会的雷声与克伦斯基的闪电，对两者统统不予理睬。

以前线的名义调走彼得格勒驻军各团要比以后方办公室的名义方便。出于这个考虑，克伦斯基把彼得格勒卫戍部队划归北方战线总司令切列米索夫指挥。在作为政府首脑的克伦斯基取消自己对首都军事事务的领导的同时，作为最高总司令的克伦斯基又用让首都服从自己的想法来安慰自己。同样，面临要咬开坚硬核桃的切列米索夫将军向特派委员和军队委员会委员求助。通过共同努力制订出了一份最新的行动计划。10月17日，战线司令部同各军队组织一起把彼得格勒苏维埃的代表叫到了普斯科夫，为的是当着战壕的面向后者提出支持自己的要求。

除了接受挑战以外，彼得格勒苏维埃没有其他任何选择。10月16日会议决定成立的一个数十人的代表团，由苏维埃成员和各团代表大致各一半组成，领导该代表团的是苏维埃工人部主席费多罗夫与士兵部以及布尔什维克军事组织领导人拉舍维奇、萨多夫斯基、梅霍诺申、达什凯维奇等。几个参加代表团的左派社会革命党人和孟什维克国际主义者答应一定在普斯科夫维护苏维埃的政策。在出发前举行的代表团会议上，通过了由斯维尔德洛夫提交的一份声明草案。

就在这同一次苏维埃会议上，讨论了军事革命委员会章程。这个机构还没来得及降生，很快就在敌人眼睛里形成了越来越可憎的面貌。一位反对派发言人提高声调说道："布尔什维克没有回答这个直率的问题：他们准备发动起义吗？这是怯懦或者不相信自己力量的表现。"会场上一齐发出了笑声：一个执政党的代表要求发动起义的政党向它敞开自己的心扉。这个发言人接着说，新成立的委员会不是别的什么组织，就是"夺取政权的革命司令部"。他们孟什维克是不会加入的。"你们有多少人呢？"席位上发出喊叫。在彼得格勒苏维埃，孟什维克的确不多，总共才有50人。但是他们实在知道："群众并不同情发动起义。"托洛茨基在自己简短的回答中没有否认布尔什维克准备夺取政权："我们并没有把这事当作秘密。"可是如今问题不在这里，临时政府提出了把革命部队调离彼得格勒的要求，"于是我们必须说'是'还是'不'。"拉舍维奇的草案以压倒性的多数票获得通过。这位主席提议军事革命委员会第二天就着手开展工作。这样一来，事情又向前迈进了一步。

同日，彼得格勒军区司令波尔科夫尼科夫再次向临时政府报

告了布尔什维克准备发动起义的情况，报告维持着信心十足的口气：卫戍部队总体上站在政府一边，士官学校收到了做好战斗准备的命令。在告全城居民书当中，波尔科夫尼科夫要人们相信在需要的时候，他会采取“最极端的措施”。社会革命党人的市长什雷杰尔恳求“不要造成混乱局面，以免给首都带来真正的饥荒”。报纸发出了威胁和叫喊，示威和恫吓，调门也越来越高了。

为了激发彼得格勒苏维埃代表团的想象力，在普斯科夫准备
112 了一个军事戏剧场景的接待会。在司令部的房间里，将军大人、以沃伊廷斯基为首的高级特派委员和军队委员会的代表围坐在一张用巨幅地图覆盖的桌子四周。司令部各部门长官做了陆地和海上军事形势的报告。所有报告人的结论都归结为一点：必须立即把彼得格勒卫戍部队调出来保卫通向首都的交通要冲。特派委员和军队委员会委员愤慨地否认有关暗中怀有政治动机的嫌疑，全部行动都是迫于战略需要而开展的。苏维埃代表没有反对的直接证据。在类似案件中，罪证不会堆放在大街上。但是总体形势驳倒了出于战略方面的理由。前线不是缺人，而是人不愿意去打仗。彼得格勒卫戍部队的情绪根本不能加固已经动摇的前线。况且，科尔尼洛夫叛乱的教训还留在大家的记忆中。彻底坚信自己是正确的代表团轻而易举地就顶住了司令部的进逼，返回彼得格勒时比出发时意见更加一致了。

当事人没有掌握的那些直接罪证此后被历史学家掌握了。一次秘密的军事通讯证明，不是前线需要彼得格勒的团队，而是克伦斯基要把它们硬塞给前线。北方战线总司令直接打电报回答陆海军部长说：“秘密。17 日，X。把彼得格勒卫戍部队派往前线的主

意是您而不是我提出来的……既然很清楚彼得格勒卫戍部队各部都不愿意上前线，也就是说它们没有战斗力，所以我在与您的代表——那位军官的私下交谈中说到……这样的部队在我们前线已经足够了。但是对于您表达的把它们派往前线的愿望，我过去没有拒绝，现在也不会拒绝它们，如果您像以往那样认为把它们调离彼得格勒确有必要的话。”这封半辩论性的电报可以这样进行解释，即切列米索夫这位热衷高层政治的，在沙皇军队中被认为是“红色将军”的，以及后来如米留科夫所说，成为“革命民主派红人”的将军，看来得出了下面的结论，在临时政府跟布尔什维克的冲突中最好巧妙地与前者断绝往来。切列米索夫在革命的那些日子里的行为充分证明了这种解释。

由卫戍部队引发的斗争跟由苏维埃代表大会引发的斗争交织起来了。离原先预定的期限只剩下四五天了。因代表大会的缘故，“发动”一事更让人期待了。人们猜测，如同七月那样，运动当是以伴有街头战斗的群众武装游行的形式开展。右翼孟什维克波特列索夫显然是依据反间谍机关或者大胆伪造文献的法国军事使团的资料，在资产阶级报纸上讲述布尔什维克武装暴动的计划应该是于 10 月 16 日夜间实现。随机应变的计划作者没有忘记预见，布尔什维克身边带着一批“可疑分子”出现在一座城门旁边。近卫团的士兵们嘲笑起人来并不比荷马笔下的诸神差。当在苏维埃会议上宣读波特列索夫的文稿时，斯莫尔尼宫的白色廊柱和枝形吊灯架也因排炮似的哈哈大笑晃动起来了。擅长对出现在其眼中的事物视而不见的贤明政府因荒谬的伪造文件感到非常吃惊，于是急忙在半夜两点钟开会讨论回击“可疑分子”。在经克伦斯基与军事当局重新协商以后，必要的措施制订出来了：加强冬宫和国家银行的警卫，从奥拉宁鲍姆召来两个准尉学校的兵员，甚至从罗马尼亚战线调来装甲车。用米留科夫的话来说就是："在最后时刻，布尔什维克取消了自己的准备工作。他们为什么这样做——还不清楚。"事件过去几年以后，这个训练有素的历史学家还仍然
114 宁愿相信这个自相矛盾的臆说。

当局指派警察在城市的边缘地带巡逻以便发觉准备发动起义的蛛丝马迹。警察局的报告乃是生动的观察与警察迟钝的结合品。在分布着一系列大型工厂的亚历山大—涅夫斯基地区，巡逻人员看到的是十分平静的情景。在维堡区，必须推翻政府是一件公开宣传的事情，可是"表面上"也是平静的。瓦西里耶夫岛区人们情绪激昂，然而这里也看不出有"临近发动的表面迹象"。纳尔瓦方面仍在进行有利于武装暴动的强有力宣传，但是又不能从任何一个人那里得到问题的答案：究竟什么时候发动？要么日期与时刻处于最严格的保密状态，要么确实谁都不知道。当局于是决定：在边缘地带加强巡逻队，警察局特派委员必须更频繁地检查岗哨。

莫斯科自由主义报纸上的一篇报道对警察局的报告做了颇为不错的补充："在边缘城区，在彼得格勒的涅瓦、奥布霍夫、普梯洛夫等工厂，布尔什维克为武装暴动在竭尽全力进行宣传。工人的情绪是如此激昂，使得他们随时都在准备出动。最近几天在彼得格勒可以看到前所未有的逃兵潮……华沙车站由于两眼发红和满脸怒气的形迹可疑的士兵太多而不能通行……有消息说，觉察到了发财机会的成批盗窃团伙来到了彼得格勒。挤满了茶馆和赌窟

的可疑武装人员组织起来了……”在这里，小市民的恐惧和警察的胡话与严酷的现实混杂在一起。在革命危机临近结束之际，把社会最底层深处的东西彻底给暴露出来了。无论逃兵，还是盗窃团伙或者贼窝都实实在在传来了即将爆发地震的隆隆响声。社会上层浑身发抖地眼望着制度本身肆意横行的力量，眼望着它的毛病 115
和祸根。革命并没有制造出这一切，它只是把它们揭露出来罢了。

这些日子里，喜欢挖苦却又不乏观察力及独特敏锐目光的反动分子布德别尔格男爵（他已经为我们所知）在德文斯克的军司令部里写道：“立宪民主党人、准立宪民主党人、十月党人和老式及三月时候的形形色色的革命者猜度到自己的末日即将来临，他们在用尽气力吱吱乱叫，很像那些用敲打响器来防止月食发生的穆斯林。”

10 月 18 日，卫戍部队会议首次召开。发给各个部队的电话通知号召它们放弃擅自越权的行为，只执行那些有士兵部副署的司令部命令。这样，苏维埃进行了公开把卫戍部队控制权拿到自己手中的决定性尝试。电话通知实质上无非就是推翻现存政权的号召书。可是，如果愿意的话，也可以把它解释为在两个政权结构内由布尔什维克取代妥协主义者的和平举动。实际上这可以归结为同一种解释，不过更加灵活的解释为幻想留下了余地。自认为是斯莫尔尼宫主人的苏维埃中央执行委员会主席团试图暂缓发出电话通知。这样做只不过再一次损害了自己的名声。彼得格勒近郊各团和各连委员会的代表聚会在规定的时刻召开了，而且参加的人非常多。

多亏对手制造的气氛，卫戍部队会议与会者的报告自然而然地集中到了行将到来“武装暴动”问题上。出现了值得注意的交流经验现象，领导人未必有勇气自己主动来做这事。表示反对发动的有彼得戈夫准尉学校和第九骑兵团。近卫骑兵各补充连则采取
116 中立立场。奥拉宁鲍姆准尉学校只服从苏维埃中央执行委员会的指挥。不过，敌对的和中立的票数也就到此为止了。一接到彼得格勒苏维埃的号召便准备出动的部队经证实有：伊戈尔团、莫斯科团、沃伦斯基团、巴甫洛夫团、科克斯戈利姆团、谢苗诺夫团、伊兹梅洛夫团、第一轻步兵团、第三预备团以及波罗的海海军第二陆战队、电气技术营、近卫炮兵营。掷弹兵团只依照苏维埃代表大会的号召才发动起义：这就足够了。重要性小一些的其他部队则向多数看齐。就在不久之前，中央执行委员会还不无根据地把彼得格勒卫戍部队视为自己力量的来源，这一次它的代表差点没被一致拒绝在会上发言讲话。既无能为力又愤愤不平的他们离开了这个“没有得到授权的”会议，而会议根据主席的提议随即重申：不论什么命令，只要没有经彼得格勒苏维埃盖印，就是无效的。

在最近几个月特别是最近几个星期，卫戍部队意识中已经有了准备的东西现在定型下来了。临时政府比人们能想到的还要无足轻重。虽然城市为可能出大事和发生流血战斗的传闻而吵吵嚷嚷，但是布尔什维克占了绝大多数的各团委员会会议实际上使得无论游行示威还是大规模战斗都成为多余的了。卫戍部队满怀信心地走向革命，而且它不是把革命作为起义，而是作为苏维埃决定支配国家命运无可争辩的权利的实现来接受。在这个运动中有一股不可战胜的力量，然而同时也有相当沉重的成分。党必须善于使自己的行动适应各团队的政治步伐，因为它们当中大多数在等

待来自苏维埃方面的号令，一部分则在等待来自苏维埃代表大会方面发出的号令。

为了排除进攻过程中出现的危险或者哪怕只是暂时的混乱，就有必要回答不仅困扰敌人，而且困扰朋友的一个问题：起义真的
会在今天或者明天爆发吗？在电车中，在大街上，在商店里，人们 117
都只谈论一个话题——即将发生的起义。在冬宫和司令部前面的宫殿广场上出现了长长的军官队伍，他们是毛遂自荐来帮助政府的，为此他们得到了左轮手枪。可是一到危险时刻，无论是左轮手枪还是它们的主人都会不见踪影。今天所有报纸的头版文章专门谈论起义问题。高尔基要求布尔什维克——但愿他们不是“野蛮人群没有主见的傀儡”——驳斥流言。在工人街区尤其是在各团队，出现了莫名的恐慌。难道这样的事开始发生了：没有它们参加的发动正在准备中。那会是谁呢？为什么斯莫尔尼宫保持沉默呢？作为公开的议会机关和作为革命司令部的苏维埃的矛盾处境在最后一个关口造成了巨大的困难。要继续保持沉默是不可能的。

托洛茨基在苏维埃晚间会议结束时说道：“最近几天，报纸上满是关于即将爆发起义的消息、传闻和文章……彼得格勒苏维埃决定的颁布是众所周知的事，苏维埃——作为选举产生的机关……不可能有工人和士兵不知道的决定……我代表苏维埃声明：无论何种武装暴动我们都还没有做出决定。但是如果根据事态进展，苏维埃不得不决定采取行动，那么只要一召唤，工人和士兵就会像一个人一样行动起来……有人指出，我签署了一份5000支步枪的单据——不错，是签署了……苏维埃以后会把工人赤卫

队组织和武装起来。”代表们明白了：战役临近了，但是没有他们和不经过他们就不会有什么信号。

但是，除了令人放心的解释以外，清晰的革命前景对群众而言也是十分必要的。报告人将调走卫戍部队和即将召开苏维埃代表大会两个问题合二而一：“我们和政府有冲突，而且它具有极其尖
118 锐的性质……我们不容许……出现彼得格勒与它的革命卫戍部队分离的情况。”这个冲突自身要服从即将到来的另一个冲突：“资产阶级知道，彼得格勒苏维埃将向苏维埃代表大会提议把政权拿到自己手中来——于是，预见到不可避免要发生战斗的资产阶级就要力图解除彼得格勒的武装。”在这篇讲话里，革命的政治开端第一次十分明确地体现出来了：我们准备夺取政权，我们需要卫戍部队，我们不会交出它。“在反革命尝试破坏苏维埃代表大会时，我们就会用无情的和实施到底的反攻来回答它。”宣布发动坚决的政治攻势这一次是以军事自卫的形式做出的。

苏哈诺夫带了一个行不通的方案出席这次会议，要求苏维埃为高尔基诞辰举行纪念会。后来他为这一天系好的革命之结做了一个不错的注释。对斯莫尔尼宫而言，卫戍部队问题就是起义问题。对士兵而言，这是一个事关他们命运的问题。“很难想象这些天还有更加适当的政策出发点。”但是这并没有妨碍苏哈诺夫认为布尔什维克总的政策是毁灭性的。他与高尔基以及数以千计的激进国际主义一起，极其害怕那些似乎是“野蛮的人群”，而后者正在按照出色的计划每天都在扩展自己的攻势。

苏维埃强大得足以公开宣布国家革命的纲领甚至为革命规定期限。同时，在直至它们自己预定的完全胜利那一天之前，苏维埃

在成千上万大大小小问题上还是显得无能为力。政治上已经归零的克伦斯基仍然在冬宫发布政令。作为不可摧毁的群众运动鼓舞者的列宁仍然处在地下状态，而司法部长马利安托维奇在这些天再次对检察长签发了逮捕列宁的命令。甚至在自己的领地斯莫尔尼宫，拥有无限力量的彼得格勒苏维埃似乎只能靠施舍过活。建 119
筑、钱柜、发行处、汽车、电话的支配权仍然掌握在中央执行委员会手里，而后者自身只是靠细如丝线的继承性才得以维持。

苏哈诺夫讲到，深夜散会后他出门来到斯莫尔尼宫前面广场上的小公园，当时伸手不见五指，并且下着倾盆大雨。成群的代表在两部冒着热气和油烟的汽车旁边绝望地来回踏步，汽车是布尔什维克的苏维埃获准从执行委员会豪华的车库里开出来的。这位无所不在的观察者讲述道，走近汽车的“也有主席托洛茨基。可是，站立和观望了一阵以后，他笑了笑，接着踩着积水消失在黑夜中了”。在电车场，苏哈诺夫遇见了一个个子不高，蓄着黑色胡须，外表显得谦逊的男人。陌生人试图安抚因回家路长而苦恼的苏哈诺夫。这个人是谁？苏哈诺夫问同行的一个女布尔什维克。“党的老工作者斯维尔德洛夫。”不到两星期之后，这个黑胡须的小个子男人便成了苏维埃共和国最高机关中央执行委员会的主席。看来，斯维尔德洛夫是用感激之情来安慰同路人的：因为此前八天时，在苏哈诺夫不知情的情况下，在他家里举行了布尔什维克中央委员会会议，正是那次会议把武装革命提上了议事日程。

次日早晨，苏维埃中央执行委员会企图使时局的车轮往回转。主席团召开了一次“合法的”卫戍部队会议，拉来开会的是些落后的很久没有改选的，而且前一天也没有出席会议的委员会。对卫

成部队附加的检验提供了一些新的情况，因而更加清楚地证实了昨天的场面。这次表示反对发动的有彼得保罗要塞驻军的多数委
120 员会以及装甲营委员会。两者都宣布服从中央执行委员会。无论如何都不能忽视这一点。

这座要塞建在濒临涅瓦河以及连接它的一条运河汇合处的一座岛上，位于市中心和两个区之间，它控制着附近的桥梁，掩护着或者说相反暴露了通向临时政府所在地冬宫的要道。要塞在大规模战役中没有什么军事意义，但在巷战中可以说是很有分量的。此外，这或许也是最重要的，即要塞还有一个枪械弹药十分充足的冠堡军火库。工人需要步枪，而最革命的团队几乎是赤手空拳的。在巷战中，装甲车的重要性更无须多说。如果它们在政府一边，就能造成许多无谓的牺牲；在起义一方，则会缩短通向胜利的道路。布尔什维克最近几天务必要特别注意要塞和装甲营。在其他方面，今天会议上的力量对比与昨天是一样的。中央执行委员会要通过自己非常谨慎的决定的尝试遇到了压倒多数的冷淡抵制。会议不是由彼得格勒苏维埃召集的，它不认为自己拥有做出决定的全权。是妥协主义领导人自己招来这次额外打击的。

苏维埃中央执行委员会发现从下面通向各团队的道路是行不通的，于是企图从上面掌控卫戍部队。根据同司令部达成的协议，它任命社会革命党人马列夫斯基上尉为全军区首席特派委员，并且表示同意在苏维埃特派委员服从首席特派委员的条件下承认他们。通过一个谁也不知道的上尉来骑在布尔什维克卫戍部队头上的企图显然是毫无希望的。彼得格勒苏维埃否决了这一企图，也停止了继续谈判。

波特列索夫揭发的10月16日夜间起义并没有发生。现在敌人又蛮有把握地说出了一个新的日期:10月20日。众所周知,苏维埃代表大会原先就定于这一天开幕,而作为大会影子的起义要在代表大会之后举行。代表大会固然已经往后推延了5天,不过事情依旧:物体移动了,影子却原地不动。这一次临时政府采取了决不容许"发动"的一切必要措施。在边缘市区布置了得到加强的哨位;哥萨克巡逻队通宵在工人区巡逻;在彼得格勒各重要地点暗中部署了骑兵的后备队;警察奉命做好战斗准备,其一半人员不间断地守卫委员办事处;在冬宫旁边停放着装甲车,架起了轻炮和机关枪;通向冬宫的要道都有卫兵把守。

谁都没有准备和谁也没有号召举行的起义这一次同样没有发生。这一天比以前许多个日子过得更加平静,工厂也没有停工。达恩主编的《消息报》正在庆祝对布尔什维克的胜利:"他们在彼得格勒举行武装暴动的冒险——这件事已经结束了。"联合起来的民主派仅仅只发一回怒,布尔什维克就崩溃了。"他们已经在退缩。"按字面确实可以认为:通过不合时宜的恐惧和也不太合时宜的胜利号角,昏了头的敌人给自己树立了这样的目标:把自己这边的"舆论"弄糊涂,同时把布尔什维克的计划掩盖起来。

10月9日首次做出的建立军事革命委员会的决定直到一个星期后才获得彼得格勒苏维埃全体会议通过:苏维埃不是一个政党,它的机器十分笨重。还需要4天时间来组建这个委员会。然而这10天并没有白白浪费掉:掌握卫戍部队的工作在全速进行。各团委员会会议有效地证明了自己的生命力。武装工人一事向前推进了,所以直到10月20日,也就是距离起义5天之际才着手工

122 作的军事革命委员会手里马上掌握了足够完备的手段。由于妥协派方面的抵制，参加委员会的只有布尔什维克和左派社会革命党人，这就使任务变得比较容易和简单了。社会革命党人中只有拉齐米尔一个人在其中工作，他甚至当上了执行局的负责人，这是为了更明确地强调这个机构的苏维埃性质，而不是它的党派性质。委员会的主席是托洛茨基，主要工作人员有波德沃伊斯基、安东诺夫-奥夫申柯、拉舍维奇、萨多夫斯基、梅霍诺申，委员会实际上唯一依靠布尔什维克。列入章程的所有机构的代表都参加了委员会，它大概一次全体会议也没有开过。日常工作是通过主席领导下的执行局进行的，而且所有重要场合都吸收斯维尔德洛夫参加。这就是起义的司令部。

委员会的公告简略地记录下了它最初采取的步骤：任命了一批特派委员来“监督和领导”卫戍区战斗部队以及某些机构和军火库。这意味着苏维埃在政治上掌握了卫戍部队以后，现在又让它在组织上服从自己。布尔什维克军事组织在全体特派委员中发挥着巨大的作用。这个组织在彼得格勒大约有 1000 人，当中有不少立场坚定和奋不顾身地忠于革命的士兵与年轻军官。七月事件后，他们在克伦斯基的监狱里面经受了必要的锻炼。从他们当中选拔的特派委员在卫戍部队里找到了用武之地，士兵把他们当作自己人，完全自愿服从他们。

主动控制各个机关的行动往往是从下面开始采取的。彼得保罗要塞军火库的工人和职员提出了必须对运出的武器进行监督的问题。派往那里的特派委员成功阻止了给士官生增发武器，扣留了原定运往顿河地区的 1 万支步枪，以及给许多可疑组织与人物

的小批零散武器。监督很快就扩展到了其他军火库，甚至私人武 123
器商店。要使管理人员的反抗立即遭到失败，只要诉诸这些机构或者商店的士兵、工人或者职员委员会就够了。从此以后，只有根据特派委员会签署的单据才能放行武器。

印刷工人通过自己的工会，敦促军事革命委员会要注意不断增多的黑帮传单与小册子，结果做出了如下决定：不管遇到什么可疑情况，印刷工会都将问题提交军事革命委员会解决。在对反革命宣传印刷品进行监督的所有可能形式中，通过印刷工人进行的监督是最有效的一种。

苏维埃并不限于正式驳斥有关起义的流言，并且公开定于10月22日星期天对自己的力量进行和平检阅，不过不是采用上街游行的形式，而是采用在工厂、兵营和首都各个大型场所举行集会的形式。神秘的圣礼崇拜者也定于同一天在首都大街上举行宗教游行，其明显目的就是要引发流血的混乱局面。以一群不知名的哥萨克名义发出的呼吁书敦请公民加入“纪念1812年把莫斯科从敌人手中解放出来”的十字架游行行列。尽管选择的借口不是很现实，但是发起者还是向大牧首建议为哥萨克武装“保卫俄罗斯国土免遭敌人侵犯”举行祝福仪式，这就显然与1917年有关。

没有任何理由害怕发生严重的反革命游行示威。因为宗教界在彼得格勒群众中间没有什么影响，它只能在教会的经幡下鼓动那些可怜的黑帮残余来反对苏维埃。但是，有反间谍机关老练的奸细和哥萨克军官的怂恿，就不排除有发生流血冲突的可能。由于采取了预防措施，军事革命委员会开始对哥萨克各团施加强有
力的影响。更加严格的制度被引进了革命司令部所在的那座建 124

筑。“要进入斯莫尔尼宫已经变得不那么容易了”，约翰·里德写道，“通行制度每时每刻都在变，因为有奸细经常混进来”。

在10月21日专门为纪念第二天“苏维埃日”而举行的卫戍部队会议上，报告人建议采取一系列预防措施来应付可能发生的街头冲突。立场最左的第四哥萨克团通过自己一位代表之口宣布，该团不参加十字架游行。第十四哥萨克团保证说，它将全力投入反对反革命侵犯行为的斗争，但同时又认为夺取政权的行动是“时机不当的”。3个哥萨克团当中只有最落后的乌拉尔团没有出席会议，该团是7月为了击败布尔什维克而开进彼得格勒的。

会议根据托洛茨基的报告通过了三个简短的决议：一、“彼得格勒及其四郊卫戍部队向军事革命委员会承诺，全力支持其实施的一切措施……”二、“10月22日是和平检阅兵力的日子……卫戍部队向哥萨克呼吁……我们邀请你们参加我们明天召开的会议。谨致良好祝愿，哥萨克兄弟！”三、“全俄苏维埃代表大会应当夺取政权，并且保证给人民以和平、土地和面包”。卫戍部队庄严承诺把自己的全部兵力交由代表大会指挥。“请你们信赖我们，士兵、工人和农民的全权代表。我们全体站在自己的岗位上，准备争取胜利或者做出牺牲。”数百人举手赞成这些认可起义纲领的决议，有57人弃权：这是一些保持“中立”的，也就是动摇不定的反对派。没有一个人表示反对。套在二月制度脖子上的绞索拉紧了牢固的结。

125 十字架游行的幕后发起人“根据军区总司令的建议”放弃了自己的游行示威，这事在当天就已经广为人知了。这个精神上的重大成功最好不过地测试出了卫戍部队会议施压的威力，它让人正确地估计到敌人一般来说明天不敢朝街上探出脑袋。

军事革命委员会向彼得格勒军区司令部任命了三位特派委员：萨多夫斯基、梅霍诺申和拉齐米尔。只有他们当中一人签字盖印以后，司令官发布的命令才有效力。遵循斯莫尔尼宫的电话铃声，司令部为代表团派来了汽车：两个政权并存的惯例仍然有效。但是，与期望相反，司令部的客气态度并不意味着它甘愿做出退让。

听完了萨多夫斯基的声明以后，波尔科夫尼科夫回答说，他不承认任何一个特派委员，也不需要监护。对于代表团暗示说司令部这样做恐怕会遇到部队方面的反抗，波尔科夫尼科夫冷淡地反驳说，卫戍部队掌握在他手中，而且服从他也是有保证的。“他的强硬是真实的。”梅霍诺申在自己的回忆录中写道，“感觉不到有任何做作。”代表团返回斯莫尔尼宫时，已经没有公家的汽车可乘了。

请来托洛茨基和斯维尔德洛夫参加的紧急会议做出了一个决定：认为与军区司令部关系的破裂已是既成事实，并且将它作为日后发动进攻的出发点。成功的第一个条件是：各区必须熟悉斗争的各个阶段和环节。不能让敌人对群众来个措手不及的袭击。通过各区苏维埃和党委会，消息传遍了城市的各个地方。各团也很快得到了所发生事情的通报。它们再次重申：只执行那些有特派委员签字盖印的命令，同时建议派最可靠的士兵担任警卫。

不过，军区司令部也决定采取措施。想必是受到自己那些妥
协派盟友的唆使，波尔科夫尼科夫在午后一点钟召开了由自己主 126
持的，并且有苏维埃中央执行委员会参加的卫戍部队会议。抢在敌人之前，军事革命委员会于 11 点钟召开了各团委员会紧急会

议，会上做出了与司令部完全断绝关系的决定。旋即拟定的告彼得格勒及其四郊驻军的呼吁书用宣战的语言宣布。“在跟首都有组织的卫戍部队决裂以后，司令部成了反革命势力的直接工具。”军事革命委员会撤销自己对司令部的行为所负的一切责任。该委员会率领卫戍部队，承担起“保卫革命秩序免遭反革命破坏的职责”。

这是走向起义道路上的决定性步骤。或者，可能仅仅是充满冲突的两个政权机构中轮到的又一次冲突吗？为了安慰自己，在同没有及时收到军事革命委员会通知的那些部队的代表协商时，军区司令部正是试图这样来解释所发生的事情的。从斯莫尔尼宫出发的代表团在布尔什维克准尉达什凯维奇率领下，来到司令部简单通报了卫戍部队会议的决定。为数不多的部队代表重申自己忠于苏维埃，并且拒绝做出决定，接着便离开了。事后，有报纸引用司令部的话报道称：“短暂交换意见以后，没有做出任何明确的决定。大家认为有必要等待中央执行委员会和彼得格勒苏维埃之间冲突的解决。”司令部把自己行将报废说成是两级苏维埃之间围绕它们当中由谁来控制司令部的行动而引发的争吵。宁愿闭眼不看现实的政策有这样的好处，即它可以摆脱对斯莫尔尼宫宣战的必然性，其实当权者也没有足够的力量来做这件事。于是，完全是
127 多亏政府机关的协助，即将向外爆发的革命冲突重新纳入了两个政权体制内的合法范围。由于司令部害怕直面现实，因而更加必然地助长了掩盖起义的事实。

然而，当局的轻率举动不会变成仅仅是其真实意图的伪装吗？司令部不会在官僚制度幼稚面貌掩护下准备对军事革命委员会发

动突然袭击吗？这种来自惊慌失措和士气低落的临时政府机关的图谋，在斯莫尔尼宫方面看来是很少能够实现的。但是，军事革命委员会毕竟采取了最简便的预防措施，在最近的兵营里，有一些全副武装的连队昼夜值勤，随时做好准备，一有警报信号便赶来增援斯莫尔尼宫。

尽管十字架游行取消了，资产阶级报纸还是预言星期天会发生流血事件。妥协主义报纸当天一早就报道称："今天，当局预料比 20 日更有可能发生武装暴动。"于是，那个品行不端的小孩在一星期之内——17 日、20 日和 22 日——已经是第三次用骗人的喊叫声"狼来了"欺骗人民。如果相信一个古老的寓言，那第四次这样做的小孩就会真的落入狼口了。

布尔什维克报纸号召群众参加集会，同时谈到了代表大会前夕和平检阅革命的武装力量一事。这完全符合军事革命委员会的意图：举行没有冲突的、没有人使用武器的甚至没有武装游行示威的大型检阅。但是群众必须展示他们自己，他们的人数，他们的实力和他们的决心。多数的团结一致势必迫使敌人隐蔽起来，不敢轻举妄动。资产阶级在工人和士兵魁梧形象面前暴露出来的无能抹掉了后者意识中压抑已久的对七月事件的最后回忆。应该做到
这一点，即让群众自己认清自己后，对自己说：无论什么人和什么 128
东西都不能继续跟我们对抗了。

5 年之后米留科夫写道："吓坏了的居民躲在家里或者袖手旁观。"躲在家里的是资产阶级，他们确实被自己的报刊吓坏了。其余所有的居民——年轻的和年老的、男子和妇女、少年和手里抱着孩子的母亲——从早晨起就一直在举行集会：革命以来还没有举

行过这样的集会。除了上层分子以外，整个彼得格勒就是一个连成一片的集会场所。在拥挤到了极点的房子里，听众在几个小时内便轮换一次。工人、士兵和水兵如一阵又一阵的浪潮涌向集会场所，把它们挤得满满的。为本该吓唬他们的号叫和警告激发起来的小市民也开始行动起来了。成千上万的人涌向人民宫的大厦，走廊里都站不下了。连续不绝、兴奋激昂同时又遵守纪律的人群挤满了各剧院的大厅、走廊、小卖部和休息室。铁栅和窗户中间探出无数人头和手脚。空气里弥漫着很快就会释放出来的高压电流。打倒克伦斯基！打倒战争！政权归苏维埃！任何一个妥协主义者都不敢在这些情绪炽烈的人群面前发表演讲，发出反对或者警告的声音。讲话的权利只属于布尔什维克。党的所有演讲人，包括前来参加代表大会的外省代表都能自主行事。间或也有左派社会革命党人演讲，有些地方无政府主义者也在演讲。不过，两者都在力图缩小跟布尔什维克的差别。

那些住在边缘市区、地下室和阁楼里的人身着粗劣大衣，头戴便帽，脖子上系着脏兮兮的围巾，脚蹬渗进了街上污泥的靴子，喉咙里卡着秋天惯有的咳痰的人一站就是好几个小时。他们肩膀紧挨着肩膀，挤得越来越紧了，以便给后来的人让出地方，给大家让
129 出地方。他们不知疲倦、如饥似渴、如痴如醉、一丝不苟地听演讲，生怕漏掉了最需要理解、掌握和做到的东西。在过去几个月，在最近几个星期，在这最后几天时间里，好像所有的话都已经说完了。然而不是这样，今天这些话听起来却别有意味。群众按照新的方式来体会它们，不再把它们当作说教，而是当作行动的责任。对革命战争、重大斗争和全部痛苦生活的体验从每一个遭受贫穷压迫

的人的深深记忆中唤起来了，并且注入到了这些简单和绝对的口号中。不能这样继续下去了，必须打开通向未来的出口。

后来，事件的参与者都把目光转向了这个平常而又非凡的日子，在其实并不暗淡的革命底色背景下这一天显得特别引人注目。视为神圣的和在本来无法阻挡时却又被阻挡住了的人类火山熔岩的形状永远铭刻在了目击者的记忆之中。“彼得格勒的苏维埃日在情绪高昂的人数众多的集会中度过了。”左派社会革命党人姆斯季斯拉夫斯基这样写道。在瓦西里耶夫岛上两座工厂发表演讲的布尔什维克佩斯特科夫斯基证实：“我们清楚地向群众表明我们即将夺取政权，结果除了赞成的声音以外，什么也没有听到。”苏哈诺夫讲述了在人民宫举行集会的情形：“我周围充满了近乎着迷的情绪……托洛茨基介绍一个简短扼要的决议。……哪些人赞成？……数以千计的人像一个人一样举起了手。我看见了男子、妇女、少年、工人、士兵、农夫以及典型的小市民那样的人举起的手臂和发光的眼睛……托洛茨基在继续讲话。无数的人继续举着手。托洛茨基一板一眼地说：但愿你们这次表决会成为你们的宣誓。……无数人还是举着手。他们表示同意，他们在宣誓。”布尔什维克波波夫讲述了群众宣誓的热烈场面：“苏维埃一召唤，人群
就蜂拥向前。”姆斯季斯拉夫斯基也谈到了宣誓忠于苏维埃的激动 130
万分的人群。那样的场景在城市的各个部分，无论市中心还是四郊都能看到，只不过规模小一些。成千上万的人在同一时刻举起了手，发誓要把斗争进行到底。

如果说彼得格勒苏维埃、士兵部、卫戍部队会议、工厂委员会经常不断举行的会议使各个层次的领导人实现了内部团结，如果

说有些大规模群众集会使工厂和团队团结起来了的话，那么 10 月 22 日这一天在高温下把真正的人民大众熔化在一个巨大的洪炉中了。群众认清了自己和自己的领袖，领袖也认清了群众，听到了他们的呼声，双方都对对方感到满意。领袖们确信，不能继续延误时机！群众对自己说，这一次事情必将做成！

星期天检阅布尔什维克实力取得的成功挫伤了波尔科夫尼科夫及其上司的自信。按照临时政府跟苏维埃中央执行委员会商议的结果，军区司令部试图与斯莫尔尼宫达成协议。为什么不实实在在地恢复旧有的善意与友好的联络协商惯例呢？军事革命委员会不拒绝派出自己的代表去交换意见：因为不能指望有更好的试探方式了。萨多夫斯基回忆说："谈判是短暂的，军区代表同意苏维埃此前提出的全部条件……作为交换应当撤销军事革命委员会 10 月 22 日发布的命令。"这里指的是宣布司令部为反革命工具的那个文件。委员会的代表就是两天前被波尔科夫尼科夫如此无礼打发回来的那些人，他们要求并且拿到了一份用来在斯莫尔尼宫做报告的协议草案，司令部已经在上面签了字。如果在星期六，这些还能保留一半荣誉的投降条件会被接受的。可是到了今天星期
131 一，它们已经太迟了。司令部等待回音，但是没有等到。

军事革命委员会向彼得格勒居民发出了向各部队和首都及郊区特别重要的地点任命特派委员的通告。"特派委员作为苏维埃的代表是不可侵犯的，反对特派委员就是反对工人和士兵代表苏维埃。"一旦出现混乱，公民应当去找最近的特派委员调来武装力量。这是政权使用的语言。但是，委员会仍然没有发出公开举行起义的信号。苏哈诺夫问道："斯莫尔尼宫现在挑起攻击是愚蠢行

为呢？或是如同猫玩老鼠一样玩弄冬宫？”两者都不是。委员会在用群众的压力和卫戍部队的分量来排挤临时政府。它在不通过战斗取得可以得到的东西。它在无须开火向前推进自己的阵地，在不停顿地团结和加强自己的军队；它在用自己的压力来测试敌人反抗的力量，并且时刻都在目不转睛地注视着对方。每向前迈出新的一步都使作战部署朝着更有利于斯莫尔尼宫方面变化。工人和卫戍部队正在进入起义状态。谁会第一个号召拿起武器，这将在进攻和排挤过程中看出来。现在这已经仅仅是时间问题了。如果在最后关头，临时政府出于勇敢或绝望而发出战斗信号，那么责任就落到了冬宫方面，而主动权反正是掌握在斯莫尔尼宫方面的。10 月 23 日的举动意味着在临时政府自身被推翻之前要推翻它的权力。军事革命委员会在打击敌人制度的头部之前捆住其四肢。采用“和平渗透”这样的策略，合法地打断敌人的骨头和催眠般地麻痹其残存的意志，只有在委员会方面拥有毋庸置疑的力量优势并且它每时每刻在继续扩大的情况下才是可能的。

军事革命委员会每天都在研究摆在它面前完全展开的卫戍部 132
队分布图，了解每一个团的情绪温度，注视兵营里观点和共鸣每天出现的进展。这方面不能出什么意外。但是在分布图上仍然有一些暗色的斑点，需要想办法去掉这些斑点，或者哪怕是缩小它们。早在 10 月 19 日就已暴露出彼得保罗要塞多数委员会的情绪是含有恶意的，或者是模棱两可的。现在当整个卫戍部队站在了军事革命委员会一边时，要塞已经处于包围之中了，至少到了在政治上坚决转为征服它的时候了。特派委员委派的中尉布拉戈恩拉沃夫遇到了抵制：政府任命的要塞司令拒绝承认布尔什维克的监护，甚

至有传闻称他自夸要逮捕这个年轻的监护人。需要采取行动，而且要马上采取。安东诺夫提议把巴甫洛夫团一个可靠的营派往要塞，解除敌方部队的武装。但是这是一个过于激烈的行动，它很可能被军官所利用，从而引起流血事件和破坏卫戍部队的团结一致。有采取这种极端措施的实际必要吗？“为了讨论这个问题请来了托洛茨基……”安东诺夫在自己的回忆录里讲道：“当时托洛茨基起了决定性作用，他以自己的革命嗅觉找到了给我们的主意：建议从内部拿下这座要塞。‘那里的驻军不可能不同情我们。’他这样说道，而且显得很有把握。于是托洛茨基和拉舍维奇前去参加要塞的集会。”人们在斯莫尔尼宫极其不安地等待这一看似冒险的举动的结局。托洛茨基后来回忆说：“23日午后两点钟左右我进了要塞。院子里正在举行集会。右翼的演讲人显得异常小心谨慎和支吾搪塞……听众听了我们的演讲就跟我们走了。”电话里传来了令人高兴的消息：彼得保罗要塞的守军郑重承诺，从今以后只服从
133 军事革命委员会，这时，斯莫尔尼宫三楼的人才彻底松了一口气。

要塞守军意识发生的大转变当然不是一两次演讲的结果，它在过去就做了切实的准备。士兵比自己的委员会显得要左很多，只不过在要塞城墙内到处出现了裂缝的旧纪律外壳要比市区兵营维持得更久一些。但是，一次震动便足以使这个外壳裂成碎片。

布拉戈恩拉沃夫如今能够更有信心地在要塞住下来，扩充自己小小的司令部，并且同邻近城区的布尔什维克苏维埃，同最近兵营的委员会建立联系。就在这时，各工厂和各部队的代表团前来为领取武器而奔走忙碌。要塞里洋溢着难以描述的活跃气氛。

“电话响个不停，报告我们在会议和集会上取得新的成功的消息。”有一次，一个陌生声音报告说从前线来的讨伐队抵达了火车站。旋即进行的审查显示，这是敌人放出的谣言。

当天晚上举行的苏维埃会议因为参加人数特别多和情绪特别高昂而显得特别不同。征服彼得保罗要塞和最终控制存放着 10 万支步枪的冠堡军械库，这是成功的重要保证。安东诺夫代表军事革命委员会做报告。他详尽细致地描绘了军事革命委员会的代理人排斥政府机关的情形：他们到处都被当作自己人受到欢迎；士兵服从他们不是出于害怕，而是出于内心自愿。“各方都提出了任命特派委员的要求。”落后的部队赶紧向先进的部队看齐。在七月事件时第一个接受诬陷布尔什维克拿了德国黄金说法的普列奥布拉任斯基团，现在通过自己的特派委员丘德诺夫斯基对关于该团似乎支持临时政府的流言提出了强烈抗议。这样的想法被理解为最 1031 恶毒的侮辱！……安东诺夫讲述道，惯常的警戒值勤当然要执行，不过这要经过军事革命委员会的同意。司令部下达的运走武器和汽车的命令没有得到执行。这样一来，司令部有可能看清，谁才是首都的主人。

军事革命委员会得知了从前线和周边地区抽调的政府部队在向前推进的消息吗，以及对此正在采取哪些措施？报告人回答了这个问题。从罗马尼亚战线抽调的骑兵部队已经出动，但是被阻挡在普斯科夫；第十七步兵师在路上了解了派它前往何处以及为什么派它去的原因以后，便拒绝继续前进；驻扎在文登的两个团反对派它们去对付彼得格勒；剩下只有好像是从基辅出发的哥萨克和士官生，以及从皇村召来的突击队的动向暂时还不知道。“人们现在不敢触犯，今后也不敢触犯军事革命委员会。”有人在斯莫尔尼宫白厅里面说道，这话听起来还真是不错。

安东诺夫的报告给报告会留下了这样的印象：仿佛革命的司令部是在敞开大门工作的。实际上，斯莫尔尼宫已经几乎没有什么可隐瞒的了。革命的政治开端是如此顺利，以至坦率直言本身好像也变成了伪装的一种形式。难道起义就是这样的吗？但是，“起义”这个词还没有从任何一个领导人口里说出来。这不仅是出于形式上的谨慎，而且因为这个术语是与现实形势相抵触的，好像克伦斯基政府才需要起义。在《消息报》登载的报道中，固然提到了托洛茨基在10月23日的会议上首次公开承认军事革命委员会的目标是夺取政权。对切列米索夫的战略依据进行审查曾经被宣布为委员会的任务，现在一切都已经远离了当时的出发点，这一点

135 是没有疑问的。几乎已经完全忘记了把驻军各团调走的事情。不
1032 过，23日所谈的毕竟不是起义，而是“保卫”苏维埃代表大会，如果有需要——那就拿起武器。正是在这种气氛中，根据安东诺夫的报告做出了决议。

政府上层怎样评价所发生的事变呢？10月22日晚上，克伦斯基通过直通电话告诉大本营参谋长杜鹤宁，称军事革命委员会企图使各团抛开司令部，同时他补充说：“我想我们能轻而易举地克服这种现象。”耽搁身为最高总司令的他前往大本营的绝对不是担心会发生什么起义：“没有我在场也会制伏它，因为一切都已经组织好了。”克伦斯基还向惴惴不安的部长们宣称，他个人反而对即将发生武装暴动感到高兴，因为这让他有机会“彻底摆脱布尔什维克”。政府首脑在回答冬宫的常客、立宪民主党人纳博科夫时说

道:“我情愿去做祈祷,以便让这样的武装暴动发生。”“那么您确信能够战胜他们吗?”“我有比所需要的还要更强大的力量,——他们将彻底被粉碎。”

后来,立宪民主党人嘲笑克伦斯基乐观的轻率,他们显然是得了健忘症:因为克伦斯基正是用他们自己的眼睛来观察时局的。10 月 21 日,米留科夫的报纸写道,假如被内部严重危机弄得四分五裂的布尔什维克胆敢武装暴动,那么他们将轻易被就地粉碎。另一份立宪民主党报纸补充说:“雷霆即将来临,但是它也许会净化空气。”达恩证明,立宪民主党人以及亲近他们的人曾经在预备国会的休息室里梦呓般地大声说过,布尔什维克可能加速武装暴动:“在公开的战斗中,他们很快就会被打得头破血流。”有些知名的立宪民主党人告诉约翰·里德:在暴动中被粉碎的布尔什维克无法在立宪会议里抬起头来。

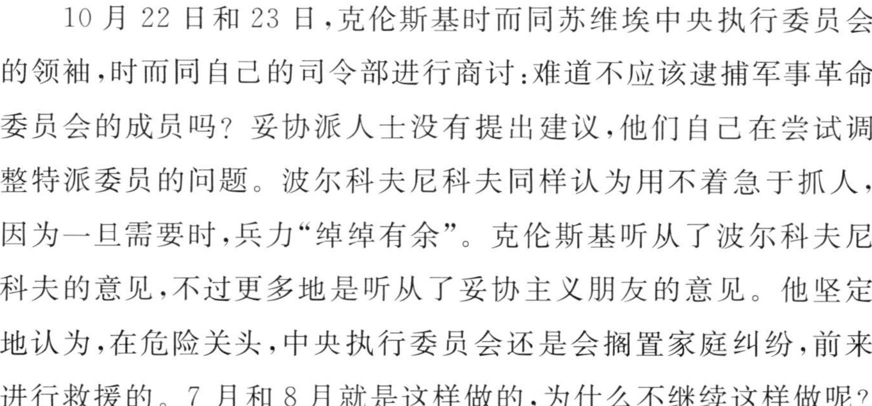

10 月 22 日和 23 日,克伦斯基时而同苏维埃中央执行委员会 136
的领袖,时而同自己的司令部进行商讨:难道不应该逮捕军事革命委员会的成员吗?妥协派人士没有提出建议,他们自己在尝试调整特派委员的问题。波尔科夫尼科夫同样认为用不着急于抓人,因为一旦需要时,兵力“绰绰有余”。克伦斯基听从了波尔科夫尼科夫的意见,不过更多地是听从了妥协主义朋友的意见。他坚定地认为,在危险关头,中央执行委员会还是会搁置家庭纠纷,前来进行救援的。7 月和 8 月就是这样做的,为什么不继续这样做呢?

可是已经不再是 7 月和 8 月了,现在是 10 月。从喀琅施塔得那边刮来的又冷又湿的波罗的海强风在彼得格勒的广场和堤岸上狂吹不止。士官生身着下摆垂到了后跟的军大衣,唱着能消除恐惧的雄壮歌曲从街上走过。骑警佩戴着插在崭新皮套里的左轮手枪，展示着自己的飒爽身姿。不，政权看起来仍然力量十足！要么这仅仅是视觉上的幻影。目光天真而又机灵的美国人约翰·里德在涅瓦大街拐角处买了一本列宁著的小册子：《布尔什维克能掌握国家政权吗？》，为此他花了一张可做零钱使用的邮票。

第十九章　列宁号召举行起义 137

除了工厂、兵营、农村、前线和苏维埃以外，革命还有一个实验室：列宁的头脑。7 月 6 日—10 月 25 日的 111 天里，被赶入地下状态的他不得不限制了自己的会见活动，甚至与中央委员的会见也不例外。没有跟群众直接联系，跟组织也没有接触，于是他更加坚定地把自己的思想集中到革命的根本问题上，并且把它们提升为马克思主义的基本问题，这对他来说既是需要，同样也是习惯。

民主派人士，包括最左的那部分人反对夺取政权的主要论据就是劳动人民没有能力掌握国家机关。布尔什维克自身内部的机会主义者所担心的实际上也是这个。“国家机关!”每一个小资产者都养成了屈从凌驾于人群与阶级之上的神秘法则的习惯。有教养的庸人骨子里种下的就是那颗与他的父亲或祖父、与小店主和富裕农民在全能机关面前相同的战战兢兢的种子。战争与和平的问题就是在这些机关里面决定的，商业执照也是那里发放的，泛滥成灾的苛捐杂税也是从那里出来的；那里面的人有权实施惩罚，有时也进行赦免，婚姻与生育在那里完成合法手续，就连死亡本身在 138
得到认可之前也必须在那里恭敬地排队等候。好一个国家机关！当个人运气和形势的力量让一个小资产者——不管他的名字是叫克伦斯基、赖伐尔、麦克唐纳，还是希法亭——成为一个部长的时

候，他便心中想象着不仅脱下帽子，而且脱下靴子，然后用袜尖点地走进多神教的偶像神庙。除了卑躬屈膝地顺从“国家机关”以外，他不可能用别的什么来报偿这种恩典。俄国激进的知识分子即使在革命时期也不敢掌握政权，除非是躲在有爵位的地主和有财产的人的肩膀后面，他们总是带着惊恐和愤恨的心情来看待布尔什维克：这全是些街头煽动家，这些巧言惑众者还想掌握国家机关呢！

在官方民主派表现出意志薄弱和手足无措的情况下，苏维埃在同科尔尼洛夫的斗争中挽救了革命。此事过后，列宁写道：“让所有信念不坚定的人学习这个历史实例吧！让那些说‘我们没有机构来代替这个必然倾向于维护资产阶级的旧机构’的人感到羞耻吧！因为这种机构有，这就是苏维埃。不要害怕群众的创造性和主动性，要相信群众的革命组织，那你们就一定会在国家生活的各个方面看到工人和农民联合起来奋勇平定科尔尼洛夫叛乱时所表现的那种力量和那种伟大而不可战胜的精神。”（《列宁全集》中文第二版第32卷，第161—162页）

在自己转入地下状态的头一两个月，列宁写了一本书：《国家与革命》。写作这本书的主要资料还是他在流亡国外和战争年代搜集的，现在他以思考日常实践任务那样的细致态度，深入研究有关国家的理论问题。他不可能做别的事情，因为在他看来，理论确实就是行动的指南。在这方面，列宁一刻也没有把新兴词汇纳入理论作为自己的目的。相反，他让自己的著作带有非常朴素的、特
139 意显示出来的学生作品性质。他的任务就是——恢复真正的“马克思主义国家学说”。

精心挑选的引文以及对它们所做的周详细密的解释使得这本书……在真正的道学先生看来就像是一本道学著作，这些人在分析原文时无法感觉到其中强大的思想和意志的搏动。通过在新的更高的历史基础上对有关国家的阶级理论进行的唯一一次重建，列宁确实赋予了马克思的思想以新的具体内容，从而使其具有了新的重要意义。然而这本关于国家问题的著作本身的无比重要性首先就体现在，它把科学引进了历史上最伟大的一次革命。对马克思的“注释”为自己的党在全球六分之一的土地上争取革命的成功做了准备。

如果国家能够自然适应新的历史制度的需要，那么就不会发生革命。其实迄今为止，资产阶级自己取得政权无非都是通过革命的途径。现在轮到了工人。在这个问题上，列宁把作为无产阶级革命的理论工具的意义还给了马克思主义。

工人就不能掌握国家机关吗？但是问题根本不在于，——列宁教导说，——为了实现新目的而掌握旧的机器：这是反动的乌托邦思想。在旧机关中挑选的人员，他们所受的教育，他们之间的相互关系——这一切都是违背无产阶级的历史任务的。夺取政权后，所必须做的不是重新改造旧的机关，而是彻底打碎它。用什么来代替它呢？苏维埃。它们将从革命群众的领导机关、从起义的机关转变为新的国家制度的机关。

在革命的旋涡中，这本书的读者为数不多，因为它直到革命以后才出版。列宁深入地研究国家问题首先是为了自己内心的信
念，也是为了未来。保持思想上的继承性也是他经常关注的问题 140
之一。7 月，他写信给加米涅夫说：“以下一点暂时请不要告诉别

人，要是有人谋杀了我，就请您出版我的笔记《马克思主义论国家》(还放在斯德哥尔摩)。笔记本封面是蓝色的，装订过。我把从马克思和恩格斯著作中摘录的以及从考茨基反驳潘涅库克的著作中摘录的一切文字都收在里面，并且还做了很多批语、评论、结论。我想，如果要出版，一星期时间就够了。我认为这件事很重要，因为无论是普列汉诺夫，还是考茨基都把这个问题弄得混乱不堪。不过先要讲好，这一切目前绝对不要告诉别人！。”(《列宁全集》中文第二版第47卷。第630—631页)一个被诬陷为敌对国家间谍的、顾虑有可能遭到敌人方面谋害的革命领袖关心的是出版摘录马克思和恩格斯的话的“蓝色”笔记本。这就是他的秘密遗言。“谋杀”这个词应当说是抵消极其厌恶的感伤情绪的解毒剂：所委托的事情本身实际上就具有感伤的性质。

但是，在预料有人打击自己的后背时，列宁自己也准备打击他人前胸。利用阅读报纸与写指示信件的间隙，列宁一直在整理终于从斯德哥尔摩寄来的珍贵笔记本。生活没有原地踏步。在实践上行将解决国家问题的时刻临近了。

推翻君主制度以后，列宁旋即从瑞士写信回来说：“我们不是布朗基主义者，我们不主张由少数人夺取政权。”(《列宁全集》中文第二版第29卷，第133页)(此段引文见于列宁回国后写的《论两个政权》一文。——译者)回到俄国后他又发展了这个思想：“我们现在是少数，群众还不信任我们。我们要善于等待……群众一定会涌到我们这一边来，那时，我们就会根据力量的对比宣布：我们的时候到了。”(《列宁全集》中文第二版第29卷，第345页)在这最初几个月，夺取政权的问题一直存在着，就像争取苏维埃多数的问题一样。

七月失败以后，列宁宣布：从此以后，只有通过武装起义才能夺取政权；并且显然不应该依靠被妥协主义者弄得精神沮丧的苏维埃，而要依靠工厂委员会；胜利后必须重新建立作为政权机关的 141
苏维埃。两个月来，布尔什维克事实上已经把苏维埃从妥协主义者那里夺取过来了。在这个问题上，列宁的错误实质上最大限度地表现出他的战略天才特征。他依据最低限度的有利条件，盘算提出最大胆的主张。如同4月路经德国回到俄国时，他认为将从车站走进监狱一样，也如同7月5日他所说的“他们也许把我们杀光”一样，现在他还是认为，妥协主义者不会让我们在苏维埃占有多数。

“在制订作战计划的时候，没有人比我更加畏缩的了，”拿破仑在给贝蒂耶将军的信中写道，“我会过高地估计一切危险和一切可能的灾祸……但是我的决定一旦做出了，一切都会忘记，除了能够保证计划成功的因素以外。”如果抛开并不恰当的词汇“畏缩”所表露出来的卖弄不论，那么这种想法的实质完全可以认为是列宁的。在解决战略问题时，他事先认为敌人有他那样的决心和远见。列宁的策略错误多半是他的战略力量的附属品。在下面这种场合谈论错误一般说来未必是恰当的：当一个医生借助依次排除的方法来诊断疾病时，他的假设是允许的，而且从最坏的假设着手，这不是什么错误，而是分析的方法。

只有到了布尔什维克把两个首都的苏维埃都掌握在自己手里时，列宁才说：“我们的时候到了。”4月和7月，他显得克制；8月，他在为新阶段做理论上的准备；从9月中旬起，他用尽全力催促跑得更快一些。现在的危险不在于抢先向前跑，而在于落在后面。“在这方面，现在决不可能说什么‘为时尚早’。”(《列宁全集》中文第二版第 32 卷，第 288 页)

在说服中央委员会的文章和信件中，列宁分析了形势，每一次
142 都把国际环境提到了重要位置。在战争时局背景下出现的欧洲无产阶级觉醒的征兆和事实，对于他来说，就是来自外国帝国主义方面对俄国革命的直接威胁越来越少的无可争辩的证明。在意大利发生的逮捕社会党人事件，特别是在德国舰队发生的起义，促使他宣布整个世界形势发生了最大的转折：“我们正站在世界无产阶级革命的前夜。”(《列宁全集》中文第二版第 32 卷，第 268 页)

对于列宁的这个出发点，篡改派历史编纂学宁愿保持沉默，因为列宁的估计被时局推翻了，或是因为按照后来的理论，俄国革命在任何情况下必定都是独自存在的。其实，列宁对国际形势的估计根本不是虚幻的。他透过像过了筛子似的各国战时书报检查观察到一些征兆，它们实际上表明革命风暴已经临近。一年以后，这风暴果然使中欧帝国的旧大厦彻底动摇了。但是在战胜国英国和法国，至于意大利就不用说了，它使统治阶级长时间失去行动自由。面对坚固的、保守的和自信的资本主义欧洲，孤立的和来不及巩固起来的俄国无产阶级革命很可能坚持不了几个月。可是并不存在这么一个欧洲。西方的革命虽然没有导致无产阶级取得政权，因为改良主义者挽救了资产阶级制度，但是它还是毕竟强大得足以在苏维埃共和国存在的最初也是最危险的时期保护它。

列宁深刻的国际主义思想不只是反映在他一贯把对国际形势的评价放在第一位，他也把在俄国夺取政权本身首先看作是欧洲

革命的推动力。就如他多次反复说过的，对于人类的命运而言，欧洲革命与落后的俄国的革命相比，势必有着大得无可比拟的意义。143
同时他用极其尖锐的讽刺抨击那些不理解自己所负的国际主义义务的布尔什维克。“我们将通过一项同情德国起义者的决议，”他挖苦地说，“同时拒绝在俄国举行起义。这将是真正的、明智的国际主义。”（《列宁全集》中文第二版第 32 卷，第 399 页）

民主会议期间，列宁写信给中央委员会说：“布尔什维克在两个首都的工兵代表苏维埃取得多数之后，可以而且应当夺取国家政权。”（《列宁全集》中文第二版第 32 卷，第 232 页）参加颠倒是非的民主会议的多数农民代表投票反对跟立宪民主党联合，这一事实在他的心目中具有决定性的意义：不愿与资产阶级建立联盟的农夫除了支持布尔什维克以外，没有别的任何出路。“人民对于孟什维克和社会革命党人的动摇不定已经感到厌烦。只要我们在两个首都取得胜利，就能把农民争取过来。”（《列宁全集》中文第二版第 32 卷，第 233 页）党的任务是：“把彼得格勒和莫斯科举行武装起义、夺取政权和推翻临时政府的问题提上日程。”（《列宁全集》中文第二版第 32 卷，第 233—234 页）当时，谁也没有如此庄严和公开地提出过革命的任务。

列宁异常集中精力留心观察国内的所有的选举和表决，仔细搜集那些能够让人弄清楚真实力量对比的数据。对选举统计学持无所谓的半无政府主义态度在他那里只会受到蔑视，舍此无他。同时，列宁无论何时都不会把议会制指标与真实的力量对比混为一谈：列宁总是在直接行动中不断加以修正。他提醒大家说：“……从影响群众和吸引群众参加斗争的角度来看，革命无产阶级在议会外斗争中的力量大大超过在议会里斗争中的力量。这是在国内战争问题上的一个非常重要的情况。”(《列宁全集》中文第二版第 32 卷,第 171 页)

列宁以敏锐的目光第一个发现,土地运动进入了决定性阶段,
144 并且很快就从这一现象中得出了全部结论。农夫不愿意继续等下去了,士兵也一样。9 月月底的时候,列宁写道:“在农民起义这样的事实面前,其他一切政治征兆,即使同这种全国性危机的成熟相矛盾,也完全没有任何意义。”(《列宁全集》中文第二版第 32 卷,第 272 页)土地问题——是革命的基本问题。政府战胜农民起义也就是“埋葬革命”……不应该指望有更为有利的条件。行动的时刻来到了。“危机成熟了。俄国革命的整个前途已处在决定关头。……争取社会主义的国际工人革命的整个前途都在此一举。危机成熟了……”(《列宁全集》中文第二版第 32 卷,第 275 页)

列宁号召举行起义。在每一行简短、平淡,有时显得笨拙的文字里,给人的印象都是高度绷紧的强烈意愿。10 月月初,他在给彼得格勒党的代表会议的信中写道:“如果克伦斯基政府在最近的将来不被无产者和士兵推翻,革命就会失败。……必须动员一切力量,向工人和士兵灌输绝对必须进行推翻克伦斯基政府的殊死的、最后的斗争的思想。”(《列宁全集》中文第二版第 32 卷,第 340 页)

列宁多次说过,群众比党要左。他也清楚,党比自己的“老布尔什维克”上层要左。他太了解中央委员会内部的派别和情绪了,以致他总在等待它迈出随便怎样的冒险步伐。可是他很担心过分谨慎、拖拉延宕以及错失酝酿了 10 年的一种历史形势。列宁不信任没有列宁的中央委员会:这就是处在地下状态的他所写的那些

信件的关键所在。因此，在自己不信任中央委员会一事上，列宁没有多少不对之处。

在多数场合，列宁只得在彼得格勒已经做出决定之后才说出自己的意见，他经常从左边来批评中央委员会的政策。他的反对立场在起义问题的背景下得以发展，然而也不仅限于这个问题。145
列宁认为，中央委员会过于注意妥协主义的中央执行委员会和民主会议了，总之是过于注意苏维埃上层的会议喧嚣了。他激烈反对某些布尔什维克提出的在彼得格勒苏维埃设立联合主席团的建议。他抨击参加预备国会的“可耻”决定。他对9月月底公布的立宪会议的布尔什维克候选人名单十分愤慨：知识分子太多了，工人太少了。“把一些演说家和著作家充塞到立宪会议中去，这就意味着走机会主义和沙文主义的老路。这有损于‘第三国际’。”（《列宁全集》中文第二版第32卷，第339页）况且候选人当中还有太多的没有经受过斗争考验的新党员！列宁认为需要提出修正意见：“不言而喻，……提托洛茨基这样的人当候选人，谁也不会提出异议，因为第一，托洛茨基一回来就采取了国际主义者的立场；第二，他在区联派中为争取合并进行过斗争；第三，在七月事变那些艰难的日子里他能胜任工作，是革命无产阶级政党的忠诚拥护者。显然，不能说列入名单的许多新近入党的人都是这样。”（《列宁全集》中文第二版第32卷，第338页）

很可能又像是回到了4月的那些日子，列宁再次起来反对中央委员会。问题是以另外的方式出现的，但是他的反对立场总的精神是相同的：中央委员会过于消极被动，过于屈从知识界的舆论，对待妥协主义者的态度太具妥协情绪，主要是用漠不关心的宿

命论态度，而不是用布尔什维克应有的态度来对待武装起义问题。

是由言论转为行动的时候了："我们党现在在民主会议里事实上有自己的代表大会，这个代表大会应该（不管它是不是愿意，但应该）决定革命的命运。"（《列宁全集》中文第二版第32卷，第233
146 页）而决定的方式只有一种可能：武装革命。在这论述起义的第一封信当中，列宁还是提出了保留条件："问题不在于起义的'日期'，不在于起义的狭义的'时机'，这只能由那些接近工人和士兵、接近群众的人共同来决定。"（《列宁全集》中文第二版第32卷，第233页）可是才过了两三天（那个时候的信通常没有写明日期，这是出于地下活动的需要，而不是因为忘记了），在趋于瓦解的民主会议的明显影响下，列宁坚持立即转而采取行动，而且当即提出了实行的计划。

"我们应该立刻在民主会议中巩固布尔什维克党团，不要追求数量……我们应该写一篇布尔什维克的简短的宣言……我们……把我们的整个党团都集中到工厂和兵营里去，……那么我们就一分钟也不能浪费，应当立即组织起义队伍的司令部，配置力量，把可靠的部队调到最重要的据点去，包围亚历山大剧院，占领彼得罗巴甫洛夫卡[①]，逮捕总参谋部和政府成员，派遣那些宁可战死也不让敌人向城市各中心地点推进的队伍去抵御士官生和野蛮师；我们应当动员武装的工人，号召他们进行最后的殊死的战斗，一开始就占领电报局和电话局，把我们的起义司令部设在中央电话局附近，使它能同所有的工厂、团队、武装斗争地点通话，如此等等。"

① 即彼得保罗要塞。——译者

(《列宁全集》中文第二版第 32 卷,第 240—241 页)至于日期问题,也不再取决于“接近群众的人共同来决定”。列宁提议马上就开展行动,发表最后通牒,离开亚历山大剧院,今后再带领武装群众回到剧院来。毁灭性的打击不仅应该针对临时政府,而且要针对妥协主义的高级机关。

“正如我们所知道的,……列宁在私人信件中要求查封民主会
议,”苏哈诺夫这样揭发说,“在报刊上却公开提议‘妥协’:让孟什 147
维克和社会革命党掌握全部政权,而随后再看苏维埃代表大会的意见……这恰恰是托洛茨基在民主会议上及其召开前夕所顽强推行的。”在苏哈诺夫发现玩弄两面手法的地方,其实连它的影子都没有。战胜科尔尼洛夫以后,列宁旋即于 9 月初向妥协派分子提议实行妥协。妥协派人士却耸耸肩膀,没有当作一回事。他们把民主会议变成了同立宪民主党人建立反对布尔什维克的新联盟的遮掩物。妥协的机会因此最终流失了。从那以后,政权问题只有通过公开的斗争才能解决。苏哈诺夫把两个阶段合二而一,这其中第一阶段先于第二个阶段两个星期,而且在政治上对后者起着决定作用。

但是,即使新的联合政府也会不可避免地要引发起义,那列宁的急剧转变甚至也让自己党内的上层太感意外了。要使民主会议布尔什维克党团在列宁信件的基础上团结起来,哪怕是“不追求数量”显然也是不可能的。党团的情绪是这样的:它以 70 票对 50 票否决了抵制预备国会的动议。也就是说拒绝朝起义迈出第一步。就是在中央委员会里面,列宁的计划也根本没有得到支持。在四年之后举行的追忆晚会上,布哈林以他惯有的夸张和俏皮口吻谈到了这一插曲。“列宁写的信口气异常强硬,并且用所有惩罚手段

(?)来威吓我们。我们大家都发出了惊叫声。谁也不曾如此严厉地提出过问题……最初,大家都觉得摸不着头脑。随后经过商议下定了决心。中央委员会一致决定烧毁列宁写的信,也许这是我们党历史上唯一的一次……尽管我们相信在彼格勒和莫斯科,我们无疑能成功地把政权夺到自己手中来,但是我们以为,在外省我们还不可
148 能坚持下去。在夺取政权和解散民主会议之后,我们不可能在整个落后的俄国巩固自己的政权。”这段话大体上是可信的。

因考虑保守秘密而烧毁这封危险信件几个副本的决定其实不是一致做出的,而是 6 票赞成,4 票反对,并且有 6 票弃权。幸运的是,有一份文献专为历史保存下来了。不过,布哈林的话可信之处就在于,全体中央委员尽管动机不同,但是都拒不接受列宁的提议。有一些人向来反对起义,另一些人认为,民主会议开会之际是所有起义时机中最不适宜的,还有一些人不过是动摇不定,在一边冷眼旁观。

遇到直接反对以后,列宁与斯米尔加进行了某种意义上的秘密沟通。斯米尔加也在芬兰,作为地区苏维埃委员会主席,他当时已经把相当多的现实权力集中到了自己手中。1917 年的斯米尔加属于党的极左派,7 月时他就已经倾向于把斗争进行到底。在政局出现转折之际,列宁总是能找到可依靠的人。9 月 27 日,列宁给斯米尔加写了一封长信,其中说道:“而我们在做什么?只是通过决议。我们在浪费时间,我们在确定‘日期’(定于 10 月 20 日召开苏维埃代表大会,这样拖延难道不可笑吗?指望这个难道不可笑吗?)布尔什维克没有有计划地进行工作,为推翻克伦斯基准备好自己的军事力量。……必须在党内进行鼓动,让大家认真对

待武装起义，……下面谈您的任务。……应当建立一个由最可靠的军人组成的秘密委员会，同他们进行周密的讨论，收集（并亲自核对）关于彼得格勒郊区和市区军队的编制和布防、关于芬兰部队向彼得格勒的调动、关于舰队的动向等等的精确情报。”（《列宁全集》中文第二版第 32 卷，第 258—259 页）列宁要求：“应当利用芬兰的‘政权’，对驻在当地的哥萨克进行有系统的宣传工作。……
应当研究关于哥萨克布防的一切情报，并派遣由芬兰水兵和士兵 149
中的优秀分子组成的鼓动队到他们那里去。”（《列宁全集》中文第二版第 32 卷，第 260 页）最后：“为了使大家有一个正确的思想准备，应当立即广泛宣传这样的口号：政权应当立即转交给彼得格勒苏维埃，再由彼得格勒苏维埃转交给苏维埃代表大会。何必再忍受三个星期的战争和克伦斯基进行的‘科尔尼洛夫式的准备’呢？”（《列宁全集》中文第二版第 32 卷，第 261 页）

摆在我们面前的是一个新的起义计划：由赫尔森福斯“最可靠的军人组成的秘密委员会”作为战斗司令部；部署在芬兰的俄国军队作为战斗力量：“目前看来，我们能够完全掌握在自己手中并且能在军事上起重大作用的唯一力量，就是芬兰部队和波罗的海舰队。”（《列宁全集》中文第二版第 32 卷，第 258 页）这样一来，列宁计划打算从彼得格勒外面对临时政府实施主要攻击。与此同时，“有一个正确的思想准备”很有必要，免得动用芬兰的兵力来推翻临时政府一事让彼得格勒苏维埃感到意外：直到苏维埃代表大会召开之前，它都应当是政权的继承者。

这份新的计划草图，就如前述那份计划一样，也没有得到执行。但是它也不是没有留下任何踪迹。在各哥萨克师进行的宣传很快有了结果：关于这一点，我们从德宾科那里听说了。吸收波罗的海水兵参加对临时政府实施主要攻击的想法也纳入了后来制订的计划。但是主要的意义还不在这里：通过极其尖锐地提出问题，列宁不允许任何一个人逃避和躲闪。那些作为直接的策略建议是不适时的主张，作为对中央委员会情绪的检验手段，作为对反对动摇分子的坚定分子的支持，作为推动向左转的补充力量又是十分适宜的。

通过采用处在与外界隔绝的地下状态尽可能采用的一切手段，列宁竭力迫使党的干部感觉到形势的严峻和群众的压力。他
150 把一些布尔什维克叫到自己的避难场所，进行寻根究底的盘问，检查领导人的言行，通过迂回的途径把自己的口号带到党内去，往下深入地传到基层去，从而使中央委员会必须行动起来并且要一干到底。

就在自己写信给斯米尔加一天后，列宁写了前面援引过的文章——《危机成熟了》。文章结尾的话仿佛就是他对中央委员的某种宣战："应当老实承认：在我们中央委员会里，在党的上层分子中存在着一种主张等待苏维埃代表大会，反对立即夺取政权，反对立即起义的倾向或意见。"无论如何都必须要战胜这种潮流。"先战胜克伦斯基，然后再召开代表大会吧！"把时间浪费在等待苏维埃代表大会上面就是"十足的白痴或彻底背叛"。这时距代表大会预定召开的日期 10 月 20 日还有 20 多天："而现在几个星期，甚至几天可以决定一切。"拖延暴动就意味着怯懦地放弃起义，在代表大会期间夺取政权是不可能的："因为在愚蠢地'规定的'起义日期到来之前，哥萨克已经调到了。"（《列宁全集》中文第二版第 32 卷，

第 276—277 页)

仅凭这封信的口气就已证明,列宁认为彼得格勒领导层的拖延是多么危险。但是这一次他并不限于提出猛烈的批评,作为抗议,他提出退出中央委员会。理由是:从民主会议召开时起,中央委员会就没有响应他提出的夺取政权的坚决主张;党的机关报编辑部(斯大林)蓄意拖延发表他写的文章,其中指出“布尔什维克做出参加预备议会的可耻决定……是犯了不可容忍的错误”之类的文字被从中删除了。列宁认为不能对党掩盖这种政策:“我不得不提出退出中央委员会的请求,在此我提出这一请求,同时保留在党的下层以及在党的代表大会上进行鼓动的自由。”(《列宁全集》中文第二版第 32 卷,第 278 页)

光凭文献还看不出这件事情后来表面上有什么变化。不管怎么说列宁始终没有离开过中央委员会。退出中央的声明无论如何都不可能是他一时恼怒的结果,列宁这样做显然给自己留下了必要时摆脱中央委员会内部纪律约束的可能性:直接诉诸下层机关将确保他取得胜利,对此他不可能有什么怀疑,就如 4 月时一样。可是,公开采取反叛中央委员会的路线要以筹备紧急代表大会为先决条件,因此需要时间,而恰恰时间是不够的。列宁把自己退出中央的声明作为备用手段,然而又不完全越出党内合法的界限,与此同时他可以继续更加自由地向党内的行动路线展开攻击。他不仅把自己写给中央委员会的信件寄给了彼得格勒委员会和莫斯科委员会,而且设法把副本寄送给了各区最可靠的工作人员。10 月初,列宁果真绕开中央委员会,直接写信给彼得格勒委员会和莫斯科委员会:“布尔什维克没有权利等待代表大会,他们应当立即夺取政权。……拖延就是犯罪。等待苏维埃代表大会,就是要幼稚的形式主义的把戏,要可耻的形式主义的把戏,就是背叛革命。”(《列宁全集》中文第二版第 32 卷,第 332—333 页)从职位方面的观点来看,列宁的行为并非完全无可指责。可是事情所牵涉的问题要比形式上的纪律考虑更加重大。

维堡区一位名叫斯维什尼科夫的委员回忆说:“身处地下状态的伊里奇一封接一封不断写信来,娜捷日达·康斯坦丁诺芙娜(克鲁普斯卡娅)在区委会经常为我们朗读这些信件……领袖炽热的词句大大增强了我们的力量……好像就在眼前一样,我清楚地记得,娜捷日达·康斯坦丁诺芙娜在区管理局一间打字员工作的房间怎样俯下身子根据原文仔细校对稿子,她身旁并排坐着请求得到副本的‘嘉嘉’和‘热妮娅’。”嘉嘉和热妮娅是区里两位领导人原先的秘密绰号。区里的工作人员纳乌莫夫讲道:“不久前我们收到
152 了伊里奇转交给中央委员会的一封信……读完信以后我们是多么地吃惊。原来,伊里奇早就向中央委员会提出了起义的问题。我们纷纷议论起来,接着开始施加压力。”这正是所需要的。

10 月最初几天里,列宁呼吁彼得格勒党的代表会议发出有利于起义的强硬声音。根据他的倡导,代表会议“坚决请求中央委员会采取一切措施来领导不可避免的工人、士兵和农民起义”。在这句话当中有两处掩饰,一是法律方面的,一是外交辞令方面的:说“领导不可避免的起义”,而不是直接准备发动起义,这是为了不让检察官掌握过于有利的证据;代表会议“请求中央委员会”,不是要求也不是抗议——这明显是尊重党的最高机关应有的威信。可是,在另一个同样是由列宁起草的决议中,十分坦白地说道:“……

在党的上层领导人员中显然有动摇，似乎‘害怕’夺取政权的斗争，倾向于用决议、抗议和代表大会来代替这一斗争。”（《列宁全集》中文第二版第 32 卷，第 336 页）这已经差不多是使党再次直接反对中央委员会了。列宁好不容易才下定决心迈出这样的步伐。但是，事情关乎革命的命运，所有其他的考虑都退居到次要地位去了。

10 月 8 日，列宁转而向参加即将召开的北方地区代表大会的布尔什维克代表发出呼吁：“我们不能等待全俄苏维埃代表大会，因为中央执行委员会可能会把它拖到 11 月份。我们不能耽搁了，不能再让克伦斯基调来科尔尼洛夫军队了。”（《列宁全集》中文第二版第 32 卷，第 380 页）有芬兰、波罗的海舰队和列维尔的代表出席的地区代表大会，应该主动承担起“立刻向彼得格勒进军”的任务。这一次，马上发动起义的直接号召是向几十个苏维埃代表发出的。号召其实出自列宁个人，党的决定还没有做出，党的最高机关还没有表态。

为了不经过中央委员会，由个人承担责任，借助为数不多的写 153
得密密麻麻的小张信笺从地下状态来进行武装革命的宣传，就需要对无产阶级，对党的极大信赖，但是也需要对中央委员会的极为严重的不信任。我们知道，4 月月初的时候列宁在自己党的上层中间是孤立的，9 月和 10 月初仿佛在同一个圈子里他再次成了孤家寡人，这样的事情怎么又能够发生呢？如果相信把布尔什维主义历史描述为纯粹革命思想的分泌物的愚蠢奇谈，那么就不能理解这一点。实际上布尔什维主义是在一定的社会环境里发展起来的，经历了这个环境对它的各种不同的影响，其中包括小资产阶级

包围和文化落后的影响。党之所以能适应每一种新的情况，不是通过别的途径，而是通过内部危机的途径。

为了让10月前夕布尔什维克上层的尖锐斗争的真相在我们面前呈现出来，就不得不重新回顾一下本书第一卷已经叙述过的党内经历过的过程。这事现在更有必要，因为正是在目前，斯大林集团正在付出前所未闻的努力（而且是在国际范围内），以便把十月革命实际上是怎样准备和实行的所有回忆从历史记忆中抹去。

在战前年代，布尔什维克在合法报刊上把自己称为“彻底的民主派”，之所以选择这个名称不是偶然的。布尔什维主义，也只有布尔什维主义才敢于把革命民主派的口号贯彻到底。但是在预测革命时，布尔什维主义没有进一步超越这些口号。正是那场把资产阶级民主和帝国主义紧紧捆绑在一起的战争最终揭示，“彻底的民主派”的纲领除了通过无产阶级革命以外，没有别的途径可以实
154 现。战争没有使那些布尔什维克明白这一点，革命一定是不可避免地对他们造成了意外的震动，使他们变成资产阶级民主派的左翼同路人。

然而，仔细研究反映战争期间和革命初期党的生活的资料（尽管这些极其不完备的资料并不出人意料，而且从1923年起对这些资料的歪曲又在不断加强），就会越来越清楚地显示出，战争期间布尔什维克上层出现了多么严重的思想堕落，那个时候党的正常生活事实上不存在了。堕落的原因有两点：脱离了群众，与侨居国外的人首先是与列宁失去了联系，因而造成的后果就是沉溺在闭塞与保守状态之中。

留在俄国的老布尔什维克每个人都处在无人过问的状态，在

整个战争期间他们当中没有任何一个人完成了任何一份可以当作从第二国际到第三国际道路上的路标的文献，哪怕是意义微小的路标。几年前，一位名叫安东诺夫-萨拉托夫斯基的老党员写道："和平问题，即将发生的革命的性质问题，党在未来的临时政府中的作用等等问题……对于我们来说，要么是非常模糊的，要么根本没有进入我们思考的'范围'。"总之，到现在为止，还没有发表过任何一部著作，一本日记或者一封信，里面能看到斯大林、莫洛托夫和其他现今的领导人——哪怕是略微地，哪怕是仓促地——表达过自己对战争和革命前景的见解。当然，这并不等于说在战争年代，在社会民主党的破产期间和俄国革命的准备时期，"老布尔什维克"没有就这类问题写过任何东西。历史事件太有权要求做出回答了，而坐牢和流放为思考和通信提供了足够的闲暇时光。但是，在就这类题目所写的东西中，就连能可以牵强地解释为接近十月革命思想的成分一点都没有。只要指出下面的事实就够了：党史研究所没有可能刊出 1914—1917 年间出自斯大林笔下的东西，哪怕是一行字也罢；并且不得不精心隐瞒 1917 年 3 月最重要的文献。在大多数现今统治阶层人物的官方政治传记中，战争年代就等于是一片空白。这就是未加掩饰的真相。

一位叫巴耶夫斯基的现代青年历史学家专门受命说明党的上层在战争期间是如何朝无产阶级革命方面发展的，尽管他表现出了科学良心的灵活性，然而还是不能从资料中挤出任何东西来，除了下面这个空洞的声明以外："无法彻底弄清这个过程是如何进行的，但是有些文献和回忆毋庸置疑地证明，在列宁四月提纲的方向上暗中摸索党的思想……"仿佛事情涉及的是摸索寻找，而不是科

学评价和政治预测！

革命初期，彼得格勒《真理报》确实尝试过采取国际主义立场，这是极端矛盾的立场，因为没有越出资产阶级民主范围。从流放地回来的有威信的布尔什维克立即使中央机关报奉行民主主义—爱国主义方针。5月30日，加里宁在回击对他的机会主义指责时提醒说："以《真理报》为例。起初《真理报》实行的是一种政策。斯大林、穆拉诺夫、加米涅夫回来后把《真理报》的舵转到另一个方向去了。"

数年后莫洛托夫写道："必须坦率地说，党没有革命关头所需要的那种明晰态度和决心……整体上看，宣传乃至革命政党的全部工作还没有牢固的基础，因为思想还没有走到得出多少必须直接争取社会主义和社会主义革命的大胆结论的地步。"只是到了革命的第二个月，转折才开始发生。"从1917年4月列宁回到俄国的时候起，"莫洛托夫证实，"我们党感到脚下有了坚固的立足点……直到此刻之前，党只不过是在徒劳和迟疑地探索自己的道路。"

先天地走向十月革命的思想不可能在西伯利亚、莫斯科，甚至彼得格勒实现，只能在世界历史道路的十字路口实现。迟来的资产阶级革命的任务应该与世界无产阶级运动的前途交叉在一起，以便使得俄国提出无产阶级专政纲领成为可能。这里需要有一个更高的观测点，需要的不是民族的，而是国际的视野，至于需要比所谓党的俄国实践所拥有的更为重要的武器，就更不用说了。

推翻君主制度在他们心目中开辟了"自由的"俄罗斯共和国时代，他们仿照西方国家准备在这个共和国里面开展争取社会主义的斗争。3月份三位老布尔什维克——李可夫、斯克沃尔措夫和韦格曼“受因革命而获得自由的纳雷姆边区社会民主工党党员的委托”，从托木斯克来电说：“祝贺《真理报》复刊，它曾培养出一批革命干部去争取政治自由。我们深信，它将成功地把他们团结在自己的旗帜周围，继续为国家革命而斗争。”从这封集体电报中反映出一个完整的世界观：它与列宁的四月提纲被一条深深的鸿沟分开了。二月革命很快就把以加米涅夫、李可夫和斯大林为首的党的领导阶层变成了民主派的护国主义分子，后来继续向右朝靠拢孟什维克的方向演变。未来的党的历史学家雅罗斯拉夫斯基、未来的中央监察委员会主席奥尔忠尼启则、未来的乌克兰中央执行委员会主席彼得罗夫斯基3月份在雅库茨克与孟什维克结成了紧密联盟，出版了一份立足爱国主义的改良主义与自由主义之间界线上的杂志《社会民主党人》。后来这份杂志被人精心搜集，最后渐渐不见了。

这个阶层中一个名叫安加尔斯基的人写道（当时还允许写这类东西）：“必须坦率地承认，直到党的四月代表会议之前，许许多多的布尔什维克在1917年革命性质的问题上仍然保持着1905年的布尔什维克陈旧观点，结果好不容易才放弃和清除这些观点。”只不过必须补充说明一下才好，已经过时的1905年思想到了1917年不再是“布尔什维克陈旧观点”，而是变成了爱国主义的改良主义思想。

一部官方的历史出版物内称：“列宁的四月提纲在彼得格勒委员会简直是太不走运了。这份划时代的提纲表决时只有2票赞成，13票反对，还有1票弃权。”“列宁的结论就连他最热情的追随者也觉得太大胆了。”波德沃伊斯基写道。据彼得格勒委员会和军事委员会的意见，列宁的发言“使布尔什维克党……处于孤立的境地，从而自然使无产阶级和党的处境恶化到了极点”。

3 月月底的时候，斯大林表示赞成军事防御，赞成有条件支持临时政府，赞成苏哈诺夫的和平主义宣言，赞成同策烈铁里的党合并。斯大林本人在 1924 年回溯往事时也承认：“当时我和党内其他同志赞同这个错误的立场，只是在 4 月中旬，同意了列宁的提纲后，才完全抛弃了这个立场。需要有新方针。列宁在他的有名的四月提纲中向党提出了这个新方针。”（《斯大林全集》第 6 卷，第 289 页）

加里宁甚至到 4 月月底还主张与孟什维克结成选举联盟。在彼得格勒城市代表会议上，列宁说道：“我坚决反对加里宁同志的说法，因为同小资产阶级，同沙文主义者结成联盟，是不可想象的。……就是叛卖社会主义。”（《列宁全集》中文第二版第 29 卷，第 251 页）即使在彼得格勒，加里宁这样的情绪也不是罕见的现象。代表会议表示：“由于列宁的影响，联合的有害幻想被消除了。”

在外省，反对列宁提纲的现象还延续了好长时间，有不少省几乎一直延续到十月革命。据基辅工人西夫措夫讲述：“列宁提纲中提出的思想并没有马上为基辅全部布尔什维克组织所接受。许多同志，其中包括格·皮亚塔科夫都不赞成这个提纲……”哈尔科夫的铁路员工莫尔古诺夫说道：“老布尔什维克在全体铁路员工中间拥有很大影响……许多老布尔什维克并不属于我们这个团体……二月革命后，有些人错误地登记为孟什维克，后来他们自己也觉得很可笑，说是怎么会发生这种事。”诸如此类的证词并不在少数。

尽管如此，然而稍一提到列宁在4月完成的把党重新武装起来一事，就会被现在的官方历史编纂学当成亵渎行为。这班现代历史学家拿尊敬党的荣誉来取代历史的标准。他们甚至没有权利引用斯大林就这个问题发表过的言论。他在1924年不得不承认四月转折的全部内情。“对于党能够一下子很快就踏上新的道路来说，列宁著名的四月提纲是十分必需的。”（参见《斯大林全集》第6卷，第289页）“新的方针”和“新的道路”——这就是重新武装党。可是已经过了6年之后，雅罗斯拉夫斯基以历史学家的身份谈到了斯大林在革命开始之际“在根本问题上采取了错误的立场”，因此遭到来自四面八方的猛烈攻击。威信这具偶像是所有恶魔中胃口最难填满的！

党的革命传统，以及来自下层的工人压力和来自上面的列宁批评迫使党的上层在4—5月间——用斯大林的话来说就是——“踏上新的道路”。可是，假如说似乎只需投票赞成列宁的提纲就意味着真正完全放弃“在根本问题上的错误立场”，那就需要人们根本不懂政治心理学为前提。实际上，在战争年代自然增强起来的那些庸俗民主派观点尽管附和了新的纲领，然而仍然在暗中反对它。

8月6日，加米涅夫不顾布尔什维克四月代表会议的决定，在苏维埃中央执行委员会表示支持参加预定在斯德哥尔摩举行的社会爱国主义者代表会议。加米涅夫的行为在党的中央机关报没有遭到任何驳斥。列宁写了一篇口气严厉的文章，不过是在加米涅夫发言十天过后才问世的。为了让以斯大林为首的编辑部刊登这篇抗议文章，竟然需要列宁本人和其他中央委员提出坚决要求才行。

七月事件以后，痉挛般的动摇遍及了全党，无产阶级先锋队的孤立吓坏了许多领导人，尤其是外省的领导人。在科尔尼洛夫叛乱期间，这些被吓坏的人试图向妥协主义者靠拢，因而再度招致了列宁的警告呵斥。

8 月 30 日，身为编辑的斯大林毫无保留地发表了季诺维也夫写的反对准备发动起义的文章《什么也不要做》。“必须正视现实：彼得格勒现在具备的许多条件，有利于发生 1871 年巴黎公社类型的起义……”9 月 3 日，列宁在另一次通信中没有点季诺维也夫的名，但是连带抨击了他，列宁写道：“拿巴黎公社作例证，是非常肤浅的，甚至是愚蠢的。因为第一，布尔什维克从 1871 年以来多多
160 少少学到了一些东西，他们不会不把银行掌握在自己手中，他们不会放弃向凡尔赛进攻；巴黎公社要是这样做了，也能够取得胜利。此外，巴黎公社当时不能立刻向人民提供的东西，布尔什维克一旦掌握政权就能提供，这就是：把土地转交农民，立刻建议媾和……”（《列宁全集》中文第二版第 32 卷，第 134 页）这不仅是对季诺维也夫，而且也是对《真理报》编辑斯大林提出的没有点名然而又是毫不含糊的警告。

预备国会问题把中央委员会分成了两半。民主会议党团做出的有利于参加预备国会的决定得到了如果不是大多数的话，也是许多地方委员会的承认。例如基辅的情形就是如此。叶·博什在自己的回忆录中说：“在加入预备国会……的问题上，委员会多数表示参加，并且选举皮亚塔科夫作为自己的代表。”在许多场合，以

加米涅夫、李可夫、皮亚塔科夫及其他一些人为例，可以细心观察到动摇方面的连续性：4 月反对列宁的提纲，9 月反对抵制预备国会，10 月反对起义。相反，布尔什维克干部中下列阶层即更加接近群众、政治上更加新鲜的阶层很容易接受抵制预备国会的口号，它们迫使各级委员会，包括中央委员会来了个急转弯。例如，在列宁的信的影响下，基辅城市代表会议以压倒多数反对自己的委员会。几乎在所有政治急剧转折关头，列宁就这样依靠下层工作人员来反对高层干部，或者说依靠党员群众整个地反对党的机关。

在这样的条件下，十月革命前出现的动摇极少能给列宁造成意外的袭击。他事先就用机警的怀疑态度武装起来了，他静候惊慌的征兆出现，他以最坏的推断为出发点，并且认为再来一次施压要比表现出宽容更为合适。

根据列宁明白无误的暗示，莫斯科地区局于 9 月月底做出了反对中央委员会的强硬决议，指责中央优柔寡断，摇摆不定，使党的队伍陷入了混乱。决议还要求“接受清晰而明确的起义路线”。10 月 3 日，洛莫夫代表莫斯科局向中央委员会报告了这个决议。当时记录这样写道：“决定不对报告展开讨论。”中央委员会依然继续回避回答“怎么办”的问题。可是列宁通过莫斯科局施加的压力并非没有结果：两天以后，中央委员会决定离开预备国会。

这个步骤意味着走上起义的道路，这对敌人和反对者来说是很清楚的。“托洛茨基率领自己的部队离开了预备国会，”苏哈诺夫写道，“毫无疑问要采取暴力政变的方针了。”在彼得格勒苏维埃所做的退出预备国会的报告结尾高呼：“直接和公开地争取国家建立革命政权的斗争万岁！”这事发生在 10 月 9 日。

第二天，根据列宁的要求召开了中央委员会那次著名的会议，会上直截了当地提出了起义的问题。依据这次会议的结果，列宁提出了自己今后的政策：是经过中央委员会还是反对它。“啊，真是一出充满有趣想象的新历史滑稽剧！”苏哈诺夫写道，“这次具有决定意义的上层会议是在我家里开的，直到现在，房子还在卡尔波夫卡那条街上（32 号门牌，第 31 户）。但是这一切都是我不在家的时候发生的。”原来这位孟什维克的妻子苏汉诺娃是一个女布尔什维克。“这一次采用了特殊做法，让我在外面过夜：至少我的妻子认真询问过我的打算，并且向我提出了友好无私的建议——工作以后不要用长途奔走来给自己添麻烦。不管怎样，这次高层会
162 议完全是以不让我闯进来作为保证的。”实际上会议重要得多的考虑是防备克伦斯基的警察闯进来。

21 个中央委员中有 12 人出席了会议。列宁是戴着假发和眼镜来与会的，并且刮掉了胡子。会议连续不断地开了大约 10 个小时，直到深夜。中间短暂休息时一边喝茶，一边吃些面包和香肠来增强精力。真的是需要精力，因为讨论的是在前沙皇帝国夺取政权的问题。就如往常一样，会议开始是由斯维尔德洛夫做组织问题的报告。这一次他的报告专门谈前线的情况，看来事先得到了列宁的同意，以便支持他得出必然的结论：这完全符合列宁的行事方式。北方战线的军队代表通过斯维尔德洛夫警告说，反革命的指挥官们正在准备做某种“暗中把军队调往内地的事情”。从明斯克的西方战线司令部传来的消息称：那里正在酝酿新的科尔尼洛夫叛乱；鉴于当地卫戍部队的革命性质，司令部调来哥萨克部队包围了整个城市。“在各司令部与大本营之间正在进行某种性质可

疑的谈判。”占领明斯克的司令部是完全可能的：当地卫戍部队已经准备好了解除担负保卫任务的哥萨克武装。从明斯克还可以派出一个革命的军团前来彼得格勒。前线的情绪是拥护布尔什维克，反对克伦斯基的。本身各个部分还不够明确，但是具有十分令人鼓舞的性质，会议开场白就是这样的。

列宁接着马上转入了进攻：“9月月初以来，出现了一种对起义问题漠不关心的态度。”有人用群众的冷淡和失望的借口来进行推诿。这是不足为怪的：“群众……对于空话和决议已经感到厌倦了。”必须从整体上把握形势。城市的事变目前正在声势浩大的农民运动背景下实现。临时政府要平定农村的起义，就需要十分强大的兵力。“因此，政治条件已经成熟。应该谈到技术方面的问题。关键就在这里。可是我们却步护国派的后尘，喜欢把有步骤地准备起义看成一种政治上的罪过。”报告人显然在克制自己，他精神上积蓄了太多的不满。“应该趁召开区域[①]代表大会和明斯克提出建议的机会开始采取果断行动。”(《列宁全集》中文第二版第32卷，第383—384页)

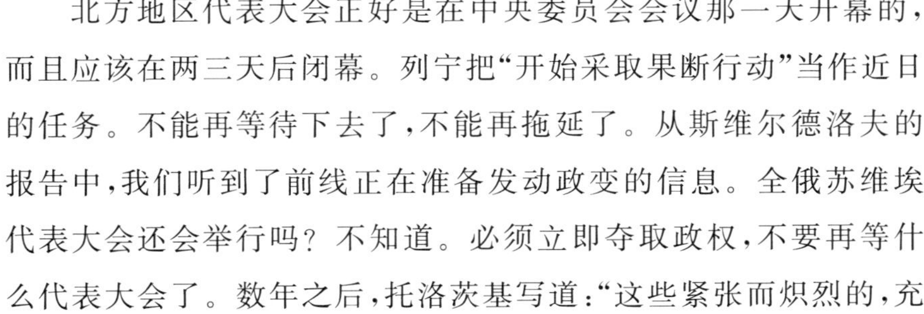

北方地区代表大会正好是在中央委员会会议那一天开幕的，而且应该在两三天后闭幕。列宁把“开始采取果断行动”当作近日的任务。不能再等待下去了，不能再拖延了。从斯维尔德洛夫的报告中，我们听到了前线正在准备发动政变的信息。全俄苏维埃代表大会还会举行吗？不知道。必须立即夺取政权，不要再等什么代表大会了。数年之后，托洛茨基写道：“这些紧张而炽烈的，充

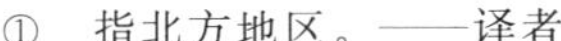

① 指北方地区。——译者

满着要把自己的思想、自己的意志、自己的信心和自己的勇气传染给那些持反对、动摇和怀疑态度的人的意图的即兴讲话，其总体精神确实是难以形容和难以转述的。”

列宁在等候更强烈的反对。但是他的担心很快就消除了。中央委员会9月间一致拒绝了立即发动起义的建议，那个一致只带有极其短暂的性质。左翼出于暂时的考虑，而右翼出于总的战略的考虑，尽管当时都还没有进行彻底的思考，却都反对“包围亚历山大剧院”。在过去的3个星期里，中央委员会在相当大的程度上向左转了。投票结果，10票赞成起义，2票反对。这是一次重大的胜利！

在革命后很快就出现的党内斗争新阶段，有一次列宁在彼得格勒委员会进行辩论时提到，直到中央委员会会议前他都在“担心来自国际主义联合派方面的机会主义，但是这个担心消失了；在我们党内，有一些（中央委员会）委员不赞成。这使我极其难过”。（列宁在这次会议上的讲话不见于列宁全集。——译者）“国
164 际主义者”中间，除了托洛茨基（列宁恐怕不会指他）以外，进入中央委员会还有：未来驻柏林大使越飞，未来彼得格勒契卡领导人乌里茨基，未来苏维埃货币创设人索科利尼科夫，三个人全都站在列宁一边。作为反对者出现的有两个人，据过去的工作经历来看，他们是最接近列宁的老布尔什维克的季诺维也夫和加米涅夫。他说的“这使我极其难过”就是针对他们两人的。10月10日的会议几乎完全可以归结为与季诺维也夫和加米涅夫展开激烈辩论。列宁发起了攻击，其他人一个接一个跟了上来。

列宁急急忙忙起草的决议是用一截铅笔写在儿童用正方形格子练习本的一页纸上的，从建筑学的角度来看，决议的各个部分是

不匀称的，但是它给起义的方针加上了一根牢固的支柱。“中央委员会认为，俄国革命的国际环境（德国海军中的起义，这是世界社会主义革命在全欧洲发展的最高表现；其次，帝国主义者为扼杀俄国革命而媾和的危险），军事形势（俄国资产阶级和克伦斯基之流无疑已经决定把彼得格勒让给德国人），无产阶级政党在苏维埃中获得多数，再加上农民起义和人民转而信任我们党（莫斯科的选举）以及第二次科尔尼洛夫叛乱显然已在准备（军队撤出彼得格勒、哥萨克调往彼得格勒、哥萨克包围明斯克，等等）——这一切把武装起义提到日程上来了。因此中央委员会认为，武装起义是不可避免的，并且业已完全成熟，中央委员会建议各级党组织以此为指针，并从这一观点出发讨论和解决一切实际问题（北方区域苏维埃代表大会、军队撤出彼得格勒、莫斯科人和明斯克人发起行动，等等）。”（《列宁全集》中文第二版第32卷，第385页）

无论对时间的估计，还是对作者的性格而言，列举起义条件的次序本身就是非常精彩的：列在首位的是世界革命形势的成熟，俄国的起义仅仅被看作是整个链条中的一个环节。这是列宁始终不渝的一贯立场，是他的大前提：他不可能有别的立场和前提。起义的任务是作为党的任务直接提出来的，关于与苏维埃协调准备革命这个困难的问题暂时完全没有提及。也没有一句话提到了全俄苏维埃代表大会。由于托洛茨基的坚持，对北方地区苏维埃代表大会与“莫斯科人和明斯克人发起行动”的说法补充了一句作为支持起义观点的话：“军队撤出彼得格勒”。这是迫于首都时局的发展而采纳的那份起义计划唯一一处暗示。没有任何人提出对决议进行策略方面的修改，它确定了原先的革命战略出发点，即反对否认起义必要性的季诺维也夫和加米涅夫的那个出发点。

后来，官方的历史编纂学企图把事情说成是这样的：似乎除了季诺维也夫和加米涅夫以外，所有党的领导层成员都赞成举行起义，这种企图一碰到事实与文献就会破产。且不说同意起义的人也往往倾向于把起义推迟到很不确定的将来，就连公开反对发动革命的季诺维也夫和加米涅夫在中央委员会也不是孤立的：没有出席10月10日会议的李可夫和诺根就完全赞成他们的观点，米留京也接近他们的观点。“在党的上层领导人员中显然有动摇，似乎‘害怕’夺取政权的斗争。”这就是列宁本人的证词。据安东诺夫—萨拉托夫斯基说，10月10日以后来到萨拉托夫的米留京“谈到了伊里奇要求‘开始行动’的信件，谈到了最初‘否决’列宁建议的中央委员会的动摇，谈到了他的愤慨，最后谈到了毕竟还是采纳了起义的方针”。布尔什维克萨多夫斯基后来写道：“当时弥漫着相当程度的动摇不定的情绪和模糊不清的情况。众所周知，甚至
166 在我们的中央委员会内部，当时也存在着争论与冲突，行动究竟怎样开始，是不是该开始。”

那个时候，萨多夫斯基本人就是苏维埃军事部和布尔什维克军事组织的领导人之一。可是，正如我们从一系列回忆录中所了解的，10月期间正是军事组织的成员带着极深的偏见来看待起义主张的，该组织的特殊性质诱使其领导人低估了政治条件和高估了技术条件。10月16日，克雷连科报告说：“军事组织执行局多数人认为不需要在实践上激化这个问题，而少数人则觉得可以承担首倡的任务。”18日，另一位军事组织的著名成员拉舍维奇说：“有没有必要马上夺取政权呢？我想不能强行促成事变发

生……不能担保我们能成功地维持政权……列宁提出的战略计划，漏洞百出。”安东诺夫-奥夫申柯介绍了主要军事工作者与列宁会见的情况：“波德沃伊斯基表示怀疑，涅夫斯基时而重复他的观点，时而附和伊里奇坚定的口气，我介绍了芬兰的局势……伊里奇的信心和坚毅有力地影响着我，也振作了涅夫斯基，但是波德沃伊斯基固执地坚持自己的怀疑。”不要忘记，在所有这些回忆当中，怀疑是用水彩画颜料画成的，而信心是用黏稠的油画颜料画成的。

丘德诺夫斯基是坚决反对起义的。怀疑主义者曼努伊尔斯基事先就警告说“前线并不和我们在一起”。反对起义的还有托姆斯基。沃洛达尔斯基支持季诺维也夫和加米涅夫。此外，远不是所有反对发动革命的人都公开表态。在 10 月 15 日举行的彼得格勒委员会会议上，加里宁说道：“中央委员会的决议是中央曾经做出的最好的决议之一……我们实际上在走向武装起义。但是什么时候起义可能发生，也许要过一年，谁也不知道。”这样一种对中央决议的“赞成”再充分不过地说明了加里宁的一贯性格，但也不仅仅是他一个人才这样。许多人之所以附和决议，是为了用这样的方式来为自己反对起义的斗争上保险。

在莫斯科的上层可以看出来那里极少有一致性。地区局支持列宁。但是在莫斯科委员会动摇态度是很有势力的，有利于拖延的情绪占了上风。省委员会的态度不明确；不过据雅科夫列娃说，地区局也有人认为，在决定性关头，省委员会就会动摇不定，进而转到反对起义一方去。

萨拉托夫人列别杰夫讲述了革命前不久他访问莫斯科时与李可夫一同散步的情形。李可夫用手指着周围石头建筑、富足的商店和繁忙热闹的景象，叹息说眼前的任务是如何困难。“在这资产阶级莫斯科的正中心，我们真的觉得自己就像是企图搬掉一座大山的侏儒。”

在党的每一个组织中，在党的每一个省委员会中，都有一些具有与季诺维也夫和加米涅夫相同情绪的人。在许多委员会中，他们还形成了多数。甚至在布尔什维克独占优势的无产阶级的伊万诺沃-沃兹涅辛斯克，上层领导的分歧也显得异常尖锐。到1925年的时候，写回忆录已经要适应新方针的需要了，老工人布尔什维克基谢列夫在那年还是写道：“除了个别人以外，党内的工人是紧跟列宁的，反对列宁的就是那些为数不多的知识分子党员群体和某些单个的工人。”反对起义的人在公开辩论中重复的就是季诺维也夫与加米涅夫的理由。基谢列夫写道：“可是在私下辩论中，争论采取了更加激烈和坦率的话：‘列宁简直是疯子，他把工人阶级推向必然毁灭的境地。这样的武装起义根本不会成功，他们会打垮我们，粉碎党和工人阶级，而这将会把革命推迟很多年。’等等。”尽管伏龙芝这个人很有勇气，但并不以眼界宽阔而著称，当时他也部分地带有这种情绪。

甚至起义在彼得格勒获胜也还远没有消除各地消极观望的惯性和右翼的公然反对。领导层的动摇不定差点儿把随后发生的莫斯科起义引向了失败。在基辅，皮亚塔科夫领导的委员会奉行单纯的防守政策，结果最终让主动权，后来又让政权落到了拉达手里。弗拉切夫讲述说：“我党的沃罗涅日组织处在非常严重的动摇状态。沃罗涅日革命本身……不是由党的委员会，而是由其中以莫伊谢耶夫为首的少数积极分子发动的。”许多省城的布尔什维克在10月与妥协派分子结成了“反对反革命”的同盟，好像妥协派分子当时没有成为反革命最重要的支柱似的。为了消除地方组织最后的犹豫，迫使他们与妥协派分子决裂，出面对运动实行领导，几乎到处都需要来自上下两方面的同时推动。“10 月月底和 11 月月初是我们党内真正的‘大骚乱’阶段。许多人很快就为情绪所左右了。”自己也为动摇出力不少的施里亚普尼柯夫回忆说。

有些人像哈尔科夫的布尔什维克一样，革命初期还处在孟什维克阵营，而后来自己感到十分惊奇，“说说看，这是如何发生的。”所有这些人在十月革命期间一般都还没有找到自己的位置，还在动摇和观望。他们更为坚定地提出自己在思想反动时期的“老布尔什维克”权利。近些年出版的隐瞒事实的著作其部头不论有多大，也没有价值，不过即使除开那些现在研究人员难以接触到的秘密档案，就是在当时出版的报纸，还有回忆录和历史杂志中也还是保留了不少证据，证明甚至最革命的政党的机关在革命前夕也暴露出了强大的阻力。官僚制度中不可避免地存在着保守性。机关只有在它还是为党服务的工具，也就是处在正确思想指导之下和群众的监督之下的时候才能履行自己的革命职能。

10 月 10 日的决议具有重大意义。它立刻为真正拥护起义的人充分提供了党的权利方面的坚实立足点。在所有的党组织中，在所有的支部中，最坚定的分子开始担任最重要的职务。从彼得格勒开始，党的组织振作起来了。它们认真计算兵力和各种设备，加强联络，使争取革命的战役具有更加集中的性质。

但是，决议并没有消除中央委员会的分歧；相反，它仅仅是把分歧固定下来并且把它们引到外面去了。季诺维也夫和加米涅夫不久前还觉得自己在相当一部分领导人中间为同情的气氛所环绕，现在惊讶地发现形势是如此迅速地向左转了。他们决定不再浪费时间，于是第二天便向党员散发了一份内容广泛的呼吁书。他们写道："面对历史，面对国际无产阶级，面对俄国革命和俄国工人阶级，我们没有权利把整个未来都押在武装起义这张牌上。"

他们展望的前景就是作为强有力的反对党参加立宪会议，后者"在自己开展的革命工作中只能依靠苏维埃"。由此得出一个公式："立宪会议和苏维埃——这就是我们朝之前进的那种国家机构的组合类型。"布尔什维克居少数的立宪会议和布尔什维克居多数的苏
170 维埃，也就是资产阶级机关和无产阶级机关在两个政权的和平体系中应该"相互配合"。甚至在妥协主义者占统治地位时也没有得出这个公式，在布尔什维克的苏维埃下面怎么能做得到这一点呢？

季诺维也夫和加米涅夫在呼吁书末尾写道："要么现在就做，要么永远不做，这样来解决把政权转移到无产阶级政党手中的问题将是一个深远的历史错误。不。无产阶级政党将不断壮大，它的纲领将向广大群众解释得更加清楚。"让对布尔什维克寄予继续不断发展壮大的希望独立于现实的阶级冲突进程之外，这与列宁当时的主导思想存在着难以调和的冲突，列宁的主张是："俄国革命和全世界革命的成败，都取决于这两三天的斗争。"（《列宁全集》中文第二版第 32 卷，第 375 页）

在这场戏剧性对话中，正确完全是属于列宁一方的，这还需要多说吗？不能凭主观臆断来为革命形势保鲜。如果布尔什维克不在 10—11 月间夺取政权，他们大概根本就夺取不到政权了。假如群众在布尔什维克那里得到的不是坚定的领导，而是所有已经令他们感到厌烦的言行不一，他们就会在两三个月时间里离开辜负

了他们希望的党，就像以前远离社会革命党和孟什维克一样。其结果是一部分劳动群众陷入冷淡，另一部分劳动群众则把自己的力量耗尽在抽搐性的突发运动、无政府主义暴动、游击战以及复仇和绝望的恐怖行为之中。资产阶级于是利用这难得的喘息机会来跟霍亨索伦王朝单独缔结和约，同时粉碎革命组织。俄国就会以半帝国主义半殖民主义国家身份重新进入帝国主义国家的循环周期。无产阶级革命就得推移到谁也不清楚的遥远时刻。对这种前景的敏锐觉察促使列宁发出了他的报警之声："俄国革命和全世界 171
革命的成败，都取决于这两三天的斗争。"

不过到现在，10 月 10 日之后，党内的形势发生了激进变化。其建议曾经遭到中央委员会拒绝的列宁已经不是孤立的"反对者"了。右翼变成孤立的了。列宁也完全不需要通过辞职来为自己获取进行宣传的自由了。合法性在他那一边。相反，季诺维也夫和加米涅夫因散发自己反对中央委员会做出的决定的呼吁书，从而成了纪律的破坏者。而处在斗争中的列宁没有宽恕反对者犯下的错误，哪怕是不那么严重的错误！

在 10 月 10 日的会议上，根据捷尔任斯基的提议，选举产生了由七人组成的政治局，他们是：列宁、托洛茨基、季诺维也夫、加米涅夫、斯大林、索科利尼科夫、布勃诺夫。但是这个新机构完全没有开展过实际活动。列宁和季诺维也夫仍然躲藏起来了，何况季诺维也夫像加米涅夫一样在继续从事反对起义的活动。10 月组成的政治局连一次会议也没有开过，人们简直很快就把它忘记了，就如同忘记了在时局的旋涡中创建的其他临时特设机构（*ad hocl*）一样。

在10月10日的会议上没有拟定无论什么样的起义实践计划，甚至连大概的计划也没有，虽然没有写进决议，但是是有约定的：起义应当在苏维埃代表大会召开之前和尽可能不迟于10月15日发动。不是所有人都愿意接受这个期限，对于在彼得格勒做好起跑动作来说，它显然太短了。但是坚持延期就意味着对右翼的支持，并且会打乱计划。何况任何时候延期都来得及！

最初规定10月15日这个日期一事是过了7年以后，在1924年发表的托洛茨基回忆列宁的文章中首次披露的。这个说法很快
172 就遭到斯大林的反驳，而且问题在俄国历史文献中也弄得很尖锐。众所周知，起义实际上是在10月25日举行的，因此最初规定的日期结果没有信守不移。篡改派历史编纂学认为，中央委员会的政策不仅不可能有错误，而且不可能逾期。依据这个理由斯大林写道："这样说来，中央委员会规定了起义的日期是十月十五日，后来自己又破坏了(!)这个决定，把起义日期拖延到十月二十五日了。这是不是事实呢？不，不是事实。"(《斯大林全集》第6卷，第298页)于是斯大林得出结论说，是"托洛茨基……忘记了"。(《斯大林全集》第6卷，第299页)他引用10月10日决议来作为证据，而该决议没有提到任何日期。

关于起义时间存在着争议的问题对于了解事件的节奏是很重要的，因此需要说清楚。10月10日的决议中没有写明日期，这是千真万确的。但是这个与全国起义相关的总决议是为成百上千的党的领导工作人员而做出的。把拟于近日在彼得格勒发动起义的秘密日期写进决议是极不谨慎的做法。我们记得：出于谨慎，列宁在自己那个时候写的信当中也没有提到过起义的日期。这里事情

关系到一个如此重要同时又是如此简单的决定，因而全体与会者在总共只有几天的时间里都能够毫无困难地记住它。由此也可以看出，斯大林对待决议文字的态度完全是为了进行争吵。

然而我也愿意承认，光引用一个与会者的个人回忆，尤其是一旦当他的话遭到另一个与会者反驳时，对历史研究来说是不够的。幸运的是，通过分析条件和文献，问题毫无争议地解决了。

苏维埃代表大会预定于 10 月 20 日召开。在举行中央委员会议那一天与代表大会开幕日之间还剩下 10 天的空隙。代表大会 173
应当不是为苏维埃政权进行宣传，而是直接夺取政权。但是几百位代表本身是无力掌握政权的，需要在代表大会开幕前为大会夺取政权。“先战胜克伦斯基，然后再召开代表大会吧！”——这个主张在 9 月下半月是列宁的全部宣传的中心。历来赞成夺取政权的人原则上也同意这样做。因此，中央委员会不得不给自己提出了在 10 月 10—20 日之间尝试举行起义的任务。可是因为不可能预见到斗争会延续多少日子，所以开始发动起义就定在了 15 日。托洛茨基在自己回忆列宁的文章中写道：“至于这个日期本身，就我记得的几乎没有什么异议。大家都明白，日期只具有大概的和初步的——如果可以这样的话——性质，也明白它取决于时局的发展，可能提前一点，也可能推迟一点。但是这里指的仅仅是几天，不会多的。定下日期，而且是大致的日期是极有必要的，这一点毫无疑义。”

实际上，本来政治逻辑的证据可以使问题得以解决。但是另外的证据并不缺乏，列宁不止一次坚决提议利用北方地区苏维埃代表大会开始军事行动，中央委员会的决议也采纳了这一主张。

可是,10 月 10 日开幕的该代表大会本该刚好是在 15 日前结束。

在 10 月 16 日的会议上,季诺维也夫坚持要取消 6 天前通过的决议,他要求:“我们应当对自己坦白地说,最近 5 天我们不要组织起义。”这里说的 5 天就是距苏维埃代表大会还剩下的 5 天。加米涅夫在同一次会议上论证“规定起义日子就是冒险主义”,他提醒说:“以前可是说过应当在 20 日之前发动起义。”谁也没有就这
174 一点反驳他,也无法驳斥他。加米涅夫正是把错过起义日期说成是列宁的决议的破产。用他的话说,就是“这个星期没有为起义做任何事情”。这是明显的夸大其词。规定日期促使大家把更加严格的规则纳入自己的计划,并且加快了工作的速度。可是也无须怀疑,10 月 10 日会议上预定的 5 天时间确实是太短了一些。耽搁的情形是存在的,刚一到 10 月 17 日,苏维埃中央执行委员会就把苏维埃代表大会改为 10 月 25 日召开。这一延期真是提供了再合适不过的时机。

党内各种阻挠和争论难免以扩大了的方式浮现在处于与外界隔绝状态的列宁面前,因拖延而感到非常不安的他坚持再次召开中央委员会会议,而且要让党在首都最重要的工作部门的代表参加。正是 10 月 16 日在市郊森林街召开的这次会议上,季诺维也夫和加米涅夫提出前面引述过的理由来取消原定的起义日期,并且反对规定新的日期。

争论以加倍的激烈的程度重新开始了。米留京认为:“我们没有准备好发起第一次攻击……面临着另一种前景:武装冲突……它正在不断积累,发生的可能性正在逼近。因此我们应当准备应付这种冲突。不过这种前景与起义是不同的。”米留京站在防卫的

立场上，季诺维也夫、加米涅夫和见证党的全部历史的彼得格勒工人绍特曼更清晰地捍卫这一立场。后者断言，城市代表会议、彼得格勒委员会和军事委员会表现出来的战斗情绪远不如中央委员会那么坚决。“我们不能发动起义，但是应该作好准备。”列宁抨击了米留京和绍特曼对力量对比的悲观估计：“问题不在于同军队作战，而在于一部分军队同另一部分军队作战。……事实证明，我们有胜过敌人的优势。为什么中央不能开始行动呢？”（《列宁全集》中文第二版第 32 卷，第 388 页）

托洛茨基没有出席这次会议，此刻他正在彼得格勒苏维埃引导通过军事革命委员会的章程。不过克雷连柯捍卫了最终在斯莫尔尼宫形成的那种观点，他刚刚才与托洛茨基、安东诺夫-奥夫申柯一起齐心协力地召开了北方地区苏维埃代表大会。克雷连柯毫不怀疑，“水已经够沸腾的了”。因此，推迟执行起义的决议将是“最大的错误”。但是他跟列宁在“由谁来发动以及怎样发动”的问题上存在着分歧。明确规定起义的日期现在仍然是不适当的。“可是调走军队的问题恰恰是引发激烈争执的首要因素……对我们的进攻已成事实，这样一来，我们就可以利用这一点。……无须担心应该由谁来开始发动，因为起义已经开始了。”克雷连柯说明并且捍卫了已经成为军事革命委员会和卫戍部队代表会议基础的政策。起义后来正是沿着这条道路开展的。

列宁没有对克雷连柯的话做出回应：因为彼得格勒最近 6 天来活生生的场景没有在他眼前一一展现出来。他担心的是拖延。他的注意力集中在直接反对起义的人身上。他倾向于把各种保留意见、有条件的公式、不够坚决的回答都解释为对季诺维也夫和加米涅夫的间接支持，而这两个人准备以背水一战的坚决态度来反对他。加米涅夫讲得很明白："几个星期来的结果说明，现在还不具备起义条件。我们还没有领导起义的机关，我们的敌人却有强大得多的这种机关，而且想必本周之内力量还会增强……这里有两种策略在进行斗争：一种是阴谋的策略，另一种是相信俄国革命动力的策略。"在那些必须展开搏斗的地方，机会主义者总是相信所谓动力。

列宁反驳说："如果说起义已经成熟，那就说不上是什么密谋。
176 如果在政治上起义已经不可避免，那就应当像对待艺术那样对待起义。"（《列宁全集》中文第二版第 32 卷，第 389 页）正是沿着这条路线，党内展开了根本性的、的确属于原则性的争论，不管争论如何解决，都对革命的命运起决定作用。列宁的方案把中央委员会大多数成员团结到了自己周围，但是在该方案总的范围内提出了一些附带的然而又是极其重要的问题：如何根据业已成熟的政治形势来走向起义？选择怎样的由革命的政治方面走向技术方面的桥梁？以及怎样带领群众走过这座桥梁？

属于左派的越飞支持 10 月 10 日的决议，但是有一点反对列宁："不能相信现在的问题是纯技术性的，现在也应该从政治观点来看待起义的时机。"恰好是最近一个星期证明，对于党、对于苏维埃以及对于群众来说，起义不仅仅是一个技术问题。正因为如此，10 月 10 日规定的期限没有能够实现。

列宁提交的新决议号召"一切组织、全体工人和士兵从各方面加紧准备武装起义"，（《列宁全集》中文第二版第 32 卷，第 389 页）结果该决议以 20 票赞成，2 票反对，3 票弃权获得通过。季诺维也夫和加米涅夫投了反对票。官方史学家引用这个数字作为彻底击败了反对派的证据。可是他们把问题简单化了。党内深处已经发生了如此有力的向左转，以致一些反对起义的人不敢公开表态，觉得抹掉两个阵营之间原则界线对自己是有好处的。尽管事先规定了日期，然而如果到 10 月 16 日革命还是不能实现，那么以后是不是就可以把事情局限于空谈“起义方针”呢？很显然，从这次会议上显露出来的情绪来看，加里宁已经不再是那么孤单的了。季诺维也夫的决议称：“直到与苏维埃代表大会的布尔什维克代表商妥之前，起义行动都是不能容许的。”这个决议以 6 票赞成，15 票反对，3 票弃权被否决了。于是，这里出现了对各种观点的真正检验：一部分中央委员会决议的“支持者”实际上想把做决定一事推迟到苏维埃代表大会，与其中大多数本身就比较温和的外省布尔什维克进行重新协商。这样的人（把弃权者也算在内）在与会的 24 个人当中有 9 个，超过 1/3。当然这仍然还是少数，不过对于司令部而言，这是一个相当可观的数字。这个少数无可救药的弱点是由它在党的下层组织和工人阶级当中没有得到任何支持而决定的。

第二天，加米涅夫根据同季诺维也夫的约定，在高尔基的报纸上刊登了一份反对党于前一天通过的决议的声明。加米涅夫这样写道：“不仅我和季诺维也夫，而且一批从事实际工作的同志都发现：在目前这样社会力量对比条件下和不顾距苏维埃代表大会召开还只有几天的情况下，贸然发动起义是毁灭无产阶级和革命的不可容许的步骤……最近几天采取孤注一掷的行动——就等于采取绝望的步骤。而我们党太强大，它的前途太广阔，无须采取类似步骤……”机会主义者总是觉得自己“太强大”，无须参加斗争。

加米涅夫的信是对中央委员会的直接宣战，而且是关系到谁也不打算开玩笑的一个问题。局面立即变得极其尖锐，而且它因有着共同政治渊源的某些其他的个人行为而变得复杂了。在10月18日举行的彼得格勒苏维埃会议上，托洛茨基在回答反对者提出的问题时宣布，苏维埃没有规定要在近日发动起义，但是假如需要被迫做出决定时，那么全体工人和士兵就会像一个人一样采取行动。在主席团里面就坐在托洛茨基身旁的加米涅夫马上站
178 起来做了简短的声明：他赞成托洛茨基说的每一句话。这是一个狡诈的举动：托洛茨基采用表面上的防守公式来对进攻政策进行法律上的掩盖，加米涅夫却企图利用与他存在着根本分歧的托洛茨基公式来掩盖绝对相反的政策。

为了消除加米涅夫诡计的影响，托洛茨基当天在全俄工厂委员会代表会议上所做的报告中说道：“国内战争是不可避免的。所必须做的仅仅是好好组织，使之尽量少流血，尽量减少痛苦。而要做到这一点不是靠动摇不定和犹豫不决，而是要靠为政权开展顽强而英勇的斗争。”谁都明白，动摇这话是针对季诺维也夫、加米涅夫以及他们的同伙而说的。

此外，托洛茨基还把加米涅夫在苏维埃发表的声明提交给下一次中央委员会会议进行审查。在两次会议之间，期望自己能放手从事反对起义宣传的加米涅夫退出了中央委员会。他缺席时问题变得一清二楚了。托洛茨基坚持认为“已出现的局面完全是不

能容忍的”，并且提议接受加米涅夫的辞职要求。①

支持托洛茨基建议的斯维尔德洛夫宣读了列宁的一封信，这封信痛斥季诺维也夫和加米涅夫在高尔基报纸上发表声明是工贼行径，并且要求把他们开除出党。列宁写道：“加米涅夫在彼得格勒苏维埃会议上支吾搪塞的发言简直卑鄙到极点了，他说同托洛茨基意见完全一致。但是，托洛茨基除已经讲的以外，不能、没有权利、也不应当在敌人面前说得更多了，这难道不容易理解吗？……（说明武装起义的必要性，说明起义条件已经完全成熟，应从各方面做好准备，等等），这个决定责成我们在公开言论中必须把‘过错’和起因都推到敌人身上，这难道不容易理解吗？加米涅夫的支吾搪塞简直是欺骗行为。”（《列宁全集》中文第二版第32卷，第415页）

经过斯维尔德洛夫之口发出愤怒抗议的时候，列宁还不可能知道，季诺维也夫已经通过刊登在中央委员会机关报上的一封信声称：他季诺维也夫的观点“与列宁所辩驳的观点相距很远”，因此他季诺维也夫“赞成托洛茨基昨天在彼得格勒苏维埃所做出的声明”。第三个反对起义的人卢那察尔斯基在报上表达了同样的情

① 1929年出版的中央委员会1917年会议记录提到，仿佛托洛茨基是这样解释自己在彼得格勒苏维埃所做的声明的：“它是为加米涅夫所迫做出的。”这里显然存在错误记载或者后来进行过反常的加工。托洛茨基的声明不需要进行特别的解释：它是形势的产物。纯系非同寻常的偶然，完全支持列宁的莫斯科委员会就在同一天，即10月18日不得不在莫斯科的报纸上刊登了一份声明，它几乎是逐字逐句地转述了托洛茨基的简洁表述：“……我们不是阴谋家的政党，我们没有暗中约定自己的行动……当我们决定采取行动时，就会在自己的机关报上说明这一点……”否则就不能回答敌人的直接问题。可是，如果托洛茨基的声明不是，也不可能是受加米涅夫所迫而做出的，那么它就是被蓄意捏造的连坐损害了名誉。而且是在这样的情况下，即托洛茨基没有机会可能在“и”这个字母上面加一个必不可少的点（意为：做出合乎逻辑的解释。——译者）的时候。

绪。除了恶意造成的混乱以外，刚好于中央委员会开会的那一天，即 10 月 20 日刊登在中央机关报上的季诺维也夫的信还附有编辑部同情性的注释：“我们同样表达这样的希望，即由于季诺维也夫做了声明（以及加米涅夫在苏维埃的声明），可以认为问题已经解决了。列宁文章的严厉口气并没有改变我们根本上仍然是同志的事实。”这是一次新的背后攻击，并且是从谁也没有料的那个方向发出的。就在季诺维也夫和加米涅夫敌对地登报公开进行反对中央委员会的起义决定的宣传之际，中央机关报却在指责列宁的“严厉口气”，并且断定季诺维也夫和加米涅夫“根本上”还是自己的同志。仿佛那个时刻还有比起义更根本的问题！根据简要的会议记录来看，托洛茨基在中央委员会会议上做了这样的声明：“季诺维也夫和卢那察尔斯基给中央机关报的信，以及编辑部所加的注释都是不能容忍的。”斯维尔德洛夫对这个抗议表示支持。

那时，进入编辑部的有斯大林和索科利尼科夫。会议记录写道：“索柯利尼科夫报告说，他没有参与编辑部关于季诺维也夫的信件声明一事，并且认为这个声明是错误的。”这就十分清楚，在距离起义开始只有四天的最紧急的时刻，是斯大林一个人违背编辑部另一个成员和中央委员会大多数人的意见，通过同情性的声明
180 支持了季诺维也夫和加米涅夫。这事引起了极大的愤慨。

斯大林反对接受加米涅夫辞职，他证明“我们的整体状况是很矛盾的”，也就是说他担当起了为那些反对起义的中央委员会成员造成的人心纷乱进行辩护的责任。结果会议以 5 票同意，3 票反对接受了加米涅夫的辞职。会议再次违背斯大林的意愿，通过了禁止加米涅夫和季诺维也夫从事反对中央委员会的斗争的决定。

记录写道："斯大林声明退出编辑部。"为了不再加重实在并不轻松的局面，中央委员会拒绝了斯大林的辞职要求。

从围绕斯大林制造的传奇故事的角度来看，斯大林的上述举动看起来可能是无法解释的，实际上这样的举动跟他的精神气质和政治手段完全相符。在重大问题面前，斯大林总是回避，——这不是因为他像加米涅夫那样没有个性，而是因为眼界狭窄和缺乏创造性的想象能力。多疑的谨慎心理几乎本能地迫使他在重大决定性时刻和出现深刻分歧之际退到阴影里去，迫使他耐心等待，如果可能的话，给自己做双重保险。斯大林投票支持列宁的起义计划。季诺维也夫和加米涅夫则公开跳出来反对起义。可是，如果抛开列宁批评的"严厉口气"不论，那么"我们根本上仍然是同志"。斯大林绝对不是出于轻率而做出自己的注释的，相反，他仔细权衡了形势和仔细斟酌了词句。不过，10 月 20 日他并不认为有彻底毁坏通向革命反对者阵营的桥梁的可能。

我们只得不按照原文，而是按照经过斯大林办公室加工过的官方文本来引述会议记录的记载，即便如此，它还是不仅显示出了布尔什维克中央委员会各个人物的真实情绪，而且尽管它简短和枯燥，也还在我们面前展现出了一幅党的领导层的真正全景图，可以看出它实际上是与一切内部矛盾和个别人不可避免的动摇相伴 181
在一起的。那些对于人性的任何成分都不排斥的人不仅从整体上实现历史，而且在完成最勇敢的一次革命。难道这会贬低所完成事业的意义吗？

假如把拿破仑打的胜仗中最辉煌的那一次在银幕上展现出来，那么就会向我们显示与天才、胆略、应变能力、英雄气概一道出现的还有个别元帅的优柔寡断,不会看地图的将军们的混乱状态,某些军官的迟钝,好些整支部队的惊慌失措,直至由于恐惧而导致的肠胃失调。这种现实主义的文献可以证明,拿破仑的军队不是由神话般的自动机器组成的,而只不过是由在两个世纪之交的大变革时期培养出来的活生生的法国人组成的。即使展现人性弱点的画面也只是更加清楚地衬托出了人类整体的伟大。

事情过后来议论一场革命,要比在它实现之前使它具体体现出来容易一些。起义的临近过去会,将来也会不可避免地在发动起义的政党内部引发危机。迄今为止历史上所遇到过的久经考验的革命政党的经验便证明了这一点。就在战役开始前几天,列宁意识到自己不得不提出把自己两个最亲近和最有名的学生开除出党的要求,这事就足以说明一切了。后来把这场冲突归结为个人性格造成的“偶然事件”的尝试,是由把党的过去进行彻底宗教理想化的做法引起的。如果说列宁在1917年秋天比其他人更加彻底和坚定地反映了起义的客观必然性和群众举行革命的意愿,那么季诺维也夫和加米涅夫就是比其他人更露骨地体现了党内的阻碍倾向、犹豫情绪、小资产阶级关系的影响和当权阶级的压力。

假如仅10月一个月内在布尔什维克党上层发生的一切协商、
182 辩论、个人争执都用速记法记录下来,那么后辈就可能会完全相信,开展革命所必不可少的党内上层的决心是经过了多么紧张的内部斗争才得以形成。同时,速记记录会显示,无论多么革命的政党都需要内部民主,斗争的意志不是储藏的备用物品,也不是从上面迫使人接受的,——每一次它都必须得到独立自主的更新和锻炼。

1924年,斯大林引用本书作者关于“党是无产阶级革命的主要工具”的论点时发问：“既然‘无产阶级革命的主要工具’不中用，……那么我们的革命如何能够取得胜利？”（见《斯大林全集》第6卷，第287—288页）俏皮并不能掩盖这种反对意见的粗浅做作。在教会描绘的圣徒中间，以及在圣徒候选人描绘的恶魔中间，都有活人的座位，而正是这些人在创造历史。布尔什维克高度的坚韧精神并不表现在没有分歧、动摇乃至震荡，而是表现在最困难的处境中它能及时克服内部危机，保证自己有可能对时局进行决定性干预。这也意味着党作为一个整体是完全适用于革命的工具。

一个改良主义的政党实际上认为自己着手实行改良的旧基础是十分牢固的，因而它难免要从属于统治阶级的思想观念和道德规范。在无产阶级脊背上发展起来的社会民主党不过是第二等的资产阶级政党而已。布尔什维主义创造了真正的革命者典范，这些革命者使自己个人的生存条件、自己的思想和道德评判服从与现存社会格格不入的历史目的。在党内就是靠高度警惕的不调和态度，才得以保持对资产阶级思想意识必要的距离，列宁就是这种
态度的激励者。列宁手持手术刀孜孜不倦地工作，切断由小资产 183
阶级环境在党和官方舆论之间建立的那些联系。同时，列宁教导党要在蒸蒸日上的阶级的思想和感情的基础上造成自己独特的舆论。就是这样通过选择和教育，布尔什维克在长期不断的斗争中不仅创造了自己的政治环境，而且创造了自己的道德环境。这是不依赖资产阶级社会舆论的，并且与它处于不可调和的矛盾之中的……唯其如此，才使得布尔什维克战胜了自己队伍中的动摇，并且在实际行动中表现出了英勇果敢的决心。没有这种决心，十月革命的胜利是不可能的。

184
第二十章　起义的艺术

人们并不乐于从事革命，就像不乐于从事战争一样。但是，区别就在于在战争中逼迫手段起着决定性作用，而在革命中就不存在逼迫手段，如果不把形势的逼迫计算在内的话。革命是在没有其他道路可走的时候才会发生。如同整个革命一样，耸立在革命之上的起义作为革命事变的顶峰，同样很少有可能是根据主观臆断随便发动的。在完成最后一击之前，群众曾经三番五次地实施进攻与撤退。

1082

密谋往往是与起义对立的，就如少数人预谋的事情与大多数人的自发运动是对立的一样。取得胜利的起义可能仅仅是负有充当民族首领使命的那个阶级的事业，根据其自身的历史意义和方式而言，起义跟躲在群众身后活动的阴谋家的政变之间由一道鸿沟分开了，这是千真万确的。

实际上无论哪一个阶级社会都存在着足以能在其缝隙中策划密谋的各种矛盾。然而，历史经验也证明了，对于密谋政策为自己找到供应不断的食物来说，一定程度的社会病症是必需的，例如在西班牙、葡萄牙和南美洲那样。即使在取得胜利的情况下，纯粹的
185 密谋也只能更换掌握政权的同一个统治阶级的某些集团，或者还不如，只是仅仅更换一些政府成员。在历史上，只有群众起义才能

造成一种社会制度对另一种社会制度的胜利。虽然周期性的密谋是社会停滞和腐朽的反映，而人民起义则与之相反，它通常是作为破坏国家原有平衡的前期迅速发展的结果而发生的。南美洲诸共和国连续不断的“革命”与不断革命毫无共同之处，相反，它们在某些方面是后者的对立面。

但是，上面的话绝不是等于说，人民起义与密谋似乎在任何场合都是相互排斥的。密谋因素几乎总是或多或少进入了起义之中。群众起义是由历史条件决定的一个革命发展阶段，但是任何时候都不是纯粹自发的。即使大多数参与其事的个人都没有料到起义的爆发，群众起义仍然是那些思想的结果，起义者在这些思想中看到了摆脱生存重负的出路。不过，群众运动是可以预见的和可以提前做好准备的。它可以事先组织好，在这种场合，密谋就要服从起义，为起义服务，使起义过程变得容易一些，并且加速它的胜利。革命运动自身政治水平越高，它的领导越严肃，密谋在人民起义中所处的地位也就越高。

无论从其相互对立，还是从其相互补充的角度来正确理解起义和密谋之间的关系尤其有必要，因为即使在马克思主义的文献中，“密谋”这个词本身的使用表面上带有相互矛盾的性质，这取决于它的意思是指少数发起人孤立行事呢，还是少数人在为多数人的起义做准备。

历史切实证明，在某些场合，没有密谋，人民起义也能取得胜 186
利。起义从全国人民的愤慨情绪中，从各种各样的抗议、示威、罢工、街头冲突中“自发”产生出来以后，就可能吸引部分军队来支持自己，使敌人的力量陷于瘫痪，进而推翻旧政权。俄国 1917 年

2 月的革命在相当程度上就是这样发生的，1918 年秋，德国和奥匈帝国革命的发展过程也呈现出了大致相同的情景。在这类场合，既然领导起义者的不是全身渗透着起义的利益和目的的政党，那么它的胜利势必会导致把政权交到那些此前一直反对起义的政党手里。

推翻旧政权——这是一回事；把政权紧握在自己的手中——这是另一回事。资产阶级之所以能在革命过程中掌握政权，并不是因为它是革命的，而是因为它是资产阶级，财产、教育机关、报刊、各种据点形成的网络和各种机构都掌握在它的手中。无产阶级的状况则不同：举行起义的无产阶级没有处于它自身之外的那些社会特权，它能够指望的只有自己的人数、自己的团结、自己的干部和自己的司令部。

如同不能让铁匠用赤裸的手去拿烧红的铁块一样，无产阶级也不可能赤手空拳去夺取政权，它需要有完成这个任务的相应组织。马克思和恩格斯称之为“起义艺术”的那种革命政策异常复杂而又极其重要的组成部分，就在于把群众起义与密谋结合起来，使密谋服从起义，以及通过密谋来组织起义。这种艺术必须以对群众的统一正确领导，以深刻了解处于不断变化中的环境，以考虑周密的进攻计划，以认真仔细的技术准备和发起攻击的勇气为前提。

187 有些群众运动是由对旧制度的仇恨结合起来的，可是它既没有明确的目标，也没有已经制定好的斗争方法，更没有自觉把它引向胜利的领导，历史学家和政治家习惯于把这样的群众运动称之为自发的起义。自发的起义得到了官方历史学家，至少是民主派历史学家的善意承认，因为它是旧制度要为之负责的不可避免的灾难。如此宽容的真实原因就在于“自发的”起义不可能越出资产阶级制度的范围。

社会民主党是沿着同样的道路行进的。它并不一般地否认作为社会剧变的革命，就像它并不否认地震、火山爆发、日食和鼠疫流行一样。它们否认的是以“布朗基主义”，或者更坏一些，以布尔什维主义为形式的革命，因为这是自觉地准备革命，制订计划和实施密谋。换言之，社会民主党愿意批准——固然是事后批准——那种把政权交到资产阶级手里的革命，同时又毫不留情地谴责能够把政权交到无产阶级手里的唯一方法。保护资本主义社会的政策就隐藏在臆造的客观态度下面。

奥古斯特·布朗基是许多次不成功起义的参加者和见证人，通过对这些起义失败的观察和思考，他总结出了一系列战术规则，不遵守这些规则，起义要取得胜利是极其困难的，如果说不是不可能的话。布朗基要求预先建立正规的革命队伍，对它们实行集中指挥，保证其正常的供应，精心考虑街垒的布局，要求它们有坚固的结构，有条不紊地，而不是轻率随意地保卫它们。所有这些规则都是根据起义的军事任务而总结出来的，当然，它们也必定不可避
免地连同社会条件和军事技术一起发生变化；然而就其自身而言，188
这些规则丝毫不是类似于德国的“盲动主义”或者类似革命的冒险主义这个意义上的“布朗基主义”。

起义是一门艺术，如同所有的艺术一样，它也有自己的规则。布朗基的规则就是对军事革命现实主义的要求。布朗基的错误并不在于它的正向定理，而是在于它的反向定理。从战术上软弱无力致使起义注定遭到失败这个事实中，布朗基得出了这样的结论：

遵守起义战术规则自然能够保证取得胜利。布朗基主义和马克思主义的对立仅仅是从这里发端的。密谋不能代替起义。无产阶级积极主动的少数，无论它组织得多么好，也不可能脱离国家的整体形势掌握政权。在这一方面，布朗基主义遭到了历史的谴责，不过也仅仅是在这一方面。正向定理保留了自己的全部力量。无产阶级为了夺取政权仅凭自发的起义是不够的。需要相应的组织，需要计划，需要密谋。列宁就是这样提出问题的。

恩格斯对盲目崇拜街垒的批评是建立在普通技术和军事技术进步的基础之上的。布朗基主义的起义战术适应半手工业者无产阶级的和街道狭窄的老巴黎的特点，也适应路易·菲力普的军事制度。布朗基主义的原则性错误就在于把起义与革命混为一谈。布朗基主义的技术性错误就在于把起义与街垒战混为一谈。马克思主义的批评针对两种错误。恩格斯与布朗基主义一致认为起义是一门艺术，但同时他不仅揭示了起义在革命过程中的从属地位，而且揭示了街垒战在起义过程中正在下降的作用。恩格斯的批评与为了纯议会制的需要而拒绝采取革命方式的做法毫无共同之
189 处，而德国社会民主党的庸人们在霍亨索伦王朝的书报检察机关的协助下当时就试图这样来解释。在恩格斯看来，街垒战问题一直是革命的技术问题之一。可是改良主义者总是企图通过否认街垒战的决定意义来否认革命暴力。这与通过对未来战争中战壕作用可能会降低的推断来做出军国主义将会覆灭的结论几乎如出一辙。

不仅能够帮助无产阶级推翻旧政权，而且能够帮助它取代旧政权的组织就是苏维埃。后来变成历史试验的成功事实直到十月

革命前都还是一种理论预测，它当然是依据1905年革命的初步试验而得出来的。苏维埃是群众准备发动起义的机关，它是起义的机关，胜利以后它就是政权机关。

可是，仅凭苏维埃自身解决不了问题。它们要依赖一定的纲领和领导才能为各种不同的目的服务。党为苏维埃提供了纲领。如果说苏维埃在革命环境中——而在革命之外它们一般来说是不可能存在的——吸收了除十分落后、消极或者精神沮丧的阶层之外的整个阶级的话，那么革命的政党就会成为该阶级的领导者。只有通过党和苏维埃的确定无疑的团结，或者通过党和跟苏维埃或多或少起着同等作用的其他群众组织确定无疑的团结，夺取政权的任务才能完成。

以革命政党为首的苏维埃会自觉地和有预谋地夺取政权。苏维埃适应政治形势与群众情绪的变化，准备起义的可靠基地，用统一的思想把各支攻击部队联系在一起，预先制订进攻的计划和最后突击的计划。这意味着把有组织的密谋纳入了群众起义。

早在十月革命之前好长一段时间内，布尔什维克就不得不多
次驳斥敌人对他们提出的从事阴谋活动和布朗基主义的指控。其 190
实，谁也没有像列宁那样对纯粹的密谋展开过如此毫不调和的斗争。国际社会民主党机会主义者不止一次地为采用个人恐怖来对付沙皇制度走卒的社会革命党老式策略进行辩护，反击来自把知识分子的个人主义冒险行为与群众起义方针对立起来的布尔什维克的无情批评。但是，在否定布朗基主义和冒险主义的一切变种的同时，列宁一刻也没有屈从于群众“神圣的”初级性。他比其他人更早也更深刻地思考了革命的客观因素与主观因素、自发运动

与党的政策、人民大众与先进阶级、无产阶级与它的先锋队、苏维埃与党、起义与密谋之间的关系。

可是，如果相信不能凭主观臆断就号召举行起义，同时相信为了获胜需要及时组织起义的话，那么进行正确诊断的任务便会出现在革命领导者的面前。必须及时觉察到正在临近的起义，以便用密谋来补充它。助产士对分娩痛苦的干预，无论人们怎样滥用这个事例，毕竟还是对一种最基本过程进行自觉干预的最为鲜明的例证。赫尔岑曾经指责自己的朋友巴枯宁，说他在自己的全部革命创举中老是把孕期的第二个月当作第九个月。赫尔岑本人则倾向于宁愿否定孕期的第九个月。1917 年 2 月，确定分娩日期的问题总的来说几乎还没有提出来，因为起义是在没有集中领导的情况下“意外”爆发的。然而正因为如此，政权才没有奉献给那些举行起义的人，而是转给了那些阻碍起义的人。新的起义面临的局势是完全不同的，它是由布尔什维克党自觉准备的。它的任务
191 是正确把握时机，以便发出进攻的信号，因而这任务就落到了布尔什维克司令部肩上。

“时机”不必过于拘泥字面的意义，把它看作确定不移的哪一天和哪一点钟。就连生产，自然界也提供了相当大的波动幅度，其界限不仅是接生技巧，而且是判定继承权所关心的问题。在试图号召举行起义势必难免为时尚早和导致革命流产的时刻跟把有利的形势视为已经无法挽回的坐失良机的时刻之间，存在着一个革命时期。它可能是几个星期，有时则长达数月。在这期间，起义可能带着或多或少的成功机遇。认清这个相当短暂的时期，然后为了实施最后的打击而选择确定的时机（现在指的是精确的日子和

钟点),这是革命领导者面临的任务中责任最重大的一个。可以完全有权把这个任务称之为中心问题,因为它把革命的政策和起义的技术结合起来了。起义像战争一样,也是政治的继续,只不过是通过另外一种方式,这难道还需要提醒吗?

对于领导革命来说,就像对于其他一切领域的创造一样需要直觉和经验。然而这是很少的。巫医的技艺依靠直觉和经验也并非不可能取得成功。不过,政治巫术只是相对于处在因循守旧标志下的时代或者时期才是够用的。伟大历史变革的时代不能容忍巫术。经验,甚至充满很有灵性的直觉于这个时代也是不够的。它需要概括互相影响的各种最重要的历史力量的综合性学说,需要揭示藏在纲领和口号的皮影后面的社会实体的真实运动。

革命的基本前提就在于现存社会制度没有能力解决国家发展 192
面临的迫切问题。但是,只有在这样的场合,即社会结构中出现了能够带领国家解决历史提出的任务的新阶级时革命才是可能的。准备革命的过程就是存在于经济和阶级矛盾中的客观任务为自己开辟通向活生生的人群的意识的道路,使之发生改变,并且造成新的政治力量对比。

由于暴露出实际上没有能力使国家摆脱绝境,当权阶级正在失去自信,旧政党趋于瓦解,内部充满了激烈的集团和派别斗争,希望也迅速转而寄托于奇迹或奇迹创造者。所有这一切构成了大变革的政治前提之一,尽管它是消极的,却又是极重要的。

对现存制度的强烈敌意,准备付出最富英雄气概的努力和牺牲,从而将国家引向蒸蒸日上的道路——这是促成最重要的大变革积极前提的那个革命阶级的崭新政治觉悟。

然而，两个基本阵营——大私有者阶级和无产阶级——并没有囊括国家全体居民。在它们之间还夹着一些闪现出各种颜色的经济和政治光谱的广大小资产阶级阶层。中间阶层的不满，它们对当权阶级政策的失望，它们忍无可忍和愤愤不平的情绪，它们准备支持无产阶级勇敢的革命创举构成了大变革的第三个政治条件。它部分地是消极的，因为它使小资产阶级上层保持中立；部分地是积极的，因为它推动该阶级的下层同工人肩并肩地开展直接的斗争。

193 这些前提互为条件，这是显而易见的，无产阶级的行动愈坚决和愈有信心，那么它把中间阶层吸引到自己这边来的可能性就愈大，统治阶级也就愈孤立，其内部的士气也就愈沮丧。反过来看，统治者的崩溃会使水流冲向革命阶级的磨坊。

无产阶级为实现变革所具备的信心只有在下面这样的情况下才能形成，那就是在它面前展现出了清晰的前景，它有可能主动使力量对比发生有利于自己的变化，它感觉到自己上面有富有远见的、坚定不移的和很有把握的领导者。这种情况把我们带往夺取政权的最后一个前提（“最后”是就顺序而不是就重要性而言的），也就是把我们带往一个作为紧密团结和久经考验的阶级先锋队的革命政党。

由于无论国内的还是国际的历史条件的有利结合，俄国无产阶级得到了一个具有特别突出的政治明确性和经受过史无前例的革命锻炼的政党的领导：单凭这一点就可以让这个人数不多的年轻阶级去实现从未有过如此规模的历史任务。总之，巴黎公社、1918 年德国和奥地利革命、匈牙利和巴伐利亚的苏维埃运动、

1919年意大利革命、1923年德国危机、1925—1927年中国革命、1931年西班牙革命的历史终究证明了：迄今为止，整个条件链条中最薄弱的环节原来是党的环节：工人阶级若要创造一个站在其历史任务高度的革命组织是无比艰难的。在最古老和最文明的国家，有强大的力量致力于削弱和瓦解革命先锋队。社会民主党反对“布朗基主义”的斗争就是这项工作最重要的组成部分，这里列入布朗基主义名义之下的乃是马克思主义的革命实质。

尽管大规模的社会危机和政治危机多次出现过，然而直到今天，胜利和稳固的无产阶级革命所需的一切必要条件同时出现在 194
历史上还只是在1917年10月的俄国见到过一次。革命的形势不是永久的。革命前提中最不稳定的就是小资产阶级的情绪。在国家危机期间，它会跟着那个阶级走，该阶级不仅在口头上，而且在行动上令小资产阶级信任自己。小资产阶级能够焕发一时冲动的热情，甚至表现出革命的狂热；同时，它又会失去忍耐，在遭到失败时很容易灰心丧气，由强烈的希望而转为彻底的绝望。这个阶级的情绪剧烈而快速的变动给每一次革命形势造成极大的不稳定。假如无产阶级政党在把人民群众的期待和希望及时转变为革命的行动一事上不够坚决的话，那么涨潮就会迅速地变为退潮，中间阶层的目光就会离开革命，从敌对阵营中寻找救星。正如无产阶级力量涨潮时会吸引小资产阶级跟自己走一样，在其力量退潮时小资产阶级就会吸引相当大的无产阶级阶层跟自己走。这就是战后欧洲政治进化发展中的共产主义浪潮与法西斯主义浪潮的辩证法。

马克思提出过一个原理：任何一种社会制度在没有耗尽自己

的全部可能性时是不会退出舞台的。孟什维克企图依据这个原理，否认在落后的俄国可以允许开展实行无产阶级专政的斗争，因为那里的资本主义还远远没有耗尽自己。这个论断里面包含着两个错误，其中任何一个都注定是致命的。资本主义不是一个民族国家内的体系，而是世界范围内的体系。帝国主义战争及其后果证明，资本主义体系在世界范围内耗尽了自己。革命在俄国爆发乃是世界资本主义体系最薄弱的一个环节的断裂。

不过，即使从民族国家的角度来看问题，孟什维克观念的错误
195 也显露出来了。从抽象的经济观点出发也许可以断定，俄国的资本主义并没有耗尽自己的可能性。然而经济过程不是在太空，而是在具体的历史环境中进行的。资本主义不是抽象的概念，它是把国家政权作为第一需要的那种阶级关系活生生的体制。把俄国资本主义置于自己的庇护之下的君主专制制度耗尽了自己的可能性，就连孟什维克也不否认这一点。二月革命试图建立过渡性的国家制度。我们来追溯它的历史：在为时 8 个月期间，它最终耗尽了自己的可能性。在这样的条件下，究竟怎样的国家制度才能保证俄国资本主义的进一步发展呢？

“一个资产阶级共和国，只得到一些在群众中没有多少支持的温和社会主义流派的保护……是不能维持下去的。它的全部实质都消失了，结果只剩下一具外壳。”这个准确的界定是米留科夫提出来的。照他的说法，这个正在走向瓦解的制度的命运与沙皇制度的命运应该说是相同的：“两种制度都为革命准备了土壤，在革命爆发那一天，两者都没有为自己找到哪怕是一个保卫者。”

从 7—8 月以来，米留科夫便已经用二者必择其一的两个名

字——科尔尼洛夫或者列宁——来评论形势。可是，科尔尼洛夫已经以可耻的失败结束了自己的尝试。不管怎样，都没有给克伦斯基体制留下多大余地。苏哈诺夫断定，在各种情绪千差万别的情况下，“只有对克伦斯基统治的愤恨是一致的”。如同高级贵族甚至大公们认为沙皇制度要解救自己终究是不可能的一样，克伦斯基政府甚至成了该制度的直接激励者——妥协主义上层“大公们”痛恨的对象。在所有阶级这种共同不满和这种剧烈的政治不适之中，包含着革命形势成熟最重要的一个标志。于是，在严重的脓肿溃破之前，机体的每一块肌肉、每一根神经和每一根纤维都感 196
到难以忍受的紧张。

布尔什维克七月代表大会通过的警示工人要反对过早发生冲突的决议的同时又指出，“到了全国性危机和群众运动普遍高涨为城市和乡村的贫困阶层转向工人一边创造了有利条件时”，就必须采取战斗行动。9—10 月间，这样的时刻来临了。

从此以后，起义有理由期望取得成功，因为能够依靠人民的真正多数。当然，这不应该从表面上来理解。假如事先就起义问题举行一次全民公决，那它将会得到一个极其矛盾和很靠不住的结果。内心里赞成革命的意愿与事先认清其必要性的能力根本不是同一回事。何况答案在很大程度上要取决于问题本身的提法，取决于主持全民公决的机关，说得更简明些，要取决于掌握政权的那个阶级。

民主方式有其自身的限度。可以问全体旅客最舒适的车厢形式是什么，但是在有倾覆危险的列车全速行进时不可能问他们是否需要刹车。但是如果及时而有效地采取了挽救措施，那么赢得旅客的赞赏乃是事先便有把握的。

议会征求人民的意见是同时进行的。然而革命期间人民的不
同阶层得出相同的结论，必定是有些阶层落在另一些阶层后面，尽
管有时落后不久。虽然先进队伍因革命的急躁情绪而急得要死，
但是落后的阶层才刚刚有所行动。在彼得格勒和莫斯科，所有的
197 群众组织都处于布尔什维克领导之下，而在居民人口超过 300 万，
也就是说比两个首都居民人数加在一起少不了多少的坦波夫省，
苏维埃的布尔什维克党团直到十月革命前不久才第一次出现。

客观形势发展的三段论绝对不会一日不差地与群众思维的三段论相吻合。要在实践上对事变进程刻不容缓地做出重大决定的时候，它绝不允许举行全民公决。人民各个阶层水平和情绪的差异可以通过行动来逐步消除，先进的阶层会把动摇者吸引过来，并且使抗拒者陷于孤立。多数不是统计出来的，而是争取得来的。起义在只有通过直接行动开辟出摆脱反对意见和行为的出路时才会发生。

农民不可能从自己反对地主的战争中自行得出必要的政治结论，不过他们通过土地起义这个事实本身事先就赞同了城市的起义，同时它呼吁和要求城市起义。他们不是通过白色选票而是通过红色公鸡[①]来表达自己的意愿。这是更重要的全民公决。在农民的支持对于确立苏维埃专政是必不可少的范围内，这种专政现在就已经存在了。列宁驳斥那些怀疑派说："这个专政会把土地交给农民，把全部权力交给当地的农民委员会。如果不是发疯，怎么

① 意指放火。——译者

会对农民支持这个专政发生怀疑呢?”(《列宁全集》中文第二版第32卷,第164页)为了让在选票的暴雪中迷了路的士兵、农民和被压迫民族真正认识布尔什维克,就需要布尔什维克夺取政权。

为了让无产阶级夺取政权,该有什么样的力量对比呢?列宁后来在解释十月革命时写道:“在决定性时机和决定性地点在力量上占压倒优势,这个取得军事胜利的‘规律’也是取得政治胜利的规律,特别是在残酷的、激烈的、称为革命的阶级战争中取得胜利 198
的规律。首都或大工商业中心……在很大程度上决定着人民的政治命运——自然,条件是必须有足够的地方力量、农村力量支持这些中心,哪怕这种支持并不是马上得到也好。”(《列宁全集》中文第二版第38卷,第7页)在这个十分活跃的含义里,列宁指的是人民的大多数。而且这就是大多数这个概念唯一真实的含义。

民主派对手安慰自己说,跟布尔什维克走的人民不过是一堆生料,是历史的黏土;在同有教养的资产者的合作当中,民主派人士的使命说到底和陶工是一样的。孟什维克的报纸发问道:“这些人难道没有看见,彼得格勒的无产阶级和卫戍部队什么时候与其他的社会阶层如此隔绝过吗?”无产阶级和卫戍部队的不幸就在于他们与行将被剥夺权力的那些阶级是“隔绝”的。

果真可以认真依靠外省和前线那些愚昧无知的群众的同情和支持吗?苏哈诺夫藐视地写道,他们的布尔什维主义“无非就是对联合政府的愤恨和对土地与和平的向往”。好像这还不够似的!对联合政府的愤恨就是等于努力剥夺资产阶级的政权。对土地与和平的向往就是农民和士兵在工人领导下决意要实现宏伟的纲领。民主派乃至其极左翼之所以无足轻重,是“有教养的”怀疑论者不相信愚昧无知的群众的结果。群众是从整体上把握现象，而不是纠缠琐碎细节和细微差别的。对人民抱知识分子的和矫揉造作贵族式的厌恶态度是与布尔什维主义格格不入的，是与它的本性相敌对的。布尔什维克不是不爱干粗活的人，不是书斋里的人民之友，也不是道学先生。他们从不惧怕那些头一回从最底层站
199 起来的落后阶层。布尔什维克认为人民是以往的历史造就的，人民的使命就是实现革命。布尔什维克把充当这个人民的首领视为自己的使命。反对起义的是除布尔什维克之外的“所有人”。不过，布尔什维克自身就是人民。

十月革命的基本政治力量是无产阶级，而其中占首要地位的是彼得格勒的工人。同样地，维堡区又站在了首都最前列。起义计划选择这个主要的无产阶级地区作为开展进攻的出发基地。

形形色色的妥协派人士，首先是马尔托夫到十月革命后还在把布尔什维主义说成是士兵的思潮。欧洲的社会民主党兴高采烈地抓住这个理论不放。在这里，一些基本的历史事实被忽略了。这些事实包括：无产阶级最先站到了布尔什维克一边；是彼得格勒的工人向全国工人指明了道路，卫戍部队和前线在长得多的时间里仍然是妥协主义者的支柱；社会革命党人和孟什维克在苏维埃体系中为士兵创立了各种特权来压制工人，他们开展了反对武装工人的斗争，并且怂恿士兵去反对工人；只是在工人的影响下军队才发生了转变，决定关头对士兵的领导权掌握在工人手里；最后，一年以后德国社会民主党仿效自己的俄国同志在反对工人的斗争中依靠的正是士兵。

到秋季，右翼妥协主义者已经最终失去了前往工厂和兵营演

讲的可能。不过左翼妥协主义者仍然试图让群众相信起义是疯狂举动。马尔托夫在跟7月发起进攻的反革命的斗争中曾经找到了一条通向认识群众的小路，而现在他再次做起了毫无希望的事情。在10月14日的苏维埃中央执行委员会会议上，他自己承认："我们不能指望布尔什维克会听我们的话。"因而他把"向群众提出警告"视为自己的义务。可是，群众想要的是采取行动，而不是训诫。200
即使在他们相当有耐心地听熟悉的警告者讲话时，如姆斯季斯拉夫斯基所供认的，他们还是"像以往那样思考自己的事情"。苏哈诺夫介绍了有一次他在下雨时露天劝说普梯洛夫工厂工人的情形。他要工人相信不举行起义可以使情况得到改善，可是不耐烦的声音打断了他的讲话。人们又听了两三分钟，接着再次打断了他。"经过几次尝试以后。我放弃了这件工作。事情没有任何结果……而雨越来越大，使劲地往我们身上打。"在10月灰蒙蒙的天空下，可怜的左翼民主派人士甚至在自白中看起来也像一群落汤鸡。

布尔什维克内部同样存在着反对革命的"左翼分子"，他们惯用的政治理由就是借口说下层民众缺乏战斗的激情。10月11日，季诺维也夫和加米涅夫写道："劳动人民和士兵群众绝对不会让人想起比如7月3日之前的那种情绪。"这并非没有根据：由于过于长久的等待，在彼得格勒无产阶级中间存在着一定程度的压抑苦恼。就是在布尔什维克内部也开始出现了失望：莫非这些都是骗人的吗？10月16日，一位富于战斗精神的彼得格勒布尔什维克、芬兰血统出身的拉希亚在中央委员会会议上发言说："我们的口号看来开始过时了，因为已经有人怀疑，我们还会干我们呼吁要干的事情吗？"然而，因长期等待而产生的疲惫不管看起来多么萎靡不振，实际上只延续到第一个战斗信号发出时就消失了。

任何起义的迫切任务都是要把军队拉拢到自己这边来。为此就得主要使用总罢工、群众游行、街头冲突和街垒巷战等等手段。由于各种情况的幸运结合，无产阶级先锋队早在十月起义开始前就已经把首都卫戍部队拉到自己这边来了，这个事实是十月革命独有的特点，无论何时何地都看不到如此完美的形式；不仅拉过来
201 了，而且通过卫戍部队会议系统地巩固了自己的成果。说彼得格勒最重要的起义任务在武装斗争开始之前就已经基本上解决了，这样的事先估计是很难叫人接受的，不彻底弄明白这一点，就不能理解十月革命的复杂机制。

可是，这并不等于说起义成了多余的。不错，卫戍部队的绝大多数人是站在工人一边的，但是还有少数人是反对工人、反对起义、反对布尔什维克的。这个不是很重要的少数派是由军队里技能最熟练的分子——军官、士官生、突击队员，也许还包括哥萨克组成的。政治上是无法把这些人争取过来的，必须战胜他们。这样一来，以十月革命的名义载入史册的最后一个部分的革命任务便具有纯军事的性质。在最后阶段，应该由步枪、刺刀、机关枪，也许还有大炮来做决定。布尔什维克党走上了这条道路。

行将到来的冲突的兵力情况又是怎样的呢？社会革命党军事工作领导人鲍里斯· 索科洛夫说，在革命前的一段时间，“各团除了布尔什维克以外，其他所有政党的组织都瓦解了，而且环境对新成立的组织绝对是不利的。士兵情绪的布尔什维克化是够明确的，不过他们的布尔什维主义是消极的，无论何种采取积极行动的倾向他们都没有”。索科洛夫没有放过机会来补充说明：“有一两

个非常可靠的并且很有战斗力的团就足以使整个卫戍部队听从自己。”的确，所有的人，从保皇派将军到“社会主义”知识分子，缺少的就是对抗无产阶级革命的“一两个团”。然而确凿无疑的是，卫戍部队中绝大多数人对临时政府怀有深刻的仇恨，但是站在布尔什维克一边的是没有什么战斗力的。这原因就在于部队老的军事 202
结构跟其新的政治结构之间互相断裂了。有战斗力的部队的脊梁是由指挥人员组成的。他们是反对布尔什维克的。而部队的政治脊梁是布尔什维克。然而，他们不仅不善于从事指挥工作，而且在多数场合，连武器都不太会使用。士兵的素质程度参差不齐，积极的、富有战斗精神的人员依旧是少数。大多数士兵同情布尔什维克，投票支持他们，把他们选举出来，但是又在坐等他们做出决定。部队里仇视布尔什维克的人胆敢采取任何主动行为都力量太渺小了。于是，卫戍部队的政治结构对起义十分有利，可是它的战斗分量不重，这是早就一清二楚的。

然而，无论如何也不应该把卫戍部队完全排除在军事考虑之外。几千名准备为革命而战斗的士兵分散在比较消极的士兵群众中，正因为如此，他们或多或少地拉着群众跟自己前进。有些成分更幸运一些的部队保持着纪律与战斗力。即便在那些趋于瓦解的团队中也能见到坚强的革命核心。第六后备营总共约有一万人，5 个连当中第一连总是与众不同；几乎是从革命开始时起，它便以布尔什维克的连而闻名，十月起义期间也表现得很好。处于中间状态的卫戍部队各团确实已经不再作为团的形式存在了，它们的指挥机构已经乱套，它们也没有能力长时间发挥军事作用。但这毕竟还是些有武装的人群，其中多数也经历过战火锻炼。把所有部队联系起来的是同样的情绪：尽快推翻克伦斯基，解散回家和实行新的土地制度。于是，已经涣散的卫戍部队在十月起义期间最后势必再一次紧密结合在一起，在最终瓦解之前有力地展示手中的武器。

203 从军事观点看，彼得格勒的工人是一支什么样的力量呢？这是一个事关赤卫队的问题。现在到了比较详细谈论赤卫队的时候，因为随后几天，赤卫队马上就要登上历史的大舞台了。

遵循自己1905年的传统，工人自卫队随着二月革命的发生复活了，并且在以后的波折中分担了二月革命的命运。当时的彼得格勒军区司令官科尔尼洛夫声称，在推翻专制王朝的那些日子里，似乎从炮兵军火库里面流失了3万支左轮手枪和4万支步枪。此外，通过解除警察武装，以及通过友好的各团之手，相当多的武器流落到了老百姓手中。归还武器的要求谁也不予理睬。革命教会了人们一支枪的价值有多大。不过，有组织的工人只得到了这批财产中的一小部分。

在前四个月，起义问题一般来说还没有提到工人面前来。两个政权并存的民主体制使布尔什维克有可能在苏维埃取得多数。工人的武装战斗队也成为了民主警察的组成部分。但是这毕竟是形式重于实质的。一支枪在工人手里与同样一支枪在大学生手里意味着完全不同的历史原则。

工人有了武器，一开始就令有产阶级深感恐惧，因为它急剧改变了工厂里的力量对比。在彼得格勒，那里得到苏维埃中央执行委员会支持的国家机关最初无疑是一支力量，工人民警还没有让人感到是多么的可怕。可是在外省，工人自卫队的加强则意味着

不仅在企业内部，而且在它四周很远的地方全部关系的大变革。武装工人罢免工长和工程师，甚至拘禁他们。根据工厂大会的决
定，往往从工厂的资金中取款支付赤卫队的费用。在有着 1905 年 204
丰富游击斗争传统的乌拉尔，工人战斗队在老队员的带领下维持秩序。武装工人几乎是不露声色地取缔了官方政权，用苏维埃机关取而代之。企业主和管理人员的怠工使保卫企业，连同保护机器、仓库、煤炭和原料储备的责任转到了工人身上。角色发生了调换。工人紧握枪杆保卫工厂，他们看到了工厂是自己力量的源泉。如此一来，在无产阶级全面夺取国家政权之前，工人专政就在企业和区里建立起来了。

妥协派分子反映的往往是企业主的恐惧，他们竭尽全力反对武装首都的工人，把它压缩到最低程度。据米尼切夫说，纳尔瓦区的全部武器只有“15 支步枪和几把左轮手枪”。当时，城里频繁发生抢劫与施暴事件。令人惊慌的谣言，发生新动乱的预言从四面八方传了过来。七月示威前夕，大家料想工人区将有人放火。工人们四处寻找武器，挨家敲门，有时还破门而入。

普梯洛夫工厂的工人硬是从 7 月 3 日的游行示威中得到了战利品：1 挺机关枪以及 5 箱子弹带。“我们高兴得就像小孩子一样。”米尼切夫这样说。还有一些工厂武装得更好。据利奇科夫说，他那个厂的工人有 80 支步枪和 20 把大左轮手枪。这真是宝贵的财富！他们还通过赤卫队司令部得到了两挺机关枪：一挺安放在食堂，另一挺架在阁楼里。利奇科夫介绍说：“我们的头领是科切罗夫斯基，托姆察克和叶菲莫夫是他最亲密的助手，前者在十月革命期间被白卫分子杀死在皇村附近，后者被白卫匪帮枪杀在

扬堡附近。”简短的几行文字让我们看到了工厂实验室里面的情
205 况，那里形成了十月革命和未来红军的干部队伍。托姆察克们，叶菲莫夫们，还有成千上万的无名工人被选拔出来了，他们学会了指挥，经受了锤炼；他们争得了政权，奋不顾身地打退敌人，捍卫这个政权，后来倒在了各个战场上。

七月事件立即改变了赤卫队的处境。解除工人武装是完全公开进行的，不是通过劝说，而是采用暴力。但是工人只把破旧废品充当武器交出来，所有有价值的东西仔细藏起来了。步枪分发到了可靠的党员手里。机关枪涂好油埋入地下。赤卫队的队伍收缩了，转入了地下状态，同时更紧密地追随布尔什维克。

武装工人的事情，起初由工厂委员会和区党委会集中掌握。布尔什维克军事组织自 7 月失败后又恢复了元气，它较早地在卫戍部队和前线开展工作，同时首次着手创建赤卫队，向工人派去了军事教官，有时还给他们分发了武器。党指出的武装起义前景使先进工人逐渐对赤卫队的新任务有了思想准备，这已经不再是工厂和工人街区的警察，而是未来起义的骨干。

8 月，烈火在各个工厂更频繁地燃烧起来了。每一次轮番而至的危机之前都会发生把恐慌浪潮向前推进的集体意识的震颤。工厂委员会为保卫企业防止破坏而开展紧张工作。藏匿起来的步枪又拿出来了。科尔尼洛夫暴动最终使赤卫队合法化了。约有 2.5 万名工人报名参加了战斗队。不过他们确实远没有完全用步枪，部分地用机关枪武装起来。来自施吕瑟尔堡军火工厂的工人沿涅瓦河开来装载着手榴弹和炸药的驳船，为的是对付科尔尼洛

夫！妥协主义的中央执行委员会拒绝接受达那厄人的礼物[①]。而 206
维堡方面的赤卫队员深夜把这危险的礼物运送到了各个城区。

工人斯科林柯讲述了这样的情景："以前在宿舍和兵营里进行的操作步枪的技能训练，现在转到花园和街心公园公开和自由地开展起来了。"工人拉基托夫回忆说："工作间变成了训练场营地……机床后面站着车工，肩上挎着子弹带，步枪就放在机床旁边。"除了老社会革命党人和老孟什维克以外，炸弹车间的全体人员不久都报名参加了赤卫队。汽笛鸣响以后，大家就在院子里列队练习起来。"和满脸胡须的工人并肩而立的是男孩学徒，两者都在留心听教官讲话……"正是在旧沙皇军队彻底崩溃的时刻，未来红军的基础在工厂里奠定下来了。

科尔尼洛夫的威胁刚一过去，妥协主义者就着手停止履行自己的责任：3 万名普梯洛夫厂工人总共只得到 300 支步枪。很快，携带武器的许可完全取消了，危险现在不是来自右翼，而是来自左翼；已经不必再从无产阶级，而是从士官生那里寻求保护。

缺乏直接的实际目标与武器不够导致有些工人退出赤卫队。不过这只是短暂的间歇。每个企业的基本骨干都已经成功地团结起来了。在各个战斗队之间建立了牢固的联系。依据经验，骨干们知道他们有重要的后备队伍，在危急关头，这些人就可以行动起来。

苏维埃转到布尔什维克手里从根本上改变了赤卫队的处境。它由受人压制的或者说是可以容忍的队伍了变成了正在向政权伸手的苏维埃正式机构。工人们往往能自己找得到弄到武器的门

① 指古希腊达那厄人送给特洛伊的木马。——译者

路，他们只要求苏维埃批准就行了。从 9 月月底，特别是从 10 月
10 日起，起义的准备工作公开提上了议事日程。在革命前一个月
207 期间，彼得格勒几十座工厂都在紧张地进行军事训练，主要是练习
射击。到 10 月中旬，对武器的关注提升到了新的高度。有些企业
几乎是全体人员都报名当了兵。

工人越来越急切地要求苏维埃提供武器，但是步枪要比朝它们伸出的手少得多。工程师库兹明讲道："我每天都到斯莫尔尼宫来，看到苏维埃开会之前和会议过后工人和水兵都朝托洛茨基走去，他们提议和请求获得武装工人所需的武器，要弄清楚这武器如何分发以及在哪里分发，并且还提出问题：'行动到底何时开始？'可见，急切的情绪是很厉害的……"

表面上看赤卫队是超党派的。但是离结局越近，布尔什维克就越突出地被推向前台：是他们组成了每一个战斗队的核心，指挥机关掌握在他们手中，他们还掌握着与其他企业和城区的联络。无党派的工人和左派社会革命党人也跟布尔什维克走。

现在已经临近起义前夕，可是许多赤卫队人数还不多。10 月 16 日，布尔什维克中央委员乌里茨基估计彼得格勒的工人部队大约有 4 万人。这数字宁可说夸大了。武器资源毕竟是很有限的。尽管政府处于完全无能为力的境地，可是除了开始公开踏上起义的道路以外，是不能占领军火库的。

10 月 22 日，召开了全城的赤卫队会议，100 位代表代表着大约两万名战士。不必过于从字面上死抠数字，并不是所有登记在册的人都表现出了积极主动，不过一到紧急时刻，志愿人员便纷纷涌到队伍里来了。会议于次日通过的章程规定赤卫队是"无产阶

级同反革命进行斗争和保卫革命成果的武装组织”。我们要注意这一点，在起义前一昼夜任务还是确定为防御性的，而不是进攻性的。

基本的战斗单位是 10 人小组，4 个 10 人小组组成 1 个排，208
3 个排组成 1 个战斗队，3 个战斗队组成 1 个营。每个营加上指挥员和专业部队超过了 500 人。每个区的各营组成一个支队。在像普梯洛夫这样的大工厂，建立了自己的支队。特殊技术小队——爆破队、自行车队、电话队、机枪队、炮兵队——在相应的企业进行招募。根据任务的性质，它们或分配给了步兵队，或独立行动。全体指挥人员都是选举产生的。这不是冒险，因为在这里所有人都是志愿者，而且大家互相都很了解。

女工建立了救护队伍，在为战地医疗服务的工厂里面开设了讲授救护伤员的课程。塔季扬娜·格拉芙写道：“几乎所有的工厂都有女工作为救护人员值班，她们有必需的包扎材料。”这些组织极其缺乏经费和技术设备。工厂委员会逐步在为救护站和流动救护队送来了所需的材料。革命期间，这些力量薄弱的基层单位迅速发展壮大起来：相当多的技术设备很快就掌握在它们手中了。10 月 24 日，维堡区苏维埃发布书面命令称：“马上征用所有的汽车……登记所有救护站的救护设备，同时在救护站实行值班制度。”

越来越多的无党派工人出来参加射击训练和军事演习，警卫岗哨的数量增加了。各工厂实行昼夜值勤。赤卫队司令部搬进了更宽敞的房间。10 月 23 日，雷管工厂对赤卫队员进行知识测验。有个孟什维克试图发言反对武装暴动，结果淹没在愤怒的风暴中：

够了，争论时期已经过去了！运动是不可阻挡的，它也吸引了一些
209 孟什维克。塔季扬娜·格拉芙谈到，他们（孟什维克）“也报名参加赤卫队，参与所有的任务，甚至表现出了主动性”。斯科林柯叙述了23日社会革命党人和孟什维克——无论年轻还是年长的——跟布尔什维克结成亲密战友的情形，以及斯科林柯本人跟在同一座工厂当工人的父亲高兴拥抱的情形。工人佩斯科沃伊讲道，武装队伍里“有年仅16岁的年轻工人和年逾50岁的老工人”。各种年龄的结合增强了“斗争热情和战斗精神”。

维堡方面在特别火热地准备进行战斗。已经拿到了通往维堡方向的那座开合桥的钥匙，区里易受攻击地点的情况也研究透了，区里的军事革命委员会经选举产生了，工厂委员会实行从不间断的值班制度。卡尤罗夫带着理所当然的自豪描写维堡人说：“他们第一个出来同专制制度进行搏斗，第一个在本区实行八小时工作制，第一个武装起来举行反对十个资本家部长的抗议，7月7日第一个举行反对迫害我们党的抗争，而且在10月25日那个决定性的日子里，他们也不是最后出动的。”可靠的就是可靠的！

赤卫队的历史在相当大程度上就是两个政权并存历史：因为自身内部的矛盾和冲突，两个政权并存使得工人早在起义之前就能够轻易有机会创建了一支威力强大的武装力量。要统计起义爆发之际全国工人部队的总数——这恐怕是一个无法完成的任务，至少目前是如此。不管怎样，数以万计的武装工人组成了起义的骨干，而后备力量几乎是取之不尽的。

赤卫队的组织距离完善程度当然还差得远。一切事情都是匆忙草率完成的，并不总是做得很妥帖。赤卫队员大多只接受过很

少的训练，通信联络工作很不顺畅，供应工作也有毛病，救护队伍也很落后。但是由最奋不顾身的工人组成的赤卫队燃起了这一次一定要把斗争进行到底的希望。这就足以解决问题了。210

工人的支队和农民的卫戍团队之间的区别不仅仅是由社会成分的不同所决定的。那些呆头呆脑的士兵中许多人回到自己的村子，并且分掉了地主的土地以后，也同白卫军展开殊死的战斗。他们最初是参加游击队，后来参加了红军。除开社会成分区别以外，存在着另一个更加直接的区别：卫戍部队代表的是逃避战争的老兵的强制集结，与此同时，赤卫队各支部队则通过个人选择，依据新的原则和为着新的目的而建立起来了。

处于军事革命委员会指挥之下的还有第三种武装力量——波罗的海舰队的水兵。就社会成分来看，他们与工人要比与农夫接近得多。他们当中有不少人原先是彼得格勒的工人。水兵的政治水平比一般士兵要高得多。与缺乏英勇斗志、连枪也忘记怎么开的后备兵不同，水兵从未脱离过现役状态。

可以把主动出击的希望牢牢寄托在武装起来的共产党人、赤卫队各支队、水兵的先进分子和保存最完整的团队身上。这支混合军队的各种成分相互取长补短。人数众多的卫戍部队缺乏斗争意志，而水兵部队人数不够，赤卫队则技能不足。工人和士兵加在一起带来了毅力、勇气和激情。卫戍部队各团建立的后备队机动性不强，它们以人数多而令人难忘，以规模大而使人惊倒。

布尔什维克日复一日地同工人、士兵和水兵进行接触，从而把这支他们即将要带领投入战斗的军队各个组成部分之间品质上的深刻差异看得一清二楚。起义计划本身正是在相当程度上考虑了这些差异后制订出来的。

211 有产阶级则构成了另一个阵营的社会力量。这意味着他们也成了这个阵营军事上的弱点。资本富足的人与报界、大学讲台上的殷实人士在什么时候和什么地方打过仗？他们习惯依据电话或者电报了解决定自身命运的战斗的结果。年轻一代、他们的晚辈、大学生呢？他们几乎无一例外是仇视十月革命的。不过他们中的大多数与其父辈一起在旁观，等待战斗的结局。有一部分后来当上了军官和士官生，后者从前就有很多的人是从大学生中招募的。人民不支持财富所有者，工人、士兵和农民转而反对他们。妥协主义政党的崩溃瓦解意味着有产阶级变成了没有军队的人。

由于铁轨在现代国家生活中所具有的意义，铁路员工的问题在两个阵营的政治考虑中都占有很大的分量。全体员工的等级结构给非常特殊的政治拼图腾出了余地，这为颇有手腕的妥协主义者创造了有利条件。后来成立的维克热利（全俄铁路工会执行委员会）在铁路职员甚至工人中间保持的根基，要比诸如军队委员会在前线的根基牢固得多。在铁路部门，只有少数人跟布尔什维克走，主要是机车库和工作间的工人。据布尔什维克工会运动领导之一施密特报告说，最接近党的是彼得格勒和莫斯科铁路枢纽站的员工。

然而，在跟妥协主义者走的职员和工人群众中间，自从 9 月月底发生铁路罢工以来出现了急剧的向左转。对因左右逢源而使自己的名誉受损的维克热利的不满从下层越来越坚定地高涨起来了。列宁指出："铁路邮电员工已经同政府发生冲突。"（《列宁全集》中文第二版第 32 卷，第 332 页）从起义的直接任务的观点来看，这差不多已经足够了。

邮政和电报部门的情况不是那么有利的。用布尔什维克博基 212
的话来说就是："电报机关里立宪民主党人比较多。"但是其中的下层人员是与上层敌对的。邮递员中间有一些准备在紧张时刻占领邮政总局的人。

用言语说服全体铁路员工和邮政职员无论如何都是没有希望的事情。在布尔什维克犹豫不决的情况下，优势便仍然在立宪民主党和妥协主义上层一边。在革命领导集团态度坚定的情况下，下层势必会把中间阶层吸引过来跟自己走，就会把维克热利的上层分子孤立起来。在考虑革命时，光有统计学是不够的，还需要合乎实际行动的效率。

布尔什维克党自身内部反对起义的人到底还是为悲观结论找到了充足的理由。季诺维也夫和加米涅夫对轻视敌人力量提出了警告："彼得格勒具有决定意义，而在彼得格勒，敌人……拥有相当大的力量：有 5000 名装备精良和善于作战的士官生，其次还有司令部，还有突击队员，还有哥萨克，还有卫戍部队相当一部分官兵，还有扇形部署在彼得格勒周围的大量火炮。还有，得到苏维埃中央执行委员会支持的敌人几乎肯定会要求从前线调来军队……"这份清单乍听起来是很有震慑威力的，然而它只不过是一份清单而已。如果整体上说军队是社会的翻版，那么在公开分裂的情况下，两支军队就是斗争着的两个阵营的翻版。有产阶级的军队正承受着孤立和瓦解的致命危险。

克伦斯基跟科尔尼洛夫决裂以后，塞满了旅馆、饭店和各种赌窝的军官对临时政府持仇视的态度。不过，他们对布尔什维克的

仇恨还要强烈得不知多少。通常，在政府外边表现出最大的主动性的是保皇派军官。“尊敬的科尔尼洛夫和克雷莫夫，既然你们没
213 有成功，那么仁慈的上帝可能会让我们成功的……”军官西涅古布是这样祈祷的，此人是十月革命那天最勇敢的冬宫保卫者之一。尽管军官人数众多，然而表现出真正愿意要进行斗争的毕竟还是不多的几个人。科尔尼洛夫阴谋曾经暴露出来过情绪沮丧到了极点的军官没有什么战斗力。

士官生的社会成分是不相同的，他们当中意见也不完全一致。早在专制君主制度时期，不少意外的人员在战争需要的压力下，与世袭军人和军官的子孙一起被招募入学。工兵学校校长对一个军官说：“我和你必定要死……要知道我们贵族不可能谈论别的什么。”这些顺利逃避了贵族灭亡命运的先生们谈论民主派士官生就像谈论粗鲁无礼的人，谈论农夫一样，“长着一张粗野而呆滞的脸”。不同家庭出身的界线深深地楔入了士官生学校，而且学校里恰好是那些对君主制度覆灭最悲伤的人又最热衷于出面保卫共和政权。民主派士官生宣称他们不支持克伦斯基，而支持苏维埃中央执行委员会。革命第一次为犹太人打开了士官生学校的大门。为了尽量不在享有特权的上层分子面前丢脸，犹太资产阶级的子弟对布尔什维克表现出了特别厉害的好斗性。可惜，这样做不仅不足以挽救制度，而且不足以胜任保卫冬宫的任务。军事学校学生出身的不同以及这些学校与军队处于完全隔绝状态使得士官生在紧急关头也开始举行大会。他们想：哥萨克会怎样行事？除了我们，还有什么人会采取行动呢？说实话，为临时政府去作战值得吗？

据波德沃伊斯基报告说，10 月初彼得格勒各军事学校约有 120 名社会主义党派的士官生，其中有四十二三名布尔什维克。214
“士官生说，军校里全部指挥人员都怀有反革命情绪。他们明确要求士官生做好准备，一旦有事，就去镇压起义……”正如我们看到的，社会主义者，特别是布尔什维克的人数是极少的。但是他们让斯莫尔尼宫有可能了解士官生中间出现的所有极其重要的情况。除此之外，各所军校的地形位置也是很不利的：士官生安插在各兵营之间，尽管士官生们是用蔑视的口气谈论士兵们，然而还是异常小心地注视着士兵们。

小心行事的理由是十分充足的。有数千双仇视的眼睛正在从邻近的兵营和工人街区里监视着士官生。监视越来越有效，因为在每一所军校都有士兵小分队，他们口头上保持中立，而实际上是倾向于起义者一边的。军校的枪械库掌握在非作战序列的士兵手里。一位工兵学校的军官写道：“这是一些坏蛋，把仓库的钥匙弄丢了，因此我只好命令砸开大门；而且枪栓也从机枪上取下了，不知藏到哪里去了。”在这种情况下，很难指望士官生出现英雄主义的奇迹。

来自外面，来自邻近地区卫戍部队的攻击会不会威胁到彼得格勒的起义呢？在自己生存的最后几天里，专制君主制度从没停止把希望寄托在这个环绕首都四周的小型军事圈上面。专制君主制度失算了。不过这一次情况会怎样呢？确保出现排除一切危险那样的环境就意味着起义本身成为多余的了。要知道起义的目的就在于要摧毁那些政治上无法排除的障碍。不可能预先考虑好这一切，但是一切可以考虑到的还是要考虑到。

10月月初，彼得格勒省苏维埃代表会议在喀琅施塔得举行。首都外围地区——加特契纳、皇村、红村、奥拉宁鲍姆以及喀琅施塔得自身——卫戍部队的代表按照波罗的海水兵的音叉发出了最
215 高音调。彼得格勒省农民代表苏维埃附和了他们的决议：农夫们通过左派社会革命党人急速地转向了布尔什维克。

在10月16日举行的布尔什维克中央会议上，彼得格勒省工作人员斯捷潘诺夫描绘了省里的力量构成多少有些五光十色的场景，但是布尔什维克的声音毕竟还是具有明显的优势。谢斯特罗列茨克和科尔皮诺的工人武装起来了，他们的情绪极富战斗性。在新彼得戈夫，当地那个团的纪律崩溃了，结果它陷于一片混乱。驻在红村的第一百七十六团成了布尔什维克掌握的团（7月4日在塔夫里达宫站岗的正是这个团）；第一百七十二团也站到了布尔什维克一边，“不过那里的骑兵除外”。驻在卢加的3万名卫戍部队士兵转向了布尔什维克主义一边，只有部分人还在动摇不定；不过当地苏维埃仍然是护国主义的。在格多夫有一个布尔什维克掌握的团。喀琅施塔得的情绪在回落；卫戍部队在此前几个月就风波平静了，而最优秀的那部分水兵则在作战舰队里。在离彼得格勒60俄里的施吕瑟尔堡，苏维埃早已是唯一的政权了；火药工厂的工人准备随时增援首都。

结合喀琅施塔得苏维埃代表会议的结果来看，上述第一后备梯队的消息是十分令人鼓舞的。二月起义喷涌出来的浪潮足以破除首都外围很远地方的纪律。靠近首都的卫戍部队的状况事先就已了解得够清楚，因此现在可以对它们更有信心了。

芬兰驻军和北方战线的军队属于第二后备梯队。这里的形势

更加有利。斯米尔加、安东诺夫和德宾科的工作取得了非常重要
的成果。波罗的海舰队与赫尔森福斯卫戍部队一起成了芬兰领土
上享有主权的政权。临时政府在那里不再有任何势力了。进驻赫
尔森福斯的两个哥萨克师（原先科尔尼洛夫把它们作为向彼得格
勒进攻的后备队伍）与水兵的关系非常密切，并且支持布尔什维克
或者左派社会革命党。在波罗的海舰队，左派社会革命党人与布 216
尔什维克的差别越来越小了。

赫尔森福斯向迄今情绪还不太稳定的列维尔基地的水兵伸出了手。北方地区苏维埃代表大会召开的首倡看来同样属于波罗的海舰队。大会在如此广大的范围内把靠近彼得格勒的各支卫戍部队的苏维埃联合起来了，一头到了莫斯科，另一头到了阿尔汉格尔斯克。安东诺夫写道："通过这一途径，为革命的首都装上保险防止克伦斯基军队的攻击的想法得到了实现。"斯米尔加从代表大会回到了赫尔森福斯，为的是准备组建专门的水兵、步兵和炮兵队伍，以便一接到信号就向彼得格勒进发。彼得格勒起义的芬兰那一侧翼是保证得不可能再好了。从那里能得到的不是攻击，而是有力的支援。

不过，北方战线其他一些地段的情况也是十分有利的，无论如何要比在那些日子里最乐观的布尔什维克所想象的要有利得多。10 月间，军队举行了委员会改选，到处都出现了急速倾向布尔什维克一边的现象。在驻扎德文斯克城外的那个军里，"那些明白事理的老兵"在选举团和连两级委员会时都无一例外地落选了，接替他们当选的是"一些阴森和愚昧的人，……他们双眼闪烁着凶狠的目光，长着狼一般的脸庞"。在战线其他地段发生了同样的事情。

“到处都在进行委员会改选，也到处只有布尔什维克和失败主义者取得了成功。”临时政府的特派委员回避去部队走动。“现在他们的处境并不比我们好。”这里我们引证的是布德别尔格男爵的话。他那个军里的两个骑兵团——骠骑兵团和乌拉尔哥萨克团掌握在指挥官手里的时间比其他各团都要长一些，也不曾拒绝镇压叛乱部队，现在它们顿时动摇起来了，并且要求“避免让它们充当镇压
217 者和宪兵角色”。对于这种警告的可怕含义，男爵比无论哪一个人都更清楚。“靠演奏小提琴是不可能管住一大群鬣狗、胡狼和公羊的。”他写道，“……只有普遍采用烧红的铁块才有可能进行拯救。”接着他马上又悲伤地承认：“没有这样的铁块，也没有地方可以找到它。”

如果说我们没有援引其他军和其他师类似这样的证据，那么仅仅的是因为它们的指挥官不像布德别尔格那么善于观察，或者没有记日记，或者这些日记还没有浮现出来。不过，除了自己的指挥官的鲜明文风以外，驻扎在德文斯克城外的这个军与第五集团军的其他各军没有任何本质区别，而这个军集团比其他各军集团同样也强不了多少。

早已悬空的妥协主义的第五集团军委员会继续打电报给彼得格勒进行威胁——用刺刀整顿后方秩序。“所有这一切只不过是说说大话和震动一下空气而已。”布德别尔格写道。委员会确实活到了自己的末日。10 月 23 日它被改选了。新的布尔什维克的委员会主席是斯克良斯基医生。他是一个年轻的优秀组织者，不久在红军建设领域他广泛施展了自己的才干，后来在美国一个湖泊游玩时意外死亡。

北方战线政府特派委员的助手10月22日向陆海军部长报告称，布尔什维主义的思想在军队里获得了越来越大的成功，士兵群众想要和平，甚至坚持到最后一刻的炮兵也出现了“感染失败主义宣传的情况”。这同样是相当重要的征兆。“临时政府并不享有威信。”临时政府在军队里的直接代理人于革命前三天就是这样向政府报告的。

军事革命委员会当时确实不知道所有这些文献资料。但是，
有它知道的那些就足够了。10月23日，北方战线各部队的代表 218
结队从彼得格勒苏维埃前面走过，他们要求和平；否则军队就将赶到后方来，“消灭一切准备还打上10年仗的寄生虫”。前线代表对苏维埃说，把政权夺过来吧，“战壕支持你们”。

在比较遥远也比较落后的西南战线和罗马尼亚战线，布尔什维克仍然是罕见和稀奇的人物。不过那里的士兵情绪是一样的。叶甫根尼娅·博什讲到，部署在日梅林卡四郊驻防的第二近卫军的6万名士兵中只有一名年轻的共产党人和两名同情者；但这并没有妨碍该军在十月革命时支持起义。

临时政府圈子里的人到最后一刻还把希望寄托在哥萨克身上。但是不太盲目的右翼阵营政治人物明白，这方面的情况也糟糕透了。哥萨克军官几乎无一例外是科尔尼洛夫分子，而普通哥萨克却越来越向左转了。政府里的人长期不明白这一点，还以为哥萨克各团对冬宫的冷淡是因支持卡列金而受到的委屈引发的。但是对于司法部长马利安托维奇来说，最后一切都变得很清楚了，支持卡列金的“仅仅是哥萨克军官，而普通哥萨克像所有士兵一样实在是倾向于布尔什维克主义的”。

曾经在3月初亲吻过自由主义神父的手和脚的、把立宪民主党部长们抬在肩膀上的、曾经为克伦斯基的演讲所陶醉过的和相信布尔什维克是德国间谍的那个前线，现在一切都已经烟消云散。玫瑰色的幻想被踩进了堑壕的烂泥中，士兵们拒绝继续穿着破烂不堪的靴子在泥泞中踩踏。布德别尔格在彼得格勒起义当天写道："快要收场了，其最终结局中不可能有什么疑问，我们的战线已经没有任何一支部队了……但愿它们也不在布尔什维克政权那里。"

第二十一章　占领首都

一切都改变了，一切又都是原来的样子。革命让国家受到了极大的震撼，导致了深刻的分化，它吓坏了一些人，又使另一些人变得冷酷。但是到头来它什么也不敢做，什么也没有取代。看起来，与其说皇帝的圣彼得堡已经死去，不如说它陷入了昏睡。革命把一面面小红旗插到了专制王朝铸铁纪念雕像的手里，一面硕大的红旗在政府大厦正面墙体上空迎风飘扬。但是宫殿、内阁、司令部完全远离自己的红旗独自过活，更何况这些红旗在绵绵秋雨之下明显褪色了。带有权杖和金球的双头鹰在可以拆下的地方拆下了，不过通常是被蒙上了一块布，或者匆匆涂上一层油漆。这些双头鹰好像是隐藏起来了。整个旧俄国也隐藏起来了，并且因仇恨使双颌都变了形。

十字路口轻捷的民警身影多半会叫人想到，这是一场清除了活雕像一样的“法老”(二月革命前沙皇警察的绰号。——译者)的革命。况且，俄国取名叫共和国毕竟快两个月了。沙皇全家到了托博尔斯克。不错，二月旋风并没有消失得无影无踪。可是沙皇的将军依然是将军，枢密官依然是枢密官，二三等文官依然在捍卫自己的显赫地位，官阶表依然维持着自己的势力，五颜六色的帽箍和帽徽令人想到官僚等级制，还有带有鹰形图案的黄铜纽扣是大

220 学生的标记。而最主要的是地主依然是地主，战争依然看不到头，盟国外交官比任何时候都更加蛮横无理，像操纵傀儡一样操纵着官方的俄国。

一切都在照旧，可是又没有谁能认清自己。贵族街区觉得自己被推到后面去了。自由资产阶级的街区更加紧紧地靠近贵族阶级。人民由爱国主义的神话变成了可怕的现实。一切都在脚底下移动和坍塌。在不久前还在极力讽刺君主制迷信的那个圈子里，神秘主义强有力地冒出来了。

股票经纪人、律师、芭蕾舞演员在诅咒已经降临的风俗败坏。对立宪会议的信心在日复一日地丧失。高尔基在自己的报纸上预言文化的毁灭。七月事件以来，从疯狂和饥饿的彼得格勒逃往比较宁静和有饭吃的外省的现象此时带有普遍的性质。那些没能顺利离开首都的殷实家庭正在徒劳无益地试图利用砖石墙壁和铁皮屋顶跟现实世界隔离开来。可是风暴的余波从四面八方钻了进来：通过什么都昂贵和什么都缺乏的市场，通过由有良好思考能力一变而为仇恨与恐惧号叫的报刊，通过窗外枪声不断的沸腾街道，最后，通过自家后院不愿继续恭顺服从的仆人。看来革命在这里击中了最敏感的部位：家里奴仆的反抗最终破坏了家庭结构的稳定。

日常的墨守成规习气毕竟还在竭尽全力让自己坚持下来。学生在学校里还是按照老教科书上课学习，官吏还在起草谁也不需要的公文，诗人还在写谁也不会去读的诗句，保姆还在讲述伊凡王子的故事，外省来的贵族和富商的女儿还在练习音乐和寻找如意郎君。彼得保罗要塞墙头的那门老式大炮正午时分还在鸣放报
221 时。玛丽亚剧院还在上演新的芭蕾舞剧，在舞蹈方面比在外交领

域更为内行的外交部长捷列申柯大概在找时间来欣赏芭蕾舞演员结实的脚尖，以此来显示制度的稳固。

旧式宴会的残迹还是随处可见，大把花钱什么都可以弄到手。近卫军官张扬地把马刺弄得噼啪作响去寻找奇遇。昂贵饭店的单间里有人在粗野地狂饮。半夜电灯熄灭也没有妨碍游艺俱乐部的繁忙场面，在俱乐部里面，香槟酒在硬脂蜡烛的照耀下泛起了闪闪发光的泡沫。容光焕发的贪官污吏赢了同样容光焕发的德国间谍，保皇派阴谋家输给了闪族走私者，还有天文数字的赌注同时成了狂欢作乐和通货膨胀规模的标记。

难道这辆快要废弃的、肮脏不堪的、慢慢吞吞的和挤满了乘客的简陋电车，正在从这个濒死的圣彼得堡开往满腔热情全力以赴追求新希望的工人街区吗？斯莫尔尼修道院镶金的蓝色圆顶老远看上去就成了起义司令部的标记：它位于老城区边缘，这里是一条电车路线的终点，涅瓦河在这里来一个急拐弯向南流去，把市中心跟近郊地区隔开了。这座长条形的三层楼灰色建筑以前是贵族女子的教育场所，如今成了苏维埃的堡垒。没有尽头又回声很大的走廊像是专为讲解绘画透视而建造的。几十间屋子的门口上方还保留着珐琅质小标牌："教员室"、"三年级教室"、"四年级教室"、"年级指导室"，但是与旧标牌并排的，或者把它们覆盖起来的是贴了写有令人费解的革命象形文字的纸片：ЦК（中央委员会）、ПСР（社会革命党）、С.-Д（社会民主工党）孟什维克、С.-Д（社会民主工党）布尔什维克、левые С. Р.（左派社会革命党）、анархисты-коммунисты（无政府共产主义者）、ЦИК（中央执行委员会）收发处等等。约翰·里德细致的目光注意到了墙上的标语："同志们，

222 为了您的健康，请保持清洁。”呜呼，从自然界开始，无论谁都没法保持清洁。十月的彼得格勒笼罩在雨幕之下，街道早就没人打扫了，一片泥泞。斯莫尔尼宫的院子里有连片的水洼。粘在士兵靴底的泥巴带进了走廊与大厅。然而此时此刻谁也不朝脚底的地面看，大家都在朝前看。

斯莫尔尼宫发布命令越来越果断坚定，越来越有威严，群众的热情支持加强了它的地位。中央的领导直接掌握的仅仅是革命系统的上层环节，而要实现大变革必须靠整个体系。最重要的事情是在下层完成的，并且似乎是自行完成的。工厂和兵营——这就是这些白天和夜晚的历史洪炉。维堡区像 2 月时那样，把革命的基本力量集中到了自己手里；与 2 月不同的是，现在它自己有了强大的公开和普遍承认的组织。一条条联络线索把各个街区、工厂食堂、俱乐部、兵营与萨姆普索尼耶夫大街 33 号那座房子连接起来了，这里是布尔什维克维堡区委员会、维堡区苏维埃和战斗司令部所在地。区警察局也同赤卫队合并了。该区已经完全由工人掌权。假如临时政府打垮了斯莫尔尼宫，那么光一个维堡区就能够重建中心，并且确保继续发动攻击。

末日已经近在咫尺，可是当权人物还认为或者装样子给人家看，他们并没有特殊的原因感到不安。英国大使馆有自己的理由密切注视彼得格勒的时局，据当时俄国驻伦敦的大使说，前者收到了有关即将爆发革命的可靠情报。在例行的外交早餐上，捷列申柯用热烈的保证口气回答布坎南提出的令人焦急的问题说：“任何类似事件”都不可能发生；政府把缰绳牢牢地握在自己手中。俄国大使后来是从英国通讯社的电报中得知革命消息的。

采矿工业家奥尔巴赫那时拜访了副部长帕利钦斯基，讨论完 223
一些重大事情以后，顺便向后者打听情况。关于“乌云出现在政治地平线上”这个问题，他得到了最镇定的回答：这只是一次常见的风暴，它会过去的，嗣后就是晴天——“您安心睡觉吧。”可是才过去一两个不眠之夜，帕利钦斯基本人就被逮捕了。

克伦斯基越是粗鲁无礼地蔑视妥协派领袖，他也就越发相信在危急时刻，他们会及时出面援救他。妥协派人士越是软弱无力，他们也就越发徒劳地维持环绕自己周围的虚幻气氛。孟什维克和社会革命党人站在自己那座彼得格勒高台上与外省以及前线的上层组织互相鼓气，同时假造社会舆论，掩盖自己的无能。这样做与其说使敌人不如说是自己产生了错觉。

代表着三月社会主义者与沙皇官吏相结合的臃肿而又毫无用处的国家机关，对于达到自欺欺人的目的来说，那是再合适不过的。初出茅庐的社会主义者害怕在官吏面前显露出不够成熟的国家机关工作人员形象。官吏则担心暴露出不够尊重新思想的面目。于是编造出了一本官方谎言的硬皮书，里面的将军、检察官、报界人士、特派委员与副官，离政权的根子越近，撒的谎就越大。彼得格勒军区司令拿出了令人快慰的报告，其原因就是在并不令人快慰的现实面前克伦斯基非常需要这样的报告。

两个政权的传统在同一方向产生了效果。要知道经由军事革命委员会副署的军区司令部现行命令必须绝对执行。城里的岗哨通常是由卫戍部队的人来守卫的，这里还须说明，该部队各团很久
以来都不像现在这样对履行站岗放哨的职责如此忌妒。群众不满 224
足吗？“站起来了的奴隶”总是不满足的。只有首都居民中的渣滓

才会同情叛乱企图。苏维埃士兵部反对军区司令部吗？可是中央执行委员会军事处是支持克伦斯基的。除布尔什维克外的所有有组织的民主派都支持政府。于是玫瑰色的三月光环变成了遮掩事物真实轮廓的蓝灰色烟雾。

直到斯莫尔尼宫跟军区司令部决裂以后，临时政府才尝试走向更为严重的冲突：没有什么直接危险，但是这一次必须利用机会来消灭布尔什维克，更何况资产阶级盟友在全力向冬宫施加压力呢。10月23日夜晚，临时政府打起精神做出如下决定：对军事革命委员会进行司法调查；查封鼓动起义的布尔什维克报纸；从四郊和前线调来可靠的部队。逮捕军事革命委员会全体成员的提案原则上已经通过，但暂缓执行，因为如此重大的事情必须事先征得预备国会的同意。

关于政府已经做出上述决定的传闻马上在全城传播开了。23日夜里在与冬宫并排而立的总司令部大楼值勤站岗的是军事革命委员会最信赖的部队之一巴甫洛夫团的士兵。有人当着士兵的面谈论征召士官生，拉起活动桥梁以及实施逮捕等话题。巴甫洛夫团的士兵当即把他们所听到和能记住的一切都转告给了各区和斯莫尔尼宫。革命的中心并非总是善于利用这类并非有意侦察而得来的情报。然而它毕竟执行了难以替代的工作。全城的工人和士兵了解了敌人的意图，加强了自己实施抵抗的准备。

225 次日大清早临时政府就开始准备采取敌对行动。首都各士官学校接到了让自己进入战斗准备的命令。“阿芙乐尔号”巡洋舰全体水兵内心里是支持布尔什维克的，它本来停泊在涅瓦河上，也接到了出海加入作战舰队的命令。从首都附近也调来了部队，计有从皇村调来的突击营，从奥拉宁鲍姆调来的士官生，从巴甫洛夫斯克调来的炮兵。北方战线司令部接到命令，立即向首都派出忠实可靠的部队。政府还下达了采取直接军事警戒措施的命令：加强冬宫的警卫，拉起涅瓦河上的桥梁，要士官生测试汽车，切断斯莫尔尼宫各部门的电话。司法部长马利安托维奇签发了立即逮捕由布尔什维克保释出狱的人员，因为他们再次以反政府活动暴露出自己的目的。打击首先是针对托洛茨基的，下面这样一个例子相当不错地说明了命运的变化无常：1905 年革命期间马利安托维奇像他的前任扎鲁德内伊一样，是托洛茨基的辩护人，当时的案件指控他领导彼得格勒苏维埃。在这两个场合，提起公诉的性质是相同的，只是以前的辩护人变成了公诉人，而且还增加了一项指控——拿了德国的黄金。

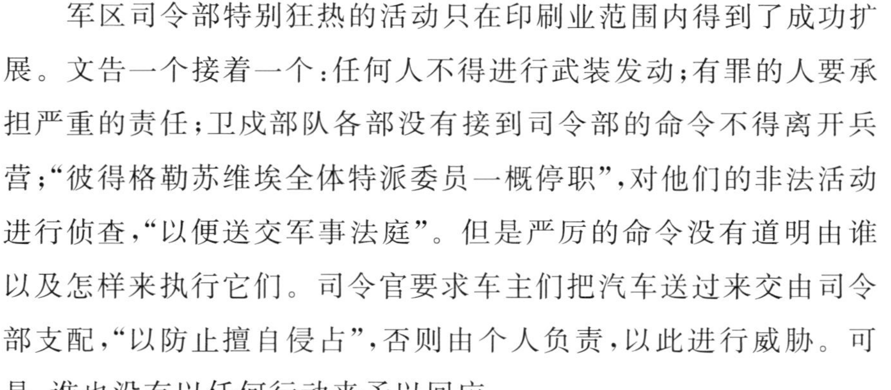

军区司令部特别狂热的活动只在印刷业范围内得到了成功扩展。文告一个接着一个：任何人不得进行武装发动；有罪的人要承担严重的责任；卫戍部队各部没有接到司令部的命令不得离开兵营；“彼得格勒苏维埃全体特派委员一概停职”，对他们的非法活动进行侦查，“以便送交军事法庭”。但是严厉的命令没有道明由谁以及怎样来执行它们。司令官要求车主们把汽车送过来交由司令部支配，“以防止擅自侵占”，否则由个人负责，以此进行威胁。可 226
是，谁也没有以任何行动来予以回应。

苏维埃中央执行委员会同样全力进行规劝与威胁。跟它走的还有农民苏维埃中央执行委员会、城市杜马、孟什维克和社会革命党的中央委员会。所有这些机构均有足够丰富的文学资源。贴在墙壁和围墙上面的各种呼吁书总是一成不变地谈论一小撮丧失理智的人，谈论流血冲突的危险，以及难以避免的反革命势力勃兴。

清晨 5 点 30 分，临时政府的一个特派委员带着一队士官生来到布尔什维克的印刷所。他们马上封锁各个出口，宣读了司令部下达的立即封闭布尔什维克中央机关报和《士兵报》的命令。怎么回事？司令部？难道还会有这种事情吗？未经军事革命委员会同意而发布的任何命令在这里都是概不承认的。然而这无济于事：铅版砸烂了，房子贴上了封条。临时政府可以把这第一个成就登记在册了。

布尔什维克印刷所的一个男工人和一个女工人气喘吁吁地跑到斯莫尔尼宫，波德沃伊斯基和托洛茨基此刻正在那里。他们说，如果军事革命委员会保护他们抗击士官生，那他们就将继续印报纸。回击政府进攻的头一个方式找到了：签发由立陶宛团马上派一个连去保护工人印报纸的命令。印刷所来的两个使者坚持要把第六工兵营扯进事件中来，因为该营离得很近，而且是忠实可靠的朋友。命令经电话很快就下达到了两个地方，立陶宛人和工兵没有丝毫迟疑便出动了。印刷所的封条被撕掉了，纸型再次铸出来了，工作热火朝天地展开了。在军事革命委员会（它自己也当属被捕之列）的部队保护之下，被政府查封的报纸延后几个小时又出版了。这就是起义，它就这样开展起来了。

与此同时，“阿芙乐尔号”巡洋舰的水兵问斯莫尔尼宫，他们是
227 出海呢，还是继续停泊在涅瓦河上？8 月曾经保卫冬宫抗击科尔尼洛夫的水兵现在也燃起了跟克伦斯基算账的急切愿望。政府的命令很快被军事革命委员会取消了，全体水兵收到了第 1218 号命令：“在反革命势力向彼得格勒卫戍部队发起攻击时，‘阿芙乐尔

号'巡洋舰应当使用拖轮、驳船和汽艇进行自卫。"巡洋舰非常乐于执行仅仅是它该执行的任务。

由工人和水兵提醒的，以及得到卫戍部队的同情而采取的这两个反击行动根本没有受到任何惩罚，因此它们成了头等重要的政治事件，对权力当局盲目崇拜的最后残余也烟消云散了。一位事件参与者说："一切马上变得清楚了，事情已经结束了。"如果说还有没结束的，那也无论如何比前一天想象的情况要简单得多了。

封闭报纸的企图、把军事革命委员会送上法庭的决定、解除特派委员职务的命令、切断斯莫尔尼宫的电话的图谋，这些不足挂齿的挑衅行为正好足以指控临时政府在准备反革命政变。尽管起义只有作为进攻行动才能取得胜利，但是它愈是像防御，它的进展就愈顺利。把粘在布尔什维克报纸编辑部大门上的一小块火漆作为军事措施，这的确不多见，然而它又是多好的战斗信号啊！通过电话把发生的情况通知给各个城区和卫戍部队各部。"昨夜，人民的敌人转而发动了进攻……军事革命委员会正在领导对阴谋分子的突然袭击展开反击。"阴谋分子——这就是官方的政权机关。革命的阴谋分子笔下的这种定义听起来是出人意料的，但是它又是完全符合形势和群众自我感受的。政府被排挤出了全部阵地，被迫走上为时已晚的防御道路，它无力动员为此所需的必要兵力，甚至连检验这些兵力是否存在也无法做到，于是政府做出了零零碎碎 228
的、草率混乱的和前后不一的举动，这些举动在群众心目中看起来必定是一些包藏祸心的图谋。军事革命委员会的电话命令指出："各团进入战斗准备状态，等待进一步的命令。"这是政权发出的声音。本应遭撤职的军事革命委员会的特派委员接着带着双倍的信

心去解除那些认定需要解除职务的人的职务。

涅瓦河上的“阿芙乐尔号”不仅仅是为起义服务的极好战斗单位，而且是设施齐全的现成的无线电台。它真是无价之宝！水兵库尔科夫回忆说：“我们通过无线电收到了托洛茨基的通知……说反革命转向了进攻。”正是在这里，防御的形式这一次掩盖了向全国发出的起义号召。防守通往彼得格勒各条道路的卫戍部队通过无线电接到命令，要它们阻止反革命的车辆，在劝说无效的情况下，就动用武力解决。所有革命组织都有责任“不间断地开会讨论，把一切与阴谋分子有关的情报集中掌握在自己手里”。正如我们所看到的，军事革命委员会方面发出的呼吁书里面没有什么遗漏。不过，里面没有一句话脱离实际，而是对实际进行评价。

斯莫尔尼宫自身的阵地得到了比较认真的加强，虽然迟了一些。10 月 24 日凌晨 3 点钟，约翰·里德离开大厦时，他注意到门口摆放着机关枪，注意到守卫大门及邻近的十字路口战斗力颇强的巡逻队。岗哨在前一天就已经由立陶宛团一个连和一个有 24 挺机关枪的机枪连加强了。到白天，防守继续不断得到强化。施里亚普尼柯夫写道：“在斯莫尔尼地区，可以看到我熟悉的情景，令人回想起二月革命最初日子里在塔夫里达宫周围看到的情景。”同样是有大批成群的士兵、工人和各式各样的武器。院子里集中堆放
229 的无数垛劈柴可当作再好也不过的防射击掩体。货运汽车运来了食品与作战物资。拉斯科尔尼科夫讲道：“整个斯莫尔尼宫变成了战斗大本营，廊柱外面的阵地上架起了平射炮。大炮旁边架设了机关枪……几乎每一块空地上都摆放着类似玩具炮一样的‘马克辛’机关枪。而且沿着所有的走廊……士兵和工人、水兵和宣传员

在迈着快捷、响亮而轻松的步伐。”苏哈诺夫不无道理地指责革命的组织者缺乏军事才干，他写道：“只是到了现在，24 日白天和夜晚，为保卫起义司令部的赤卫队员和士兵的队伍才开始聚集到斯莫尔尼宫……到 24 日晚上时，斯莫尔尼宫的保卫工作才开始有点像样了。”

这个问题并非没有意义。妥协主义的中央执行委员会已经从斯莫尔尼宫悄悄搬进了政府司令部所在的地方。从此以后，斯莫尔尼宫集中了布尔什维克领导的所有革命组织的领导人。当天就在这里举行了党的中央委员会会议，为的是做出发起攻击前的最终决定。出席会议的有 11 个人。列宁仍然没有离开自己在维堡区的藏身处。季诺维也夫也缺席了，据捷尔任斯基情绪激昂的说法，他是“躲藏起来了，没有参与党的工作”。相反，跟季诺维也夫志同道合的加米涅夫在起义司令部里显得十分积极。没有见到斯大林，他一般不在斯莫尔尼宫露面，而是在中央机关报编辑部打发时光。会议像以往那样由斯维尔德洛夫担任主席。正式记录过于简短，但是它提供了全部依据。对于参加革命的领导人的性格以及他们之间的职责分工而言，这份记录是不可或缺的。

事情关系到最近 24 小时内最终占领彼得格勒。这里的意思
就是说要夺取那些仍然还留在临时政府手里的政治机关和技术机 230
关。苏维埃代表大会应该在苏维埃政权之下举行。实行新的攻击的实际措施详细制定出来了，或者说正在由军事革命委员会和布尔什维克军事组织制定出来。中央委员会应该划出最后的界限。

首先采纳的是加米涅夫的提议：“今天如没有特殊情况，任何一个中央委员都不能离开斯莫尔尼宫。”并且决定加强彼得格勒党委会委员在斯莫尔尼宫值班。记录接着写道:“托洛茨基建议允许把两位中央委员交由军事革命委员会支配,为的是加强同邮政电报系统还有铁路系统的联系,第三位中央委员负责监视临时政府。”结果做出如下决定:派捷尔任斯基做代表去邮政局和电报局,布勃诺夫去铁路。显然最初是根据斯维尔德洛夫的提议,初步决定委派波德沃伊斯基去监视临时政府,记录指出:“反对委派波德沃伊斯基,任务委派给斯维尔德洛夫。”食品供给的事务交给了被认为是经济学家的米留京。同左派社会革命党人谈判一事委派给了加米涅夫,他有温和谈判者的名声,尽管是一个太容易让步的谈判者,这当然是按布尔什维克的标准来衡量的。我们继续读下去:“托洛茨基建议在彼得保罗要塞设立后备司令部,为此需委派一名中央委员到那里去。”结果决定如下:“总体上的监督交给拉舍维奇和布拉贡拉沃夫,同要塞保持经常性联系的工作委托给斯维尔德洛夫。”此外,“要向全体中央委员提供进入要塞的通行证”。

按照党的组织系统,所有的联络线最后都集中到斯维尔德洛夫那里,他了解每一个布尔什维克干部,无论是谁。他把斯莫尔尼宫和党的机关联系起来了,他向军事革命委员会提供了必不可少的工作人员。每当紧要关头进行协商,都要把他请到委员会来,因
231 为委员会的组成人员太庞杂了,而部分人员经常处于流动之中。那些最秘密的措施是通过布尔什维克军事组织上层或者通过斯维尔德洛夫个人来贯彻的。他是非正式的然而因此又是更真实的十月革命的“总书记”。

前来出席苏维埃代表大会的布尔什维克代表主要是由斯维尔德洛夫来安排的,他们连一个小时的空闲时间都没有。10 月 24 日,

在彼得格勒的外省代表就已经达到了两三百人。不管怎么说，他们当中大多数加入了起义的各个机构。到午后两点钟的时候，他们聚集在斯莫尔尼宫举行党团会议，听取党中央报告人的报告。他们当中有一些类似季诺维也夫和加米涅夫那样的动摇分子，这些人宁愿采取观望政策；还有一批不太可靠的新角色。不能对党团说出起义的计划，在人数众多的会议，哪怕是非公开的会议上谈论的话题，难免会向外界泄露出去。甚至还不能扯掉进攻行动的防御外衣，不能冒引起卫戍部队个别队伍思想混乱的风险。但是，同时又要有必要的暗示，决定性的斗争已经开始，留给代表大会的任务就是把它胜利完成。

托洛茨基做报告时引用了列宁不久前写的一些文章。“密谋与马克思主义的原则并不矛盾”，如果客观形势使起义成为可能的或不可避免的话，“必须用攻击排除走向政权道路上的天然障碍……”可是直至当时，军事革命委员会的政策还没有越出防御的范围。当然，必须要从足够广泛的意义上来理解这种防御。借助武力来确保布尔什维克报纸的出版，或者让“阿芙乐尔号”继续停泊在涅瓦河上——“这是防御吗？同志们，这是防御！”假若临时政府想要逮捕我们，那么在这种场合，把机关枪架到斯莫尔尼宫的屋顶上。
“这也是防御，同志们！”究竟该怎样对待临时政府呢？递上来的一 232
张纸条这样问道。报告人回答说：“如果克伦斯基坚持不向苏维埃代表大会屈服，那么临时政府的抵抗所导致的”就是一个由警察来解决问题，而不是政治问题。实际上的结果几乎就是这样的。

这时，为了向刚刚到来的城市杜马代表团解释情况，把托洛茨基叫过去了。首都确实还处于相对平静的状态，然而令人不安的传闻也在流传。市长提出了一连串问题：苏维埃在着手发起暴动吗？怎样维持城市的秩序？如果杜马不承认政变，它的处境又会怎样？这些可敬的先生想了解的事情实在是太多了。回答是这样的：政权问题应由苏维埃代表大会来决定。这会引起武装战斗吗？"这与其说取决于苏维埃，不如说取决于违背人民统一意志现在手握国家政权的那些人。"如果代表大会拒绝接受政权，彼得格勒苏维埃会服从的。可是政府本身显然在打算挑起冲突。它发出了逮捕军事革命委员会成员的命令。工人和士兵只能用无情的反抗来回答这种行径。怎样对付犯罪团伙的抢劫与暴行呢？委员会今天发布的命令就已提到："只要居心不良者一开始尝试在彼得格勒的大街上引起骚乱、抢劫、斗殴与枪击，——犯罪分子就必须被从地球表面上清除干净。"在发生冲突时，对待城市杜马可以采用宪法方式：解散它并且举行新的选举。代表团很不满意地走了。可是它其实又能指望得到什么呢？

城市家长对叛乱分子阵营的正式访问是对当权者无能的太过露骨的示威举动。托洛茨基回到布尔什维克党团以后说："同志们，别忘了几个星期前我们拥有多数的时候，我们是那么大的一个
233 商行，可是没有印刷所，没有钱柜，没有分号。而现在，城市杜马代表团前来找本该被捕的军事革命委员会'询问城市和国家的命运'。"

昨天刚从政治上占领的彼得保罗要塞今天又得到了加强。最革命的部队机枪手分队进入了战斗状态。柯尔特机关枪尽量擦得锃亮，它们共有 80 挺。为了控制河岸与特罗伊茨克桥，在要塞城墙上架起了机关枪。大门口布置了得到了加强的岗哨，周围地区

也派了巡逻队。但是在清晨的忙碌时分，看得出要塞自身内部的情况还不能认为是有可靠保障的。自行车营还有不确定性，跟由富裕的农民组成的骑兵类似，由城市中间阶层组成的自行车兵构成了军队中最保守的部分。有一个唯心主义心理学家的命题：骑在有传动装置的两个轮子上，使一个人感到自己与众不同，至少在俄国这样的贫穷国家是如此，他的傲慢就如它的轮胎一样鼓胀起来了。在美国，早已经是由汽车来产生这样的效果。

当初，被调来镇压七月运动的这个营竭力拿下了克舍辛斯卡娅宫，随之又作为特别可靠的部队驻扎在彼得保罗要塞。事情是明摆着的，自行车兵没有参加昨天举行的决定要塞命运的集会。在他们那里，纪律还维持着这样的程度，即军官能够有效阻止士兵走出要塞院子的大门。倚靠自行车兵的要塞司令官神气十足，经常同克伦斯基的司令部保持电话联系，甚至好像要逮捕布尔什维克的特派委员。这种不确定的局面一分钟也不能忍受了！根据斯莫尔尼宫的命令，布拉贡拉沃夫截断了敌人的退路。司令官被软
禁起来，所有军官家里的电话都被撤除了。政府司令部焦急地来 234
电话询问，为什么听不到司令官的声音，要塞里到底出了什么事。布拉贡拉沃夫用电话恭敬地报告说，要塞从今以后只执行军事革命委员会的命令，今后政府有什么事情须跟它联系。

守卫要塞的所有部队都十分满意地看待逮捕司令官一事，但是自行车兵态度暧昧，在他们阴沉的缄默后面隐藏着什么呢？是掩盖起来的敌意还是最终动摇了？布拉贡拉沃夫写道：“我们决定专门为自行车兵安排一次集会，并且邀请我们最优秀的宣传家，首先就是在士兵群众中享有巨大威望和影响的托洛茨基出席集会。”

下午 4 点，全营在邻近的现代马戏院的房子里开会，被认为是社会革命党人的军需将军波拉杰洛夫作为政府辩论手出席会议。他的反对意见异常谨慎，听起来完全是模棱两可的。军事革命委员会的代表发起了更具歼灭性的攻击。为彼得保罗要塞举行的宣传鼓动补充战役结束了。正如本该预见到的那样，投票结果几乎是全体赞成，只有 30 票反对，就这样该营通过了托洛茨基提出的决议。又一次可能爆发的武装冲突在交锋之前未经流血便解决了。这就是十月起义，它的风格就是这样的。

从此以后，可以放心有把握地依靠要塞了。军械库里的武器毫无障碍地运了出来。各个企业的代表在斯莫尔尼宫和工厂委员会办公室排队领取搬运武器的凭证。战争年代，首都目睹了不少排队现象，现在是第一次排队去领步枪。载重汽车从各区鱼贯开往军械库。工人斯科林柯写道：“彼得保罗要塞都无法认出来了，它曾经备受颂扬的平静被汽车的轰鸣声、大车的嘎轧声以及人群

235 的呼叫声打破了。军械库门口显得特别拥挤……第一批俘虏就是从这里被送走的——军官和士官生从我们身旁走过。”当天，曾因为积极参加七月起义被解除武装的第一百八十步兵团拿到了武器。

现代马戏团大会的结果从另一个方面显示出来了，7 月以来承担保卫冬宫任务的自行车兵自动撤掉了岗哨，他们宣布不同意继续担负政府守卫任务。这是对临时政府的一个沉重打击，它不得不用士官生来接替自行车兵。政府的军事抵抗越来越缩小到依赖军官学校，这不仅极大地缩小了抵抗的规模，而且彻底暴露了它的社会成分。

普梯洛夫造船厂的工人(也不仅仅是他们)建议斯莫尔尼宫尽快动手解除士官生的武装。假如这一措施根据同士官学校非战斗人员的约定,并做好相应准备以后,于 10 月 24 日夜晚执行的话,那么攻占冬宫就不会有任何困难了。假如攻占冬宫以后,哪怕是在 25 日夜晚解除士官生的武装,那么就不会发生 10 月 29 日的反起义行动。可是起义领导人在很多方面仍然表现出“宽宏大量”,实际上是表现出过分乐观的情绪,没有总是充分听取来自下层的清醒声音。当然,列宁不在场也影响到了这一点。在导致双方出现不必要的牺牲的情况下,群众不得不出面来纠正疏忽的后果。在激烈的斗争中,没有比不合时宜的“宽宏大量”更为糟糕的残忍行为了。

在白天举行的预备国会会议上,克伦斯基还在表演自己的最后杰作。最近,俄国尤其是首都的居民处在惶恐不安之中:“布尔什维克的报纸每天都在号召发动起义。”宣传鼓动人员在引证遭到通缉的国事犯弗拉基米尔·乌里扬诺夫-列宁的文章。引文一清二楚和不可辩驳地证明,前面说到的那个人在鼓动起义。那么是在什么时候呢?正是在政府讨论把土地交给农民委员会和采取措 236
施结束战争这类问题的时候。迄今为止,当局并不急于粉碎阴谋分子,以便让他们自己有机会纠正错误。“这简直糟透了!”米留科夫主持的这个机构有人大叫起来了。然而克伦斯基并没有慌张:“总之,我宁愿认为让政府的行动迟缓一点,可是更有把握,在必要的时候也更加坚决。”这些话由这个人说出来是多么的荒诞啊!无论如何,“现在所有期限都过去了”,布尔什维克不仅没有悔过,反而调动了两个连,并且发生了擅自分发武器与子弹的事件。政府

这一次打算结束无知之徒的胡作非为。“我是完全有意这么说的：无知之徒。”大厅右侧的人有热烈的掌声欢迎这种侮辱人民的行径。他克伦斯基已经下命令实行必要的逮捕。“尤其要注意彼得格勒苏维埃主席勃朗施坦-托洛茨基的演讲。”是的，人所共知的是政府拥有比所需还要多的力量；前线不断提出对布尔什维克采取坚决措施的要求。就在这时，科诺瓦洛夫把军事革命委员会发给卫戍部队各部电报递给讲话人：“各团进入完全的战斗准备状态，等待进一步的命令。”克伦斯基郑重其事地断言：“用法律与司法当局的语言来说，这可以称之为暴动状态。”米留科夫证实说：“克伦斯基说这些话时完全是最终打败对手的一个律师那种得意口吻。”那些胆敢危害国家的集团和党派“必须立即坚决和彻底地予以消灭”。整个大厅除了左侧那一部分以外，响起了示威性的掌声。讲话最后提出了一个要求：就是今天，就是在这个会议上做出回答，政府是否能“在这个高级会议的支持下充满信心地履行自己的职责”。

237　还没有等到投票，克伦斯基便赶回了司令部，用他自己的话来说就是他相信不出一个小时，他就将得到他所需要的(但是并不知道是什么需要)的决定。可是，出现了意外的情况。下午2—6点，在玛丽亚宫举行了各党团会议和各党团之间的会议，制定出了过渡公式：与会者似乎还不明白，他们所谈论的其实是过渡到不复存在的境地。没有任何一个妥协派集团决心把自己跟政府捆在一起。达恩说道：“我们孟什维克准备为捍卫临时政府流尽最后一滴血，只是它要为民主派团结在它周围提供机会。”傍晚时分，因寻找出路而弄得筋疲力尽的左翼各党团在达恩从马尔托夫那里借用过来的公式基础上联合起来了。该公式宣称对暴动负有责任的不仅有布尔什维克，而且有临时政府，因此要求马上把土地交由土地委员会处理，并且当面要求盟国采取有利于和平谈判的行动，等等。于是，温和稳健的圣徒们试图在最后一刻模仿昨天还被他们斥之为巧言惑众和冒险主义的口号。除合作社工作人员外，只有立宪民主党和哥萨克承诺无条件支持政府，然而这两个集团打算一有机会就赶走克伦斯基。可是它们处于少数。预备国会的支持对巩固临时政府作用不大。不过米留科夫说对了：拒绝支持政府会把它最后残存的威信剥夺殆尽。要知道预备国会的成员就是几个星期前由政府自己确定的！

就在玛丽亚宫寻找拯救公式的同时，彼得格勒苏维埃在斯莫尔尼宫开会讨论有关时局的消息。报告人认为有必要在这里提醒，军事革命委员会“不是作为起义的机关，而是在革命进行自卫的基础上”产生的。委员会不允许克伦斯基把革命军队调出彼得格勒，并且把工人报刊置于自己的保护之下。“这是起义吗？”“阿 238
芙乐尔号”今天仍然停泊在昨夜停泊的地方。“这是起义吗？”“我们这里有半个政权，它不相信人民，也不相信自己，因为它内心里已经死亡。这半个政权正在等待历史扫帚挥动起来，以便为革命人民的真正政权清扫出地方。”苏维埃代表大会明天就要开幕了。卫戍部队和工人的责任是把自己的全部力量交由代表大会支配。“但是政府如果试图利用留给它支配的24小时或者48小时往革命背上扎一刀，那么我们再次声明：革命的先进队伍将以牙还牙，加倍反击。”这个公开的威胁同时又是政治上发起攻击的掩护。托洛茨基讲话结尾时说道，在克伦斯基发表演讲和各妥协主义党团发出老鼠般的喧嚣以后，预备国会的左派社会革命党党团派代表

团前来斯莫尔尼宫，表示愿意正式加入军事革命委员会。苏维埃高兴地欢迎在左派社会革命党转变中反映出来的更为深刻的进程：农民战争的规模不断扩大和彼得格勒的起义顺利开展。

在评论彼得格勒苏维埃主席的报告时，米留科夫这样写道：
“托洛茨基的首要计划大概就是这样的：做好斗争的准备，让政府
直接面对苏维埃代表大会表达出来的‘人民的统一意志’；这就赋
予了新政权诞生合法的形式。可是政府比他预想的还要衰弱，于
是政权在代表大会召开与发表意见之前便自然而然地落到了他的
手中。”在这些话中间，临时政府的衰弱程度完全超乎意料是可信
的。但是计划一开始就是为了在代表大会开幕前夺取政权。其
239 实，米留科夫本人另一方面又承认了这一点。他写道：“政变领导
人的真实意图远远超过了托洛茨基这些正式声明……苏维埃代表
大会势必要面对既成事实。”

纯粹的军事计划起初是保证波罗的海水兵和武装起来的维堡工人的协同行动：水兵应该沿着铁路前进，直到位于维堡区内的芬兰站下车。通过赤卫队各支队伍与卫戍部队各部进一步联合行动，起义应该从这个基地扩展到其他各区，而且在占领各座桥梁之后，冲进市中心展开最后的突击。这种想法是形势的自然产物。看来是由安东诺夫提出的这个想法的依据是出于推测，即敌人还有可能进行相当顽强的反抗。恰恰这样的前提迅速消失了，并不需要依靠有限的基地，因为在起义者认为需要对政府进行攻击的所有地方，它都成了暴露无遗的目标。战略计划同样出现了变更，时间期限的两个节点都变了：开始起义比预定的提前了，结束起义却推迟了。临时政府清晨的挑衅图谋当即引起了军事革命委员会

以防御形式开展的反击。当局在这种情况下暴露出来的无能促使斯莫尔尼宫于白天就采取了行动，行动的确具有不彻底的、半伪装的和预备的性质。主要的攻击照旧是夜里准备就绪的，就这一点而言计划仍然是有效的。但是在执行过程中它遭到了干扰，不过是在相反的方向。当天夜晚，预定是要占领所有高级指挥机关，首先是中央政权龟缩其中的冬宫。可是在起义过程中计算时间比在正规战争中还要困难。领导人耽误了几个小时才把兵力集结起 240
来，于是进攻冬宫的战斗（它在晚上甚至还没来得及打响）构成了革命的特殊一章。战斗直到 25 日夜间才结束，也就是说推迟了整整一昼夜。不经过严重的失算就不能取得最辉煌的胜利！

克伦斯基在预备国会发表演讲以后，当局力图扩大自己的攻势。有些车站被士官生部队占领了。大街的拐角处布置了巡逻队，它们接到了征用没有交给司令部的私人汽车的命令。到午后 3 点钟的时候，所有活动桥都拉起来了，只有冬宫桥除外，由于士官生加强了防卫，它依旧通行无阻。专制君主制度每到恐慌时刻就动用这一措施，最后一次是二月革命期间，采取这种措施是出于对工人区的恐惧。在居民们看来，把桥拉起来仿佛意味着正式承认起义已经开始。相关各区的指挥部立即以自己的方式来回敬政府的军事行动，它们派武装队伍到各座桥梁那里去。斯莫尔尼宫只需发扬这种主动精神就行了。因桥梁问题引发的斗争对双方来说都具有试探实力的性质。一队队武装工人和士兵对士官生和哥萨克施加压力，时而劝说，时而威胁。终于，对方的防卫撤销了，他们不敢卷入直接的冲突。有些桥梁好几次拉起又合上了。

“阿芙乐尔号”直接收到了军事革命委员会的命令：“动用你们

所拥有的一切手段恢复尼古拉耶夫桥的交通。”巡洋舰舰长企图规避执行命令，可是在象征性地把他和全部军官拘押以后，军舰顺从地起航了。水兵纵队沿着两边的堤岸行进。库尔科夫讲述说，“阿芙乐尔号”在桥边抛锚时，士官生已经不见了踪影。水兵自行合上
241 了桥梁，并且布置了警戒。只有冬宫桥还继续在政府卫兵手里控制了几个小时。

尽管头几次尝试遭到了失败，然而有的政府机关还是企图继续发动攻击。傍晚时分，一队警察来到一家大型私营印刷厂，查封彼得格勒苏维埃的《工人和士兵报》。而在此前 12 个小时的类似场合，布尔什维克印刷所的工人在斯莫尔尼宫的援助下取得了胜利。现在已经没有这种需要了。印刷工人和两个偶然到来的水兵一起旋即挡回了装载报纸的汽车；部分警察旋即也加入到他们一边，领队的警监则一溜烟跑了。夺回的报纸顺利送到了斯莫尔尼宫。军事革命委员会派普列奥布拉任斯基团两个排去保护报纸出版，惊慌失措的管理部门立即把印刷厂的管理权交给了工长委员会。

司法当局并不奢望进斯莫尔尼宫抓人，很显然，这样做等于发出了政府注定必败的内战信号。可是在维堡区(即使在最佳时刻，当局也避免正眼朝那里望)，发了疯的行政当局企图逮捕列宁。很晚的时候，一个上校领着 10 个士官生走错了门，闯进了工人俱乐部，误把它当作同在一座楼里面的布尔什维克编辑部。不知为什么这些武夫认为列宁在编辑部等他们。有人马上从俱乐部出来告诉赤卫队司令部。上校一直在各个楼层之间转来转去，甚至还遇见了几个孟什维克。及时赶来的赤卫队员把他和士官生一块儿抓

了起来，并且把他们送到维堡区指挥部，随后又从那里押往彼得保罗要塞。就这样，大肆张扬的讨伐布尔什维克的行动每走一步都遇到了难以克服的困难，最终演变成了漏洞百出的袭击和小小的笑话，完全乏力和烟消云散了。

军事革命委员会当时的工作是从不间断的。特派委员在各部 242
队值班。有些特别文告通知居民，遇见反革命侵害和严重犯罪暴行时，该到哪里去找人："马上就能提供帮助。"凯克斯霍尔姆团的特派委员对电话局的严肃拜访便足以使斯莫尔尼宫重新开通电话。所有联系方式中最快捷的有线电话联系给正在开展的许多行动赋予了信心和计划性。

军事革命委员会继续让特派委员深入到那些它还没有控制的机构中去，这扩大与巩固了即将发动的进攻的出发阵地。白天，捷尔任斯基把一张小纸片交给老革命家佩斯特科夫斯基，这是制作好的电报总局特派委员头衔的委任状。"用怎样的方式占领电报局？"新任特派委员不无惊异地问道。"站在我们一边的凯克斯霍尔姆团在那里布置了岗哨！"佩斯特科夫斯基不需要更详细的解释了。电话交换机旁边有两个带步枪的凯克斯霍尔姆团士兵就足以跟电报局的敌对职员达成临时妥协，这些人当中连一个布尔什维克都没有。

晚上 9 点钟，军事革命委员会另一个特派委员斯塔尔克与一支不大的水兵队伍，在前侨民也是水兵的萨文指挥下占领了政府通讯社。这样一来，不仅预先决定了这个机关的命运，而且在一定程度上决定了他的个人命运：在出任苏维埃国家驻阿富汗大使之前，斯塔尔克当过苏维埃通讯社的第一任社长。

这两个不大的行动是起义发动的攻击呢？还是仅仅是两个政权并存体制（它固然从妥协主义轨道转向了布尔什维克轨道）的偶
243 然事件？上面的问题可能显示出决疑的性质，这样说并非没有根据。不过它本身依然保持着掩蔽起义的作用，甚至全副武装的水兵进入通讯社大楼一事也仍然具有不明确的性质，事实就是如此。表面上看事情暂时还不牵涉到占领该机关，而只是牵涉到对电讯稿进行检查。这样一来，直到 24 日夜晚，“合法性”的脐带还没有彻底剪断，行动继续掩盖在两个政权传统的残余之下。

在制订起义计划的时候，斯莫尔尼宫对波罗的海水兵寄予了很大的希望，把他们视为将无产阶级的坚定性与扎扎实实的军事训练结合成一体的战斗队伍。水兵在苏维埃代表大会召开之际来彼得格勒是事先预定好的。把波罗的海水兵提前召来则意味着公开走上了起义的道路。困难就是从这里产生的，结果导致了延误。

出席代表大会的两位喀琅施塔得苏维埃代表——布尔什维克弗列罗夫斯基和跟布尔什维克保持一致的无政府主义者雅尔丘克于 24 日白天到达了斯莫尔尼宫。在斯莫尔尼宫一个房间里，他们与丘德诺夫斯基发生了争执。后者刚从前线回来，他引证士兵的情绪反对近期举行起义。弗列罗夫斯基讲述了当时的情形：“在争论激烈之际，托洛茨基进来了……他把我叫到一旁，建议我马上回喀琅施塔得去，‘时局是如此迅速地成熟，因此每个人必须待在自己的岗位上……’我从这简短的指示中敏锐地觉察到了即将发生的起义所要求的纪律。”争执停止了，敏感而热烈的丘德诺夫斯基搁置了自己的疑虑，参加了军事计划的拟订工作。紧接着给弗列罗夫斯基和雅尔丘克发了一封电报：“黎明时分，喀琅施塔得的武装力量要出动，前来保卫苏维埃代表大会。”

晚上，军事革命委员会通过斯维尔德洛夫发了一封电报给身在赫尔森福斯的地区苏维埃委员会主席斯米尔加：“请把章程寄过 244 来。”这暗语的意思是立即把1500名武装到牙齿的波罗的海精锐水兵派过来。尽管波罗的海水兵只有到第二天才能抵达，然而没有理由拖延战斗行动：城里的兵力就足够了；而且确实没有再拖延的可能了：因为战斗行动已经开始了。假如从前线来的援兵帮助临时政府，那么水兵赶过来也是够早的，可以从侧翼或者背后攻击他们。

从战术方面制定占领首都的纲要主要是布尔什维克军事组织的事情。总参谋部的军官能在这份外行计划中发现许多破绽。可是军事院校的高才生通常不会参加无产阶级起义的筹备工作。不管怎样，最必需的事情还是预见到了。全城划分为不同的战斗区，它们听从附近的指挥部指挥。在最重要的地点，集中部署了同邻近的军队保持着联系的赤卫队战斗队，那里有枕戈待旦的值勤连队。每个局部行动的目标以及为之配备的兵力都是事先定好了的。全体参加起义的人员，从上到下都充满了无须付出牺牲便可获胜的信念。这是起义的威力所在，在关键时刻也是它的阿喀琉斯之踵[①]所在。

主要的战斗行动是深夜两点开始的。通常是些人数不多的队伍，以武装工人或者水兵为核心，在特派委员带领下同时或者是接连占领了火车站、发电站、军火库、食品仓库、自来水公司、冬宫大桥、电话局、国家银行、大印刷厂；电报局和邮政局的控制得到了加

---

① 阿喀琉斯是古希腊传说中的英雄，他全身刀枪不入，唯有脚踵除外，最后因脚踵中箭而死。——译者

强。到处都安排了可靠的警卫力量。

关于10月那个夜晚情景的报道是相当贫乏的，也毫无精彩可言，它们看上去就好像是警察局的记录。神经质的狂热令所有参加者颤抖不已。没有人也没有时间进行观察，也没有留下记录。
245 汇合到司令部的消息也没有写在纸上，或者说只是粗略草率地记了一下，最后连记录稿也丢失了。后来的回忆是枯燥的，而且并非总是准确的，因为它们大多数出自局外人之手。作为军事行动激励者和领导人的那些工人、水兵和士兵很快就成了首批红军部队的指挥员，而且他们大多数在内战的各个战场上阵亡了。在确定个别情节的性质和条理的过程中，研究人员遇到了极大的混乱，而报纸的报道进一步加剧了这种混乱。有时使人觉得，1917年秋占领首都比15年后再来回想这个过程还要容易一些！

占领邻近的尼古拉耶夫车站的任务交给了工兵营最坚强和最革命的第一连。只过了15分钟，车站未经一次冲锋就布满了有力的岗哨。政府的守卫队四散逃跑，径直消失在夜色中了。那个寒风刺骨的夜晚充满了令人生疑的喧嚣和神秘莫测的行动。士兵们抑制住内心的强烈担忧，彬彬有礼地拦住过往行人和旅客，仔细检查他们的证件。他们并不总是知道该怎样行事，显得有些迟疑犹豫，更多的还是放行。不过信心一小时一小时地在增强。大约到了清晨6点钟的时候，工兵们拦住了两部运送60名左右士官生的卡车，缴了他们的械，并把他们押往斯莫尔尼宫。

还是这个营又接到命令，要它派50个人去守卫食品仓库，派21个人去保护发电站。下命令的通知单一张接一张从斯莫尔尼宫，从各区送过来。没有谁说反对，也没有谁发牢骚。据一个特派委员报告说，命令“立即和不折不扣地”得到了执行。士兵的行动开始有了很久都没有见过的明晰。无论松懈的卫戍部队多么不牢靠（只配拆散），可是那天晚上老兵的严酷训练在其中重新发挥了作用，最后一次绷紧每一块肌肉为新目标效力。

特派委员乌拉洛夫拿到了两张委托书，一张要他占领反动的 246
《俄罗斯意志报》印刷厂，该报是普罗托波波夫在担任尼古拉二世最后一任内务大臣之前不久创办的。另一张要他接收一队谢苗诺夫团的士兵，临时政府中有人依据陈年记忆还以为该团是自己人。为了占领印刷厂，需要谢苗诺夫团的士兵；为了用大版面出版并且大量发行布尔什维克的报纸，需要这个印刷厂。晚上，士兵们已经躺下睡觉了。特派委员简单说明了自己使命的目标。“我还没讲完，四面便响起了‘乌拉’的欢呼声。士兵们从自己的床位上蹦起来，把我团团围住。”超载着谢苗诺夫团士兵的卡车朝印刷厂飞驰而去。夜班工人火速地聚集在轮转印刷机大厅里。特派委员说明了为什么要到这里来。“于是这里也像兵营一样，工人们用‘乌拉’和‘苏维埃万岁’的欢呼声来回应我。”任务完成了。占领其他机构时大概出现了同样的情景，无须采用暴力，因为没有出现过抵抗。起义群众拉开双肘，就把昨日的主人挤出去了。

军区司令官当夜通过军用电话向大本营和北方战线司令部报告：“彼得格勒的局势非常可怕。虽然没有出现街头暴动和极度混乱，但是正在发生有计划地占领机关和车站，进行逮捕的事情……士官生未经抵抗就撤除了警卫岗哨……没有任何保证不会发生试图侵犯临时政府的事件。”波尔科夫尼科夫说得对：的确是没有任何保证。

军人圈子里传播着这样的流言:仿佛军事革命委员会的间谍从彼得格勒军区司令官的办公桌里窃走了卫戍部队警卫岗哨的口令。这里没有发生任何难以令人置信的事,因为起义在各机关的下层工作人员当中有够多的朋友。但是窃取口令的说法看来毕竟是为解释那种太令他们难堪的轻易失守而捏造出来的。正因为如此,布尔什维克的警卫岗哨布满了全城。

247 夜间,斯莫尔尼宫向卫戍部队发出了一道命令:务必逮捕那些不承认军事革命委员会权力的军官。有多个团的指挥官躲藏起来了,为的是在偏僻的处所熬过惶恐不安的日子。在其他部队,军官或被解职,或遭逮捕。到处都成立了自己的革命委员会或者跟特派委员携手工作的指挥部。临时成立的指挥部不太称职,不用说这是很明显的。然而它却是靠得住的。问题首先是在政治层面上得到解决的。

可是,某些部队的指挥部在自己完全没有任何经验的情况下也发挥出了相当大的主动精神。巴甫洛夫团革命委员会派自己的侦察员前去军区司令部,打探那里究竟发生了什么事。化学兵预备营严密监视不安分的邻居——巴甫洛夫军校和弗拉基米尔军校的士官生,以及武备中学的学生。化学兵时不时在街上缴士官生的械,借此使他们处于畏惧之中。化学兵营指挥部与巴甫洛夫军校的警卫兵建立联系以后,努力让军械库的钥匙掌握在士兵的手里。

要确定直接参加夜间占领首都行动的兵员人数是很困难的,这不仅因为没有谁进行过清点统计和做过记录,而且也出于军事行动自身的性质。第二和第三梯队的后备队伍几乎与整个卫戍部队混合在一起了。但是，只是在偶然情况下才不得不使用后备队。本来有好几千名赤卫队员和两三千名水兵，第二天，随着喀琅施塔得和赫尔森福斯的援兵到来，他们的人数陡然增加到三倍之多，共有 20 个连队与步兵战斗队。这就是第一和第二梯队的兵力，在它们的协助下，起义者占领了首都。

凌晨 3 点 20 分，陆海军部政治机关首长、孟什维克舍尔通过
直通电话告诉高加索方面："中央执行委员会与前来出席苏维埃代 248
表大会的代表正在一起开会，代表绝大多数是布尔什维克。大家热烈欢迎托洛茨基的到来，他宣称暴动可望出现不流血的结局，因为兵力都掌握在他们手里。布尔什维克转而采取积极行动，尼古拉耶夫大桥被他们夺占了，那里现在停放着装甲车。巴甫洛夫团在靠近冬宫的百万大街布置了巡逻队，拦住所有过往行人进行盘问，还拘押了一些人，并且把他们送往斯莫尔尼学院。部长卡尔塔舍夫、临时政府办公厅主任加尔佩林也遭到拘押。波罗的海车站同样落到了布尔什维克手中。如果前线不进行干涉，那政府就没有力量来抵抗现有的军队。"

半夜过后，舍尔中尉报告所提到的执行委员会联席会议在斯莫尔尼宫开始举行。代表大会的代表作为客人挤满了大厅。走廊和过道布满了经过加强的警卫。窗台上全是灰色的军大衣、步枪和机枪。中央执行委员会的成员淹没在一大群人头攒动和充满敌意的外省人当中了。"民主派"的最高机关看起来已经沦为起义的俘虏。主席台上没有熟悉的人物主席齐赫泽，一成不变的报告人策烈铁里也缺席了。这两个人被时局的发展进程吓坏了，在发生战斗几个星期前便离开了自己责任重大的岗位，再也不顾彼得格

勒，回故乡格鲁吉亚去了。留下达恩充当妥协派集团的领导人。此人毫无齐赫泽那种装出来的和善，也毫无策烈铁里那种能打动人心的口才，但是他比上述二人更固执，更没有远见。主席台上孤零零的社会革命党人郭茨宣布会议开始。达恩在一片沉寂的大厅里站起来发言，苏哈诺夫觉得这大厅了无生气，而约翰·里德觉得它“简直是可怕的”。预备国会的最新决议是这个报告人特别乐道的话题，那个决议企图用预备国会原有的口号所引起的苍白无力的回声来对抗起义。“如果你们不重视这些决定，那一切将为时晚
249 矣。”达恩如是说。他用无法避免的饥荒和群众的分化吓唬人。“无论什么时候反革命都没有像现在这么强大。”这是 1917 年 10 月 25 日前那个晚上所说的话！吓破了胆的小资产阶级在重大事件面前看到的只是危险和阻力。他们唯一的手段——那就是因恐惧而装出来的慷慨激昂。“在工厂与兵营，黑帮出版物取得的成功要比社会主义出版物大得多。”失去理智的人正在把革命引向毁灭，就如 1905 年时那样，“当时担任彼得格勒苏维埃主席的正是这位托洛茨基。”可是不能这样。中央执行委员会不允许走向起义。“刚刚捅穿中央执行委员会躯体的敌对双方的刺刀正在彼此交叉格斗起来。”此刻座位上响起了喊叫声：“可它早就已经是一具僵尸了。”整个大厅都感觉到了这喊声是何等正确。在妥协主义尸体的上方，资产阶级与无产阶级的刺刀已经交叉格斗起来。报告人的嗓门也已淹没在充满敌意的喧哗之中了。敲击乐谱架不起作用，恳求也没有博得怜悯，威胁也吓唬不了谁。一切为时晚矣，为时晚矣……

不错，这就是起义！托洛茨基代表军事革命委员会、布尔什维

克党、彼得格勒的工人和士兵做出了这样的回答。末了,他抛弃了最后的客套。是的,群众是和我们在一起,正是我们率领他们发起了进攻！他越过中央执行委员会直接对代表大会的代表们说:“如果我们毫不动摇,那么内战就不会发生,因为那样敌人就会马上投降。你们还要占据根据权利属于你们的位置——俄罗斯大地主人的位置。”张皇失措的中央执行委员会成员发现自己连进行抗议的力量都没有。直至那时,斯莫尔尼宫只是防御的说法依然在他们中间维持着闪烁不定的希望火花,尽管不顾一切事实。现在连这火花也熄灭了。在深夜的这个时候,起义高高地昂起了头。

意外情节迭出的会议于清晨 4 点结束了。布尔什维克的发言人走上讲台,宣布现在就回军事革命委员会去。报告从城市的每个角落送到那里,内容无一例外都是进展顺利的消息,街上的哨兵一夜没有合眼。机关一个接一个占领了,敌人没有进行抵抗。

可以猜想到,中央电话局的设防原已得到特别加强。然而早晨 7 点钟的时候,它未经战斗就被凯克斯霍尔姆团的战斗队占领了。起义者现在不仅可以不必担心自己的联络问题,而且有可能监控敌人的电话往来。不过,冬宫和总司令部的电话很快就被切断了。

几乎是同时,一支海军近卫部队的大约 40 名水兵拿下了位于叶卡捷琳运河河岸上的国家银行大楼。银行官员拉尔策维奇回忆说,“水兵队伍的行动是异常火速的”,他们马上就在电话机旁边布置了警戒,以切断来自外界的可能援助。在夺取大楼的过程中,“没有出现任何抵抗,尽管谢苗诺夫团有一个排就在现场”。占领银行在一定程度上具有象征的意义。党的干部受过马克思关于

1871年巴黎公社评论的教育。众所周知,公社领导人不敢着手控制国家银行。“不,我们绝不会重犯这样的错误。”许多布尔什维克早在10月25日之前很久就对自己这样说过。夺取资产阶级国家最神圣的机关之一的消息立刻传遍了各个城区,引发了一波庆贺的热潮。

清晨时分,华沙车站、“交易所公报”印刷厂,还有就在克伦斯基窗前的冬宫大桥都被占领了。一个特派委员向守卫“十字监狱”的沃伦斯基团的士兵出示了一份决定,要他们按照苏维埃提出的名单释放一批囚犯。监狱管理当局企图得到司法部长的指示,但他白费了心思,因为后者顾不上这件事了。被释放的布尔什维克,其中包括年轻的喀琅施塔得领袖罗沙利,随即便领到了战斗任务。

251 同是当天清晨,起义者把在尼古拉耶夫大桥被工兵拦截的一队士官生押送到了斯莫尔尼宫,这些人是为了获取食品乘卡车从冬宫出来的。波德沃伊斯基讲述道:“托洛茨基对他们宣布,只要他们承诺不再反对苏维埃政权,就会被释放,还可以回原先的军校继续自己的学业。这些原本以为会遭到残酷镇压的小伙子听到这话真有说不出的惊奇。”立即释放到底在多大程度上是正确的,这还存在着疑问:胜利还没有最终取得,而士官生乃是敌人的主要兵力。另一方面,在军校还笼罩在动摇情绪之中时,重要的是要证明这样的事实,即屈服于胜利者的宽恕可以让士官生不会有遭到任何惩罚的危险。无论从哪一个方面看,两种理由似乎互相抵消了。

列维茨基将军早晨从尚未被占领的陆海军部通过直通电话向大本营杜鹤宁将军报告说:“彼得格勒卫戍部队各部……转到布尔什维克那边去了。水兵与一艘轻型巡洋舰从喀琅施塔得赶过来,拉起的大桥被他们重新合上了。全成布满了卫戍部队的岗哨，不过还没有发生任何武装暴动(!)。电话局落到了卫戍部队手里。驻扎在冬宫的部队只是形式上在保卫它，因为它们没有做出积极的举动。总之，我的印象是临时政府好像处在敌对国家的首都，该国结束了动员，却没有开始积极的行动。”真是无与伦比的军事与政治供述！当这位将军说水兵从喀琅施塔得赶过来了时，他实在是把事变提前了，因为水兵直到几小时后才赶到。大桥事实上是“阿芙乐尔号”给合上的。报告结尾处天真地希望“实际上早已有机会报复我们大家的布尔什维克……不敢违抗前线军队的意愿”。
关于前线的错觉——这是留给后方将军所拥有的一切，就如后方 252
的民主派一样。不过，处在“敌对国家首都”的临时政府的形象作为对十月革命最好的说明永远载入了史册。

斯莫尔尼宫在连续不断地举行会议。宣传人员、组织人员和各工厂、团队、城区的领导人一般参加两个小时左右的会议，有时只有几分钟，目的是澄清各种消息，检验自己的工作，然后回到各自的岗位去。苏维埃布尔什维克党团所在的第十八号房间门口显得异常拥挤。疲惫到了极点的拜访者经常塞满了会议大厅，他们把沉重的头颅靠在白色圆柱上，或者在走廊里抱着自己的步枪靠墙站立，有时干脆一个挨一个直挺挺地躺在既肮脏又潮湿的地板上。拉舍维奇在接待各部队的特派委员，给他们下达最后的指示。从四面八方送来的情报经过三楼军事革命委员会办公的房间变成了一道道命令，起义的心脏就在这里跳动。

各区中心再现了斯莫尔尼宫的场景，只不过规模要小一些。在维堡区赤卫队司令部对面的萨姆普索尼耶夫大街上，形成了一个完整的营地：街上停满了已经套好马匹的大车、轻型汽车和卡车。区里各机关到处都是来来往往的武装工人。苏维埃、杜马、工会、工厂委员会，该区的一切都在为起义事业服务。工厂、兵营、机关里出现了跟整个首都相同的情形，只不过规模小一些罢了。撤掉了一些人，又选出来另一些人，肃清了旧关系的残余，巩固了新关系。落在后面的人也通过了服从军事革命委员会的决议。孟什维克和社会革命党人同工厂的管理人员以及部队的指挥官一起，怯懦地龟缩到一边去了。在不断举行的大会上，传播着最新的消
253 息，保持着战斗的信念，联系也得到了巩固。人群围绕新的中轴形成了新的集团。革命成功实现了。

在本书中，作者力求一步一步地深入研究十月革命的准备情况：工人群众的强烈不满、苏维埃转到布尔什维克旗帜之下、军队的愤怒、农民反对地主的斗争、民族运动的高涨、有产阶级和统治集团的恐惧与惊慌，最后还有布尔什维克内部围绕起义而展开的斗争，紧接着这一切完成的革命看起来却显得太简单、太枯燥、太琐碎了，好像与事件的历史规模不匹配。读者感受到的也是一种失望。他好似一个山间的旅行者，正预料主要的困难还在后头，可是突然发现自己已经登上了顶峰，或者几乎登上了顶峰。究竟什么地方发生了起义？没有看到起义的场面，各种事件没有拼成一幅完整的图像。事先考虑到和准备好的小规模军事行动在空间和时间上被相互隔开了。可以把它们连接成目的与意图的统一体，但是斗争本身并不是浑然一体的。没有大规模的群众运动，没有同军队发生戏剧性的冲突。在历史事实基础上形成的有关起义概念的想象，在这里完全对不上号。

首都革命的总体特征后来给了马萨里克①一个口实，他追随其他许多人写道："十月革命……绝对不是大规模的群众运动。这次革命是在上层进行幕后操纵的领袖人物的事业。"实际上这是历史上所有起义中最具群众性规模的一次。工人并不需要跑到广场上去融为一体，他们其实已经形成了政治上和道义上的统一整体。甚至未经许可，士兵不准离开兵营。在这一点上，军事革命委员会的命令与波尔科夫尼科夫的命令是一致的。但是这些不曾露面的群众比任何时候都更加与事变步调一致地前进。在工厂、兵营与各区指挥部之间，各区与斯莫尔尼宫之间进行联络一事上，一分钟 254
都没有中断。赤卫队的队伍感觉到工厂在支援自己。一队队的士兵返回了兵营，完成预先安排好的轮班替换。只有自己拥有强大的后备力量，革命的队伍才能如此充满信心地去解决自己的任务。相反，零零散散的政府警卫岗哨早已被自己的孤立无援所打败，从而放弃了抵抗的念头。资产阶级预料会发生街垒战，燃起熊熊烈火，匪盗横行，血流成河。实际上到处弥漫着一片比全世界炮声隆隆还要可怕的安静。社会基础活像一个旋转舞台，它在悄悄地移动，把人民群众推到了前台，把昨日的主人送进了另一个世界。

时间已经到了10月25日上午10点钟，斯莫尔尼宫认为可以向首都及全国发布已经获胜的通告："临时政府已经被推翻，国家政权转到了军事革命委员会手中。"在某种程度上这个声明远远跑到时局前面去了，因为临时政府仍旧存在，至少在冬宫范围内是如此。大本营也还存在。外省还没有表态。苏维埃代表大会还没有

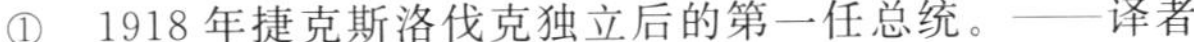

① 1918年捷克斯洛伐克独立后的第一任总统。——译者

开幕。但是起义的领导人不是历史学家，为了替历史学家准备条件，他们不得不跑到前面去。军事革命委员会已经是首都局势的完全主人。苏维埃代表大会的批准是没有问题的。外省也在等候彼得格勒的创举。为了彻底掌握政权，就需要开始像一个政权那样行事。在致前线和后方各军事组织的呼吁书中，军事革命委员会命令士兵要警觉地监视指挥人员的行为，逮捕那些不赞成革命的军官。如果有人试图把敌对部队调往彼得格勒，那就不要在动用武力一事上犹豫不决。

255 前一天从前线回来的临时政府驻大本营首席特派委员斯坦凯维奇为了在消极与瓦解的处境中不至于落得个毫无作为，清晨便带领半个连的工兵士官生，试图把布尔什维克从电话局赶出去。通过这次行动，士官生才头一次知道电话局到底掌握在谁手中了。军官西涅古布咬牙切齿地大发感慨："看吧，原来我们必须学习这些人的毅力，为什么只有他们才有这样的领导！"占领电话局的水兵可以毫无困难地从窗口朝士官生开枪，不过起义者还是竭力避免流血。斯坦凯维奇这边也严格命令不要开火，否则士官生会受到枪杀人民的指控。担任指挥的军官内心在考虑："须知我们既然要建立秩序，那么究竟该由谁来开口下令呢？"最后他大喊一声："该死的小丑！"以此结束了自己的思考。这就是军官们对临时政府态度的公式。于是，西涅古布自己做主派人去冬宫要手榴弹和无烟炸药。趁此间隙，这位帝俄中尉来到电话局大门口，跟布尔什维克准尉进行政治辩论。他们像荷马史诗里的主人公一样，在格斗之前对对方讲了一堆口气强硬的话。暂时还只是言语上腹背受敌的话务员则听之任之。水兵准许她们回家。"为什么？就因为

我们是女人？……”她们歇斯底里地叫喊着从大门冲出来。西涅古布说：“僻静的海军大街因奔跑着飘动的衣服和帽子而显得五彩缤纷。”水兵们勉强承担了电话机务工作。一辆搭乘起义者的装甲车疾速开进了电话局的院子，不过并没有给惊恐万状的士官生造成什么困境。后者自己也截住两辆卡车，就在电话局门外构筑了街垒。涅瓦大街那边出现了第二辆装甲车，接着是第三辆。一切都演变成了互相恐吓的手段和试探。争夺电话局的斗争没有开火
就解决了：斯坦凯维奇撤除了包围，经对方同意，为自己的士官生 256
获取了一条自由的通道。

一般说来，武器目前还只是实力的外在标志，人们几乎不去动用它。在去冬宫的路上，斯坦凯维奇的半个连碰见了一队水兵，后者摆出一副要开枪的架势。但对峙的双方只是互相用目光打量对方，谁也不想真的动武，因为一方意识到了自己的实力，另一方则感到自己力量很弱。然而在有机会的地方，起义者尤其是工人往往急于解除敌人的武装。在装甲车的援助下，被赤卫队和士兵包围的同是工兵士官生另外半个连队被前者缴了械，并且沦为了俘虏。可是这里同样没有发生战斗，因为士官生没有进行抵抗。这次行动的发起者本人证明说：“据我所知，唯一一次积极反抗布尔什维克的尝试就这样结束了。”其实，斯坦凯维奇这里仅仅指的是冬宫以外地区的军事行动。

到中午时分，玛丽亚宫周围的街道被军事革命委员会的部队占领了。预备国会的成员刚刚才聚集一起开会，主席团试图搜集最新的消息，可是一发觉电话已被截断，心情便顿时变得十分沮丧。于是各党派领袖开会商讨该做些什么，代表们在各个角落里

唠叨不止。阿夫克先季耶夫安慰大家说，克伦斯基到前线去了，等他回来一切就会恢复正常。大门口停着一辆装甲车。立陶宛团和凯克斯霍尔姆团的士兵和近卫水兵走进大楼，沿阶梯列好队伍，并且占据了第一大厅。这支队伍的首领要求代表们立刻离开玛丽亚宫。“此举给人留下了极其惊讶的印象。”纳博科夫证明说。预备国会的成员决定散会，“暂时中止自己的活动”。48 名右翼代表投票反对屈从暴力，不过他们也知道自己处于少数。代表们平静地沿着两列步枪之林中间的华丽阶梯走了下来。一个目击者证实：“在这整个过程中没有出现任何紧张情节。”“照样都是些粗野、呆
257 滞与凶狠的面孔。”自由主义的爱国主义者纳博科夫就是这样描述俄国的士兵和水兵的。在阶梯出口的下方，指挥人员草草地看了看代表们的证件，结果把所有人都放走了。身处最后被放行之列的米留科夫证实：“我们等候人员甄别，看来多少要逮捕几个人。可是革命司令部另有急事要办。”不仅如此，革命司令部还缺乏经验。指令内称如果发现政府成员，便予以逮捕。但他们都不是，于是预备国会的成员全都顺利获得了释放，其中有些人很快就成了国内战争的组织者。

这个议会制怪胎在世上只存活了 18 天，比临时政府还早 12 个小时终止了自己的生命。这也是布尔什维克走出玛丽亚宫来到大街上和又从武装的大街攻进玛丽亚宫时间间隔。在对使历史变得如此丰富的代表制全部拙劣模仿中，“俄罗斯共和国临时议会”①大概是最为荒谬的。

① 预备国会正式名称。——译者

离开倒霉的大楼以后，十月党人希德洛夫斯基开始在全城转悠，为的是仔细观察战斗情况，这些先生以为人民会保护他们。但是没有发生什么战斗，不过据希德洛夫斯基说，街上的人群——涅瓦大街上的优等人群一个个露出了笑容。“您听说布尔什维克夺取政权了吗？要知道这维持不了三天。哈哈哈！”希德洛夫斯基决定“在社会舆论为布尔什维克称王规定的期限内”继续留在首都。众所周知，这三天过得太久了。

其实，直到傍晚涅瓦大街上的人群才露出笑容。从早晨起，心情一直是如此之紧张恐慌，以致资产阶级街区很少有人敢出门。九点的时候，记者克尼日尼克跑到卡梅诺奥斯特罗夫斯基大街找报纸，可是那里见不到卖报的人。有一小群市民在谈论时局，说布尔什维克夜里占领了电话局、电报局和银行。一支士兵巡逻队听 258
了这话，要求大家不要大声喧哗。“其实无须谁要求，大家本来就显得异乎寻常的安静。”全副武装的工人队伍从街上走过。电车如往常一样，也就是说照样缓慢行驶。“行人稀少使我感到压抑。”克尼日尼克如此描述涅瓦大街。有人在饭馆吃饭，不过更多的人是在大楼房间里吃饭。正午时分，从被布尔什维克牢牢占据的彼得保罗要塞的城墙上传来了炮响，响声比往常不高也不低。城墙与围墙上贴了很多警告防止发动起义的传单。但是已经被其他报道起义胜利的传单覆盖起来了。人们还来不及到处贴传单，于是从汽车上往下抛撒。从刚印好的传单上可以闻到新鲜的油墨气味，就如从事件本身闻到的气味一样。

赤卫队的队伍从自己所属的城区出动了。工人们手持步枪，鸭舌帽和便帽上方的刺刀闪闪发亮，非军用的大衣紧束着皮带，这

是与10月25日分割不开的形象。小心谨慎和信心还不是很足的武装工人在他们为自己占领的首都维持秩序。

街道平静使人内心感到安宁。居民开始纷纷走出门来。到晚上，他们的不安比白天减轻了一些。在政府机关和社会机构里面，办公确实停止下来了。但是许多商店一直在开门营业；另有一些仍然关着门，不过主要不是因为有必要这样做，而是出于戒备心理。这是起义吗？难道起义就是这样的吗？这简直就是用十月的警卫岗哨代替二月的警卫岗哨。

到了晚上，涅瓦大街上的人比任何时候都多，他们曾经给布尔什维克定了三天的期限。尽管巴甫洛夫团的士兵岗哨因为有了装甲车甚至高射炮而得到了加强，他们却已经再也不令人感到惧怕了。冬宫周围确实发生了一些严重的事件，暂时还不让人到那里去。然而整个起义绝不会只集中在冬宫广场，不是吗？一个美国
259 记者看见，一些身着昂贵皮袍的老人是怎样朝巴甫洛夫团的士兵挥动戴着手套的拳头，而一些衣着入时的女士又是怎样朝他们破口大骂的。“士兵的反应一点也不强烈，还带着尴尬的微笑。”在时尚的涅瓦大街（不过即将要变成“十月二十五日大街”）上，他们显然感到有些局促。

法国驻彼得格勒的官方记者克洛德·阿内的确被惊呆了：糊涂里糊涂的俄国人没有使革命弄成他在老书本里读到的那个样子。“城市很平静！”阿内通过电话进行联络，会见宾客，走出门去采访。一队士兵在莫伊卡大街挡住了他的去路，他们在秩序井然地行进，“就像在旧制度下一样”。百万大街上有人数众多的巡逻队。没有一个地方发生过交火。在这正午时分，偌大的冬宫广场

几乎是空荡荡的。海军大街和涅瓦大街也有巡逻队在巡逻。有些士兵从姿势上看是经过严格训练的，着装也无懈可击。一眼看去，无疑这就是政府的军队。阿内准备从玛丽亚宫广场钻进预备国会里去，可是在广场上被士兵和水兵拦住了，“真的是彬彬有礼”。毗邻冬宫的两条街道用汽车与马车筑起了街垒，随即又开来了装甲车。这一切都听从斯莫尔尼宫指挥。军事革命委员会向全城派出了巡逻队，布置了自己的岗哨，解散了预备国会，控制了首都局势，并且在这里建立了“自革命开始以来从未有过的”秩序。晚上，扫院子的女人告诉这个法国房客，从苏维埃指挥部那里得到了一些电话号码，一旦遭到袭击与可疑的搜查，可以随时通过电话请求军队的帮助。“说实话，从来都没有比这更好地保护过我们。”

下午 2 点 35 分（外国记者对了时间，俄国人还顾不上这个），
彼得格勒苏维埃紧急会议开始举行。托洛茨基做报告，他代表军
事革命委员会宣布，临时政府不复存在了。“曾经有人对我们说，
起义将把革命淹没在血泊之中……我们还没听说牺牲了谁。”历史 260
上还不曾有过这样的革命运动范例，有如此众多的群众卷入其中，
以及运动是在这种不流血的情况下进行的。“冬宫还没有攻下来，
但是它的命运将在最近几分钟决定下来。”接下来的 12 个小时证
明，这个预言过于乐观了。

托洛茨基报告说，反对彼得格勒的军队从前线出动了，必须立即派苏维埃特派委员赶赴前线和全国去通报已发生的革命。人数代表不多的右翼座位区传来了喊声：“您这是在预先决定苏维埃代表大会的意愿。”报告人回答说：“代表大会的意愿已经由彼得格勒的工人和士兵的起义预先决定了。现在我们要做的仅仅是扩展我

们的胜利。"

列宁本人走出地下状态以后，第一次在这里公开露面。他简要地描述了革命的纲领，打碎旧的国家机器，通过苏维埃建立新的管理制度；凭借其他国家革命运动的支持，采取措施马上结束战争，消灭地主所有制，并且由此赢得农民的信赖，实行工人对生产的监督。"这第三次俄国革命终将导致社会主义的胜利。"（《列宁全集》中文第二版第 33 卷，第 2 页）

第二十二章 攻占冬宫 261

克伦斯基会见从前线返回有事向他报告的斯坦凯维奇。克伦斯基情绪激昂，他刚从共和国临时议会（即预备国会。——译者）回来，说是彻底揭露了布尔什维克的暴动行径。“暴动?”“难道您不知道我们这里发生了武装暴动?”斯坦凯维奇觉得发笑，街上不是非常平静吗？难道真正的暴动看起来是这样的吗？“但是毕竟应该结束这无限期的动荡。”克伦斯基完全同意这个意见，他只是在等待预备国会的决议。

晚上9点，临时政府在冬宫孔雀石大厅召开会议，讨论制定“坚决与彻底肃清”布尔什维克的办法。为加快事态的进展而被派往玛丽亚宫的斯坦凯维奇怒气冲冲地通报了一个刚刚提出的几近不信任的公式。预备国会的决议甚至建议与暴动展开的斗争不要由政府，而是由一个拯救社会的特别委员会来承担。一时激动万分的克伦斯基宣布，在这种情况下，他“一分钟也不愿意继续担任政府首脑了”。接着马上打电话把妥协派领导人叫到冬宫。克伦斯基有可能辞职一事给他们带来的惊讶并不亚于他们的决议给克
伦斯基带来的惊讶。阿夫克先季耶夫进行辩白，说他们认为决议 262
“纯粹是理论上的与偶然做出的，并没有想到把它付诸实施”。不错，如今他们自己确实也看到了，决议的“表达也许完全不恰当”。

这些人不放过任何一个证明他们价值几何的机会。

在起义正在开展的背景下，民主派领袖与国家首脑进行的夜间会谈似乎显得完全令人难以置信。二月体制主要掘墓人之一达恩要求政府马上连夜在全城贴出声明海报，表明它已建议盟国开始进行和平谈判。克伦斯基回答说，政府不需要这类建议。但可以相信这一点：政府宁愿要一个忠实可靠的师。可是达恩无法提供这样一个师。最后，克伦斯基企图把导致起义的责任推给对方。达恩回答说，政府在自己的“反动司令”影响下，夸大了事实。不过无论如何辞职都是不必要的，那个不愉快的决议对于扭转群众情绪是必需的。布尔什维克“明天就会”被迫解散他们的司令部，如果政府照达恩的劝诫行事的话。克伦斯基用理所当然的讽刺口吻做了说明：“正是在此刻，赤卫队占领了一座又一座政府大楼。”

还没来得及同左翼朋友结束内容如此丰富的解释性交谈，右翼朋友通过哥萨克部队委员会代表团突然来找克伦斯基。军官们制造假象，似乎驻扎在彼得格勒的3个哥萨克团如何行动要取决于他们的意愿，并且向克伦斯基提出了跟达恩的条件刚好相反的条件：无论如何都不能对苏维埃让步，这一次应当彻底镇压布尔什维克，不要像七月那样，再次让哥萨克白受罪。克伦斯基本人也不希望别的，于是答应了他们想从他那里得到的一切，并且就出于谨
263 慎考虑迄今没有逮捕身为苏维埃主席的托洛茨基一事请求对方原谅。代表们表示哥萨克保证履行自己的职责，然后他们向他告辞了。紧接着，一道命令就从司令部下达给了哥萨克各团：“为了挽救俄罗斯免于毁灭，你们应该以祖国的自由、荣誉和光荣的名义去协助中央执行委员会和临时政府。”这个傲慢自大的政府是如此热

衷于保持自己对中央执行委员会的独立性，可是每当危急时刻又不得不有失脸面地躲到它身后去。央求口吻的命令也发给了彼得格勒及其四郊的士官学校。给铁路部门下达的命令是："从前线开往彼得格勒的军用列车可以不按任何时刻表优先安排，必要的话，停止旅客列车的运行。"

政府完成了它力所能及的全部工作以后，于半夜 1 点多钟散会，与克伦斯基一起留在冬宫的只有他的副手、莫斯科自由派商人科诺瓦洛夫。军区司令官波尔科夫尼科夫来找他们，他建议在可靠的军队帮助下，马上就组织夺取斯莫尔尼宫的进军。克伦斯基毫不犹豫便采纳了这个绝妙的计划。可是，听了司令官的话，无论如何都不可能明白他打算倚靠的到底是哪些兵力。据克伦斯基自己承认，当时只有他明白，最近 10—12 天间波尔科夫尼科夫关于他已做好充分准备同布尔什维克做斗争的报告"是完全没有任何根据的"。对于评价政治和军事局势而言，克伦斯基似乎除了这位不知凭什么当上了军区首脑的平庸上校的文牍主义报告之外，真的再没有别的什么来源了。在政府首脑进行伤心思考时，特辖市特派委员罗戈夫斯基带来了一连串消息：波罗的海舰队一些进入了战斗状态的军舰开进了涅瓦河，其中有几艘溯河而上朝尼古拉耶夫大桥进发，并且占领了大桥；起义队伍正在朝冬宫大桥挺进。264
罗戈夫斯基提请克伦斯基注意这样一种情况，即"布尔什维克正在井然有序地实施自己的计划，不论在什么地方都没有遇到来自政府军方面的任何抵抗"。什么样的军队应该认为是政府军，从交谈中无论如何是看不出来的。

克伦斯基和科诺瓦洛夫急忙从冬宫来到司令部："再也不能浪

费哪怕是一分钟。”司令部高大的红色建筑里挤满了军官。他们不是因为本部队的事务，而是为了躲避本部队来到这里的。“有一些谁也不认识的平民在这群军人中间到处乱窜。”波尔科夫尼科夫的新报告终于让克伦斯基相信，不可能指望这位司令官及其手下的军官了。政府首脑决定亲自把“忠于职守的人”召集到自己周围来。克伦斯基忽然想起了他是党的人，如同有的人只有到陷入濒死痛苦时才想起教会一样。于是他打电话要求马上把社会革命党的战斗队派过来。可是，在向党提出派遣武装力量这个出人意料的请求可能——如果总是可能的话——取得结果之前，这请求本身，用米留科夫的话来说就是，它应该“使克伦斯基跟其实对他并不友好的比较右的人士疏远起来”。在科尔尼洛夫叛乱期间，克伦斯基已经十分明显暴露出的孤立，现在具有更加注定要倒霉的性质。“这一夜万分难受的时光显得特别漫长。”克伦斯基重复自己8月间说过的一句话。

无论什么地方都没有派来援军。哥萨克开了会，各团代表表示，一般说来可以出动，为什么不出动呢？但是为此需要机关枪和装甲汽车，主要还是需要步兵。克伦斯基未加考虑就答应给他们已经准备离他而去的装甲车和他并没有的步兵。他听到的回答是，各团马上就会讨论所有问题，并将“开始备鞍”。社会革命党的
265 战斗兵力没有显示出存在的迹象。它们还仍然存在吗？真实与虚幻之间的界线一般又在哪里呢？聚集在司令部的军官对最高总司令和政府首脑的态度表现得“越来越具挑衅性”。克伦斯基甚至断言，军官中间流传着有必要逮捕他的说法。司令部大楼照样没有任何人守卫。正式谈判就在有外人在场的情况下，与情绪激昂的

私下讨论交替进行着。绝望和崩溃的情绪从司令部渗透到了冬宫。士官生神经紧张，装甲汽车分队焦急万分。没有来自下层的支持，而上层弥漫着无计可施的气氛，在这种情况下还能逃脱灭亡的命运吗？

清晨5点，克伦斯基把陆军部的行政主管叫到总司令部来。可是马尼科夫斯基将军在特罗伊茨克大桥旁边被哨兵拦住了，接着被押送到巴甫洛夫团的兵营，不过经过短暂的解释，他又在那里被释放了。将军大概使人相信了，拘捕他可能给整个行政机构带来混乱，并且会给前线士兵造成不幸。大约也就在这时，斯坦凯维奇乘坐的汽车在冬宫旁边被拦住了，但是该团委员会放他回家。这位遭到过拘押的人讲道："这是些暴动分子，不过他们行事十分犹豫。我从家里打电话把这事报告了冬宫，可是从那里得到回答称，这不过是一场误会。"实际上释放斯坦凯维奇才是误会，因为仅仅过了几个小时，他就试图从布尔什维克手里夺回电话局。

克伦斯基要求莫吉廖夫大本营和普斯科夫北方战线司令部立即派一些可靠的团队来。杜鹤宁从大本营通过直通电话保证说，已经采取了一切措施派兵前往彼得格勒，而且有些部队应该就要抵达了。可是并没有部队抵达。哥萨克仍然还在"备鞍"。城市的
形势一个小时一个小时地恶化了。克伦斯基同科诺瓦洛夫回到冬 266
宫刚喘了一口气，信使就带来了一个十分紧急的消息：冬宫的电话被切断了。克伦斯基窗前的冬宫大桥也被几支水兵巡逻队占领了。冬宫前面的广场仍旧空无一人。"哥萨克也音讯全无。"克伦斯基再次赶往司令部，可是那里也只有令人不安的消息：士官生收到了布尔什维克提出的要他们撤离冬宫的要求，感到极度慌张。

装甲车不巧发现“丢失了”某些重要部件，因而起不了作用。始终都没有从前线开出军用列车的消息。距离冬宫和司令部最近的通道根本无人把守。如果说布尔什维克至今还没有推进到那里，那仅仅是因为消息还不够灵通的缘故。自前一天晚上起，挤满了军官的大楼很快变得空荡了：每个人都按照自己的方式逃生去了。一个士官生代表团到达了，他们准备继续履行自己的职责，“如果只要还有随便什么援军开过来的一线希望的话”。但是，事实恰恰是什么援军也没有。

克伦斯基赶紧把部长们召集到司令部来。大多数人没有汽车可坐，这些给当时的起义带来新速度的交通工具要么被布尔什维克夺走了，要么是起义者的散兵线拦截了部长们。只有基什金赶到了，后来又有马利安托维奇加入进来。政府首脑采取什么措施呢？马上去迎接军用列车，要让它们冲过一切障碍。谁也不能提出其他任何建议了。

克伦斯基下令把自己那辆“性能极好的敞篷旅行车”开过来。可是此刻一个新的事实就是无论幸运还是灾难时刻，表面上让协约国各国政府牢不可破的团结进入了事件的环节。“我不知道情况到底如何，但是关于我出走的消息传到了盟国大使馆。”英国和
267 美国的代表立即表示，政府首脑匆匆逃出首都时最好“乘坐的是一辆挂着美国国旗的汽车”。克伦斯基本人认为这个建议是多余的，甚至是叫人难堪的，可是又把它当作盟国团结的体现采纳了。

美国大使戴维·弗朗西斯提供了另外一种不那么像圣诞节故事的说法：紧跟在美国汽车后面，好像一直跟到了大使馆的那辆汽车搭载着一个俄国军官，他要求把大使馆的汽车让给克伦斯基，以

便让后者到前线去。大使馆人员互相商量了一阵，然后得出结论：鉴于汽车事实上“被掳”，——根本什么都没有发生——他们便只得屈从形势的压力。俄国军官似乎不顾外交官先生的抗议，仍然拒绝摘下美国国旗。这也没什么可奇怪的，要知道只有这五彩的布条才可以使汽车不受侵犯。弗朗西斯赞成使馆人员的行为，不过又命令“任何人都不得说出这件事”。

通过对处在不同角度下的两种陈述（它们与真相的线索交织在一起）进行对比，当时的情形就会变得足够清晰：当然不是盟国强行把汽车给了克伦斯基，而是他自己把它请求到手的；但是既然外交官必须遵照不干涉内部事务的伪善方式行事，那么汽车“被掳”和大使馆“抗议”非法利用美国国旗都是事先约定好的。这个微妙事件得以顺利解决以后，克伦斯基坐在自己汽车里的一个座位上。一个美国人开着那辆备用车跟在后面。克伦斯基继续往下讲述：“什么也不用说，整条街道——无论行人还是士兵立刻便认出了我。我像往常一样行致敬礼，露出有点随意和轻松的微笑。”无与伦比的形象：随意的微笑。二月制度就是这样退回到幽灵王国的。在出城的地方到处都有武装工人的岗哨和巡逻队。看见汽
车在发疯似的狂奔，赤卫队员朝公路跑过去，但是没有打定主意开 268
枪射击。他们一般还是会避免开枪的。也许是那面小小的美国国旗制止了他们。汽车朝远处飞驰而去。

“在彼得格勒就真的没有军队愿意保卫临时政府吗？”直到此刻还生活在永恒不变的法律真理王国中的马利安托维奇吃惊地问道。“我什么也不知道。”科诺瓦洛夫摊开双手说。“真糟糕。”他又补充了一句。“可是调来的这是一支怎样的军队呢？”马利安托维

奇要问个究竟。“看来是自行车营。”部长们长叹了一声。在彼得格勒及其四郊共有 20 万名士兵。如果政府首脑不得不背地里乘坐插着美国国旗的汽车去迎接自行车营的话，那么制度问题就真是糟糕透了！

如果部长们知道从前线调来的第三自行车营滞留在别列多伊斯卡亚车站，并且打电话询问彼得格勒苏维埃，为什么调它来，那么他们就更要深深地叹气了。军事革命委员会向这个营致以兄弟般的问候，并且建议它立即派自己的代表前来。当局四处寻找，却找不到自行车兵，他们的代表去了斯莫尔尼宫。

根据事先的估算，冬宫应于 24 日夜晚与首都其他所有重要机关同时占领。早在 23 日，为领导攻占冬宫的行动成立了一个三人小组。波德沃伊斯基和安东诺夫是其中主要人物。算是在军队服过役的工程师萨多夫斯基也加入了三人小组，但是他因忙于卫戍部队的事务，不久便退出了。接替他的是丘德诺夫斯基。他在 3 月时与托洛茨基一起离开加拿大的集中营，后来他在前线当了 3 个月的兵。一直当到军士的老布尔什维克拉舍维奇直接参与了军事行动。三年以后，萨多夫斯基回忆说，在斯莫尔尼宫他那个小小
269 的房间里，波德沃伊斯基和丘德诺夫斯基在彼得格勒地图上就进攻冬宫制订一个最好的行动计划展开了极其激烈的争论。最终决定用一个椭圆战线包围冬宫，涅瓦河沿岸街道成为一个大的中轴。在河流那边，包围圈应该由彼得保罗要塞、“阿芙乐尔号”巡洋舰以及从喀琅施塔得和作战舰队调来的其他军舰连接起来。为了防止和挫败哥萨克和士官生从后方发起袭击的图谋，决定从革命部队中抽调兵员组成强大有力的阻击队。

相对于它要解决的任务而言，这个计划整体上来看是过于庞大和复杂了。预定的准备时间是不够的。每一个步骤都暴露出小小的不协调和失算，这本该是难免的。一个地方的方向弄错了；另一个地方弄混了指令的领导人迟到了；第三个地方又在等候前来救援的装甲车。带领作战部队出发，要让它们与赤卫队协调配合，占领战斗地段，确保它们之间以及它们与指挥部之间的联络——所有这一切需要的时间比伏在地图上进行争论的领导人预定的时间要多得多。

到上午 10 点钟左右，即军事革命委员会宣布临时政府已经被推翻的时候，还要延缓多少时间，即使是军事行动的直接领导人也还不清楚。彼德沃伊斯基承诺攻下冬宫的时间“不会迟于 12 点钟”。直至当时，军事方面一切进行得如此顺利，以至谁也没有理由怀疑这个期限。然而到了中午，显露出了包围圈仍然还不完备的问题。喀琅施塔得人也没有到来，与此同时冬宫的防御却有机会得到了加强。错过时间几乎总是必然导致出现新的延误。在军事革命委员会的强大压力之下，攻占冬宫的时间现在定为下午 3 点钟，而且这一次可真是“最后期限”。根据新的期限，军事革命委员会报告人在白天举行的苏维埃会议上表达了这样的期望：攻占冬宫是马上就能办到的事。可是又一个小时过去了，问题还是 270
没有解决。彼德沃伊斯基自己焦急万分，他打来电话保证，到傍晚 6 点钟无论如何也要拿下冬宫。可是，再也没有此前那种轻信了。果然时钟敲响了 6 点，而结局还没有出现。因斯莫尔尼宫一再催促而失去自制的彼德沃伊斯基和安东诺夫拒绝再次预定任何期限。这就引起了严重的不安。到苏维埃代表大会开幕之际，整个

首都应掌握在军事革命委员会手里，这在政治上被认为是必不可少的。因为那样一来势必会把反对派置于既成事实面前，从而使在代表大会上如何对待他们的任务变得简单了。然而，预定的苏维埃代表大会开幕时间已经到了，只得往后推迟，可是推迟的时间也到了，而冬宫仍在坚守。由于自身拖延的缘故，围攻冬宫至少在午夜12点钟以前便成了起义的中心任务。

军事行动的总指挥部设在斯莫尔尼宫，联络线索都集中在那里的拉舍维奇手中。作战司令部则设在彼得保罗要塞，负责人是布拉贡拉沃夫。下属指挥部有三个：一个设在“阿芙乐尔”号上，另一个设在巴甫洛夫团的兵营里，第三个设在舰队陆战部队兵营，战地指挥官是彼德沃伊斯基和安东诺夫，看来他们也不清楚到底谁服从谁。

在政府总司令部的那所房子里，也有自己的一个伏在地图上的三人小组：军区司令官波尔科夫尼科夫上校、参谋长巴格拉图尼将军和作为最高权威人士应邀参与的阿列克谢耶夫将军。尽管这些指挥人员专业如此娴熟，然而他们制订的防御计划远不如进攻一方的计划那么明确。缺乏经验的起义统帅们固然不善于迅速集结自己的军队，并且及时实施攻击，但是军队是实实在在存在的。防守方面的统帅们没有军队，只得用模糊不清的希望来代替它，或
271 许哥萨克会回心转意；或许能在邻近的卫戍部队中找到可靠的部队；或许克伦斯基会从前线送来军队。从波尔科夫尼科夫晚上发给大本营的电报中可以得知他的情绪：他认为事情已经失败了。更少倾向乐观的阿列克谢耶夫干脆离开了这个倒霉的地方。

为了进行联络，士官学校的代表被召到了军区司令部，那里的

人企图用一系列肯定的语气来振奋他们的精神，说军队很快就会从加特契纳、皇村和前线迅速赶来。但是，代表们不太相信这含混不清的承诺。令人烦恼的传言在军校里流传："司令部里的人丧魂落魄，谁也没有做任何事情。"情况的确是这样。一些哥萨克军官来到司令部，建议夺取停放在米哈伊洛夫驯马场的装甲车，却看见波尔科夫尼科夫神情沮丧地坐在窗台上。占领驯马场？"你们去占领吧。我这里什么人都没有，我一个人什么也干不了。"

就在为保卫冬宫而对军校进行萎靡不振的动员的同时，部长们聚集到一起举行会议。冬宫前面的广场和邻近的街道仍然没有被起义者占据。在海军大街和涅瓦大街的拐角处，全副武装的士兵在拦截过往汽车，并且要求车上的人下来。人们在猜测，士兵们是服从政府呢，还是服从军事革命委员会？这一次，部长们总算是占了因自己没有名气而带来的全部便宜：谁也不对他们感兴趣，在路上恐怕谁也不认识他们。全体部长都与会了，只有普罗科波维奇除外，他在马车上意外遭到拘捕，不过当天就被释放了。

冬宫里面还有一些年老的仆役，他们见多识广，因此见怪不怪，不过也没有消除恐惧。这些特别刻板的旧制度残存者身着戴着红色硬领和金色镶边的蓝制服，在这座富丽堂皇的建筑里维持着有序和稳定的气氛。在今天这个令人恐慌的上午，大概唯有他们还会使部长们相信关于政权的幻想。

还不到 11 点钟的时候，临时政府终于决定从自己的成员当中 272
推举出一个人担任防御指挥官。早在黎明时分，马尼科夫斯基将军就拒绝了克伦斯基提议给他的这个荣誉。政府成员中另一位军人海军上将韦尔杰列夫斯基对表现勇敢精神更没有什么心思。结果并非军人的社会救济部长基什金不得不担负起领导防御的任务。对他的任命，经全体签字后马上就编成了枢密院的指令：这些人把时间花在官僚小把戏上面。但是谁也没有想到，作为立宪民主党人的基什金遭到了后方和前线士兵的加倍痛恨。同样地，基什金选择帕利钦斯基和鲁滕堡作为自己的副手。工业家的走卒和同盟歇业的庇护人帕利钦斯基是工人痛恨的人物。鲁滕堡担任过萨文科夫的副官，后者甚至被无所不包的社会革命党当作科尔尼洛夫分子开除了。有背叛嫌疑的波尔科夫尼科夫被解除了职务，他空出来的职务由跟他毫无区别的巴格拉图尼将军担任。

尽管冬宫和司令部的市内电话被切断了，但是通过私人电话仍然与重要机关保持着联系，这其中包括陆海军部，从那里可以打直通电话给大本营。看来匆忙中有些市内电话机也没有被切断。但是在军事方面，电话联系并没有为政府提供任何帮助；而在精神方面，电话联系却使情况迅速恶化了，因为它让幻想破灭了。

负责防御的领导人从早晨起就在召唤各地的援军，并且在等待前线援军到来。城里也有人试图施以援手。社会革命党中央委员会委员菲特医生直接参与了这件事情，几年后在法庭审讯过程中他谈到了“军队情绪发生的令人惊讶与疾如闪电的转变”。有人
273 利用最可靠的资料，转述说某些团准备起来保卫临时政府，但是只要直接通过电话向兵营提出请求，一支又一支部队都会断然拒绝。这位老民粹派人士说：“结果你们是知道的，谁也没有出动，于是冬宫被攻占了。”实际上，卫戍部队也没有发生任何疾如闪电的转变。不过执政党幻想的残余确实是疾如闪电般地破灭了。

冬宫和司令部寄予特殊希望的装甲车兵分裂成了两个派别：

布尔什维克派与和平主义派；但根本没有出现政府派。在去冬宫的途中，怀着希望与恐惧的半个连工兵士官生碰见了两部装甲车：它们是朋友还是敌人？原来它们是保持中立的，开到街上来是为了阻止双方之间的冲突。原先在冬宫的六部战车只有一部在继续保卫宫中财产，其余的都开走了。随着起义不断取得成功，布尔什维克的装甲车不断增加，中立的军队在渐渐减少。一般来说，在任何重大斗争中，和平主义的命运就是这样的。

中午快到了。冬宫前面辽阔的广场上依旧空荡荡的。政府肯定没有人可以塞满它。军事革命委员会的军队也没有占领它，因为它们被执行过于复杂的计划占用了。由于包围圈太大，作战部队、工人队伍以及装甲车在继续聚集。冬宫地区开始变得像瘟疫流行的地方，它被离直接传染源较远一些的外围封锁起来了。

冬宫朝向广场的院子堆满了劈柴垛子，如同斯莫尔尼宫的劈柴垛子一样。左右两边是已经发黑的 3 英寸口径的野战炮。步枪在几个地方交叉架着。为数不多的宫殿警卫紧贴建筑物站立。院子里和底层安排从奥拉宁鲍姆和彼得戈夫来的两所准尉学校（但 274
远不是全部）守卫，此外还有康斯坦丁诺夫炮兵学校携有 6 门大炮的一个排。

下午，工兵学校的一个士官生营赶过来，可是有半个连在路上走丢了。此地呈现出来的情景无论如何也不能提升士官生的战斗意愿。斯坦凯维奇证明，这种意愿早就已经不足了。冬宫出现了食品短缺，可那里的人甚至没有及时注意到这一点。运载面包的货车被军事革命委员会的巡逻队拦下来了。一部分士官生布置了岗哨进行守卫，其余的则因无所事事、消息闭塞与饥肠辘辘而备受煎熬。根本感觉不到领导的存在。冬宫前面的广场和沿河街道上出现了小群的行人，他们突然近前拔出左轮手枪进行威胁，夺了站岗的士官生的步枪。

士官生中间也出现了“宣传鼓动人员”。他们是从外界渗透进来的吗？不是，这显然暂时还是内部的煽动分子。他们居然在奥拉宁鲍姆人和彼得戈夫人中间引起了骚动。军校委员会在白厅举行会议，并且要求政府代表来做出解释。以科诺瓦洛夫为首的所有部长都来了。争吵持续了整整一个小时。科诺瓦洛夫的讲话被多次打断，于是他再也不开口了。身为老革命者的农业部长马斯洛夫出面讲了话。基什金对士官生解释说，政府要坚持到最后出现转机。据斯坦凯维奇证实，一个士官生试图表达为政府而牺牲的意愿，可是，“别的同志明显的冷淡阻止了他心血来潮的热情”。其他部长的讲话已经引起了毫不掩饰的气愤。士官生一再打断他们，大喊大叫起来，甚至好像吹起了口哨。贵族们用他们出身社会下层来解释大多数士官生的行为。“所有这些人都是地道的农夫，一群半文盲和无知识的野兽……一群愚钝的家伙。”

在被包围的冬宫举行的会议毕竟以和解方式结束了。士官生
275 同意在他们相信有了积极的领导和正确阐明时局以后留下来。防御指挥官任命的工兵学校校长拿着铅笔在冬宫平面图上画记号，记下了各部队的番号。现在兵力按照战斗地段进行了配置。大部分士官生安排在第一层，可以通过窗口向冬宫广场进行射击。但是又禁止首先开火。为了掩护炮兵，工兵学校的士官生营被带到了院子里。有几个排被指派从事构筑街垒的工作。由每支部队抽调 4 个人组成联络小分队。炮兵排奉命守卫大门，防止敌人突破。

在院子里和大门口，用木柴构筑起了防御工事。大致的战斗序列建立起来了。卫兵们感到比较有把握了。

直到建立正规军队以及它们得到锻炼之前，国内战争最初乃是赤裸裸的神经战。士官生方面的积极性刚刚显示出稍有加强，他们从街垒后面开火清空了广场；而在进攻者的营垒里，有人特别注意重新评估防守方的兵力和设施。尽管赤卫队员和士兵不满，领导人还是决定把冲击延迟到后备兵集结起来的时候：主要是等待喀琅施塔得的水兵到来。

就这样出现了推迟几个小时的情况，从而使被围困者等到了人数不多的援军。在克伦斯基答应为哥萨克代表团提供步兵以后，哥萨克部队委员会召开了会议。各团委员会也召开了会议，各团还召开了全体会议。它们决定：由 7 月时调来镇压布尔什维克的乌拉尔团派两个连和一个机关枪小队立即前往冬宫大楼，其他的部队不要在承诺得到实现之前采取行动，也就是说要等到步兵援军到达以后。然而上述两个连内部也不是没有争执的。哥萨克小伙子表示反对；“老人们”甚至把年轻人关进马厩，目的是不让后者妨碍他们打点行装出发上路。直到傍晚时分，大家不再对他们 276
抱有希望的时候，这些大胡子乌拉尔人才抵达冬宫。里面的人像欢迎救世主一样欢迎他们。可是他们自己看上去闷闷不乐。他们不习惯在宫殿里面进行战斗。此外他们也不是很清楚，到底哪方是对的。

过了一段时间，40 名乔治十字勋章获得者在一名带假肢的骑兵上尉的率领下意外地到达了。爱国主义的残疾人是民主派最后的预备队……不过，事情终归是比较愉快的。不久又有妇女营一个突击连抵达。最令人振奋的是，援军没有经过战斗就冲过来了。包围者的散兵线不可能或者不敢阻止他们进入冬宫。事情很清楚：敌人力量太薄弱了。“谢天谢地，事情开始变得顺利了。”军官们这样安慰自己和士官生说。新来的人重新安排到自己的战斗地段，换下那里已经疲惫的人。可是，乌拉尔团的哥萨克对这些手持步枪的“娘儿们”不屑一顾。而真正的步兵又在哪里呢？

包围部队显然错过了时机，喀琅施塔得人的确迟到了，但不是他们自己的过错：抽调他们太迟了。经过一夜紧张的集合准备，他们于黎明时分开始登上军舰。布雷舰“阿穆尔号”和通信舰“鹞鹰号”径直驶往彼得格勒。由于陆战队在预定解除士官生武装的奥拉宁鲍姆登陆，因此老式装甲舰“自由曙光号”应该停泊在海军运河入口处，以便必要时从各个方向攻击波罗的海铁路。5000 名水兵和士兵乘船离开了科特林岛，为的是向一场社会革命靠拢过去。军官休息室笼罩在抑郁的沉默之中，因为要把这些人送去为他们所痛恨的事业作战。部队的特派委员、布尔什维克弗列罗夫斯基向他们宣布：“我们不指望得到你们的支持，但是我们要求你们待在自己的岗位上……我们会让你们免除多余的考验。”军官们简单地回答了一声海军式的“是”。大家分散回到了各自的岗位。舰长登上了舰桥。

277 涅瓦河的入口处传来了“乌拉”的欢呼声，水兵们在欢迎自己人。随着“阿芙乐尔号”在河中间掉过头来，乐队高声奏起了乐曲。安东诺夫致了简短的祝词：“前面就是冬宫……我们务必要把它拿下来。”自然是在喀琅施塔得来的部队中挑选出了最坚强和最勇敢的战士。这些身穿黑色上衣，手持步枪与肩挎子弹带的水兵将会战斗到底。在近卫骑兵林荫大道的登陆很快就结束了。只有战斗值班人员还留在军舰上。

现在兵力绰绰有余。涅瓦大街上有坚强有力的岗哨。在叶卡捷琳运河的桥上和莫伊卡桥上有装甲车和对准冬宫的高射炮。沿莫伊卡桥那个方向，工人们在掩体后架好了机关枪。一辆装甲车在海军大街上值勤。涅瓦河以及过河的渡口掌握在进攻部队的手里。丘德诺夫斯基和达什凯维奇少尉接到命令，要他们从近卫团派兵去马尔索沃校场布置岗哨。布拉贡拉沃夫应该从彼得保罗要塞出来过桥前往跟巴甫洛夫团岗哨的接合部。赶过来的喀琅施塔得人要开始与要塞以及第一舰队陆战队建立联系。炮击以后就开始发动冲锋。

此时，又有5艘作战舰艇从处于作战状态的波罗的海舰队开过来了，其中有一艘巡洋舰，两艘大型驱逐舰和两艘小型驱逐舰。“不管怎样，我们相信可以靠现有兵力获胜。”弗列罗夫斯基写道，“不过作战舰队送来的礼物使得大家情绪倍加高涨。”海军上将韦尔杰列夫斯基大概能从孔雀石大厅的窗口看到这支威力强大的叛乱分舰队，它不仅控制了冬宫及其周围地区，而且控制了进入彼得格勒的重要通道。

下午4点钟左右，科诺瓦洛夫打电话把亲政府的政治活动家请到冬宫来：被围困的部长们需要支持，哪怕是精神上的支持也
好。可是所有受邀请者当中只有纳博科夫一个人到场，其他人则 278
宁愿通过电话表示同情。部长特列季亚科夫埋怨克伦斯基和自己的命运，政府首脑逃跑了，丢下自己的同事无人保护。可是援军有可能到来吗？有可能。可是为什么没有见到它们呢？纳博科夫表

示同情，偷偷地看了一下表，然后急忙告辞了。他走得很及时。6点钟过后不久，冬宫就被军事革命委员会的部队最后围得严严实实了。不仅援军再也无法通过，而且连单个人进出都不行了。

由近卫骑兵林荫大道、海军上将沿海大街、海军街、涅瓦大街、马尔索沃校场、百万大街、冬宫沿河大街连成的椭圆形包围圈越来越严密，越来越缩小了。战斗力很强的散兵线从已经控制在包围部队手里的冬宫花园的栅栏、从冬宫和海军街之间的拱门、从埃尔米塔日博物馆旁边的沟渠、从邻近冬宫的海军上将沿海大街跟涅瓦大街的拐角处延伸开。彼得保罗要塞满脸怒气向河对岸进行威胁。"阿芙乐尔号"用6英寸口径的大炮朝向涅瓦河，几艘驱逐舰沿着河流来回巡逻。此刻，起义看起来就像是一场大型的军事演习。

装甲车出现在3个小时前被士官生清空的冬宫广场，并且占领了各个进出通道。从前的爱国主义车名仍然从用红色油漆匆忙涂写在装甲板上的新名称下面显现出来了。在这些金属怪物的掩护下，广场上的进攻者感到自己更有信心了。一辆装甲车逼近冬宫的主要大门，缴了守门的士官生的械，接着大摇大摆地开走了。

尽管最后身处完全封锁之中，被围困的人还是能通过电话与外界保持联系。凯克斯霍尔姆团的部队固然早在5点钟的时候就
279 已经占领了陆海军部大楼，冬宫就是通过它跟大本营进行联系的，但是在这之后，一名军官仍然滞留在阁楼里的休斯电话机旁达数小时之久。胜利者没有想到要去那里看一看。然而，电话联系像以前一样没有任何结果。北方战线的回答仍然是闪烁其词。还是没有援军到来。神秘的自行车营也没有出现。克伦斯基本人也完

全杳无音讯。城里的朋友只限于越来越简短地表示同情。部长们苦恼不堪，不说什么话，也不指望什么。他们互相厌恶或自我厌恶起来。有些人有点神志不清了，另一些人则无意识地从这个角落走到那个角落。爱好总结的人在回头看过去，寻找罪魁祸首。原来要找到并不难，那就是民主派！是民主派把他们派到政府里来的，把沉重的负担加在他们身上，而一到危急时刻却不来支持他们。这一回立宪民主党与社会主义者意见完全一致：是的，全是民主派的罪过。双方在缔结联盟时，确实背弃了曾经令它们如此接近的民主会议。要知道，组成联合政府的主要思想就是不依赖民主派。如果不是为了援救陷入灾难的资产阶级政府，那么民主派又是为了什么而存在呢？不过反正都一样。农业部长、右翼社会革命党人马斯洛夫写了一张备忘录，他自己把它称为遗言。他郑重宣布承担这样的责任，即他的死除了是对民主派的诅咒之外，其他什么都不是。他的同事用电话把这种不祥的意图转告了杜马。死亡固然还停留在计划阶段，但诅咒当中什么也不缺少。

冬宫警卫司令部的上面，有一间餐厅。在这里，宫廷仆役仍然给军官先生们端来“极为可口的午餐和红酒”。军官们可以暂时忘记痛苦，他们排列职位的高低，进行忌妒的对比，因为晋升太慢而大骂新政权，特别是克伦斯基挨足了骂。昨天他还在预备国会发 280
誓要死在自己的岗位上，可是今天就化装成女护士急急忙忙逃出城去了。有些军官向政府成员证明，继续进行抵抗是毫无意义的。行事坚决果断的帕利钦斯基宣布这些人是布尔什维克，甚至企图逮捕他们。

士官生想知道随后会发生什么，并且要求政府回答，可是政府无法做出回答。在士官生与部长们举行新一轮会谈时，基什金也从总司令部过来了，并且带来了一份由安东诺夫签字的最后通牒，它是由从彼得保罗要塞来的一个自行车兵送给军需将军波拉杰洛夫的，内容是政府投降并且解散冬宫的守卫部队，否则要塞和军舰上的大炮就要开火，只有 20 分钟的考虑时间。20 分钟太短了。波拉杰洛夫代为请求再延长十分钟。临时政府中的军人成员马尼科夫斯基和韦尔杰列夫斯基把事情看得很简单，既然没有可能进行战斗，那就考虑投降吧，也就是接受最后通牒。可是文人部长仍然不屈不挠。最后决定不答复最后通牒，而是诉诸作为首都唯一的合法机关城市杜马。向杜马发出请求是唤醒民主派已经休眠的良心的最后尝试。

认为需要停止抵抗的波拉杰洛夫递交了解除他的职务的报告，因为他“不相信临时政府选择的途径是正确的”。上校的动摇在他的辞呈有可能被接受之前就有了结果。半小时期限过去了，赤卫队、水兵和士兵的队伍在巴甫洛夫团一位准尉的指挥下没有遇到任何抵抗就占领了总司令部，并且逮捕了垂头丧气的军需将军。总司令部本来早就可以占领，因为大楼里面根本无人把守。
281 但是直到装甲车出现在冬宫广场上之前，包围部队一直担心士官生从冬宫发动袭击，从而有可能切断他们的退路。

失去了总司令部以后，冬宫觉得自己更加孤立了。部长们从孔雀石大厅转移到了冬宫无数房间中一间朝院子开着窗户的房间里，因为前者的窗户面朝涅瓦河，好像使人自然会想到“阿芙乐尔号”的炮弹。灯光都熄灭了。只有桌子上有一盏灯孤零零地亮着，不过已经用报纸遮起来了，防止窗外能看到亮光。

“如果‘阿芙乐尔号’开炮的话，冬宫会有什么危险？”部长们问自己的海军同事。“它将变成一堆瓦砾。”海军上将蛮有把握地解释说，并且带着为海军炮兵感到几分自豪的口气。韦尔杰列夫斯基认为还是投降比较好，并且不反对吓唬一下那些在不该显示勇气的地方竭力显示其勇气的文职部长。不过“阿芙乐尔号”没有开炮。要塞也同样保持沉默。很可能是布尔什维克根本没有兑现自己的威胁吧？

被任命接替不够坚强的波尔科夫尼科夫的巴格拉图尼将军认为，宣布他拒绝继续担任军区司令官的职务正逢其时。根据基什金的命令，将军被“当作不称职的人”免职了，他被要求马上离开冬宫。在大门出口处，这位前司令官落到了水兵手里，并且被他们押送到了波罗的海舰队陆战队兵营。如果不是在发动最后进攻前巡视战线各个地段的波德沃伊斯基把这位倒霉的统帅置于自己的保护之下的话，那么将军的处境可能定将不妙。

许多人从邻近的街道和沿河大道看到了刚才还闪耀着数百盏电灯的冬宫是如何一下子湮没在一片昏暗之中的。目击者当中有政府的朋友，其中一人就是克伦斯基的战友列杰梅斯特尔，他记录下了这样的情景：“冬宫所陷入的黑暗难免给人带来一种谜一样的感觉。”朋友们没有想任何办法来揭开谜底。必须承认，他们这样做的可能性是不大的。

士官生躲在木柴堆后面，紧张地注视着冬宫广场上的散兵线，282
用步枪和机枪火力对待敌人的每一个举动。他们得到了同样的回击。入夜时分，双方交火变得越来越激烈了。出现了第一批伤亡者，不过，牺牲的人屈指可数。在广场、沿河大街和百万大街上，围攻部队巧妙地利用了地形。他们或躲藏在建筑物的突出部分后面，或隐蔽在凹进去的地方，或紧贴着墙壁。后备队的士兵和赤卫队员围坐在随着天黑燃起的篝火周围取暖，并且大骂领导人的迟钝。

冬宫里面的士官生占据了走廊内、台阶上、大门旁和院子里的射击哨位，朝外的哨位紧贴着围墙和墙壁。整座建筑能容得下数千个这样的哨位，可是只有几百个。防御带后面高大的房子里空无一人。大多数服务人员不是躲起来，就是逃走了。许多军官躲进了小卖部，他们命令那里来不及躲藏起来的侍者把全部没有开瓶的红酒都搬出来。在垂死挣扎的冬宫，军官们狂饮是无法瞒住士官生、哥萨克、残废军人和妇女突击队员的。结局不仅从外部，而且也从内部预备好了。

炮兵排的一个军官突然向防守司令官报告说：大炮已经架在炮车上了，可是士官生根据从康斯坦丁诺夫军校校长那里收到的命令回家去了。这是一次背信弃义的打击！司令官表示反对：这里除了他以外，谁也不能发布命令。虽然士官生明白这一点，但是他们宁愿服从校长，后者自己也是在军事革命委员会特派委员的压力下做出这一举动的。大多数炮兵带着 4 门大炮（总共 6 门）离开了冬宫。在涅瓦大街，他们被士兵巡逻队拦住了，炮兵们打算进行抵抗，不料巴甫洛夫团的尖兵乘坐装甲车及时赶了过来，缴了他
283 们的械，尖兵们把两门大炮带回了自己的兵营，另外两门安放在涅瓦大街和莫伊卡大桥上瞄准冬宫。

两个连的乌拉尔哥萨克等自己人到来，结果白等了一场。萨文科夫与哥萨克部队委员会关系密切，该委员会甚至派他进了预

备国会，现在他企图在阿列克谢耶夫的协助下使哥萨克马上出动。可是，就如米留科夫所正确指出的那样，哥萨克委员会的头目“也很少能指挥得动哥萨克部队，就像司令部很少能指挥得动卫戍部队各部一样”。哥萨克各团从各个方面讨论了面临的问题。最后声明没有步兵它们不会出动，并且向军事革命委员会提出，在保护国家财产方面将提供自己的帮助。同时，乌拉尔团决定派代表去冬宫，为的是把自己那两个连召回兵营，这再好也不过地适应了乌拉尔团“老人们”最终形成的情绪。他们周围全是外人：士官生（其中有不少犹太人）、残废军官，以及妇女突击队员。哥萨克带着满脸的恶意和怒气收拾自己的行装。无论怎样劝说都不起作用。谁留下来保卫克伦斯基呢？“犹太佬和娘儿们，而俄罗斯人民都跟列宁在一起。”哥萨克暴露出了与包围部队的联系，是后者允许他们通过到那时防御方面还不知道的一个出口自由通行。大约晚上 9 点钟的时候，乌拉尔哥萨克离开了冬宫。他们只同意把自己的机关枪留给那些保卫失败者的人。

布尔什维克正是通过这条道路早就掌握了从百万大街通向冬宫的入口，以便分化瓦解敌人。一些神秘人物越来越频繁地走进了走廊，与士官生并肩交谈。他们说：反抗是徒劳无益的，起义部队控制了城市和车站，无论什么样的增援部队都没有，冬宫简直是“依照惯性继续说谎”。下一步该干些什么呢？士官生问道。临时政府拒绝发布明确的命令，部长们自己还在泥守过时的决定，其他人知道该怎么办。这等于向愿意离开的人指出了离开冬宫的自由 284
通道。在政府的行为中，再也找不到任何主见和意志。部长们消极等待自己的命运。马利安托维奇后来讲述说：“我们在巨大的捕

鼠器里面来回走动，有时全体坐在一块或者分成小组进行简短的交谈。我们这些难逃厄运的人是孤单的，已经被大家抛弃了。我们四周空荡荡的，我们的内心也是空荡荡的。可就在这空虚之中，生成了一种普遍冷漠的轻率决心。”

安东诺夫-奥夫申柯曾与布拉贡拉沃夫商定，在最后完成对冬宫的包围以后，应该在要塞的桅杆上升起一盏红色灯笼。根据这个信号，“阿芙乐尔号”就放空炮以示威慑。在被围困者进行顽固抵抗的情况下，要塞则动用轻炮对冬宫实行实弹射击。如果冬宫还不立即投降，“阿芙乐尔号”就真的动用六英寸大炮开火。这样安排顺序的目的就在于要把牺牲和损害减少到最低程度，如果不能完全避免的话。可是这个解决简单任务的过于复杂的决定有导致相反结果的危险。执行的难度必将不可避免地要显现出来。困难果然在升红灯笼时就已经开始出现。原来手头没有灯笼，花费了不少时间去寻找，终于找到了。但是要把它固定在桅杆上，同时要让四面八方都能看见它，也不是那么简单的事，一次又一次的尝试，结果还是不太好。而极其宝贵的时间白白流逝了。

不过，主要的困难是跟大炮有关的。根据布拉贡拉沃夫的报告，一见信号，从中午就可以开始炮击冬宫了。实际情况却是另一回事。因为要塞没有常用的大炮，如果不算要从炮口装填弹药的那门正午报时的大炮的话，那么就必须把野战炮抬上要塞的城墙。这部分计划实际上到中午就已经执行了。可是参加战斗的炮手情
285 况不太好。大家早就知道，7 月间这个炮兵连并没有站在布尔什维克一边。即便前一天它还在根据政府司令部的命令顺从地守卫大桥。它不会从背后发起攻击，但是它也不打算参与保卫苏维埃

的战斗。行动的时刻降临之际，一个准尉报告说：大炮长满了锈，压缩机里面没有油脂，不能射击。大炮完全可能真的有毛病，然而这不是实质所在：实质是炮兵确实是在逃避责任，欺骗没有经验的特派委员。狂怒中的安东诺夫乘坐快艇飞驰而来。计划是被谁破坏的？布拉贡拉沃夫向他介绍了与灯笼、油脂以及准尉相关的情况。两人朝大炮走过去。可是晚上院子里一片漆黑，由于刚下过一场雨，形成了不少水洼。河那边传来了猛烈的枪战交火声和隐约的机枪射击声。黑暗中布拉贡拉沃夫迷了路。安东诺夫跟着特派委员在漆黑一团的院子里转悠，踏着积水啪啪作响地走着，由于不耐烦而急得要死，在泥污中踉跄前行，最后跌倒了。布拉贡拉沃夫讲述道："在一盏闪烁着微弱光亮的灯笼跟前，安东诺夫停了下来，从眼镜上方几乎是用究诘的目光逼视着我，在他的双目中，我看出了深藏不露的不安。"那一刹那，安东诺夫开始怀疑那个地方有人背叛，其实那里的人只不过做事草率而已。

安放大炮所在的地方终于找到了。炮兵们纠缠不休：又是生了锈啦……又是压缩机……油啦……安东诺夫命令把海军炮手从水兵靶场叫到大炮旁边来，马上就用正午报时的陈旧大炮发出信号。可是炮手在准备信号炮发射时十分可疑地花费了很长时间。当时指挥人员不在远处的指挥部里，也不在电话机旁，就在炮手们身旁，他们明显感觉到指挥人员还没有下坚定的决心来使用重炮。虽然处在这个最笨拙的大炮射击计划支配下，但是仍然可以感觉得到大家都有同一个想法：没有这个计划也可以应付过去。

这时有一个人飞跑着奔进漆黑的院子，越来越近，绊了一下跌倒在湿泥地里，随即骂了一声，不过毫无恶意，而是充满高兴，接着 286

上气不接下气地大喊起来:“冬宫投降了,我们的人占领那里啦!”接着是兴高采烈的拥抱。拖延结果是大好事!“我们就是这样想的。”压缩机立刻被遗忘了。可是,涅瓦河方面为什么没有停止交火呢?可能是个别士官生部队在临近投降时还顽固抵抗一阵吧?也可能是发生了误会吧?误会也是一个好消息。原来攻占的不是冬宫,而只是总司令部。对冬宫的围攻仍在继续。

按照跟奥拉宁鲍姆学校的士官生部队达成的秘密协议,谁也阻拦不住的丘德诺夫斯基深入冬宫去进行谈判。这个曾经反对起义的人从不放过任何投身战斗的机会。帕利钦斯基下令拘押这个胆大包天的家伙,但是在奥拉宁鲍姆学校士官生的压力下,他被迫放走了丘德诺夫斯基,还有一部分士官生。这些士官生还带领几个乔治十字勋章获得者跟自己走了。士官生在广场意外出现使散兵线的战士发生了一阵慌乱。但是当围攻者得知这些人是来投降的时,便不停地发出兴高采烈的欢呼。不过,投降的人是极少数。其他人照旧从自己的掩体后面进行抵抗。进攻者一方的火力更加猛烈了。院子里明亮的电灯光使士官生暴露在准星之下。他们费了好大劲儿才熄掉了柱灯。不知是谁又悄悄地重新开了灯。士官生朝柱灯开枪,然后找来一个电工,迫使他切断了电流。

妇女突击队员出人意料地宣布自己打算实施主动出击。根据她们的情报,总司令部的职员们转到列宁一边去了,她们缴了一部分军官的械,还拘捕了阿列克谢耶夫将军这个唯一可以拯救俄国的人,无论如何也要把他抢回来。防守司令部无力阻止她们因歇斯底里而做出的举动。就在出击之际,大门两侧高杆上的电灯突然亮了起来。为了把电工找来,一个军官冲着仆人怒吼,说他在这

些前沙皇的仆役中发现有革命的间谍。他更加不信任冬宫的电 287
工:“假如不是需要你,我早已把你打发到另一个世界去了。”尽管有左轮手枪的威胁,电工还是无力帮什么忙:他的工作标牌被取消了,水兵占领了发电站,电灯现在由他们控制着。妇女突击队员在炮火面前坚持不住,结果大多数人投降了。防守司令官派一个中尉报告政府说,妇女突击队员的出击导致了她们的毁灭,现在冬宫到处充斥着宣传鼓动人员。出击的失败使从10—11点钟出现了一个战斗间隙。围攻部队在进行炮击准备。

出乎意料的战斗间歇唤起了被围困者的些许希望。部长们试图重新使自己在城里和全国的支持者振作起来。“除普罗科波维奇外,全体政府成员都在坚守岗位。形势肯定变得有利一些了,……冬宫遭到了开枪扫射,然而仅仅靠枪击是没有什么结果的。显然敌人的力量很薄弱。”实际上敌人是全能的,可是他没有下决心让自己的力量得到必要的运用。临时政府向全国通报了最后通牒,通报了“阿芙乐尔号”的动向。通报说政府只能把政权交给立宪会议,通报还说对冬宫发动的头一次进攻被打回去了。“让军队和人民来做出回答吧!”怎样回答,部长们并没有指出。

这时,拉舍维奇派出的两个海军炮手来到了要塞。他们确实不是非常有经验,但他们是愿意用生锈的、压缩机里没有油脂的大炮轰击的布尔什维克。要求他们做到的只有这一点:现在大炮发出轰鸣比瞄准打击还重要。安东诺夫下令开炮。先前规定的顺序完全得到了遵守。弗列罗夫斯基讲述道:“要塞发射信号之后,‘阿芙乐尔号’轰隆一声开炮了。空射的响声和火焰比实弹射击还要
大得多。看热闹的人群从沿河大街的花岗石防护墙边急忙逃开 288

了，许多人跌倒在地，并且趴在地上爬行起来。”丘德诺夫斯基连忙提出一个问题：要不要命令被围困的人投降？安东诺夫马上就同意了他的意见。又是一阵战斗间隙。有些妇女突击队和士官生的人员出来投降。丘德诺夫斯基想让他们保留自己的武器，但是安东诺夫及时站出来反对这种温情做法。投降者把步枪放在人行道上以后，就在护送队护送下沿百万大街离开了。

冬宫仍然在坚持。必须结束这种局面！命令下达了。开始开炮，炮火不太密集，击中的就更少。一个半小时到两个小时内发射了 35 发炮弹，总共只有两发击中了目标，结果也只不过损坏了一些墙上的灰泥而已。其余的炮弹从冬宫上空掠过去了，幸运的是没有在城里造成任何损失。这真的是技术太差的缘故吗？要知道越过涅瓦河直接瞄准冬宫这样巨大的目标进行射击，并不需要多高的技巧。甚至是拉舍维奇派来的炮手故意让炮弹飞越目标，从而使得问题能在没有损失和死亡的情况下得以解决，这样的推测是不是更正确一些呢？现在很难找出两个无名水兵所遵循动机的踪迹。他们自己一声也没有说过自己的事。这两个人后来到底是溶解在辽阔的俄国农村去了呢，还是像许多十月战士一样，在紧随其后的岁月爆发的国内战争中的战斗中阵亡了呢？

第一轮炮击过后，帕利钦斯基很快拿来一块炮弹碎片给部长们看。海军上将韦尔杰列夫斯基承认这碎片是自己的海军的，是“阿芙乐尔号”发射的。可是，这艘巡洋舰放的是空炮。事情原先就是这样商定的，弗列罗夫斯基也是这样证明的，后来一个水兵也是这样向苏维埃代表大会报告的。是海军上将错了呢？还是水兵错了呢？最后一届有产阶级政府在沙皇宫殿里面渐渐消失，谁又会去查证深夜从叛乱军舰上对它发动的炮击呢？

保卫冬宫的部队人数大大减少了。如果说在乌拉尔哥萨克、残废军人和妇女突击队员抵达时它达到了1500人（也许有两千人）的话，那么现在它减少到了1000人，可能还要少很多。谁也挽救不了冬宫，除非奇迹发生。果然，有消息突然闯进冬宫的绝望气氛中，它固然不是奇迹，可却是类似奇迹的消息。帕利钦斯基通知称，城市杜马刚刚打来电话，说有国民准备从那里出发前来援救政府。他命令西涅古布："您告诉大家，人民正在向这里前进。"这位军官沿着台阶和走廊到处传播这则令人喜悦的消息。在路上他碰见一些喝醉了的军官，他们正在挥舞长剑格斗，不过还没有受伤流血。士官生们稍稍抬起了头。消息一传十，十传百，渐渐变得色彩鲜明和意义重大了。社会活动家、商人、民众在宗教人士率领下已经在朝这里进发，来替政府解围。民众和宗教人士一起："这真是令人惊叹的美妙。"残存的精力发出了最后的闪光。"乌拉，俄罗斯万岁！"本来已经完全打算离开的奥拉宁鲍姆士官生重新决定留下来。

可是，和宗教人士在一起的人民前进十分缓慢。而冬宫里宣传鼓动人员的数量却在不断增加。"阿芙乐尔号"马上又要开火了，他们沿着走廊低声传播这个消息，于是消息从一只耳朵传到另一只耳朵里。突然传来了两声巨响。几个水兵溜进了冬宫，不知是他们扔出了还是从回廊上掉下来了两颗手榴弹，很轻易就炸伤了两名士官生。水兵被抓住了，原本职业为医生的基什金给负伤的士官生包扎了伤口。

工人和水兵内心里的坚决情绪增强了，但是还没有演变为残酷。作为无比弱小的一方的被围困者，不敢严厉惩罚渗透到冬宫的敌方间谍，以防止残酷落到自己头上，因此没有枪毙他们。不速之客已经不是以个体，而是以群体方式开始出现了。冬宫越来越像一个筛子。当士官生朝渗入者扑过去的时候，后者自动放下武
290 器。“多么胆怯的混蛋！”帕利钦斯基鄙视地说。不，这些人并不胆怯。要渗入满是军官和士官生的冬宫，需要很大的勇气。在一座陌生建筑的迷宫里，处在不知道通向哪里和不知道隐藏着什么危险的黑暗走廊里面和无数道房门之后，即使勇敢的人除了投降以外，没有别的什么选择。俘虏的人数在增加。可是又有另外的人群冲进来了。到底是谁向谁投降，以及谁缴谁的械，这并非总是很清楚的。大炮还在不停地轰鸣。

除了直接毗邻冬宫的地区以外，街上的生活直到深夜还没有发生变化。剧院和电影院照样演出和放映。对于首都殷实和有教养的阶层来说，直到他们的政府遭到炮击为止，仿佛什么事情也没有发生。列杰梅伊斯特尔注意观测到特罗伊茨克大桥附近平静地停下了脚步的行人，水兵不让他们继续前行。“看不出有什么反常的情况。”从人民宫走过来的熟人那里，列杰梅伊斯特尔得知，在隆隆炮声中，夏里亚宾在《唐·卡洛斯》中的表演无与伦比。部长们继续在捕鼠器中间团团乱转。

“很明显，进攻者力量薄弱。”如果再坚持一个小时，那么增援部队也许会赶来呢？基什金深夜叫同为立宪民主党人的财政部副部长赫鲁晓夫接电话，请他转告本党领导人，政府需要哪怕是不大的帮助，以便坚持到清晨，即克伦斯基最后该从军队回来的时间。基什金愤恨地说：“这是什么一个党呢，难道300个武装人员也派

不出来吗!”不错,这是什么一个党呢?在彼得格勒选举中得了数万票的立宪民主党在资产阶级制度万分危急之际居然派不出300名战士。如果部长们能想到在冬宫图书馆找出唯物主义者霍布斯的著作,那么他们就能在他关于国内战争的对话录当中读到,既不能指望,也不能要求发了财的小店主表现出勇气来,“他们除 291
了自己的眼前利益以外什么也看不见……他们只要一想到有可能成为被掠夺的人时,就完全失去了头脑”。可是在沙皇图书馆里面未必可以找到霍布斯的著作。再说部长们哪里又有工夫去管历史哲学呢。基什金这次电话铃声是从冬宫发出的最后一次电话铃声。

斯莫尔尼宫坚决要求尽快结束战斗。不能把围攻再拖到清晨,不能让全城继续处于紧张之中,不能使苏维埃代表大会不得安宁,不能给所有成就都打上疑问号。列宁寄来了一封怒气冲冲的短信。军事革命委员会往外一个接一个打电话。波德沃伊斯基恨不得要咬人了。可以调集群众发起冲锋,志愿者也是足够的。但是会造成多大牺牲呢?部长和士官生能剩下几个人呢?可是,必须把事情一直干到底是绝对无条件的。除了让海军大炮开始说话之外,其他什么办法都没有。从彼得保罗要塞出来的一个水兵把一张纸片送给了“阿芙乐尔号”。上面写着马上朝冬宫开炮。看来现在一切都明了了吧?事情倒是没有因为“阿芙乐尔号”的炮兵而停顿下来,可是领导人还是没有下定决心,萌生了回避问题的新意图。弗列罗夫斯基写道:“我们决定再等15分钟,我们凭本能推测局势可能会发生变化。”本能一词需要理解为对事情将会通过一些示威性手段而得以解决的顽强信念。果然,这一次本能没有骗人:

15 分钟以后一个新的信使从冬宫飞奔来报：冬宫拿下来了！

冬宫并没有投降，是通过冲锋而攻占的。不过是在被围困者力量已经消耗殆尽的时候攻占的。100 名进攻者这次不是通过暗道，而是通过有人把守的院子冲进了走廊，而军心涣散的防守者把他们当成了杜马代表团。不过还来得及解除他们的武装。有些士官生陷入了混乱，其余的至少还有部分人仍在继续承担防守的职
292 责。但是，进攻者和防守者之间拼刺刀和交火的间隔地带最终不复存在了。

属于埃尔米塔日博物馆的那部分冬宫房屋已经被敌人占满了。士官生企图绕到他们后方。结果在走廊里发生了十分荒诞的遭遇和冲突。全体人员都武装到了牙齿。手里举着左轮手枪，腰带上别着手榴弹。可是谁也没有开枪，谁也没有扔手榴弹，因为敌我双方如此混杂在一起，以至彼此不能分隔开。不过反正都一样：

1190 冬宫的命运已经决定了。

工人、水兵、士兵一队队和一排排从外面进行挤压，迫使士官生放弃街垒。经过院子冲了进去，在台阶上与士官生迎面相撞，步步逼退他们，击溃他们，就在自己面前追捕他们。进攻的第二波浪潮已经在从后面进行挤压。它从广场涌进了院子，又从院子涌进了宫殿，接着沿着台阶和走廊散开了。人、步枪和手榴弹躺卧在肮脏的地板上，躺卧在床垫和面包屑中间。胜利者得知克伦斯基不在这里，于是失望的苦涩与他们热烈的喜悦掺杂在一起。安东诺夫和丘德诺夫斯基已经到了冬宫。政府又在哪里呢？就在这道门里面，门口的士官生做出僵硬的最后抵抗姿势。守卫队队长跑进去问部长们：他们下令抵抗到底吗？不，不，部长们不下令这样做。

因为冬宫反正已经被占领了，没有必要再流血，必须对实力做出让步。部长们想要体面地投降，要坐在桌子旁以便看上去像开会一样。防守司令官还来得及把冬宫交出去，他对士官生说还是保全性命为好。其实谁也不会谋害他们的性命。至于临时政府的命运，安东诺夫拒绝发表任何看法。

在最后一道守卫的门口，士官生被缴了械。胜利者冲进了部长们所在的房间。“走在人群前面是一个长得难看的矮个子，他努力维持着挤压的队形。他本人衣服邋遢，一顶宽边帽歪在一侧。
鼻梁上勉强架着一副夹鼻眼镜。一双小眼睛流露出胜利的得意和 293
对失败者的凶狠神情。”失败者用这些侮慢他人的特征来描绘安东诺夫。不难相信，他的确衣冠不整，这足以令人想起在彼得保罗要塞的水洼中的那次夜间之行。胜利的得意之情无疑可以从他的双目中看出来。但是目光中未必含有对失败者的凶狠之意。“我对你们，临时政府成员宣布，你们被捕了。”安东诺夫以军事革命委员会的名义宣告说。时钟指在 10 月 26 日凌晨 2 点 10 分。“临时政府成员在暴力面前只得屈服，投降是为了避免流血。”科诺瓦洛夫回应说。仪式中不可避免的部分得到了遵守。

安东诺夫把 25 名武装战士叫过来，他们是从最先冲进冬宫的战士中挑选出来的，他把看守部长的任务交给他们。做好笔录以后，被捕者被带到广场上。在遭受了伤亡牺牲的人群中爆发出对失败者的愤恨：“枪毙他们！让他们去死！”有一些士兵试图攻击部长。赤卫队员竭力制止那些难以约束的人：请你们不要给无产阶级胜利抹黑！武装工人组成一个严密的圈子，把俘虏和押送人员围在里面。“出发！”其实他们并没有走多远，只走过了百万大街和

特罗伊茨克大桥。但是，人群的激愤情绪使这段短短的道路变成了漫长和充满危险的里程。后来，部长尼基京不无根据地写道，要不是安东诺夫坚持不懈地说情，那后果将会是“十分严重的”。除了上述灾难难以避免之外，行进的队列在桥上还遭到了意外枪击：被捕者和押送者都不得不卧倒在路面上。不过谁也没有在这里受到伤害。看来是出于吓唬的目的，子弹从上方飞过去了。

在用冒烟的煤油灯照明（今天电灯不能用了）的要塞守备队俱
294 乐部的狭小房间里，聚集了好几十人。在要塞特派委员在场的情况下，安东诺夫给部长们点名。他们共 18 人，其中包括一些最亲近的助手。最后的手续完成了。俘虏们分别被带进具有历史意义的特鲁萨科伊棱堡的各个小房间里。防守部队里没有任何人被捕：军官和士官生以名誉担保不反对苏维埃政权，接着被放走了。他们当中只有为数不多的人信守了这一承诺。

攻占冬宫以后，有关枪杀士官生、对妇女突击队员施加暴力和窃取冬宫财产的谣言马上就在资产阶级圈子里流行起来了。所有这些无稽传闻很早，也就是在米留科夫写自己的《历史》一书的时候就已经被驳倒了，但他还是写道：“那个黄昏与晚上，那些没有战死和被布尔什维克抓获的妇女突击队员遭到了士兵可怕的对待，遭受了暴力和枪决。”实际上没有发生任何枪决的事情，依据当时双方的情绪来看，也不可能发生枪决。施行暴力特别是在冬宫施行暴力更是不可想象的，因为与街上那些不相干的人一起进入冬宫的，还有数百名手持步枪的革命工人。

图谋偷窃的行为确实发生过，然而正是这些事体现了胜利者的纪律。约翰·里德没有放过任何一个革命的戏剧性情节，他紧跟着第一批人的足迹进了冬宫。他讲述了这样一件事，一群士兵在半地下仓库里用枪托砸开箱子盖，从里面拿走地毯、桌布、瓷器和玻璃器皿。很可能是冒充士兵的真正盗贼在胡作非为，在战争的最后年月，他们老是那样用士兵的毛皮高帽和军大衣把自己隐蔽起来。偷盗刚刚开始，就有人大喊起来："同志们，什么都不要碰，这是人民的财产。"门口的桌子后面坐着一个士兵，他手里拿着笔和纸，两个佩带左轮手枪的赤卫队员并排站着。所有出去的人都要受到搜查，所有偷窃的东西都要收回，并登记下来。结果收回 295
的东西有小塑像、墨水、蜡烛、匕首、肥皂和羽毛笔。士官生也遭到仔细搜身，原来他们有些人的口袋鼓鼓地塞满了抢来的小物件。士兵那里响起了对士官生严厉斥责和威胁声，但是也就到此为止了。当时建立了以水兵普里霍季科为首的冬宫守备队。到处都布置了岗哨。不相干的人从冬宫清出来了。几小时后，丘德诺夫斯基被任命为冬宫警备司令。

可是，那些在宗教人士率领下前去解救冬宫的民众又被丢到哪里去了呢？有必要谈谈这个堪称勇敢的尝试，因为有关这事的消息曾经令士官生大为激动过好一阵子。城市杜马成了反布尔什维克势力的中心。涅瓦大街上的杜马大楼就像一个沸腾的锅炉。好些党派、党团、依附各党团的游离分子、集团、旧制度残余和真正有势力的人在那里讨论布尔什维克的罪恶冒险。他们给在冬宫里面备受煎熬的部长们打去电话，宣称在全体人民一致谴责的强大压力下，暴乱势必会窒息而死。在道义上孤立布尔什维克花去了好几个小时。就在那个时候，大炮开始说话了，早晨被拘捕旋即又被释放的部长普罗科波维奇哽咽着对杜马倾诉，他失去了为自己的同僚分担命运的机会。人们对他表示深切的同情，而表达同情需要时间。

伴随整个大厅响起的雷鸣般掌声，一项实践计划从乱作一团的思想和议论中产生了：杜马完全应该到冬宫去，必要时要在那里与政府牺牲在一起。社会革命党人、孟什维克和合作社工作者同样满怀着要么把部长们解救出来，要么与他们一同牺牲的意愿。一般来说不愿意从事冒险事业的立宪民主党人这一回都有意同其他人一起献身。偶然出现在大厅的外省人、杜马记者，还有听众当
296 中的某些人用多多少少是漂亮话请求准许他们为杜马分担命运。他们的请求得到了准许。

布尔什维克党团尝试着提出一个很实用的建议：与其在漆黑一片的街道上走来走去寻死觅活，还不如最好是打电话劝部长们投降，免得造成流血。然而民主派人士发怒了：暴乱代理人不仅想从他们手中夺走政权，还要夺走他们光荣地死亡的权利！议员们果真一致决定，为了对历史负责，举行唱名表决。归根结底，死亡，哪怕是光荣的死亡，无论什么时候都不算晚。62 名杜马议员重申：他们一定要报名去死在冬宫的瓦砾之下。14 名布尔什维克在回应此举时说，与斯莫尔尼宫一起欢庆胜利，要比与冬宫同归于尽好得多，于是立即起身前往参加苏维埃代表大会的会议去了。结果只有 3 名孟什维克国际主义派人士决定留在杜马大楼的高墙内，他们哪里也不去，也不为任何事情去牺牲。

杜马议员已经完全踏上了自己的不归之路，突然电话传来一个消息，称农民代表苏维埃全体成员正在前来加入他们的行列。接着是没完没了的掌声。现在的情景是完整和清晰的：一亿农民

的代表与全体城市居民的代表一起要去死于一小撮暴徒之手。从发言和掌声中真是看不出有什么毛病。

在农民代表到达以后，队伍最后沿涅瓦大街前进。走在队伍前面的是市长施雷杰尔和部长普罗科波维奇。约翰·里德注意到加入行进行列的还包括农民代苏维埃执行委员会主席、社会革命党人阿夫克先季耶夫，以及孟什维克领导人欣楚克和阿布拉莫维奇，他们两个中的第一个被认为是右翼，而第二个则被认为左翼。普罗科波维奇和施雷杰尔提着两盏马灯，这是与冬宫里的部长这样约好的，以免士官生把朋友当成了敌人。此外普罗科波维奇也像其他许多人一样，手里还拿着一把雨伞。没有宗教界人士。所谓宗教界人士也参加了是士官生并不丰富的想象力从我国历史的模糊片段中臆造出来的。但是也没有民众。他们的缺席决定了整个行动的性质：这是三四百人"代表"自己的行为，他们所代表的人当中谁也没有来。社会革命党人晋季诺夫回忆说："这是一个漆黑的夜晚，涅瓦大街的路灯都没有亮。我们排成整齐的队伍前进，只能听见我们自己所唱的马赛曲。远处传来了大炮的轰鸣：这是布尔什维克在继续向冬宫开炮。"

1195

武装水兵的岗哨经过涅瓦大街一直延伸到了叶卡捷琳运河，哨兵挡住了民主派队伍的去路。那些注定要走向灭亡的人宣称："我们要继续前进，你们能拿我们怎么样呢？"水兵直截了当地回答会采取武力，"请你们回家去，不要打扰我们。"一个参加行进队伍的人建议就死在这个地方。但是杜马在一致表决通过那个决定时没有预见到类似情况。普罗科波维奇部长爬上高处，"挥动着雨伞"（彼得格勒的秋天经常下着雨），呼吁民主派人士不要去招惹这些居心不良和受骗上当的人，他们有可能真的动用武器。“我们回杜马去讨论拯救国家和革命的办法。”

这真是一个英明的建议。虽然原先的主意没有得到执行，可是又能拿这些不允许民主派领袖英勇牺牲的武装暴徒怎么办呢。“站了一会儿觉得冷起来了，于是决定回去。”也是进军参加者之一的斯坦凯维奇凄凉地写道。已经不再唱马赛曲了，相反，在凝重的沉默中，队伍沿涅瓦大街朝杜马大楼往回走。在那里，杜马想必最终能找到“拯救国家和革命的办法”。

298 随着冬宫的攻占，军事革命委员会完全掌控了首都。可是就如同刚死的人继续在长指甲和头发一样，已被推翻的临时政府通过官方刊物还显示出活着的迹象。《临时政府公报》24日还报道了解除几名三等文官的职务，但是继续给他们发制服和养老金的消息。25日却突然没了音信，确实没有人注意到这一点。可是26日它又重新出版了，似乎什么事都没有发生。第一页登出一则说明：“由于停电，10月25日没有出公报。”除了电流以外的所有其他领域，国家生活正常有序地延续着，设在特鲁别茨科伊棱堡的政府《公报》刊登了任命10名参政院新法官的公告，在“政务消息”栏内刊出了内务部长尼基京的通令，通令劝告各省特派委员“不要听信有关彼得格勒时局的谣言，这里一切都很平静”。这位部长这样说并非就是错的：革命的那些日子确是够平静地流逝过去的，如果不算其实只限于声响效果的炮击之外。然而历史学家毕竟没有错，如果可以这样说的话，10月25日这一天，不仅政府印刷厂停电了，而且人类历史上重要的一页揭开了。

第二十三章　十月起义 299

适合革命的自然—历史分析是如此自然而然地做出来了，以至于其中有一些变成了惯用的比喻："火山爆发"、"新社会分娩"、"沸点"……在这里，直观就能把握的辩证法规律，也就是事物发展的逻辑隐藏在貌似单纯的文学形式之下了。

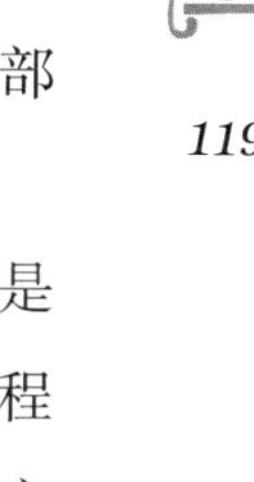

整体上看，革命与进化的关系，就是武装起义与革命自身的关系，都归结为一个临界点。到那时，累积起来的量变就会突然转化为质变。但是起义自身也不是同质的和不可分割的行动：它内部也有自己的临界点，自己内部的危机与高潮。

"沸点"之前的短暂时期，也就是起义的前夜，无论政治上还是理论上都是极其重要的。物理学告诉我们，如果均衡的加热过程暂时停止，那么液体在一段时间里会保持恒定的温度，只有在补充了热量以后才会沸腾起来。在这里一句常用的成语对我们是有帮助的。它表达的意思是爆炸之前凝集起来的假平静，即"暴风雨之前的平静"。

到彼得格勒大多数工人和士兵无条件转到布尔什维克一边 300
时，好像达到了沸腾的温度。正是在这个时刻，列宁指出了马上举行起义的必要性。可是令人吃惊的是，起义还缺点什么。工人尤其是士兵还须吸收某些额外的革命能量。

群众的言论与行动之间没有矛盾，然而要言论转化为行动——哪怕是转化为罢工，更不要说转化为起义——难免要引起内部的争论，以及微观层面上分化重组：有些人继续前进，另一些人势必往后退。在自己最初的步骤中，国内战争的普遍特征是十分犹豫。两个阵营好像陷进了相同的民族土壤里，不能摆脱自己那拥有中间阶层和具有妥协主义情绪的外围。

基层的暴风雨之前的平静在上层就是极其严重的耽误。在相对和平的阶段——革命也有自己的和平阶段，如同战争也有自己的平静日子一样——形成的机关和部门，甚至在最老练的政党内部，也显得不适应或者不完全适应起义任务。因此在最紧要的关头，一定程度的变动和改组就成为在所难免的了。远不是所有投票支持苏维埃政权的彼得格勒苏维埃代表真正怀有武装起义是当前迫切任务的想法。为了把苏维埃变成起义的机关，需要以最小的震荡把他们领上新的道路。在危机已经成熟的条件下，做到这一点并不需要几个月，甚至要不了几个星期。然而恰恰就在最后几天，最危险的莫过于乱了方寸，比苏维埃所准备的提前几天下令
301 跳跃，因而在自己的队伍中引起混乱，使党哪怕是脱离苏维埃 24 小时。

列宁多次指出，群众比党左得多，就如党比自己的中央委员会左得多一样。从整体上看，这是适合革命的，也是完全正确的。然而即使在这些相互关系中，也存在着自己内部的剧烈摇摆。在 4 月、6 月尤其是 7 月，工人和士兵很不耐烦地推动党走上了采取坚决行动的道路。七月失败以后，群众变得谨慎起来了。而且，他们像以前一样想要来一次革命。可是遭受了严重挫折以后，又强

烈担心新的失败。在7—9月间，党日复一日地劝阻工人和士兵不要上街；相反，科尔尼洛夫分子千方百计诱使他们上街。最后几个月的政治经验，不仅使领导者而且使被领导者有力地加强了制动中心。宣传鼓动不断取得的成功养成了观望情绪的惯性。对于群众来说，采用新的政治方针是不够的：他们需要心理上的改变。革命政党发出的号令跟形势发出的号令越是一致，起义吸收的群众也就越广泛。

从起义的政治准备过渡到技术准备，这个困难问题以不同形式出现在全国各地，然而其实质又是相同的。穆拉洛夫介绍说，在布尔什维克莫斯科军事组织里面，必须夺取政权的意见是一致的，但是，“除了通过夺取政权这个决定之外，没有就如何进行具体解决问题的尝试做出决定”。没有抓住最后的连接环节。

在彼得格勒处于以调走卫戍部队为标志的那些日子里，莫斯科却处在不间断的罢工气氛中。根据工厂委员会的倡议，苏维埃布尔什维克党团拟订了一份计划：通过法令来解决经济方面的冲突。预备步骤花去了不少时间。直到10月23日，莫斯科苏维埃 302
才通过“一号革命法令”：规定自即日起未经工厂委员会的同意，不得招收和解雇工厂里的工人和职员。这意味着苏维埃开始作为国家机关开展活动。按照提议人的意图，来自政府方面不可避免的反抗势必会让群众更紧密地团结在苏维埃周围，并且会导致公开的冲突。这一意图没有经过检验，因为彼得格勒的革命为莫斯科（就如为全国其他所有地方一样）提供了更加绝对得多的支持起义的理由：必须立即支持刚刚诞生的苏维埃政府。

进攻者一方几乎总是注意让自己看起来像是防守者一方。革命政党也很注意合法的掩护。对于人民群众来说，即将召开的苏维埃代表大会(实际上是革命的代表大会)当时是毫无争议的代表者，即便不是拥有全部主权，那么至少也是拥有整整一半主权的代表者。在这里，事情涉及的是两个政权的一方反对另一方的起义。在诉诸作为政权根源的苏维埃的同时，军事革命委员会事先就已指控临时政府正准备蓄意侵害苏维埃。这个指控是局势发展的结果。既然临时政府不想未经战斗就投降，那么它也就不会不准备自卫。然而，这样做本身就使它落入反对工人、士兵和农民的最高机关的指控之中。在反对定将推翻克伦斯基的苏维埃代表大会的斗争中，临时政府就是在把手伸向了克伦斯基赖以获得权力的源泉。

认为这一切都只不过是与人民无关的法律细节是愚蠢的错误；相反，革命的基本事实正是以这种形式体现在群众的意识中。必须把这个非常有利的纽带利用到底。革命的领导层要给士兵不
303 愿意从兵营走向战壕的天然本性赋予重大的政治目的，动员卫戍部队来保卫苏维埃代表大会，绝不让有关起义日期这类问题束缚自己的手脚。日期乃至钟点的选择取决于冲突的后续发展过程。灵活处置的自由属于比较强大的一方。

“先战胜克克伦斯基，然后再召开代表大会吧！”(《列宁全集》中文第二版第 32 卷，第 276—277 页)担心起义会被宪法游戏偷换掉的列宁一再指出这一点。列宁显然还来不及去评价插入起义准备工作和改变其总体性质的一个新因素，即彼得格勒卫戍部队与临时政府之间的严重冲突。如果苏维埃代表大会务必要解决政权问题，如果临时政府为了不让代表大会成为政权机关而企图分割

卫戍部队，如果没有等到苏维埃代表大会召开卫戍部队就拒绝服从临时政府，那么这不就是实质上意味着起义不再等候苏维埃代表大会便开始了吗？尽管是在后者的权威掩护下开始的。因此，政治上把起义的准备与苏维埃代表大会的筹备截然分开是不对的。

最好是能通过十月革命与二月革命的比较来理解十月革命的特殊性。进行这种比较时，无须像在其他场合那样，要假定一系列条件是相同的，因为它们事实上是相同的。在两个场合，事变涉及的都是彼得格勒，都是同一个战斗场所，同样的几个社会集团，同一个无产阶级和同一个卫戍部队。两种情况下的胜利都是大多数后备团队转到工人一边而取得的。但是在这两种基本的共同之点范围内，又存在着多么大的差异啊！8 个月内两次彼得格勒革命在历史上互为补充，它们自身反差强烈的特征似乎是事先预设好来帮助人们更好地理解起义的总体本质的。

世人把二月起义称为自发性的。对这个定义，我们在本书适 304
当的地方已经做过一切必要的限制。不过 2 月时谁也没有事先指示过革命的道路，谁也没有就革命的问题在工厂和兵营举行过投票。上层也没有谁号召举行起义，这一切无论如何都是确凿无疑的。好多年期间积聚起来的愤恨情绪突然向外爆发了，这在很大程度上连群众自己也没有料到。

10 月则完全是另外一种情况：在 8 个月期间，群众度过的是紧张的政治生活。他们不仅制造了各种事件，而且学会了理解它们之间的关系。每一次行动过后，他们都能批判地权衡其后果。苏维埃代议制成了人民政治生活的日常机构。既然罢工问题、街头示威问题以及把各团调往前线的问题都交由投票来决定，那么群众怎么能拒绝由自己做主来解决起义问题呢？

可是，从二月革命的这个无比宝贵的、实质上又是唯一的成就中产生了新的困难。不把问题正式提交给苏维埃，也就是不把起义的任务当作公开讨论的题目（而且讨论是在敌方阵营代表的参加下进行的），就不能号召群众以苏维埃的名义去战斗。建立特殊的、尽可能伪装起来的苏维埃机关对于起义而言毫无疑问是必需的。可是这也需要经过具有各种优点的和各种误事毛病的民主途径。10 月 9 日通过的关于建立军事革命委员会的决定直到 20 日才最终得到执行。然而主要的困难还不在这里。利用在苏维埃拥有的多数来建立由清一色布尔什维克来组成的委员会，无疑将引起无党派人士的不满，更不用说左派社会革命党人和某些无政府主义者了。军事革命委员会成员中的布尔什维克服从了本党的决

1202

305 定，尽管不是完全没有阻力。但是无论如何也不能要求无党派人士和左派社会革命党人服从纪律。由他们来做出在确定日期举行起义这样一个主观臆断的决定是不可思议的，就是把这个问题本身摆到他们面前也是极不谨慎的。结果通过军事革命委员会这个中介环节便可以把群众吸引到起义中来，同时使形势变得逐日紧张起来，使冲突成为不可避免的。

在这种情况下，直接以党的名义号召起义不是更简单些吗？这种形式行动的巨大优势是毋庸置疑的，可是它的弊病大概也更加明显。在那些党理所当然打算依靠的千百万人当中，有必要把他们分成三个层次：一个是无论在何种条件下都跟布尔什维克走的层次；另一个是人数最多的层次，他们之所以支持布尔什维克，

是因为后者通过苏维埃采取行动。第三个是跟苏维埃走的层次，而不管布尔什维克在其中已经占了统治地位。

这三个层次的区分不仅依据政治水平，而且在相当大程度上依据社会成分。跟着作为政党的布尔什维克走的首先是产业工人，其中走在最前列的是世世代代的彼得格勒无产阶级。因为布尔什维克有合法的苏维埃外衣，才跟他们走的人包括大多数士兵。不管或者说不顾苏维埃已由布尔什维克把持而仍然跟苏维埃走的人还有最保守的工人阶层，以及害怕脱离落后群众的前孟什维克与前社会革命党人；还包括军队里比较保守的部分，直到哥萨克；还有摆脱了社会革命党领导而又紧紧抓住其左翼的农民。

把布尔什维克党的力量跟它所领导的苏维埃的力量等量齐观那是明显错误的：后者要比前者大许多倍。但是没有前者，后者就会变得软弱无力。这里没有任何秘密的东西，党和苏维埃之间的相互关系是从布尔什维主义巨大的政治影响与狭小的组织圈子在 306
革命时代难免互不适应的情况下产生的。正确运用杠杆使人的双手有可能撬起超过其生命力量所能搬动的物体重很多倍的物体。但是没有人的双手，杠杆比死木杆子也强不了多少。

在 9 月底举行的莫斯科地区布尔什维克代表会议上，一位代表报告称："在叶戈尔耶夫斯克，布尔什维克的影响是独一无二的……可是党组织自身却是弱小的，处于无人照看的境地，既没有进行正常的登记，也没人交纳党费。"影响与组织之间的不相称虽然并非到处都如此突出，但也是普遍现象。广大群众了解布尔什维克的口号和苏维埃的组织。在群众看来，9—10 月间两者终于汇合在一起了。人民所期待的也正是苏维埃将要指出的：什么时候以及怎样实现布尔什维克的纲领。

党自身也在这种氛围中对群众进行了系统教育。当基辅流传正在准备起义的传闻之际，布尔什维克执行委员会马上出面予以驳斥："没有苏维埃的号召，无论什么样的武装暴动都必定不会发生……没有苏维埃号召，就没有任何行动！"10 月 18 日，托洛茨基在驳斥仿佛已经规定于 22 日发动起义的流言时说道："苏维埃作为选举产生的机构……不可能有不为工人和士兵不知道的决定……"由实践每日反复强调和不断强化的这类公式逐步深入到了血肉之中。

根据别尔津准尉的转述，在 10 月举行的莫斯科布尔什维克军事组织会议上，有代表指出："很难说军队会不会响应布尔什维克莫斯科委员会的号召而出动，不过大家也许会响应苏维埃的号召而出动。"其实早在 9 月，莫斯科卫戍部队就有百分之九十的人投票支持布尔什维克。在 10 月 16 日彼得格勒举行的会议上，博基
307 代表党的委员会做报告说，在莫斯科区，"军队将遵照苏维埃的命令，而不是党的命令出动"；在涅瓦区，"大家都跟苏维埃走"。沃洛达尔斯基旋即用下面这段话概括评价了彼得格勒的情绪："普遍的印象是谁也不急于要上街，但是一旦有苏维埃的命令，大家都会出来的。"奥莉加·拉维奇则进行了更正："有些人表示也会遵照党的命令行事。"在 18 日举行的彼得格勒卫戍部队会议上，有一些代表报告说，他们所在的团在等候苏维埃下令行动；谁也没有提到党，尽管许多部队为首的是布尔什维克。只有用苏维埃的纪律把同情者、动摇者以及半敌对分子约束起来，才可以在兵营里保持一致。掷弹兵团甚至宣布，只有遵照苏维埃代表大会的命令，它才会行

动。在估计群众的情绪时，宣传员和组织员每一次都会分清苏维埃和党之间的区别。这一事实本身的确证明，从号召起义的观点来看，这个问题具有多么重大的意义啊。

绍费尔·米特列维奇讲述过这样一件事，在没有通过有利于起义决定的载重汽车排，布尔什维克提出了一个折中建议："我们既不拥护布尔什维克，也不拥护孟什维克，……我们将毫不迟疑地执行苏维埃第二次代表大会的全部要求。"载重汽车排的布尔什维克在较小范围内采取了与军事革命委员会相同的蒙蔽策略。米特列维奇没有证明，而仅仅是讲述，但是这比他的证明更有说服力！

直接通过党领导起义的企图没有在任何地方取得过成效。有关在重要的纺织工业城镇基涅什马起义准备工作饶有兴趣的证据最大限度地保留下来了。莫斯科地区把起义提上议事日程以后，基涅什马党的委员会为了评估军事力量和军事手段，以及武装起义的准备工作，选举成立了一个三人特别小组，但不知为什么把它 308
称作"执政内阁"。"执政内阁"一名成员写道："终究必须指出，选举产生的三人小组看来实际上做的事情很少，事件是通过有所不同的途径发展的……地区的罢工完全占用了我们的时间和精力，因此到决定时局的关键时刻，组织中心便转到了罢工委员会和苏维埃……"外省在不大的规模上重复了彼得格勒发生过的同样情况。

是党把苏维埃领进运动中来了，苏维埃又把工人、士兵，部分地也把农民领进运动中来了。在速度方面失去的，就是在规模方面所得到的。如果把上述这套传递装置比作齿轮系统（列宁在另外的时间，出于另外的理由采用过这样的比喻），那么就可以说，不经过苏维埃这个中间齿轮直接把党的齿轮与巨大的群众齿轮咬合起来，这种失去耐心的尝试蕴藏着折断党的齿轮上的齿以及终归还是不能把足够多的群众领进运动中来的危险。

但是，相反那面的危险——由于苏维埃系统内部的争论错过有利形势的危险并非不那么真实。从理论推演来看，起义最有利的时刻将归结为一个时间点。当然，没有必要去考虑在实践中如何抓住这个最理想的时间点。起义可能顺利地沿着不断接近理想顶点的上升曲线发展，但是同样也可能沿着下降曲线发展，假如力量对比还没来得及发生根本变化的话。结果代替“时刻”的是用星期，有时是用月来计算的一段时间。早在 7 月月初，布尔什维克就能够在彼得格勒夺取政权。但是在那个时候，他们还无法保有它。从 9 月中旬开始，他们不仅已经能夺取政权，而且能把它保持在自己手中。假如布尔什维克把起义推迟到 10 月月底，他们也许（但
309 远非必定）在一定时间内还有机会来补救过失。可以有条件地假定在三四个月时间里，例如 9—12 月，革命政权的前提还是存在的：果实已经完全成熟，但是还没有掉落下来。在这个运动过后要比运动进行时易于确定的范围里，党有一定的选择自由，就是这自由孕育出了不可避免的、有时是尖锐的实质性意见分歧。

早在民主会议期间，列宁就已经提议发动起义。9 月月底的时候，他认为任何拖延不仅是危险的，而且是致命的。他于 10 月月初写道：“等待苏维埃代表大会，就是耍幼稚的形式主义的把戏，耍可耻的形式主义的把戏，就是背叛革命。”（《列宁全集》中文第二版第 32 卷，第 332—333 页）可是在布尔什维克上层未必有谁在这个问题上依据的是形式主义的理由。例如，当季诺维也夫要求苏

维埃代表大会的布尔什维克党团举行预备会议时，他所寻求的不是形式上的赞同，而确实是指望得到反对中央委员会的外省代表政治上的支持。不过事实是这样的：党对苏维埃组织的依赖（苏维埃本身也要由苏维埃代表大会做主）把不确定的因素掺和进了起义日期的问题中，而这些因素正是列宁非常担忧并且不无理由担忧的。

什么时候号召起义的问题，与由谁来号召起义的问题是紧密相连的。在列宁看来，由苏维埃来发号召的好处实在是太明显了，不过他也比其他人更早地知道在这条道路上将会出现怎样的困难。特别是在这期间，他不能不担心，苏维埃上层阻碍起义的人比中央委员会更加强大，何况他认为后者的政策本来就已经过于犹豫了。对于到底由谁，是由苏维埃还是由党来开始的问题，列宁的态度是二者必居其一。但是在开头几个星期，他坚定地倾向于党的独立主动性。在这里，连任何一点原则上对立的影子都没有：它指的是在同样的基础上，在同样的形势下，有着同样目的的起义的两条途径。不过，这毕竟是两条不同的途径。 310

列宁提出的包围亚历山大剧院和逮捕民主会议代表的建议的出发点不是由苏维埃，而是由直接向工厂和兵营呼吁的党来领导起义。肯定不可能有别的方式，通过苏维埃来执行类似计划是根本不可思议的。列宁清楚地看到，他的想法甚至在党的上层也会遇到抵制。他事先劝告民主会议的布尔什维克党团“不要追求人数”。在上层态度坚决的情况下，人数可以由下层来保证。列宁的大胆计划无疑提供了行动迅速和出人意料的便利。但是它过分暴露了党，在一定范围内要冒使党与群众对立的风险。甚至彼得格勒苏维埃也将遭到突如其来的打击，很可能一遇失败就会丧失掉布尔什维克自己本来还不牢固的多数地位。

10 月 10 日的决议要求党的地方组织从起义的视角出发切实解决所有问题，至于作为起义机关的苏维埃，中央委员会的决议没有提到。在 16 日的会议上，列宁说："事实证明，我们有胜过敌人的优势。为什么中央不能开始行动呢？"(《列宁全集》中文第二版第 32 卷，第 388 页)列宁所提这个问题的性质根本不是修辞性的；它的含义是：既然中央委员会能马上发出信号，那为什么还要浪费时间去适应复杂的苏维埃传动装置呢？可是这次列宁提交的决议结尾的表达是："会议完全相信中央和苏维埃及时指出进攻的有利时机和适当方法。"(《列宁全集》中文第二版第 32 卷，第 389 页)这些把苏维埃与党并提的文字，以及更灵活地提出起义日期的问题是列宁通过党内上层试探群众抵制的结果。

第二天，列宁在同季诺维也夫和加米涅夫进行辩论时对前一
311 天的讨论做了总结："'大家'同意：在苏维埃的号召下，为了保卫苏
维埃，工人一定会万众一心地行动起来。"(《列宁全集》中文第二版
第 32 卷，第 404 页)这句话的意思是：如果不是全体都同意他列
宁，可以以党的名义发出号召，那么全体同意就是可以以苏维埃的
名义发出号召。

10 月 24 日晚，列宁写道："谁应当取得政权呢？目前这并不重要，让军事革命委员会'或其他机关'取得政权吧，只要它声明，政权只交给真正代表人民利益……的人。"(《列宁全集》中文第二版第 32 卷，第 430—431 页)"其他机关"加上了令人费解的引号，其实这是布尔什维克中央委员会的秘密名称。在此处，列宁重申

了自己的九月建议：在那种场合，即如果一旦苏维埃的合法性妨碍了军事革命委员会使苏维埃代表大会面临革命的既成事实，那么便以中央委员会的名义直接采取行动。

尽管围绕起义的时间与方式展开的全部斗争延续了好几个星期，然而并非所有参与者都看清了斗争的意义与作用。1924 年，斯大林写道："列宁曾经建议要通过苏维埃（彼得格勒苏维埃或莫斯科苏维埃）而不要背着苏维埃来夺取政权。托洛茨基为什么要编造这种非常奇怪的关于列宁的奇谈呢？"（《斯大林全集》第 6 卷，第 298 页）接着他又写道："党知道列宁是我们时代的一个最伟大的马克思主义者……是一个丝毫没有布朗基主义阴影的人。"然而在托洛茨基那里看到的似乎"不是巨人列宁，而是渺小的布朗基主义者"。（《斯大林全集》第 6 卷，第 308 页）不仅是布朗基主义者，而且是渺小的！实际上，以谁的名义来举行起义和政权掌握在哪个机构手里的问题，不是由无论何种主义预先决定的。具备了革命的一般条件，起义便变成了实践方面的技巧问题了，而技巧问题可以通过各种不同的方法来解决。在这个特定的方面，中央委员会的分歧类似于总参谋部的军官之间的争论。这些人受过相同的军事理论教育，对总的战略形势的评价也是一致的，但是为了解决眼前面临的任务而提出了各种不同的方案。这个任务固然是非 312
常重要的，然而毕竟只是局部的。把关涉马克思主义和布朗基主义的问题牵扯到这里来，就等于暴露出既不懂得前者，也不懂得后者。

波克罗夫斯基教授否认苏维埃还是党二者择其一本身的意义。他嘲讽说，士兵根本不是形式主义者，他们不需要苏维埃代表

大会来推翻克伦斯基。借用十足的俏皮话来这样提出问题，结果留下了没有说清的疑问：既然有党就够了，那么为什么还总是要创建苏维埃呢？这位教授继续往下说："有趣的是，这种坚决志向使得一切几乎都是依据法律做到的，可是从苏维埃合法性的角度来看，结果什么也不是。到最后时刻掌握政权的不是苏维埃，而是一个特别（*ad hoc*）建立的与明显不合法的'组织'。"波克罗夫斯基还引证了下面的说法：托洛茨基只得"以军事革命委员会的名义"，而不是以苏维埃的名义宣布克伦斯基政府不复存在了。完全意想不到的结论！军事革命委员会是由苏维埃选举成立的机关。委员会在革命过程中的领导作用无论在哪个方面都没有损害苏维埃的合法性，教授挖苦它，群众对它却非常热心。波克罗夫斯基本人作为副教育人民委员而名列其中的人民委员会同样是特别建立起来的，这并没有妨碍它作为苏维埃政权的机关。

起义之所以能在苏维埃合法性的土壤里，甚至相当程度上在两个政权并存的传统框架内站住脚，主要是多亏彼得格勒卫戍部队早在革命爆发前就几乎是全体一致地服从苏维埃。在数量众多的回忆录、纪念文章和首批历史概要著作中，为无数文献证明了的这一事实被确认是毫无争议的。"彼得格勒的冲突是在卫戍部队命运问题的基础上发展起来的。"叙述十月革命的第一本小册子如
313 是说。它是本书作者在布列斯特-里托夫斯克谈判休会间隙根据最新鲜的回忆写成的，好几年时间里在党内起到了历史教科书的作用。革命的直接组织者之一萨多夫斯基更加明确地指出："10月间的所有运动都是围绕一个基本问题开展和组织起来的，它就是把彼得格勒卫戍部队各团调往北方战线的问题……"起义

的直接领导人，以及参加过以还原事件过程为直接目的的集体讨论的人当中没有任何一个人提出过对萨多夫斯基的怀疑和修正。只是从1924年起，突然出现了一种说法：托洛茨基对农民组成的卫戍部队的作用评价过高，从而贬低了彼得格勒的工人。真不愧一个科学发现：它再有效不过地补充了对他的另一个指控——低估农民。

最近几年，以波克罗夫斯基教授为首的几十个年轻历史学家向我们阐述了无产阶级对于无产阶级革命的作用，他们对托洛茨基在谈论士兵的文字中没有说到工人感到愤慨，并且因为托洛茨基是分析事变的真实过程，而不是照着小学用的方格本重复描红而揭发托洛茨基。波克罗夫斯基把这些评论的效果压缩为如下结论："尽管托洛茨基完全清楚，武装暴动是党决定的……也完全清楚为暴动找什么样的借口是一个次要问题。可是在他看来，是彼得格勒卫戍部队处在整个场景的中心。舍此之外，似乎起义连想都不要想了。"对于我们的历史学家来说，只有"党对起义做出的决定"才有意义；至于起义实际上是怎样发生的，那是"次要问题"。借口总是可以找到的。被波克罗夫斯基称为借口的是控制军队的方式，也就是把囊括整个起义命运的问题的解决说成是借口。无产阶级革命毫无疑问会发生，即便没有出现因调走卫戍部队而发 314
生的冲突也一样——教授这样说是对的。不过那是另外一种起义，它需要另外进行叙述。而我们所谈论的是那些现实中已经发生了的事件。

起义的组织者之一、后来的赤卫队历史学家马拉霍夫斯基固执己见地认为，对起义表现出主动、决心和沉着的恰恰是与半消极

的卫戍部队不同的武装工人。他写道："十月革命期间，赤卫队的队伍占领了政府机关、邮政局、电报局，战斗时出现在前列的也是他们……"等等。所有这一切都是无可争议的。可是不难理解，如果说赤卫队员能随意"占领"政府机关，那么仅仅是因为有卫戍部队与他们协同行动，支援他们，或者至少是没有阻碍他们。正是这一情况决定了起义的命运。

谁对革命更重要，是士兵还是工人？提出这个问题本身就说明其理论水平是多么可怜，在这种理论水平上实在是几乎不容许展开争论的。十月革命是无产阶级为夺取政权而反对资产阶级的斗争，但是归根结底是农夫决定了斗争的结局。这个流行于全国的普遍公式在彼得格勒得到了最完美的反映。在这里，是什么使革命具有了把牺牲降低到最小限度的短促突击性质？是革命的密谋、无产阶级的起义与农民卫戍部队自卫的结合。领导革命的是党，主要的战斗力量是无产阶级；武装起来的工人队伍则是起义的拳头，但是决定斗争结局的还是由农民组成的强大的卫戍部队。

正是在这个问题上，二月革命与十月革命的比较显得尤其需
315 要。在推翻君主制度前夕，卫戍部队对于双方都是巨大的未知数。士兵自己也不知道如何对待工人的起义。只有总罢工才能为工人与士兵发生大规模冲突，为考验士兵的行为，也为士兵转到工人一边提供了必要的舞台。这就是二月革命那五个日子的戏剧性内容之所在。

推翻临时政府前夕，绝大多数卫戍部队公开站到了工人一边。临时政府在全国任何一个地方都没有像在自己的官邸里那样感到孤立，难怪它竭力要从那里逃出来。但这又是徒劳的：因为敌视它的首都不允许。由于把革命团队赶出去的图谋落空了，临时政府最终使自己遭到了覆灭。

用克伦斯基个人的某些特性来解释他在革命前夕的消极政策就等于浅尝辄止。克伦斯基不是单独的。临时政府成员中还有类似帕利钦斯基这样一些不乏毅力的人。苏维埃执行委员会的领袖们也十分清楚，布尔什维克的胜利就意味着他们在政治上的死亡。但是他们所有的人或独自或一起，无一例外地都动弹不得了，处于某种类似克伦斯基那样的非常难受的半睡半醒状态。一个人尽管到了大难临头的时刻，可是连为挽救自己抬起手来的力气都没有了。

在 10 月时，工人和士兵的兄弟情谊并不像 2 月时那样是从街头公开冲突中产生的，而是在起义之前就已经形成。如果说布尔什维克这次之所以没有号召举行总罢工，并不是没有可能，而是没有必要。军事革命委员会在革命之前就已经觉得自己是时局的主人：它了解卫戍部队的每一支部队，了解它们的情绪，也了解其内部的情况；它每天都收到不是做样子的，而是反映真实情况的报告。它不论何时都能派全权特派代表到任何一个团去，或者派自
行车兵把命令送到那里；它能通过电话把各部队的委员会叫到自 316
己这儿来，或者把通知交给值勤的连队。在同军队的关系方面，军事革命委员会所处的是政府司令部的位置，而不是密谋者司令部的位置。

不错，国家的高级指挥机关仍然在临时政府手里，但是物质基础已经从它脚底下抽掉了。政府各部与各级司令部飘浮在空中

了。电话局、电报局，还有国家银行继续在为政府服务。但是政府已经没有了把上述机构保持在自己手中所需的武装力量。冬宫和斯莫尔尼宫似乎交换了位置。军事革命委员会把一个幽灵政府置于这样的境地，即没有挫败卫戍部队之前，它什么也不能动手做。克伦斯基打击军队的各种尝试只不过加速了末日的到来。

但是，革命的任务毕竟还没有得到解决。时钟的发条以及整个装置都掌握在军事革命委员会手里，但是它没有能力控制钟盘和指针，而没有这些零件，时钟就不能实现自己的用途。没有电报局，没有电话局，没有银行和司令部，军事革命委员会就不能进行指挥。它拥有了几乎全部现实的先决条件和政权要素，但还不是政权本身。

在2月时，工人没有想到要占领银行和冬宫，而是在想怎样挫败军队的反抗。他们要争取的不是个别的高级指挥机关，而是全体士兵的心。当这个领域的胜利已经到手时，其他一切问题都迎刃而解了。失去了自己的近卫营以后，对于无论是自己的宫殿，还是自己的司令部，君主专制制度都已经不再力图去保卫它了。

到10月时，克伦斯基政府无可挽回地失去了士兵的心，不过还抓住高级指挥机关不放。在它手里的各级司令部、银行、电话局也仅仅是组成了政权建筑的表面招牌。当它们转移到苏维埃手中
317 时，它们定能保证苏维埃拥有全部完整的政权。起义前夕的形势就是这样的，是它在最后24小时内决定了行动的方式。

游行示威、街头搏斗、街垒战斗，所有列入起义常规概念的形式几乎都没有出现，革命无须去解决已经解决了的任务。攻占政府机关的任务可以按照计划，通过由统一的中心派出人数不太多

的武装队伍来执行。兵营、要塞、军火库，所有那些工人和士兵能在其中起作用的单位都可以由它们自己内部的力量来夺取。可是，无论冬宫、预备国会，还是军区司令部、政府各部以及士官学校，都不能靠里面的人来夺取。电话局、电报局、邮政局、国家银行的情况也是如此。这些机构的职员在总的力量组合中所占的分量很小，但是他们在自己的四面高墙之内拥有控制权，更何况这里加强了守卫。需要从外面排除困难，深入到官僚主义的高楼中去。在这些地方，政治上的占领换成了强力夺取。可是，既然此前就已经把政府从其军事基础上排挤走了，它要抵抗几乎是不可能的，那么强力夺取最后一批高级指挥机关通常也没有发生什么冲突。

的确，事情毕竟不经过战斗便无法了结，对冬宫不得不发起攻击。然而，显然正是政府的抵抗压缩为保卫冬宫这一事实决定了10月25日在斗争过程中的地位。冬宫结果变成了旧制度最后的多棱堡垒，其实这个制度在其生存的8个月期间就已经在政治上被粉碎了，而在最后两个星期被彻底解除了武装。

密谋（所谓密谋就是有计划和有集中的领导）的因素在二月革命期间的地位是微不足道的。这实在是处于沙皇制度和战争高压之下的革命团体软弱和孤立的产物。于是，更加重大的任务落到
了群众身上。起义者不是一大群像蝗虫一样的人，他们有自己的 318
政治经验、自己的传统、自己的口号和自己的无名领袖。但是，如果说对于推翻专制君主制度而言，分散在起义中间的领导分子还是足够的话，那么要把他们自己的胜利果实奉献给胜利者，他们便远远不够了。

10月的街道上相当平静，没有大量的人群聚集，也没有发生

多少战斗，这让那些反对者有理由说革命是极少数人的阴谋，是一小撮布尔什维克的冒险举动。这个公式在起义过后不久的好些日子里，好几个月甚至好几年期间重复过无数遍。显然是出于改善无产阶级革命名声的目的，在谈及 10 月 25 日这个日子的时候，雅罗斯拉夫斯基写道："密密麻麻的彼得格勒无产阶级与群众响应军事革命委员会的号召，站到了它的旗帜下，他们遍布彼得格勒的各条街道。"可是这位官方历史学家忘记了说明，军事革命委员会是出于怎样的目的号召群众上街的，以及他们在那里究竟做了些什么。

从强大和软弱兼而有之的二月革命中产生了它的官方理想模式，而作为全民革命的二月革命是与作为密谋的十月革命对立的。实际上布尔什维克之所以能够在最后时刻把争取政权的斗争转化为"密谋"，不是因为他们是极少数，而是因为相反，他们在身后的工人街区和兵营里拥有团结一致的、组织严密的和纪律严明的绝大多数。

只有不把自己的视野局限于最后一个环节，才有可能正确地理解十月革命。2 月月底，一盘起义的象棋从第一步一直下到最后一步，亦即直到对方认输为止。在 10 月下旬，主要的棋局已经下完了。起义当天必须解决的任务范围相当狭小：两步就可以将死。因此这次革命的期限必须从 10 月 9 日，也就是围绕卫戍部队
319 发生冲突时算起，或者从 10 月 12 日决定成立军事革命委员会时算起。隐蔽的预演持续了两个多星期，其中最要紧的部分从军事革命委员会成立起也持续了五六天。在此期间，直接采取行动的是形式上防御而实质上进攻的几十万名士兵和工人。起义最终把

两个政权并存的虚浮形式连同它那令人怀疑的合法性与防御色彩的空泛话语一并抛弃，此时便进入了最后阶段，它正好是整整一昼夜：从25日凌晨两点钟到26日凌晨两点钟。在这期间，军事革命委员会为占领全城与抓获政府成员公开使用了武力。总的来说，参加军事行动的兵力就是解决有限的任务所需要的兵力。不管怎样，大概没超过25000人到30000人吧。

有一位意大利作家，他不仅写了《太监之夜》，还写了有关国家这类高层次问题的著作。1929年他访问了苏维埃的莫斯科，他把从第五者口里听到的为数不多的东西弄混了，并且依据这些编出了一本名叫《国家政变的技艺》的书。这位作家的姓氏马利亚帕特叫人很容易把他与另一位国家政变方面的行家区分开来，后者名叫波拿巴。

据马利亚帕特说，“列宁的战略”与1917年俄国的社会与政治环境紧密地联系在一起。与此相对立，“托洛茨基的策略没有与国家的总体环境联系起来”。作者还逼迫托洛茨基回答列宁关于革命政治前提的考虑：“您的战略需要太多的有利条件，武装暴动什么都不需要。有它自己就足够了。”恐怕想象不出还有比有它自己就足够了更为荒谬的话吧。马利亚帕特多次重复说，在10月取得
胜利的不是列宁的战略，而是托洛茨基的策略。这种策略性质对 320
欧洲国家的安宁构成了威胁。“列宁的战略不会对欧洲各国政府造成直接危险。对它们造成现实的而且是永远不断的危险的是托洛茨基的策略。”还有更具体的：“即使把普恩加莱放在克伦斯基的位置上，1917年10月的布尔什维克国家革命同样会非常成功的。”我们很可能是徒劳地追问，如果无论在什么情况下托洛茨基

的策略能解决同样的任务，那么为什么总是还需要依据历史条件制定的列宁的战略呢？还要补充说一句，这本精彩的书已经用几种文字出版了。显然，从事国务活动的人将通过它来学会反击国家革命。但愿他们一切顺利。

对于10月25日纯军事行动的批评至今还没有出现。在苏联文献中，这个问题的论述并不具有批评的性质，而是具有纯粹辩护的性质。与那些歪曲性质的作品相比，就连苏哈诺夫的著作（尽管充满着矛盾）也以认真对待事实的态度而显得与它们不同。

在评论十月革命的组织时，苏哈诺夫时隔两年提出了两个看上去刚好相反的观点。在专门论述二月革命那一卷里面，他说："后面我将依据个人的回忆去描写按照乐谱演奏的十月革命。"雅罗斯拉夫斯基逐字逐句地重复了苏哈诺夫的这个评语，他说："彼得格勒起义是由党做了充分准备的，党就像按照乐谱演奏那样。"克洛德·阿内这位充满敌意的、尽管不很深刻却还认真仔细的观察者或许表达得更加确定："11月7日的国家政变只能让人赞叹不已。既没有一次失手，也没有一个破绽，政府就被推翻了，甚至还来不及喊一声'哎哟'。"相反，在专门论述十月革命的那一卷里，

321 苏哈诺夫讲述了斯莫尔尼宫是怎样"慢慢腾腾地、试探摸索地、小心谨慎地和杂乱无章地"废黜临时政府的。

第一个评语和第二个评语都有所夸张。但是从更广阔的视角来看，可以认为这两个评语无论多么矛盾，它们都有事实做支撑。十月革命的有序性主要是源自各种客观关系，源自革命整体上的成熟，源自彼得格勒在全国的地位，源自临时政府在彼得格勒的处境，源自党在此前所做的全部工作，最后，源自正确的起义政策。

但是除了这些，仍然还有一个军事技术方面的任务。在这方面有不少局部的失误，如果把它们连成一个整体，那么就能给人以工作盲目的印象。

苏哈诺夫好几次指出起义前最后几天斯莫尔尼宫自身缺乏军事保护。的确如此，直到 10 月 23 日的时候，革命司令部的保卫工作比冬宫好不了多少。军事革命委员会首先通过加强自己同卫戍部队的联系，并且有可能通过后者监视敌人全部军事行动来确保自己不受侵犯。该委员会大约比临时政府早一昼夜开始采取比较重要的带有军事技术性质的措施。苏哈诺夫很有把握地表示，23 日白天以及当日夜晚，临时政府显示出了积极主动，当时有可能攻占军事革命委员会："只需一支 500 人的精锐队伍就足以把斯莫尔尼宫连同附属于它的一切消灭干净。"是有这种可能。可是第一，临时政府得有干这事的决心和勇气，亦即得有违背其本性的素质；第二，得有一支"500 人的精锐队伍"，到哪里去弄这样一支队伍呢？由军官组成吗？8 月月底的时候，我们已经看到了他们作
为阴谋分子的作为：非得在夜间活动场所才能找到他们。妥协主 322
义的战斗队已经作鸟兽散。在士官学校，每一个尖锐问题都造成了分化改组。哥萨克的状况还要糟糕。如果从各部队单个挑选人来组建这支队伍，那就意味着在事情办妥之前要露出马脚十次了。

不过，即使有一支这样的队伍，也决定不了什么。在斯莫尔尼宫附近开第一枪肯定会在工人区和兵营引起异常激烈的反应。无论白天还是夜晚的任何时候，一旦革命中心受到威胁，肯定会有数以万计的武装和半武装人员赶过来援助。最后，即使攻占了军事革命委员会也挽救不了临时政府，因为在斯莫尔尼宫大墙之外还

有列宁以及与之联系紧密的中央委员会，还有各级党的委员会。在彼得保罗要塞还有第二个司令部，“阿芙洛尔号”巡洋舰上还有第三个司令部，各区也有自己的司令部。群众不会陷入失去领导的境地。工人和士兵尽管会有点迟疑，然而无论如何他们还是想要取得胜利的。

可以也应该提前几天采取附加的军事防备措施，这毕竟是没什么疑问的。在这方面苏哈诺夫批评得对。革命的军事机关行动起来显得很笨拙，出现过延误与疏漏，而总的领导又过分倾向于用政治来代替技术。斯莫尔尼宫极其缺乏列宁那样的眼光，别人还没有把它学到手。

苏哈诺夫的正确之处就在于，假如 25 日凌晨或者当天上午攻占冬宫要比当天下午和晚上容易得多。冬宫如同与之相邻的司令部大楼一样，都是由士官生的常规值勤来充作保卫，突然发起攻击几乎肯定能保证成功。早晨，克伦斯基乘坐汽车畅通无阻地出走了，光这一点便足以证明：总的来说没有对冬宫进行过认真严密的侦察。这里存在着明显的漏洞！

直到 10 月 24 日，才把监视临时政府的任务委托给了斯维尔德洛夫，这实在是太迟了。协助他的是拉舍维奇和布拉贡拉沃夫。其实，因事情太多而忙得不可开交的斯维尔德洛夫未必经常在履
323 行这项新的任务。在那最炽烈的时刻，甚至这个尽管写进了记录的决定本身也有可能被他忘记了。

军事革命委员会无论如何都过高地估计了临时政府的军事资源，包括冬宫的防卫。即使围攻的直接领导人了解冬宫里面的兵力，他们还是担心，第一声警报会使士官生、哥萨克、突击队员等援

兵赶过来。占领冬宫的计划追求的是军事行动的派头:当由平民和准军事人员来着手解决纯军事任务时,他们总是乐于在战略上自作聪明。在表现出过多学究气的同时,他们又难免表现出相当明显的软弱无力。

攻占冬宫时出现行动不协调的原因在一定程度上可以用主要领导人的个性来解释。波德沃伊斯基、安东诺夫-奥夫申柯、丘德诺夫斯基都是具有英雄主义气质的人,却大概也是思维最缺乏条理性和纪律性的人。七月危机期间过于冒进的波德沃伊斯基此时又变得过于小心谨慎,甚至对最近的形势也过于怀疑。不过基本上还保持着自信:在面对任何一项实际任务时,他都本能地努力冲破它的框框,扩大计划范围,把所有的人和所有的东西都纳入其中,在那些以最小规模行动就够了的地方他会赋予最大限度的形式。在言过其实的计划中不难发现他本性的痕迹。就性格而言,安东诺夫-奥夫申柯是一个容易冲动的乐观主义者。他的临场应变能力远远强于周密盘算的能力。以前当过下级军官的他多多少少懂得一些军事知识。世界大战期间,他作为侨民在巴黎《我们的言论报》上发表军事评论,并且经常做一些战略方面的推测。他那不求甚解的敏感态度无法抗衡波德沃伊斯基过度发挥的做法。第三位军事领导人丘德诺夫斯基作为宣传人员在萎靡不振的前线待
过几个月,这就是他的全部军事生涯。但是,倾向右翼的丘德诺夫 324
斯基第一个投入了战斗,并且永远在寻找战斗更加激烈的地方。众所周知,个性上的勇敢跟政治上的勇气并不总是处于平衡状态。革命以后才过了几天,丘德诺夫斯基就在彼得格勒城外同克伦斯基的哥萨克作战时负了伤,再过几个月之后,他便在乌克兰牺牲

了。显然，喜欢多言和容易冲动的丘德诺夫斯基不能弥补其他两位领导人所缺乏的素质。他们当中无论哪一个都不注重细节实在是因为没有得到干这一行的秘诀。三位红色统帅觉得自己在侦察、联络与调度方面力不从心，他们感觉到需要用优势兵力对冬宫发动突然猛攻，有这种优势兵力也就不存在什么实际领导方面的问题了。宏伟的计划假若超越常理，那跟没有计划的效果几乎是相等的。把这些情况全都说出来并不等于说在军事革命委员会成员或者在它周围的人员中可以找到更加内行的军事领导人：无论如何也找不到更加忠诚可靠和更加奋不顾身的人了。

争夺冬宫的战斗是从整个广大外围地区开始的。在指挥人员没有经验、通信联络经常中断、赤卫队员军事技术太差、正规部队士气不振的情况下，复杂的军事行动开展得极其缓慢。正当红色部队逐步收紧包围圈，并且在自己后面集结后备队的时候，几个士官生连和哥萨克骑兵连、一批乔治十字勋章获得者和一个妇女突击营钻进了冬宫。抵抗的突击集团和进攻的包围圈同时形成了。可以说任务本身就是从为解决这一任务而采取的过于迂回的方式中产生的。其实，晚间发动果敢袭击和白天发动大胆猛攻所造成的牺牲，未必就比持久的军事行动所造成的牺牲多。无论如何可以提前 12 个小时甚至 24 个小时检验“阿芙乐尔号”炮击
325 在精神上产生的效果；停泊在涅瓦河上的这艘巡洋舰已经做好了充分准备，水兵们也没有抱怨缺乏油脂。但是军事行动的领导人希望问题不经战斗就能解决，于是派出了一些谈判使者，发出了最后通牒，可是又没有遵守期限。彼得保罗要塞的人之所以没有想到要及时检查大炮，正是因为他们认为没有大炮的援

助也照样行。

在莫斯科，军事领导方面缺乏准备的情况暴露得更加明显，那里的力量对比被认为是非常有利的，甚至使得列宁坚持提议起义应从莫斯科开始：“胜利是有把握的，用不着谁去战斗。”（《列宁全集》中文第二版第32卷，第333页）实际上恰恰是在莫斯科，起义具有持久战的性质，它时断时续迁延了8天。莫斯科起义主要领导人之一穆拉洛夫写道：“在这项炽烈的工作中，我们并不总是也并不完全是坚定与果断的。我们在人数上拥有十比一的压倒优势，却让战斗拖延了整整一个星期……原因就在于很不善于驾驭参加战斗的群众，群众不守纪律；无论指挥员还是士兵都完全不懂街头战斗的战术。”穆拉洛夫有直言不讳的习惯，怪不得现在他落到了被流放到西伯利亚的境地。但是，为了避免把自己的责任推给他人，穆拉洛夫把政治领导方面的主要过错转嫁到了军事指挥人员身上。莫斯科政治领导人的明显特点就是动摇，轻易便向妥协主义势力让步。然而，不应该忽略这样的事实，即纺织工业和制革工业的老莫斯科的工人远远落后于彼得格勒的无产阶级。2月时的莫斯科没有必要举行起义，因为推翻君主制度的任务完全由彼得格勒轻松完成了。7月的莫斯科再次保持了平静。这种情况影响到了10月：工人和士兵没有战斗经验。

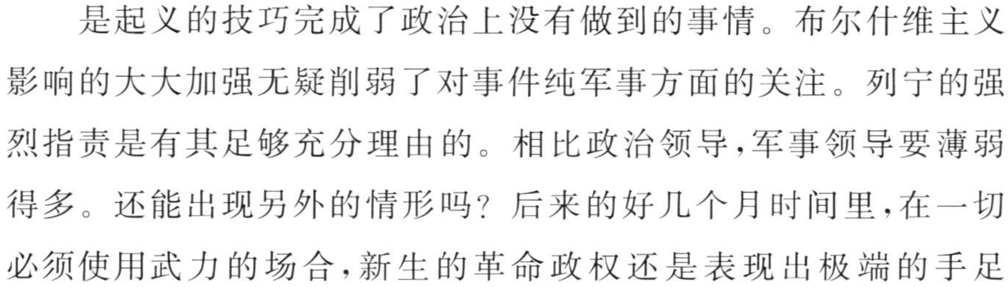

是起义的技巧完成了政治上没有做到的事情。布尔什维主义 326
影响的大大加强无疑削弱了对事件纯军事方面的关注。列宁的强烈指责是有其足够充分理由的。相比政治领导，军事领导要薄弱得多。还能出现另外的情形吗？后来的好几个月时间里，在一切必须使用武力的场合，新生的革命政权还是表现出极端的手足

无措。

倒是政府阵营的军事权威人士给了彼得格勒革命的军事领导充分赞许的评价。冬宫失守以后，陆海军部打电话给大本营称："暴动者维持了秩序和纪律，根本没有发生破坏事件和烧杀抢劫行为。相反，暴动者的巡查队阻挡四处闲逛的士兵……暴动计划无疑早就制订好了，并且得到了坚定不移和严格有序的贯彻执行……"所以事情并非全如苏哈诺夫和雅罗斯拉夫斯基所写的那样，"按照乐谱演奏"，而且也的确不是像两位作者中的头一个人后来所断言的那样，显得"杂乱无章"。何况在对最严厉的批评做出判断之前，起义的成功使事情有了一个圆满的结局。

第二十四章　苏维埃专政的代表大会 327

10 月 25 日，世界历史上所有议会中最民主的议会在斯莫尔尼宫开幕。这也许是最重要的议会，谁知道呢。

摆脱了妥协派知识分子的影响之后，各地苏维埃派出的代表多半是工人和士兵。这些人当中的大多数没有什么名气，可是经受过战斗的考验，并且在当地赢得了对自己的坚定信任。作战部队里面冲破军队委员会和指挥部的封锁而成为代表的几乎只有普通士兵。他们当中大多数人是从革命期间开始其政治生涯的。8 个月的经验造就了他们。他们懂得的东西不多，但是认识很坚定。这次代表大会从外观上就能看出它的人员构成。第一次代表大会上的军官肩章、知识分子的眼镜与领结现在几乎见不到踪影。独占优势的是灰颜色：灰色的衣服和灰色的脸孔。大家都穿着战争时期的破旧衣服，很多城市工人弄到了士兵的军大衣。来自战壕的代表外表看上去很不雅观：好久没有刮脸了，穿在身上的是破旧的军大衣，一头乱发上面戴着沉重的高帽，帽子里的棉花也往往胡乱朝外翻出来了。饱经风霜的粗糙脸庞，皲裂得很厉害的双手，被烟卷熏黄了的手指；还有扯断了的纽扣，往下耷拉着的扣带，很久没有上油的长筒靴。这个平民国家第一次派出了跟自己一模一 328
样的诚实正直和不加修饰的代表。

对在起义时刻举行的代表大会代表的统计是极不完备的。开幕时总共有650名拥有表决权的代表出席。布尔什维克得到了390个代表席位；他们远非全是党员，但是与群众血肉相连。而群众除了布尔什维克的道路以外，没有被别的道路可走。代表中许多人是带着疑虑而来的，不过在彼得格勒火热紧张的气氛中很快就成熟起来了。

孟什维克和社会革命党在滥用二月革命的政治资本方面做得多么成功啊！在6月举行的第一次苏维埃代表大会上，妥协主义者拥有总数832名代表中的600名这样一个多数。如今，各种色调的妥协主义反对派加起来还不足大会代表的四分之一。孟什维克连同列入他们之中的各个民族团体的代表总共还不到80人，而他们当中大约有一半属于“左派”。159名（另据资料190名）社会革命党代表当中，左派占了大约五分之三；而且就在代表大会召开过程中右翼还在继续迅速减少。到代表大会结束之际，根据某些花名册，大会代表人数达到了900人。不过这个数字包括了不少只有发言权而无表决权的与会者；另一方面，它又没有囊括全部有表决权的代表。登记注册断断续续在进行，有些文件不见了，有关代表党籍的资料也不完整。不管怎样，布尔什维克在代表大会上的优势是没有争议的。

在代表中间进行的调查表明，有505个苏维埃赞成把全部政权交到苏维埃手中，有86个苏维埃赞成“民主派”政权，55个苏维埃支持成立联合政府，另有21个苏维埃也支持联合政府，但要将立宪民主党排除在外。即便如此，这些最能说明问题的数字还是给了人夸大妥协主义者残存势力的印象，因为支持民主派政权和

联合政府的是最落后的地区和最小的城镇的苏维埃。

25日一大早就在斯莫尔尼宫举行了各党团的会议。布尔什 329
维克只有那些没有承担具体战斗任务的代表出席了会议。代表大会的开幕推迟了，因为布尔什维克领导层想先打下冬宫再说。不过敌对方的党团也没有催促，因为他们必须要决定做些什么，而这又不是容易办到的。时间就这样流逝过去了。有些党团中的附属小党团发生了争吵。在社会革命党以92票赞成、60票反对通过退出代表大会的决议以后，该党便发生了分裂。不过，只是到傍晚以后，右派社会革命党人和左派社会革命党人才开始在不同的房间里开会。8点钟的时候，孟什维克再次提出推迟开会的要求，因为他们有太多的意见。夜渐渐深了。攻打冬宫的军事行动还在继续。可是继续等下去是不可能的了：必须对已经警惕起来的国家把话说清楚。

革命教会了人们拥挤的技巧。代表、来宾、警卫都挤在贵族女子学院的大礼堂，以便让一批接一批后来的人进来。有人发出了可能踩塌地板的警告，但如同要少抽烟的劝告一样没有效果。大家挤得越来越紧了，而且在加倍抽烟。约翰·里德艰难地为自己挤出了一条穿过喧闹人群走向门口的通路。大厅里并不暖和，但是空气紧张而热烈。

挤满了门廊和两侧过道，坐满了每一个窗台的代表耐心地等待主席的铃声。讲台上既没有策烈铁里，也没有齐赫泽和切尔诺夫，只有二流领导人出席了自己的葬礼。10点40分，一个身着军医制服的小个子代表中央执行委员会宣布开会。他说，代表大会在“如此特殊的情况下”开幕，以致他达恩在履行中央执行委员会

的委托时不得不放弃政治演说，因为他的党内朋友此刻正在炮火攻击之下的冬宫“奋不顾身地履行自己的部长职责”。代表们根本
330 不指望得到中央执行委员会的祝福。他们满怀敌意地注视着讲台：如果这些人在政治上继续存在下去，那么他们对我们以及我们的事业会采取什么态度呢？

莫斯科的代表阿瓦涅索夫代表布尔什维克提议按比例选出主席团：布尔什维克 14 人，社会革命党 7 人，孟什维克 3 人，国际主义者 1 人。右翼分子当即表示拒绝进入主席团。马尔托夫集团则暂时放弃，因为它还没有拿定主意。7 个席位给了左派社会革命党。伴随着这些开会伊始就出现的冲突，代表大会布满了阴云。

阿瓦涅索夫宣读了进入主席团的布尔什维克名单：列宁、托洛茨基、季诺维也夫、加米涅夫、李可夫、诺根、斯克良斯基、克雷连柯、安东诺夫-奥夫申柯、梁赞诺夫、穆拉洛夫、卢那察尔斯基、柯伦泰、斯图契卡。苏哈诺夫写道：“主席团由布尔什维克的主要领导人和 6 名(实际上是 7 名。——托洛茨基)左派社会革命党人组成。”尽管季诺维也夫和加米涅夫反对举行起义，他们还是作为党内有威信的人物加入了主席团；李可夫和诺根是作为莫斯科苏维埃的代表、卢那察尔斯基和柯伦泰是作为当时很有声望的宣传家、梁赞诺夫是作为工会代表、穆拉洛夫是作为老工人布尔什维克代表(在审判国家杜马代表期间他表现得很勇敢)、斯图契卡是作为拉脱维亚组织领导人、克雷连柯和斯克良斯基是作为军队代表、安东诺夫-奥夫申柯是作为彼得格勒战斗领导人名列主席团的。没有斯维尔德洛夫的名字显然是因为上述名单就是他亲自草拟的，而忙乱中谁也没有修改过它。把反对起义的领导人季诺维也夫、

加米涅夫、诺根、李可夫、卢那察尔斯基、梁赞诺夫，全都纳入了主席团，这是当时党所特有的习惯。左派社会革命党人只有娇小柔弱而又勇敢过人的斯皮里多诺娃享有全俄国的声望，她曾因行刺镇压坦波夫省农民的元凶而服过多年苦役。此外，左派社会革命
党再没有别的名人了。可是右派社会革命党除了名人之外，所剩 331
的成员根本就已经不多了。

代表大会热烈地欢迎自己的主席团。列宁没有出现在主席台上。就在党团集合开会时，还没有卸掉化装的列宁戴着假发和一副大眼镜正同两三个布尔什维克一起坐在过道的房间里。达恩和斯科别列夫在回本党团时，面朝密谋分子的桌子停下了脚步。他们仔细地注视了一会儿，显然认出了列宁。这就意味着是卸掉化装的时候了！

列宁还不急于公开露面，他认为继续观察清楚与控制全局比较好一些，因此暂时继续留在幕后。托洛茨基在自己1924年出版的回忆录中写道："第二次苏维埃代表大会第一次会议正在斯莫尔尼宫举行。列宁没有出席会议。他待在斯莫尔尼宫一间屋子里，我记得，那里面不知为何没有或者说几乎没有什么家具。后来有人在地板上铺了一床毯子，拿来两个枕头放在上面。我和弗拉基米尔·伊里奇并排躺着休息。但是才过几分钟就有人来喊我：'达恩说必须有人回答他。'[①]回答以后我又回来同弗拉基米尔·伊里奇并排躺着，他当然不想睡着了。还睡得着么？每隔5—10分钟，就有人从会议大厅跑进来，通报那里所发生的事情。"

主席铃声在加米涅夫手中摇响了，他是那些由自己的本性预

① 所指的应该是马尔托夫，因为托洛茨基回答的是他。

先决定要当主席的慢性子人之一。他宣布，议事日程里有三个问题：组建政权；战争与和平；召开立宪会议。这时，非同寻常的沉闷的和令人惊惧的轰鸣声从外面闯进了喧嚣嘈杂的会场。这是彼得保罗要塞用炮声来加固议事日程。高度紧张的气流贯穿代表大
332 会，它顿时觉得自己实际上成了国内战争的议会。

反对起义的洛佐夫斯基要求彼得格勒苏维埃做报告。但是军事革命委员会有意拖延：大炮的回答证明，报告还没有准备好。起义正在全速进行。布尔什维克的领袖不时起身到军事革命委员会那个房间里去，为的是通报情况和发布命令。战斗的余响像炽烈的语言一样时不时冲进会议大厅。投票之际，刺刀丛中举起了很多的手，马合烟散发出的蓝灰色呛人烟雾叫人看不清漂亮的白色廊柱与吊形灯架。

两个阵营在炮声隆隆的背景下展开的口水战有着前所未有的意义。马尔托夫要求发言。天平上下晃动的时刻就是他这位永远处于动摇之中的最机敏的政治家的时刻。他马上用自己那结核病人嘶哑的声音回应大炮发出的金属响声：“双方都必须停止军事行动……政权问题已开始通过阴谋方式来解决……所有革命政党都面临一个既成事实……国内战争有使反革命势力勃发的危险。和平解决危机的目的能够通过创建一个为全国民主派都承认的政权而达到。”代表大会相当多的人在鼓掌。苏哈诺夫用讽刺的口吻指出：“看来，有很多布尔什维克没有掌握列宁和托洛茨基学说的精髓，他们还很乐意沿着这条道路走下去。”左派社会革命党和统一国际主义者集团都附和和平谈判的建议。右翼分子，可能包括马尔托夫一些最亲密的同志深信布尔什维克会拒绝这个建议。他们错了。

布尔什维克派出自己最爱和平与最温和的宣传家卢那察尔斯基走上讲台。“布尔什维克党团一点也不反对马尔托夫的建议。”对手们错愕不已。苏哈诺夫评论说：“列宁和托洛茨基迎合原本就支持自己的群众，同他们一起挖掉了右翼脚下的地基。”马尔托夫的建议得到了一致通过。“如果孟什维克和社会革命党人现在就退出，那么他们自己就毫无希望了。”马尔托夫小团体里有人评论说。因此可以指望代表大会“走上民主派统一战线的正确道路”。根本没有可能的希望！无论什么时候，革命都不会沿着对角线前进。

右翼旋即便违背刚才还赞成的和平谈判倡议。来自第十二集团军的代表、戴着大尉肩章的孟什维克哈拉什声称：“政治上的伪君子提议解决政权问题，然而问题正在背着我们去解决……攻打冬宫是把钉子钉进进行类似冒险的那个党的棺材……”代表大会用愤怒的咆哮回应大尉的挑衅。

代表前线在莫斯科国务会议发过言的库钦中尉企图借军队组织的权威在这里从事活动：“这次代表大会开得不是时候，甚至没有得到授权。”“您到底在代表谁说话？”那些穿着破旧军大衣的代表大声喊叫起来，他们的当选证书是用战壕的黏土填写的。库钦详细列举出 11 个集团军。可是他在这里骗不了任何人。在前线如同在后方一样，妥协主义将军都成了光杆司令。这位孟什维克中尉继续说下去，称前线团体“对这次冒险行为的后果概不负责”。这就等于说是跟反革命联合起来反对苏维埃。果然他最后说：“前线团体……退出这次代表大会。”

右翼代表一个接一个走上讲台。他们已经失去了教区与教堂，可是钟楼还在他们手里；于是他们赶忙去最后一次敲响已经开

裂的大钟。以正当或不正当的方式与帝国主义资产阶级实行过妥
334 协的社会主义者和民主主义者今天却断然拒绝同起义人民实行妥协。他们的政治盘算暴露出来了：过不了几天布尔什维克就会垮台，需要尽可能地让自己同他们划清界限，甚至协助推翻他们，借此尽可能给自己以及自己的未来上好保险。

欣楚克代表右翼孟什维克党团发表了一份声明，他以前是莫斯科苏维埃主席，后来当上了苏联驻柏林大使。“布尔什维克的军事阴谋……将使国家陷入内乱，破坏立宪会议，有出现战事灾难的危险，导致反革命取得胜利。”唯一的出路就是“与临时政府谈判建立一个以所有民主阶层为基础的政权”。这些人什么都没有学会，他们居然建议代表大会不要再指望起义了，并且回到克伦斯基那里去。透过喧闹、怒吼乃至口哨，一个右翼社会革命党代表的话才勉强让人听得到。他代表自己的党提出的声明宣称“不可能跟布尔什维克共同工作”，宣布妥协主义中央执行委员会召集和主持开幕的苏维埃代表大会自身也是没有得到授权的。

右翼的示威举动并不让人害怕，但是让人焦虑与愤怒。大多数代表的内心由于那些傲慢自大与目光短浅的领袖们的缘故痛苦得太久了。这些领袖最初喂给人们的是空话，后来喂的则是惩罚。莫非达恩、欣楚克、库钦之流还打算继续教训人，继续发号施令吗？一个名叫佩捷尔松的拉脱维亚士兵本来就因患肺结核脸色潮红，此刻又因憎恨两眼发红。他揭发哈拉什与库钦是冒牌货。“决议与废话够多了！我们需要的是行动！政权必须掌握在我们手中。让冒牌货离开代表大会吧！——军队不会和他们一起走！”发言以紧张热烈的激情缓解了代表大会的气氛，因为迄至此时，落到它身

上的只有侮辱。前线来的其他代表赶忙起来支持佩捷尔松。“库钦之流代表的是从 4 月起就待在军队委员会里面的一小撮人的意见。军队早就要求改选他们了。”“战壕里的居民等待把政权交到 335
苏维埃手里已经等得不耐烦了。”

不过，钟楼仍然还掌握在右翼那里。一个崩得代表宣称“彼得格勒发生的一切都是不幸的”，并且敦请代表们加入准备赤手空拳前往冬宫去同政府一起牺牲的杜马议员的队伍。苏哈诺夫写道：“无情的嘲笑在吵闹声中显得特别刺耳，这嘲笑有些很粗野，有些很恶毒。”语调动人的发言人显然错估了听众。“够了！逃兵！”代表、来宾、赤卫队员和站岗的士兵紧追着离开会场的人大喊大叫。“到科尔尼洛夫那里去吧！人民的敌人！”

右翼的离去并没有留下空余地方，普通代表显然拒绝追随军官和士官生去跟工人和士兵作对。右翼各党团大概走了 70 名左右的代表，也就是一半稍多一点。其余动摇不定的人便靠近决定不离开代表大会的中间集团坐了下来。如果说在开会之前社会革命党各个派别共有不超过 190 名代表的话，那么到这个时刻，单是左派社会革命党的人数就增加到了 180 名。那些还没有决定加入布尔什维克一边的人全都加入到左派社会革命党那边去了，尽管他们也愿意支持布尔什维克。

不论什么情况，孟什维克和社会革命党人都一直留在临时政府或者不管什么样的预备国会里面。难道当真可以跟有教养的社会决裂吗？不过要知道，苏维埃仅仅是人民的。在可以依靠苏维埃跟资产阶级达成妥协的时候，苏维埃是很不错的。但是能够容忍自命为国家主人的苏维埃吗？社会革命党人晋季诺夫后来写道："布尔什维克独自留下来了，从这一刻起，他们只依靠粗暴的肉体力量。"毋庸置疑，道德原则随着达恩和郭茨的离去，"砰"的一声关上了门。道德原则很适合提着两盏灯笼朝冬宫进发的那支300人队伍。可是一碰上布尔什维克粗暴的肉体力量便退了回来。

苏维埃赞成的和平谈判建议一直没有着落。如果右翼人士认为跟已经获胜的无产阶级达成协议的主意是可行的，那么他们就不会急忙与代表大会断绝关系。马尔托夫不会不明白这一点。但是他抓住妥协的想法不放，他的全部政策都是随着这个思想起伏不定的。"必须停止流血。"他再次发言时一开始便这样说。"这只是谣言！"大厅里喊了起来。他旋即回应说："传到这里的不只是谣言。假如你们走近窗口，就能听见炮击声。"当代表大会安静下来时，就不仅仅是在窗户附近才能听到炮声，这是不容置辩的。

马尔托夫宣读的声明全篇充满了对布尔什维克的敌意，理由也是苍白无力的。声明指责说，政变"仅仅是布尔什维克一党采用纯粹军事阴谋手段独自实现的"，并且要求代表大会暂时休会，直到同"所有社会主义政党"达成协议为止。在革命中追求合力比捕捉自己的影子还要糟糕！

就在这时，以越飞（他后来是苏联驻柏林的首任大使）为首的城市杜马布尔什维克党团出现在会议上，此前该党团就已经拒绝到冬宫的宫墙下去寻死，何况是大有问题的死。代表大会再次显得拥挤些了。大会用充满喜悦的欢迎词迎接朋友的到来。

但是还需要驳斥马尔托夫，这个任务落到了托洛茨基身上。苏哈诺夫认为："右翼退出以后，现在他的地位牢固程度就跟马尔托夫的地位脆弱程度相等了。"对手们并排站在讲台上，被群情激愤的代表从四面紧紧围住了。托洛茨基说话了："眼下发生的事件是起义，不是阴谋。人民群众的起义不需要证明自己正确与否。我们锻炼了彼得格勒的工人和士兵的毅力。我们公开铸就了群众的起义意志，而不是阴谋的意志……我们的起义胜利了，然而现在有人向我们提议：放弃自己的胜利去达成协议。我要问：跟谁？我们应该跟谁达成协议？跟那些离开这里的一小撮可怜虫吗？……可是要知道，我们完全看透了他们。在俄国没有人会继续跟他们走。这次代表大会所代表的千百万工人和农民应该对等地跟他们达成协议，可他们不是第一次也不是最后一次准备拿工人农民去换取资产阶级的宽恕。不，此刻哪有什么协议可言！我们要向那些离开这里的人以及那些提出此类建议的人说：你们是可怜的极少数，你们是破产者，你们的角色已经扮演完了，请你们从今以后到你们该去的地方——历史垃圾堆里去！……"

"那我们现在就离开！"马尔托夫高声喊道，还没等代表大会投票表决。苏哈诺夫埋怨说："处于愤怒与激动之中的马尔托夫起身从舞台向门口挤去，我连忙开始召集我们党团开会……"根本不是情绪激动的问题。当革命急速退潮时，比如7月时那样，民主社会主义的哈姆莱特马尔托夫在迈步向前；而现在当革命准备完成像狮子一样的跳跃时，马尔托夫却向后退却。右翼的离开使他丧失了实现议会迂回前进的随机应变机会。他马上觉得浑身不舒服。他急匆匆地离开代表大会，以便和起义脱离干系。苏哈诺夫竭尽可能表示反对。党团几乎也正好分成两半：最后以14票对12票的结果让马尔托夫胜利了。

托洛茨基提议代表大会通过一个作为指控妥协主义者诉状的

决议：他们筹划了后果极为严重的6月18日前线进攻；他们支持背叛人民的政府；他们掩饰在土地问题上对农民的欺骗；他们从事了解除工人武装的勾当；他们要对难以理喻的延续战争的行为负责；他们容忍资产阶级加剧经济崩溃；在失去人民的信任之后，他
338 们又反对召开苏维埃代表大会；最后，他们成了少数以后又同苏维埃决裂。

此刻又有人提交了一个临时声明，这说明布尔什维克主席团的宽容真的是没有限度的。来了一个农民苏维埃执行委员会的代表，他的任务是呼吁农民代表离开这个“开得不是时候的”代表大会，并且前往冬宫，“以便与那些被派去实现我们的意愿的人死在一起”。死在冬宫瓦砾之下的号召，由于它单调乏味开始使人感到厌烦。刚刚从“阿芙乐尔号”来到会场的一个水兵用讽刺的口吻宣布，没有什么瓦砾，因为巡洋舰发射的只是空炮。“请继续安心工作吧。”代表大会因这个蓄着漂亮黑胡子的水兵松了一口气，他充分体现了简单而又绝对的起义意愿。满脑子混杂观念和感觉的马尔托夫属于另一个世界，所以他也就跟代表大会分手了。

又有人提交了一个临时声明，不过这次是一个半友好的声明。卡姆科夫说：“右翼社会革命党人离开了，但是我们左派社会革命党人留下了。”代表大会向留下的人致敬。不过，他们也认为必须实现统一的革命阵线，故而反对托洛茨基的严厉决议，因为这个决议关上了与温和民主派达成协议的大门。

在这里，布尔什维克迁就了左派社会革命党人，好像任何时候都没有见他们有过这样的让步。这不奇怪，他们是局势的主人，他们用不着坚持原先的结论。卢那察尔斯基再次走上讲台。“重大

的任务落在了我们身上——这是没有任何疑问的。”联合民主派中一切真正的革命分子是必不可少的。可是，难道我们布尔什维克采取过什么排除其他团体的步骤吗？难道我们没有一致通过马尔托夫的提议吗？而我们在这些问题上得到的回报是指责与威胁。离开代表大会的人“甚至中止了自己的妥协主义者的工作，而公然 339
站到科尔尼洛夫阵营那边去了”，这难道还不清楚吗？

布尔什维克没有坚持立即对托洛茨基的决议进行表决，他们不想阻碍在苏维埃基础上达成协议的尝试。直观教学的方法甚至是在大炮的伴奏下成功运用的！正如此前通过的马尔托夫提议一样，现在对卡姆科夫的让步也只不过是暴露了调解努力没有取得什么效果而已。但是，与左派孟什维克不同，左派社会革命党人没有离开代表大会，因为他们所承受的暴动农村的压力太直接了。

互相在摸底试探。占据着原先的出发阵地。代表大会的过程出现了停顿。能通过根本的法令和建立苏维埃政府吗？还不能，因为旧政府仍然盘踞在冬宫。正是在那里一间相当昏暗的大厅里，桌子上方唯一的一盏灯用报纸遮着呢。凌晨两点过后，主席团宣布休会半小时。

红色统帅们卓有成效地利用了给予他们的短暂延迟时间。到重新开会时，人们在代表大会的气氛中感觉到了某种新的气息。加米涅夫在主席台上宣读了刚刚收到的安东诺夫打来电话的记录：冬宫被军事革命委员会的部队攻占了。除克伦斯基外，以独裁者基什金为首的临时政府全体成员都被逮捕了。尽管通过众口相传，大家都已经熟知了这个消息，然而正式的通告比鸣放礼炮还是显得更为重要。跨越把革命阶级与政权隔开的那道鸿沟的举动取得了成功。7月份被赶出克舍辛斯卡娅宫的布尔什维克现在成了冬宫的主宰。除了这个代表大会以外,俄国不存在另外的政权。复杂的感情纠结化入了掌声与欢呼之中:有胜利,有希望,不过也
340 有担忧。响起了新的更有信心的雷鸣般掌声。胜利到来了！即使有利的力量对比本身也深藏着意外的成分。只有当敌人的司令部成了俘虏时,胜利才成为无可争议的事实。

加米涅夫郑重地宣读着被捕人员的名单。那些最为大家熟知的名字在代表大会引起了仇恨和嘲讽的喊叫声。俄国外交命运的掌管人捷列申柯的名字遇到的对待尤其无情。而克伦斯基呢？克伦斯基？有消息说他上午10点在加特契纳守卫部队那里劝说了一通,但没有取得多大成效。“后来他到哪里去了,真的不知道,有传闻说他去了前线。”

革命的同路人觉得很不舒服。他们预感到从此布尔什维克的步伐将会变得更加坚定。左派社会革命党中间有人反对逮捕社会主义者部长。统一国际主义者一位代表提出警告:但愿不要把农业部长马斯洛夫关在君主制度时期他曾经住过的同一间牢房。托洛茨基在马斯洛夫当部长期间曾经蹲过在尼古拉统治时期就蹲过的同一座“十字监狱”,他回答说:“政治性的逮捕不存在报复的问题。它是……出于适当的理由不得不实行的措施。应该将政府……提交法庭审判,首先是因为它与科尔尼洛夫之间确凿无疑的牵连……社会主义部长将仅仅是软禁在家里。”更简单和更准确地说就是:拘捕旧政府成员是迫于尚未结束的斗争的需要。这是事关使对手政治上失去领导的问题,而不是惩罚以往罪过的问题。

不过,由于逮捕而引起的议会式质询很快就被另一个更加重

要得多的事件排斥了，被克伦斯基调往彼得格勒的第三自行车营转到革命人民一边来了！过于顺利的消息似乎难以置信；可是事情恰恰就是这样的：这支原先从全体作战部队挑选出来的精锐之师还没有抵达首都便参加了起义。如果说因逮捕部长而产生的高 341
兴情绪中还带有几分拘谨的情调，那么现在笼罩代表大会的就是无法遏止的地地道道的狂喜心情。

皇村的布尔什维克特派委员与自行车营的一位代表在讲台上并肩而立，为了向代表大会报告情况，他们二人刚刚才赶过来。“皇村守卫部队保卫着通向彼得格勒的要道。”护国主义分子离开了苏维埃，“全部工作由我们单独承担”。得知自行车营逼近的消息以后，皇村苏维埃准备进行抵抗。但是很幸运，担心原来是多余的：“自行车兵当中没有苏维埃代表大会的敌人。”还有一个营也将很快抵达皇村，人民已经在那里做好准备友好地迎接它。代表大会像一口接一口痛饮美酒一样，不停地品味着这个报告。

自行车兵的代表受到了暴风雨般的热烈欢迎。根据一项电报命令，突然要第三自行车营从西南战线前往北方战线，“去保卫彼得格勒”。自行车兵“蒙着眼睛向前”行进，只是忐忑不安地猜测到底出了什么事。在佩列多尔斯卡亚，他们看见了同样开往首都的第五自行车营乘坐的列车。就在车站共同举行的集会上，事情弄得很清楚了，“全体自行车兵当中找不出一个同意反对自己兄弟的人”。他们一致做出决定：不再服从临时政府。这个自行车兵代表说：“我具体地向你们宣布，我们不会把权力交给以资产者和地主为首的政府！”进入了革命人民日常生活之中的“具体地”这个词汇此刻听起来相当悦耳。

不是有人早就在这同一个讲台上用前线的讨伐来吓唬代表大会吗？现在，前线亲口说出了自己“具体”的声音。就算军事革命委员会暗中破坏代表大会吧，就算宁愿把普通的士兵群众派出自己的代表作为一个例外吧，就算在许多团和师里面士兵还没有学会区分布尔什维克和社会革命党人吧，反正都没有关系！从佩列多尔斯卡亚发出的声音才是千真万确的、准确无误的、不容置辩的军队声音。面对这种裁决，上诉是不存在的。布尔什维克，也只有他们及时明白了，就连自行车营的伙夫也要比所有那些手持已经陈腐的当选证书的哈拉什们和库钦们要切实地多地代表着前线。代表的情绪发生了意义重大的转折。苏哈诺夫这样写道：“人们开始感到事情变得平稳顺利了，右翼预言的威胁似乎不那么可怕了，领袖们在其他一切方面也可能是对的。”

倒霉的左翼孟什维克选择这个时刻来提醒人们注意自己。看来他们还没有离开，他们刚才还在自己的党团讨论问题。努力把动摇分子吸引到自己这边来的卡佩林斯基受托向代表大会宣布已经通过的决定。最后他大声说出了与布尔什维克决裂最坦白的理由：“请记住，军队正在向彼得格勒进发。我们有大难临头的危险。”“那你们为什么还待在这里呢？”从大厅各个角落传来了质问声，“要知道你们已经离开过一次了！”伴随着藐视的临别赠言，孟什维克三三两两朝门口走去。苏哈诺夫悲伤地写道：“我们离开了，结果让布尔什维克有完全的行动自由，我们把革命的整个舞台全部让给了他们。”即使他们继续留下来，形势也不会有多大改变。不管怎样，他们是彻底离开了。时局的巨浪残酷地淹没了他们的头顶。

代表大会到了该向人民发出号召的时候了。然而会议日程还是像前面那样排满了一批临时动议的声明。时局问题无论如何还没有提上议事日程。清晨5点17分,因疲倦已极而摇摇晃晃的克雷连柯手里拿着一份电报稿费力地登上讲台,是第十二集团军向代表大会发来了贺电,并且通知说它已经成立了军事革命委员会,委员会担负起了监视北方战线的责任。临时政府想得到武力援助的尝试一碰到军队的抵制便破产了。北方战线总司令切列米索夫将军表示服从军事革命委员会。临时政府的特派委员沃伊廷斯基提出辞职,正在等人来接替他。调往彼得格勒的部队派出的代表团一个接一个地向军事革命委员会宣布与彼得格勒卫戍部队联合起来。约翰·里德写道:“不可思议的事情出现了。人们热泪盈眶,互相拥抱。”

卢那察尔斯基终于有机会来宣读告工人、士兵、农民书。但这简直不是一份呼吁书。它实在是仅仅叙述了发生了什么以及推测将会发生什么。这个仓促拟出来的文献便是新的国家制度的开端。“妥协主义中央的全部权力完结了,临时政府被推翻了,代表大会把政权夺到了自己手中。”苏维埃政府提议马上缔结和约,把土地交给农民,军队实行民主化,实行对生产的监督,及时召开立宪会议,保障俄国各民族的自决权。“代表大会决定:地方各级政权统统转归苏维埃。”每读一句都引起了异常热烈的掌声。“士兵们!担负起保卫责任!铁路工人们!把克伦斯基派到彼得格勒的所有列车拦截下来!……革命的命运和民主和约的命运都掌握在你们手里!”

一听到土地,农民的精神便为之一振。按照章程,这次代表大会只代表工人和士兵，但是参加大会的也有个别的农民苏维埃代表团。现在它们要求把这些内容写进文献。它们立刻享有了投票表决的权利。彼得格勒农民苏维埃的一位代表“举双手赞成”呼吁书。一直沉默不语的阿夫克先季耶夫执行委员会成员别列津报告说，68 个对电报询问做了答复的农民苏维埃当中有一半支持苏维埃政权，另一半赞成把政权交给立宪会议。如果说各省半官僚的
344 苏维埃的情绪都是如此，那么未来的农民苏维埃代表大会支持苏维埃政权还用怀疑吗？

呼吁书把普通代表紧密地团结起来了，同时又以自己坚定的原则吓坏乃至疏远了某些同路人。一些小党的党团和残余人士再次一个接一个地走上讲台。一小撮显然是最左的孟什维克第三次与代表大会决裂。他们之所以离开，看来仅仅是为了保留挽救布尔什维克的机会：“否则，你们既毁了自己，也毁了我们，毁了革命。”波兰社会党代表拉宾斯基尽管留在大会，不过也是为了“把自己的观点坚持到底”，但是实际上附和马尔托夫的声明：“布尔什维克不能承担将要落的他们肩上的政权。”统一犹太工人党表决时弃权，与统一国际主义者完全一样。但是，所有这些以“统一”命名的党总共又有几个人呢？呼吁书以几乎全票（只有 2 票反对，12 票弃权）获得通过！代表们差不多都没有足够的力气来鼓掌了。

最后，快到 6 点时，会议结束了。城市此刻迎来了一个灰蒙蒙的寒冷早晨。在渐渐明亮起来的街道上，星星点点的篝火火焰黯淡下去了。手持步枪的工人和士兵的灰色脸庞显得神情凝重和有些异常。如果彼得格勒有占卜师，他们应该观察得到空中出现的重要征兆。

首都在新政权之下醒过来了。远离事件舞台的市民、吏员和知识分子一大早就奔向报亭，以弄清昨夜的浪涛究竟把他们冲向了岸的哪一边。但是要弄清究竟发生了什么事是不容易的。不错，报纸是报道了阴谋分子攻占了冬宫和抓走了部长，可是只把这些当作短暂的插曲。克伦斯基去了大本营，政权的命运将由前线来决定。关于代表大会的报道仅限于转载右翼发表的声明，列举哪些人退出了大会，揭露留下来开会的人无能为力。直到攻占冬 345
宫时发表的政论文章还在流露出安宁的乐观情绪。

可是，街头的传闻与报纸的口气根本不相符。好像部长们被关进了要塞。克伦斯基派来的援军暂时也没有见到。官吏与军官们惶惶不安，互相商量该怎么办。记者和律师的电话打个不停，编辑部正在搜集各种想法。客厅里的预言家说，必须用普遍的蔑视围困篡位者。商人们不知道是开门好还是关门好。新政权命令他们正常营业。饭店开门了，电车也在运行。银行因不祥的预感而备感烦恼。交易所的地震仪正在画出剧烈波动的曲线。当然，布尔什维克不可能长期坚持下去，不过在倒台之前，他们还能制造灾难。

法国反动记者克洛德·阿内当天写道："胜利者在高唱胜利之歌，他们完全有权利这么做。在所有这一大帮说空话的人中间，他们采取了行动……今天他们在收获果实。好极了！光荣的工作。"孟什维克对局势的评论则完全不同。达恩的报纸这样写道："从布尔什维克'胜利'这一天起已经过去了整整一昼夜，可是历史的厄运已经开始在残酷地报复他们了……他们周围是他们制造的空旷……他们跟所有人隔绝开了……所有服务机构和技术机构都拒绝为他们服务……他们……就在自己胜利的那一刻跌进了深渊……”

深受官吏的怠工和自己的轻浮鼓舞，自由主义和妥协主义圈子里的人莫名其妙地相信自己不会受到惩罚。他们用七月危机时的语言来评说和描述布尔什维克：“威廉的仆从”、“赤卫队员的口袋里装满了德国马克”、“暴动是由德国军官指挥的”，等等。新政权必须在这些人开始相信上述谣言之前向他们显示强硬的手腕。最肆无忌惮的几种报纸已经在 26 日凌晨被禁止发行了。另有几种在白天也遭到没收。暂时饶过了社会主义者的报刊：必须让左派社会革命党人和布尔什维克的某些人信服，与官方民主派联合的愿望是毫无根据的。

布尔什维克在怠工和混乱之中扩展胜利。晚上成立的临时军事指挥部着手组织彼得格勒的防御，以防备克伦斯基发动进攻。军队话务人员派到了已经开始罢工的电话局。各集团军接到了成立本部军事革命委员会的指令。胜利后获释的宣传员和组织员被成批派到前线和外省去了。党的中央机关报写道：“彼得格勒苏维埃动手了，现在轮到了其他苏维埃。”

白天传来了一个特别令人吃惊的消息：科尔尼洛夫逃跑了。实际上这个高级囚徒在贝霍夫一直处于忠于他的帖金人保护之下，并且对克伦斯基大本营的所有事情了如指掌。26 日他断定形势发生了重大转变，于是毫无困难便离开了自己那座虚构的监狱。克伦斯基和科尔尼洛夫之间的关系在群众心目中再次得到了明白无误的证实。军事革命委员会通过电话命令士兵与革命军官搜捕两个前最高总司令，并且把他们押送到彼得格勒来。

如同2月时的塔夫里达宫一样，现在斯莫尔尼宫也成了首都和全国一切职能的中心，所有的权力机关都集中在这里。命令从这里发出，或者人们遵照命令来到这里。人们向这里要求得到武器，缴获敌人的步枪与左轮手枪也送到这里来。从城市的各个地方把被捕的人带到这里。受凌辱的人已经聚集到这里寻求公正。资产阶级分子及其胆战心惊的马车夫路过斯莫尔尼宫地区时都宁愿绕一个大圈子。

汽车是比权杖和金球有用得多的现代政权的标志。在两个政权并存的制度下，汽车在政府、中央执行委员会和部分个人之间进行分配。现在，全部没收的机动车都集中到了起义的营地。斯莫尔尼宫地区就像一个巨大的露天停车场。最好的汽车冒出的是很差的油料产生的黑烟。摩托车在昏暗的地方发出烦人且危险的撞击声。装甲车像海妖一样嚎叫。斯莫尔尼宫地区看起来就像是工厂、车站和革命的动力站。

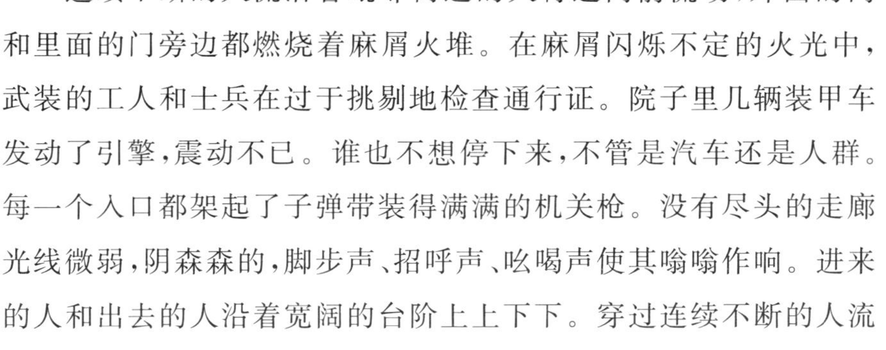

连续不断的人流沿着毗邻街道的人行道向前流动，外面的门和里面的门旁边都燃烧着麻屑火堆。在麻屑闪烁不定的火光中，武装的工人和士兵在过于挑剔地检查通行证。院子里几辆装甲车发动了引擎，震动不已。谁也不想停下来，不管是汽车还是人群。每一个入口都架起了子弹带装得满满的机关枪。没有尽头的走廊光线微弱，阴森森的，脚步声、招呼声、吆喝声使其嗡嗡作响。进来的人和出去的人沿着宽阔的台阶上上下下。穿过连续不断的人流的是极不耐烦和带着命令口气说话的那些人——斯莫尔尼宫的工作人员、信使、特派委员。他们手里高举着委托书或命令，肩上挎着步枪，或者腋下夹着公文包。

军事革命委员会的工作一刻也没有中断过，它要接待代表、信使、志愿情报者、舍己忘我的朋友，不过也有骗子。它把特派委员派往城市各个角落，在命令和全权证书上盖下不计其数的印鉴——所有这一切都是在交叉询问、特殊联络、电话铃声和武器撞击声中进行的。那些筋疲力尽的人已经很久没有睡觉和吃饭，也没有刮脸了。他们穿着脏兮兮的内衣，睁着红肿的双眼，扯开嘶哑的嗓子喊叫，打着夸张的手势。他们之所以还没有晕倒在地板上，那似乎是因为周围太乱的缘故。这种混乱任意支使他们，把他们置于自己无拘无束的双翼之上。

348 冒险家、招摇撞骗者、旧制度的渣滓把鼻子伸进空气中，到处寻找进入斯莫尔尼宫的通行证，其中有些人还真找到了。他们熟知管理部门的某些小秘密，如外交信箱的钥匙掌管在谁手里，怎样填写报销单据，哪里可以弄到汽油或者打字机，特别是最好的宫廷葡萄酒藏在何处等。他们并没有马上进班房或吃枪子的危险。

自创世以来，还从未见过发出过如此之多的命令——口头的、铅笔写的、打字机打的、电话下达的，一个紧接着一个。成千上万乃至不计其数的命令并非总是由有权这样做的人下达的，而且很少是下达给了有能力执行的人的。可是奇怪之处就在于这个疯狂的旋涡里面有它自己内在的理智，人们居然能做到相互理解，毕竟最重要和最必需的还是得到了执行。代替旧管理机构的新管理机构第一批控制线索拉紧了，是革命加强了它们。

当日白天，布尔什维克中央委员会在斯莫尔尼宫开了会，解决了俄国新政府的问题。会议没有记录，或者说记录没有保存下来。谁也不关心将来历史学家怎样写，尽管刚刚为他们准备了不少够他们忙碌的事。夜间举行的代表大会会议需要完成由部长组成内阁的任务。部长？一个多么有损名誉的名称啊！它散发出的是追求高级官运和实现议会制贪图名利的气味。最后决定苏维埃政府的名称叫人民委员会，这毕竟听起来要新鲜一些。既然关于建立“所有民主派的”联合政府的谈判暂时还没有取得任何进展，那么政府的党派和个人构成问题就变得简单了。刚刚才跟克伦斯基的党决裂的左派社会革命党人装模作样和固执己见，他们自己也不清楚自己该做些什么才好。中央委员会把列宁的提议作为唯一可行的提议通过了：由布尔什维克单独组成政府。

马尔托夫作为替被捕的社会主义部长的说情者又来敲这次会议的大门了。不久前，他也曾在社会主义部长面前替被捕的布尔什维克说过情，要求释放他们。车轮转了一个很大的圈。中央委员会通过自己派去同马尔托夫谈判的一位最靠得住的中央委员加米涅夫之口重申，社会主义部长将带回家里软禁起来。大概担心世人会顺便把他们忘记，因为就连他们自己也拒绝这个特权，要在特鲁别茨科伊棱堡遵循部长们团结一致的原则。

晚上9点，代表大会开始开会。“情况总的来说跟昨天的会议区别不大。少了一些武器，也少了一些大群聚集的人。”已经不是作为代表，而是作为听众的苏哈诺夫竟然找到了一个空座位。这次会议迫切需要解决和平、土地与政府问题。总共三个问题：结束战争，把土地交给人民以及确立无产阶级专政。加米涅夫开始报告主席团当天所做的工作：废除克伦斯基在前线实行的死刑；恢复完全的宣传自由；发布释放因政治信念而被关进监狱的士兵和土地委员会成员的命令；解除临时政府所有特派委员的职务；下令逮捕克伦斯基和科尔尼洛夫，并且把他们押送到彼得格勒来。代表大会赞成和肯定了上述措施。

某些最后的残余分子再次在充满着不耐烦和恶意的大厅里发言，有些人称“要在暴动胜利的时刻而不是在失败的时刻”离开，另一些人则相反，他们夸耀要留下来。来自顿涅茨克煤矿的一位代表敦促采取措施，防止卡列金切断北方的煤炭供应。时间过去了不少，可革命还是一直没有学会如何采取如此规模的措施。最后，会议终于转向议事日程中的第一个议题。

列宁受托就和平问题做报告，直至这时代表大会还没有见到
350 过他。他一出现在讲台上，便引起了经久不息的欢迎掌声。来自战壕的代表们全神贯注打量着这位深奥莫测的人物。曾经有人教他们仇视这个人，可是他们背地里学会了热爱他。“列宁有力地抓住托架的边，用自己不算大的双眼扫视着人们。他站在那里等着，看来没有怎么在意延续了好几分钟的不停欢呼。欢呼结束之际，他简单明了地说了一句：‘我们现在就着手建设社会主义制度。’”

代表大会的记录没有保存下来。被请来记录辩论的预备国会速记员同孟什维克、社会革命党人一起离开了斯莫尔尼宫，这是首批怠工事件之一。秘书的记录也在事件的深潭里淹没得无影无踪了。剩下的只有在炮击声中和政治斗争的咬牙切齿声中急就成章的并且充满偏见的报纸综合报道。特别是列宁的报告听起来叫人感到十分吃力：由于讲话语速太快和不少长复合句结构，报告即使在比较便利的情况下也不容易让人记录下来。约翰·里德援引列宁上述开宗明义的那句话，在任何一篇报纸报道中都找不到，但是它完全符合列宁的性情。约翰·里德不可能捏造出这句话来。列

宁定该是这样开始自己在苏维埃代表大会上的演讲的。“我们现在就着手建设社会主义制度。”这话相当简单，没有激昂陈词，然而充满着坚定的信心。

可是为了做到这一点，必须首先结束战争。列宁侨居瑞士时提出的口号是：变帝国主义战争为国内战争。现在必须把已经获胜的国内战争变成和平。报告人直接从宣读宣言的条文开始，这篇宣言将来应该由即将选举产生的政府来公布。文本还没有分发给代表，因为技术手段很不完善。代表大会只得借助听力仔细斟酌这篇文献的每一个字词。“10 月 24—25 日的革命所建立的、依靠工兵农民代表苏维埃的工农政府，向一切交战国的人民及其政府建议，立即就缔结公正的民主的和约开始谈判。”(《列宁全集》中文第二版第 33 卷，第 9 页)公正的条件就是排除割地与赔款。割地应该理解为强行兼并欧洲或者遥远的海外国家别的民族或者强行留住它们。“同时本政府声明，上述和平条件绝非最后通牒式的条件，也就是说，它愿意考虑任何其他和平条件。”(《列宁全集》中文第二版第 33 卷，第 10 页)它只要求尽快开始谈判，并且取消谈判过程中的任何秘密行为。苏维埃政府从自己做起，取消秘密外交，着手公布 1917 年 12 月 25 日之前签订的条约。这些条约中凡是旨在给予俄国地主和资本家以利益与特权，以及旨在通过大俄罗斯人对其他民族实施压迫的一切规定，“本政府宣布立即无条件地废除”。(《列宁全集》中文第二版第 33 卷，第 10 页)为了开始和平谈判，随即又提出了签订停战协议(可能的话，至少为期三个月)的建议。工农政府“在向一切交战国的政府和人民提出以上媾和建议的同时，特别向人类三个最先进的民族……的觉悟工人呼

吁”。(《列宁全集》中文第二版第 33 卷,第 11 页)这三个国家就是英国、法国和德国,相信正是这三个国家的工人将会“帮助我们把和平事业以及使被剥削劳动群众摆脱一切奴役和一切剥削的事业有成效地进行到底”。(《列宁全集》中文第二版第 33 卷,第 11 页)

列宁只限于对宣言的原文进行简短的声明。“我们不能漠视各国政府,否则就可能拖延和约的签订……但是我们也没有任何权利不同时向各国人民呼吁。各国政府和人民之间都有分歧,所以我们应当帮助各国人民干预战争与和平的问题。”“当然,我们要
352 极力坚持我们的没有兼并和赔款的全部和平纲领。”(《列宁全集》
中文第二版第 33 卷,第 11—12 页)但是我们不应该以最后通牒的方式提出我们的条件,为的是不让政府轻易拒绝谈判。我们也将考虑其他任何条件。“我们将予以考虑,这并不是说将予以接受。”(《列宁全集》中文第二版第 33 卷,第 12 页)

妥协主义者于 3 月 14 日发表的宣言建议其他国家的工人为了和平起来推翻银行家,可是妥协主义者自己不仅没有号召推翻本国的银行家,而且同他们结成了联盟。“现在我们已经把银行家的政府推翻了。”(《列宁全集》中文第二版第 33 卷,第 12 页)这使我们有权向他国人民发出呼吁。我们满怀胜利的希望:“最后,要记着,我们不是处在非洲的荒漠,而是处在欧洲,这里的一切可以很快地让人们都知道。”像以往那样,列宁把民族革命转变为国际革命视为胜利的保证。“工人运动定会占上风,定会铺平走向和平与社会主义的道路。”(《列宁全集》中文第二版第 33 卷,第 13 页)

左派社会革命党派自己的一位代表宣布支持刚才朗读的宣言,称宣言的“精神和意义符合他们的意愿,也是他们所理解的”。

统一国际主义者也赞成宣言，但条件是以所有民主派成员组成的政府名义出发。拉宾斯基代表波兰左翼孟什维克对这份文献的“健康的无产阶级现实主义”表示欢迎。捷尔任斯基代表波兰—立陶宛社会民主党，斯图契卡代表拉脱维亚社会民主党，卡普苏卡斯代表立陶宛社会民主党无保留地赞成宣言。只有布尔什维克叶列梅耶夫表示反对，他要求赋予和平条件最后通牒的性质，否则“可能以为我们软弱，我们害怕”。

列宁坚决反对，甚至是异常激烈地反对以最后通牒的方式提出条件：我们这样做，“因为绝不能让敌人把我们毫不妥协的态度当作借口，向人民隐瞒全部真相”。有人说，“我们不采用最后通牒方式，就是表示我们软弱”，是放弃资产阶级政治虚伪的时候了。“我们丝毫用不着害怕说出疲乏真情实况……”（《列宁全集》中文第二版第33卷，第16页）后来围绕布列斯特-里托夫斯克谈判而产生的分歧透过这一插曲已经看得一清二楚了。

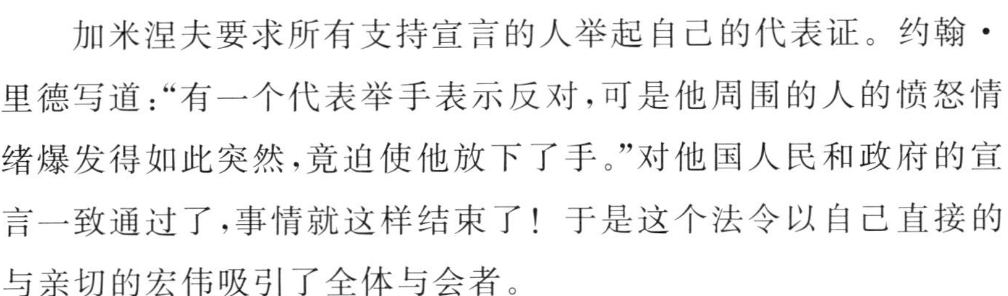

加米涅夫要求所有支持宣言的人举起自己的代表证。约翰·里德写道：“有一个代表举手表示反对，可是他周围的人的愤怒情绪爆发得如此突然，竟迫使他放下了手。”对他国人民和政府的宣言一致通过了，事情就这样结束了！于是这个法令以自己直接的与亲切的宏伟吸引了全体与会者。

尽管有偏见然而又细心的观察者苏哈诺夫不止一次指出过代表大会第一次会议萎靡不振的情形。毫无疑问，代表像所有人一样由于各种会议、乘车、发言、决议，由于总是原地踏步而感到极度疲乏。这次代表大会可以而且定能把事业进行到底吗？对此他们没有信心。无比宏伟的任务和难以制伏的反抗这一次不会迫使大会做出让步吗？先是攻占冬宫的消息，随后是自行车兵转到起义一方的消息促使信心大大增强了。不过这两件事还只是与革命的技术问题相关。只有到此刻，其历史意义才真正展现出来了。已经胜利的起义为工人士兵苏维埃代表大会奠定了坚不可摧的基础。代表们这一次不是为决议、为宣言投票，而是为意义无法估量的政府法令投票。

各国人民，请听我们说！革命愿意为你们提供和平。有人指控它破坏条约，可是它以此感到自豪。破坏嗜血猛兽的同盟——这是最伟大的历史功绩。布尔什维克敢于这样做，也唯有他们敢于这样做。对自己的自豪感从内心迸发出来了。眼睛里闪耀着兴奋的光芒。大家都站立着，已经没有谁抽烟了。好像人人都屏住了呼吸。主席团、代表、来宾、站岗的士兵都汇聚在起义与兄弟情谊的赞歌之中了。革命的观察家和参与者，也是革命的记者和诗人约翰·里德不久后讲述说：“我们大家抑制不住常人的冲动，突
354 然站了起来，跟着唱起了令人振奋的国际歌。一个头发斑白的老兵也像孩子一样流下了眼泪。亚历山德拉·柯伦泰不停地眨着眼睛，好不让自己哭出声来。雄壮有力的歌声在大厅里回荡，透过门窗，向高空飘去。”飘上了高空吗？宁可说它飘向了把不幸的欧洲钉上十字架的秋天战壕，飘向被摧毁的城市和乡村，飘向正在服丧的妻子和母亲那里。“起来，饥寒交迫的奴隶！起来，全世界受苦的人！”歌词摆脱了它约定俗成的含义，它们同政府法令融合在一起了。因此，它们听起来就像是直接行动的动力。此刻每个人都觉得自己越发高大，越发有价值了。革命的精神扩展到了全世界。“要创造人类幸福。”自主、首创、勇敢的精神，被压迫人民通常没有

的那种幸福感——现在革命带来了这一切。“……全靠我们自己。”千百万人曾经推翻过帝制与资产阶级的万能双手如今要扼死战争。维堡区的赤卫队员、身上带着伤疤的前线平凡士兵、服完了苦役刑期的革命者、“阿芙乐尔号”巡洋舰上的黑胡子青年水兵——大家发誓要把自己最后和坚决的斗争进行到底。“我们要建设一个新世界。”我们要建设一个新世界！发自人们内心的这句歌词已经包含了后来国内战争年代与劳动和贫穷的五年计划年代所发生的一切。“不要说我们一无所有，我们要做天下的主人。”一无所有要变成拥有一切。既然过去的现实不止一次变成了歌曲，为什么歌曲就不能变成明天的现实呢？战壕里的军大衣看起来不再像是苦役犯的囚服，棉花外翻出来的高帽别样地戴在了发光的双目上方。“英特纳雄耐尔就一定要实现！”还能想象得到人类不会从贫困与屈辱，从战争的泥泞与战争的血污中重新振作起来吗？

“以列宁为首的主席团全体成员都站立在那里唱着歌，他们脸上流露出激动和兴奋的神情，双目闪闪发亮。”那个以怀疑态度看待他人胜利的人带着沉重的心情如是做证。苏哈诺夫还承认：“我似乎也想加入到他们当中去，跟这些民众及其领袖们融合在相同的感受和情绪中。可是，我不能……”

唱完了副歌的最后一句，代表大会全体人员仍然站立着，他们还沉浸在刚刚才经历过的庄严气氛中。很多人的目光仍然停留在讲台上那个身材不高却很结实的人身上。他的脑袋与众不同，颧骨突出的脸庞线条简单分明，现在下巴也刮过了。长着一双有点像蒙古人的不大的眼睛，但看东西的目光能穿透一切。他不在这里已经有 4 个月了，他的名字本身几乎已经脱离了真实容貌。但是他不是神话，不是，你看，他就站在自己人中间，现在有这么多“自己人”！他手里拿着的文本是呼吁和平的告人民书。甚至那些十分清楚他在党内地位的最亲近的人也是头一回感受到，对于革命，对于俄国人民，对于全世界人民，他到底意味着什么。这是他培养出来的，这是他教会的。会场上不知从谁口中喊出了向领袖致敬的话，大厅仿佛也在等待信号。列宁万岁！充满全身的激动情绪，不再有疑虑的心情，开创事业的自豪，胜利的喜悦，伟大的希望——所有这一切汇聚在感激与兴奋的火山爆发中。那位持怀疑态度的见证人干巴巴地说道：“情绪无疑在不断高涨……向列宁致敬，高呼‘乌拉’，把帽子抛向空中。唱完了怀念战争牺牲者的安魂曲，接着又是鼓掌、欢呼、抛帽子。”

第二天，全体人民又经历了此刻代表大会所经历过的一切，尽管不是那么浓烈。斯坦凯维奇在自己的回忆录中写道：“必须指出，布尔什维克大胆的姿态，他们跨越把我们跟身边人民隔开4年时光的铁蒺藜的能力，这自然而然地给人造成了深远的印象。”布德别尔格男爵在自己的日记里更加粗鲁不过至少是明确地表示：
356 “列宁同志的新政府因颁布了立即实现和平的法令而突然变得可怕了……当前这是一个把士兵群众吸引到自己这一边来的极为高明的步骤。我在今天走访过的几个团看到到处都弥漫着这种情绪。列宁发出的立即签订为期3个月的停战协定以及随后缔结和约的电报到处都造成了极其强烈的印象，引起了狂热的喜悦。现在我们失去了挽救前线的最后机会。”这些人早就只不过是把挽救被他们断送的前线当作挽救自己社会地位的借口而已。

假如3—4月间革命在自己身上发现了跨越铁蒺藜的决心，那么它就能够在军队缩减一半或三分之二的情况下使其暂时团结起来，还能够用这种方式为自己的对外政策构筑由精锐力量把守的阵地。但是采取勇敢行动的时钟只是到10月才敲响，不过到这个时候，哪怕是挽救部分军队，哪怕是在短暂期间，也已经是不可思议的了。新制度自己不仅必须为沙皇制度的战争，而且要为临时政府滥用的轻率举动付出代价。在这种可怕的、对其他政党来说又是毫无希望的处境中，只有通过十月革命为人民的能量开辟出无穷源泉的布尔什维主义才能把国家引上一条畅通无阻的道路。

列宁再次登上了讲台，这一次他是就土地法草案做报告。他一开始就对已经被推翻的政府与妥协主义政党进行了谴责，是它们拖延解决土地问题引起了农民起义。“他们大谈农村里的大暴行和无政府状态，显然是撒谎和玩弄怯懦的欺骗手腕。”“试问什么时候什么地方明智的措施造成过大暴行和无政府状态呢？……”（《列宁全集》中文第二版第33卷，第17页）法令的条文没有复制分发给众人。报告人手里拿着的是唯一的草案。据苏哈诺夫回忆说，它写得“如此之潦草，以致列宁读起来时断时续、杂乱无章，最后竟完全停顿下来了。聚拢在讲台周围的人当中有一位提出帮他来读。列宁也很乐意让出自己的位置和那张字迹潦草的纸”。可是在平民议会的心目中，这些纰漏一点也没有贬低已完成事业的伟大。

法令最主要的就是第一条那两行文字：“立即废除地主土地所有制，不付任何赎金。”（《列宁全集》中文第二版第33卷，第18页）地主、皇室、修道院和教会的土地，连同耕畜和农具统统交由乡土地委员会和县农民代表苏维埃支配，直至立宪会议召开。没收的财产作为人民的财富置于地方苏维埃保护之下。普通农民和普通哥萨克的土地不予没收。整个法令总共不到 30 行字:它真是快刀斩乱麻。

完全从农民那里借用过来的、内容更为广泛的说明书附属于法令的基本条款。8 月 19 日的《农民苏维埃消息报》刊登过选民向自己的第一次农民苏维埃代表大会代表提出的 242 条委托的综合报告。尽管综合委托书是社会革命党人拟定的,列宁也没有仅限于把这个文献作为附件,而是“为了实际上领导土地改革”而把它完整地列入了法令。综合委托书内称:“永远废除土地私有权。”“凡愿意用自己的劳动……从事耕种的一切俄国公民,均享有土地使用权。”“禁止使用雇佣劳动。”“土地应当平均使用,即根据当地条件,按劳动土地份额或消费土地份额把土地分配给劳动者。”(见《列宁全集》中文第二版第 33 卷,第 19 页)

在保留资产阶级制度的前提下,更不用说在跟地主结成联盟的情况下,社会革命党的委托书便成了毫无生命力的乌托邦,如果还不是变成蓄意欺骗的话。在无产阶级取得统治地位的条件下,它也不可能让自己的各个部分都得以实行。但是,委托书的命运
358 跟政权方面对它的态度一起发生了根本的变化。工人国家给了农民一个实际检验自己的矛盾纲领的期限。

8 月时列宁曾经写道:“农民希望保留自己的小经济,希望平均分配,定期重分……让他们这样希望吧。没有一个明智的社会主义者会因此而同贫苦农民分手。既然没收土地意味着摧毁银行的统治,没收农具意味着摧毁资本的统治,那么,只要……政权转到了无产阶级手里,其他一切……就会由实践本身来提示。”(《列

宁全集》中文第二版第 32 卷，第 111 页）

不但很多敌人，而且很多朋友也不明白布尔什维克党对待农民及其土地纲领的这种富有远见的，在相当程度上也是有教育意义的态度。例如，罗莎·卢森堡就表示反对平均分配土地，说它与社会主义没有任何共同之处。不过，对于这一点，布尔什维克当然也不抱什么幻想。相反，法令结构本身就证明立法者具有批判性的警觉。虽然综合委托书表示所有土地，无论地主的还是农民的，“都要转变成全民财产”，但是主体报告对土地所有制新形式未置一词。即使道学气不太浓的法学家也必定会因下面这个事实而感到极端恐惧，即土地国有化，也就是具有全世界历史意义的新的社会原则，作为基本法律的指导正在形成中。但是这里不存在什么编辑方面的疏漏。列宁想尽可能少地凭主观臆断把党和苏维埃政权束缚在尚未经历过的历史领域里。正是在这里，他把极度的小心谨慎跟无与伦比的勇气结合起来了。农民自己到底如何理解土 1257 地变成了“全民财产”，这只能依据经验来确定。向前猛冲一段以后，必须要巩固阵地，防止急速后退。在农民中间分配地主的土地这一举动本身并不能防止资产阶级反革命的侵害，但无论如何都 359 能排除封建君主制度的复辟。

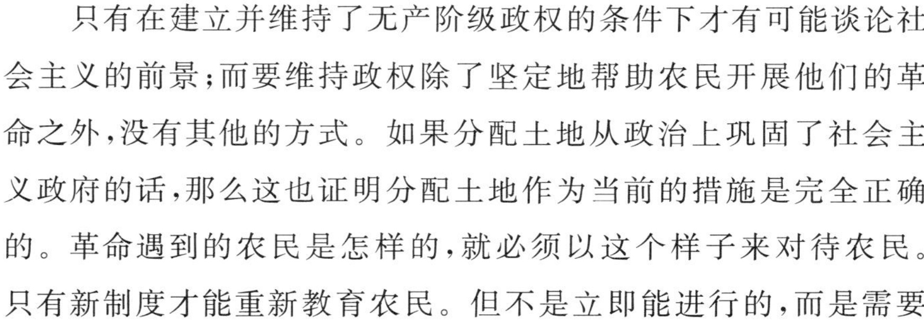

只有在建立并维持了无产阶级政权的条件下才有可能谈论社会主义的前景；而要维持政权除了坚定地帮助农民开展他们的革命之外，没有其他的方式。如果分配土地从政治上巩固了社会主义政府的话，那么这也证明分配土地作为当前的措施是完全正确的。革命遇到的农民是怎样的，就必须以这个样子来对待农民。只有新制度才能重新教育农民。但不是立即能进行的，而是需要许多年头，需要好几代人，并且要在新技术和新经济组织的帮助下。结合了委托书内容的土地法令对无产阶级专政而言便意味着一种责任，不仅要认真看待农业劳动者的利益，而且要耐心地看待他们的小业主幻想。土地革命还要经历不少阶段和曲折，这是早已明白的道理。综合委托书很难说是最新颖的发明，它仅仅是工人同意借用的出发阵地，它帮助农民实现他们的进步要求，以及警告他们不要迈错了步子。

列宁在自己的报告中指出："我们……不能漠视下层人民群众的决定，即使我们并不同意。……我们应当让人民群众享有发挥创造精神的充分自由……问题的实质在于使农民坚信农村中再不会有地主了，一切问题将由农民自己来解决，他们的生活将由他们自己来安排。"（《列宁全集》中文第二版第 33 卷，第 20—21 页）这是机会主义吗？不是，这是革命的现实主义。

还没等欢呼声平息下来，来自农民苏维埃中央执行委员会
的右翼社会革命党人皮亚内赫对社会主义部长仍然处于拘押之
中提出强烈抗议。这位发言人无法控制自己的情绪，敲着桌子
360 大声喊叫："眼下竟发生了任何一次革命中都不曾发生过的这种事
情，我们中央执行委员会的同志马斯洛夫和萨拉兹金还关在监狱
里。我们要求立即释放他们！""假如他们头上哪怕是掉落了一根
头发……"另一位穿军大衣的使者这样威胁说。他们两人对代表
大会来说真的像是来自另一个世界的外人。

到革命爆发之际，在德文斯克的监狱里还关押着大约 800 名以布尔什维主义罪名起诉的犯人，明斯克关了大约 6000 人，基辅关押着 535 人，其中绝大多数是士兵。而在全国各地还关押着多

少农民委员会的成员啊！最后，从主席团算起，代表大会许多代表自己的好运也是经过克伦斯基的监狱而交上的。如果临时政府的朋友的愤慨不能指望在这次会议上产生心灵震撼，那也不足为怪。除了这一不幸之外，一个谁也不认识的代表从座位上站了起来，他是一个特维尔农民，一头长发，身穿一件翻毛皮袄。他彬彬有礼地朝四周鞠了一番躬，然后代表自己的选民恳求代表大会不要在逮捕阿夫克先季耶夫的委员会全体成员一事上罢手。“这不是农民代表，而是立宪民主党人……他们的席位就应该在监狱里。”两个人就这样面对面站着：一个是富有议会工作经验的部长亲信、痛恨布尔什维克的社会革命党人皮亚内赫，一个是代表自己的选民向列宁热情鞠躬的特维尔无名农民。两个社会阶层，两种革命：皮亚内赫代表二月革命说话，特维尔农民则为十月革命而奋斗。代表大会真诚地热烈欢迎这位身穿皮袄的代表，农民苏维埃中央执行委员会的使者骂骂咧咧地离开了会场。

“社会革命党党团欢迎列宁提出的法令条文，并且把它当作自己思想的胜利。”卡列加耶夫宣布说。但是由于这个问题异常重要，因此必须要经各党团讨论。一个最高纲领派分子、分裂后的社会革命党极左派分子的代表要求马上举行投票。“我们应该对这个党表示尊敬，如果它从第一天起就在毫不动摇地贯彻这样的措施的话。”列宁则坚持，休会无论如何也要尽可能地短暂。“对于俄国如此重要的新闻，上午必须见报。不管怎样也不能拖延！”要知道土地法令不仅是新制度的基石，而且是即将要力争得到整个国家的革命的武器。怪不得约翰·里德此刻记下了一个闯进喧嚣大厅的不容商量的喊叫声：“请 15 个宣传员到第 17 号房间去。马上就去！要派你们去前线！”

凌晨1点钟，一个来自马其顿的俄国军队代表抱怨说，先后轮替的彼得格勒的政府都忘记了他们。但是马其顿士兵方面支持和平法令和土地法令是有保证的！这是对士兵情绪的再一次检验，这一次是在东南欧洲的遥远角落。加米涅夫紧接着通报，临时政府从前线调来的第十自行车营今天早晨抵达了彼得格勒，它也像自己的先行者一样拥护苏维埃代表大会。热烈的掌声表明，反复证明自己的实力在任何时候都不是多余的。

在一致通过了宣布不允许黑暗势力对犹太人及其他外族人滥施暴行是地方苏维埃光荣职责的决议以后，会议对土地法令进行投票表决。再次迸发出满腔热忱的代表大会以只有1票反对，8票弃权，也就是几乎全票赞成的结果通过了该法令。它标志着农奴制这个俄罗斯文明基础之基础的终结。土地革命从此便合法化了，无产阶级革命因而也就有了一个强大坚实的基础。

剩下最后一个任务就是成立政府。加米涅夫宣读了由布尔什维克中央委员会草拟的方案。国家生活各个领域的管理权委托给
362 了各个委员会，它们的工作任务应当是“在与工人、女工、水兵、士兵、农民和职员的群众组织紧密团结中”贯彻苏维埃代表大会宣布的纲领。政府权力集中在由这些委员会负责人组成名为人民委员会的集体手里。监督政府活动的权力属于苏维埃代表大会及其中央执行委员会。

在第一届人民委员会成员中有7名布尔什维克党中央委员：列宁担任没有设部长职位的政府首脑，李可夫为内务人民委员，米留京出任农业部门的领导人，诺根为贸易与工业部门的领导人，托洛茨基是负责外交事务的领导人，洛莫夫担任司法部门的领导人，斯大林出任民族事务委员会首脑。陆海军事务则交给由安东诺夫—奥夫申柯、克雷连柯和德宾科组成的委员会负责。劳动人民委员部的领导人要由施里亚普尼柯夫担任，教育部门的领导人必定是由卢那察尔斯基出任，繁重而成效甚微的粮食供应的担子则落到了捷奥多罗维奇的肩上，邮政和电报事务落到了工人格列博夫身上。交通人民委员的职务暂时空缺，这扇为同铁路员工组织达成协议的大门仍然敞开着。

全部 15 名候选人当中有 4 名工人和 11 名知识分子，他们都曾经坐过牢、流放过或者在国外流亡过。其中 5 人在已经建立民主共和国制度以后还蹲过监狱。未来的政府首脑直到前一天才从民主制度的地下状态走出来。加米涅夫和季诺维也夫没有进入人民委员会，第一个人被任命为中央执行委员会主席，第二个人则出任苏维埃官方机关报编辑。约翰·里德写道："加米涅夫宣读人民委员会的名单时，掌声随着每一个名字一阵又一阵响起来，特别是念到列宁和托洛茨基的名字时。"苏哈诺夫补充说，同样的情况也出现在念到卢那察尔斯基名字的时候。

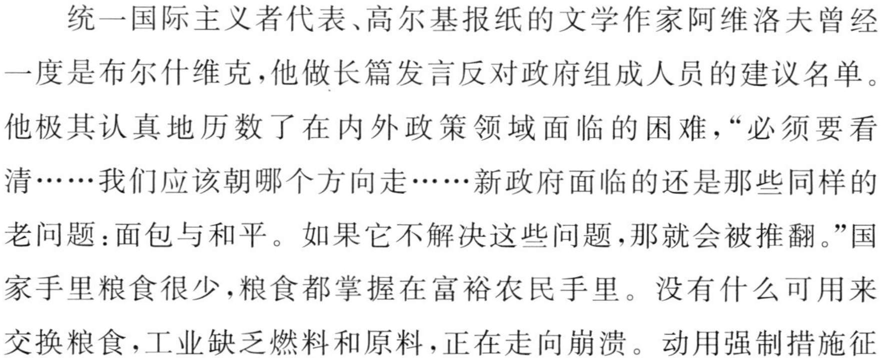

统一国际主义者代表、高尔基报纸的文学作家阿维洛夫曾经 363
一度是布尔什维克，他做长篇发言反对政府组成人员的建议名单。他极其认真地历数了在内外政策领域面临的困难，"必须要看清……我们应该朝哪个方向走……新政府面临的还是那些同样的老问题：面包与和平。如果它不解决这些问题，那就会被推翻。"国家手里粮食很少，粮食都掌握在富裕农民手里。没有什么可用来交换粮食，工业缺乏燃料和原料，正在走向崩溃。动用强制措施征

收粮食，这是困难、长期而又危险的。所以需要建立这样的政府，它不仅要让贫困农民，而且要让富裕农民同情它。为此，必须建立联合政府。

“实现和平将更加困难。”代表大会提出的立即停战的倡议没有得到协约国政府的响应。盟国的大使其实已经在准备走人了。新政权原来是孤立的，它的和平倡议悬在了半空。交战国人民群众离革命暂时还很遥远。后果可能有两个：要么革命被霍亨索伦王朝的军队所摧毁，要么单独媾和。对俄国而言，这两种场合下的和平都不可能不是最艰难的。只有“人民的多数”才能应付全部困难。然而不幸的是民主派分裂了，其左翼想在斯莫尔尼宫建立一个纯布尔什维克的政府，而右翼正在城市杜马建立社会安全委员会。为了挽救革命，必须由两个集团组建政权。

1262

正是在这种气氛中，左派社会革命党人代表卡列宁出来发言了。排除退出代表大会的那些党派，就不可能贯彻业已通过的纲领。不错，“对它们的退出，布尔什维克没有什么罪过”。但是代表
364 大会的纲领应该联合所有的民主派。“我们不想沿着孤立布尔什维克的道路走下去，因为我们懂得，布尔什维克的命运与整个革命的命运紧紧连在一起，他们的灭亡就是革命的灭亡。”如果说他们左派社会革命党人拒绝了参加政府的建议，那么他们是出于善意的目的：为在布尔什维克跟那些离开代表大会的政党之间进行调停保留自己的活动自由。“在这种调停中……左派社会革命党人现在看见了自己的主要任务。”左派社会革命党支持新政权在解决迫切问题方面开展的工作，同时他们也会投票反对拟议中的政府名单。一句话，这个年轻的政党尽可能地把事情搞乱。

完全同情阿维洛夫和在幕后怂恿卡列宁的苏哈诺夫叙述说：“托洛茨基出面为布尔什维克的单独政权进行辩护了。他讲得很明晰，也很尖锐，在很多方面也完全是正确的。但是他不想弄清楚，他的对手全部论据的中心是什么……”全部论据的中心就是沿对角线达到理想的调和状态。3月的时候，他们力图在资产阶级与妥协主义苏维埃之间进行调和。现在苏哈诺夫幻想在妥协主义民主与无产阶级专政之间实现对角线调和。但是革命不是沿着对角线调和路线发展的。

托洛茨基说：“他们多次用左翼有可能陷于孤立来吓唬我们。几天前公开提出起义问题的时候，有人对我们说，我们正在朝毁灭走去。如果真的依据政治性出版物来判断力量的分化组合，那么对我们而言，起义就有必遭失败的危险。反对我们的不仅有反革命分子，而且有形形色色的护国主义者。左派社会革命党人本身只有一部分人在军事革命委员会当中同我们一道进行坚毅的工作，他们中间的其他人则采取观望的中立态度。所以，即使在这样一些不利条件下，在看似我们被大家抛弃了的时候，起义胜利了……

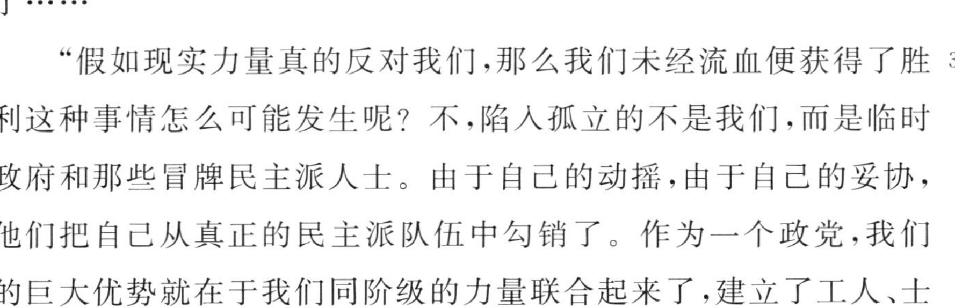

“假如现实力量真的反对我们，那么我们未经流血便获得了胜 365
利这种事情怎么可能发生呢？不，陷入孤立的不是我们，而是临时政府和那些冒牌民主派人士。由于自己的动摇，由于自己的妥协，他们把自己从真正的民主派队伍中勾销了。作为一个政党，我们的巨大优势就在于我们同阶级的力量联合起来了，建立了工人、士兵与贫苦农民的联盟。

“政治组合正在消亡，而阶级的利益依然存在。那个能够触摸到并且能够满足阶级根本需要的政党正在走向胜利……我们可以为我们那支主要由农民组成的卫戍部队与工人阶级的联合感到自豪。这个联合它经历了战火的洗礼。彼得格勒卫戍部队同无产阶级一起投入了一场伟大的斗争。这场斗争是各国人民革命史上的经典范例。

“阿维洛夫说我们面临着最大的困难。为了克服这些困难，他建议实现联合。可是同时他又没有做出任何尝试来说明这个公式，也没有说出是什么样的联合，是集团的，阶级的，或者干脆就是报纸的联合？……

“有人说，民主派内部的分裂是一场误会。当克伦斯基派突击队员进攻我们的时候，当我们跟资产阶级的斗争正值最紧张的关头之际，蒙中央执行委员会的恩典让我们失去了电话联系的时候，当一次又一次的打击向我们袭来的时候，难道可以说这是误会吗？

“阿维洛夫告诉我们，粮食很少，因此要同护国主义分子联合。可是，难道这种联合就能扩大粮食供应吗？粮食问题——这是一个行动纲领的问题。与经济崩溃做斗争需要下层的明确体系，而不是上层的政治组合。

“阿维洛夫谈到了要和农民建立联盟，可是问题依然是他所指
366 的到底是什么样的农民？特维尔省那位农民代表今天在这里要求逮捕阿夫克先季耶夫。需要在特维尔那位农民与把农民委员会成员塞进监狱的阿夫克先季耶夫之间做出选择。为了实现工人阶级和贫苦农民的联合，我们坚决拒绝跟农民中的富农分子联合。我们和特维尔的农民一起反对阿夫克先季耶夫。我们要同他们结成牢不可破的联盟，把斗争进行到底。

“谁要是追赶联合的影子，谁最终就会使自己与现实生活隔绝。左派社会革命党人假如想跟我们党进行对抗，那就将失去在群众中的支持。每一个让自己跟与农村贫困阶层联合的无产阶级政党对抗的集团都会使自己与革命隔离开来。

“我们在全体人民面前举起了起义的旗帜。这次起义的政治公式就是通过苏维埃代表大会来实现全部政权归苏维埃。有人对我们说，你们未等代表大会召开就发动了政变。我们开始的确是在等待，但是克伦斯基不想等；反革命没有睡大觉。我们作为一个政党认为自己的任务是为苏维埃代表大会把政权夺到自己手里创造现实机会。假如代表大会遭到士官生包围，叫它能通过什么途径来夺取政权？为了完成这个任务就需要一个把政权从反革命手里抢救过来的政党，需要这个政党对你们说：‘政权就在这里，你们的责任就是把它拿去！’”（经久不息的暴风雨般的掌声）

1265

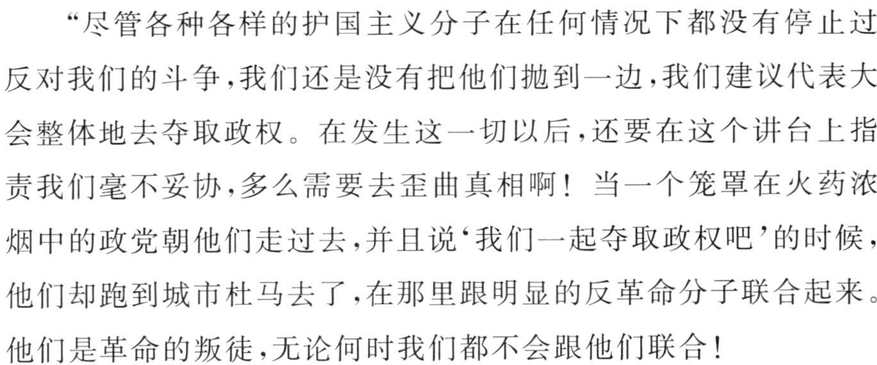

“尽管各种各样的护国主义分子在任何情况下都没有停止过反对我们的斗争，我们还是没有把他们抛到一边，我们建议代表大会整体地去夺取政权。在发生这一切以后，还要在这个讲台上指责我们毫不妥协，多么需要去歪曲真相啊！当一个笼罩在火药浓烟中的政党朝他们走过去，并且说‘我们一起夺取政权吧’的时候，他们却跑到城市杜马去了，在那里跟明显的反革命分子联合起来。他们是革命的叛徒，无论何时我们都不会跟他们联合！

“阿维洛夫说，为了争取和平，需要与妥协主义者联合。与此同时他承认，盟国并不想缔结和约……阿维洛夫又宣布，盟国的帝国主义者嘲笑了假民主派人士斯科别列夫。可是你们跟假民主派人士结成联盟，和平事业就会得到保障吗？

“争取和平有两条道路。一条道路是使革命的精神和物质力量跟盟国以及敌国的政府对抗；第二条道路是与斯科别列夫结成联盟，这就等于与捷列申柯结成联盟，也就等于完全屈从帝国主义盟国。我们在自己的和平声明中同时向政府和人民发出了呼吁，不过这仅仅是形式上的对称而已。当然，我们不指望用自己的呼吁书来影响帝国主义政府。然而，只要它们还存在，我们就不能忽略它们。我们把自己全部希望寄托在由我国革命带动欧洲发生的革命上面。如果欧洲人民的起义不能击垮帝国主义，那么我们将会被击垮——这是毫无疑问的。要么是俄国革命在西方卷起斗争的旋风，要么是各国资本家扼杀我国的革命。”

“还有第三条道路。”从座位上传来一个声音。

托洛茨基回答说：“第三条道路是中央执行委员会的道路。一方面它向西欧工人派出代表团，另一方面它与基什金和科诺瓦洛夫结成联盟。这是谎言和伪善的道路，我们任何时候都不会踏上这条道路！

“当然，我们并不是说只有到了欧洲工人起义的那一天才是签署和平条约的日子。情况有可能是这样的，即被日益逼近的被压迫者起义所吓坏的资产阶级匆匆缔结和约。这里没有什么期限，具体形式也不可能预料得到。重要和必要的是确定斗争的方式，让自己在原则上在对外政策方面与对内政策保持一致。到处都存在被压迫者的联盟——这就是我们的道路。”

约翰·里德写道：“代表大会用爆发出来的经久不息的掌声向他致敬，大会燃起了捍卫全人类的勇敢的思想。”不管怎样，那时没有哪一个布尔什维克能想到要反驳这一点，即代表布尔什维克党发表的演说中反映出来的观点：苏维埃共和国的命运要直接依赖国际革命的发展。

这次代表大会的戏剧性法则就在于每一个重大法令的实现，或者哪怕是它的中断，都是由一场场幕间短剧造成的。在短剧上演时，往往有来自另一个阵营的角色突然出现在舞台上，他声明抗议、进行威胁或者发出最后通牒。“维克热利”，也就是全俄铁路工会执行委员会的一位代表现在马上获准发言，他一定要在就政权问题举行投票之前把一颗炸弹扔进会场。约翰·里德在这位发言人的脸上看到了不可调和的敌意，此人发言一开始便指责说，他所在的组织“作为俄国最强大的组织”没有接到参加代表大会的邀请。“那是中央执行委员会没有邀请你们！”各个角落都朝他喊叫起来。不过，大家马上就将知悉，维克热利原先做出的支持苏维埃代表大会的决定取消了！发言人急忙宣读了一份已经通过电报发往全国各地的最后通牒：谴责由一个政党独占政权，政府应当对“全部革命民主派”负责。直到这个民主派政权诞生之前，全国铁路网只能让维克热利掌管。发言人还补充说，不会让开往彼得格勒的反革命军队通行。一般说来，军队的调动从此只遵照上届苏维埃中央执行委员会的命令执行。假如发生镇压铁路员工的事件，维克热利便切断彼得格勒的粮食供应！

1267

在这种打击下，代表大会全身一抖。铁路工会的头目企图像强国对强国那样跟人民的代表机关打交道。当工人、士兵和农民把管理国家的权力握在自己手里的时候，维克热利却想对工人、士兵和农民发号施令。它试图把被推翻的两个政权并存的体制兑换成零钱。维克热利的民主派分子打算依靠铁路在国家经济和文化生活中异常重要的地位，而不是依靠自己的人数，它暴露出了在社会斗争的根本问题上形式民主准则的全部不稳定性。革命真的是不吝赐予绝妙的教训！

无论如何，妥协主义者对发起攻击的时机选择是颇为不错的。主席团成员的脸上流露出忧虑的神色。幸运的是，维克热利决不是交通领域的绝对主宰。在许多地方，有铁路员工加入了当地的城市苏维埃。就是在代表大会这里，维克热利的最后通牒也招致了反击。一个塔什干代表说："我们地区全体铁路员工群众支持把政权交给苏维埃。"另一个铁路工人代表则把维克热利称之为"政治僵尸"。这话或许有些夸张，依靠人数相当多的上层铁路职员，全俄铁路工会执行委员会比其他妥协派组织保留了更多的有生力量。然而，它无疑与军队委员会或者中央执行委员会属于同一种类型。它的运行轨道也在迅速往下滑。工人到处都在跟职员划清界限。低级职员也在反对自己的上层。维克热利鲁莽的最后通牒不可避免地加速了这一进程。不，十月革命的列车绝不是站长们阻挡得了的！

"任何关于代表大会没有得到授权的言论都是不能容许的。"加米涅夫以不容违抗的口气说道，"代表大会的法定人数不是我们，而是上届中央执行委员会确定的……代表大会是工人和士兵群众的最高机关。"很简单地就转回到了会议议程！

人民委员会以绝大多数票获得批准任命。根据苏哈诺夫十分
370 慷慨的估计，阿维洛夫的决议案获得了 150 票，主要是左派社会革命党人的。随后，代表大会一致批准任命了新的中央执行委员会组成人员：101 名委员中有 62 名布尔什维克，29 名左派社会革命

党人。中央执行委员会今后应该由农民苏维埃和改选后的军队组织的代表进行补充。允许退出了代表大会的那些党团在比例代表制的基础上派代表进入中央执行委员会。

至此，代表大会的议程已经完成。苏维埃政权也已经建立。它有了自己的纲领，可以开始不可或缺的工作了。清晨5点15分，加米涅夫宣布苏维埃制度建立大会闭幕。带到车站！带到各家各户！带往前线，带往工厂和兵营，带往矿山和遥远的乡村！代表们将把代表大会法令中的无产阶级革命酵母带到全国各个角落里去。

这天清晨，重新以原先的名称《真理报》出版的布尔什维克党中央机关报写道："他们想要我们单独掌握政权，让我们独自应付国家面临的可怕困难，……那好吧，我们就独掌政权，我们依靠全国人民的信任和期待欧洲无产阶级的友好援助。不过，掌握政权后，我们将对革命的敌人和破坏革命的行径采取铁腕手段。他们幻想科尔尼洛夫专政，我们将给他们带来无产阶级专政……"

371 # 结　语

正因为俄国革命是一次把千百万人吸引到运动中来的人民革命，所以在这场革命的发展过程中可以观察到各个阶段之间有非常醒目的连续性。各种事件仿佛是在服从重力法则，交相更替。力量对比在每一个阶段都受到了双重检验：最初是群众显示出自己发起进攻的威力，然后有产阶级力图夺回失去的东西，因而使自己越来越显得孤立。

2月间，彼得格勒的工人和士兵奋起举行起义，这不仅违背了所有有教养阶级的爱国主义意愿，而且违反了一些革命组织的计划。结果群众表明他们是不可战胜的。假如他们意识到了这一点，那么他们自己就会成为政权本身。可是还没有一个强有力的和有威信的政党充当他们的首领。结果政权落到了涂抹着社会主义保护色的小资产阶级民主派手里。孟什维克和社会革命党人没有能力把群众的信任用于其他方面，除了呼唤自由资产阶级来掌舵以外。而后者出于自己的本性，不可能不把妥协派人士抛给他们的政权用来为协约国的利益服务。

四月危机期间，在没有任何一个政党发出号召的情况下，义愤填膺的部队和工厂走上了彼得格勒的街头，反击妥协派分子强加
372 给它们的政府所奉行的帝国主义政策。武装游行示威取得了明显

的成功。俄罗斯帝国主义的首领米留科夫被迫离开了政权。妥协派分子表面上身为受人民委托的代表，而实际上是作为资产阶级的奴仆加入政府的。

联合政府没有解决引发革命的任何一个任务，6 月它又破坏了前线事实上已经形成的停战状态，驱使军队去发动进攻。由于这些举动，具有群众对妥协派分子的信任其实在日益减少的特性的二月体制使自己遭受了命中注定的打击。直接准备发动第二次革命的阶段开始了。

7 月月初，身后由有产业的阶级和有教养的阶级撑腰的政府把任何革命行为都当作背叛祖国和帮助敌人的行为加以迫害。正式的群众组织——苏维埃以及社会爱国主义政党用尽最后一点力气去从事反对街头行动的斗争。出于策略方面的考虑，布尔什维克劝说工人和士兵不要上街，可是群众还是出动了。运动是劝阻不住的，何况是全民性的。政府不见了，妥协主义者也躲开了。在首都，工人和士兵成了时局的主人。可是，由于外省和前线的准备还不充分，进攻失败了。

1271

8 月月底，有产阶级的全部机关和部门——协约国的外交机构、银行、地方自治联合会和工业家联合会、立宪民主党、各级司令部、军官与大型报刊都站出来支持反革命政变。扮演政变组织者的不是别人，正是依凭统帅几百万军队的指挥机关的最高总司令。按照同政府首脑达成的秘密协议，在战略方面理由的掩盖下，从各个战线专门挑选出来的战斗部队被调往彼得格勒。

为保证政变取得成功，首都好像一切都准备就绪了。在妥协派分子协助下，工人被当局解除了武装；布尔什维克还没有从打击中恢复过来；最革命的团队被调离了城市；数百名专门挑选出来的军官集中形成了突击集团；他们与士官学校和哥萨克部队一起必将构成一支十分强大的力量。那又怎么样呢？似乎得到了上天庇护的阴谋，刚一碰到革命人民，便立刻烟消云散了。

7月月初和8月月底出现的这两个运动的相互关系就好比正反两个定理。七月危机表明群众的自发运动威力强大；八月事件则暴露了当权者十足的软弱无能。这种相互关系标志新的冲突是不可避免的。外省和前线那时跟首都的联系更紧密了。这就预先决定了十月革命的胜利。

“列宁和托洛茨基轻轻松松成功地推翻了最后一届克伦斯基政府。”立宪民主党人纳博科夫写道，“这种轻易成功使政府内部的无能暴露无遗。那时这种无能的程度甚至令十分熟悉内情的人士也感到惊讶。”纳博科夫本人好像还没有领悟到问题在于他自己的无能，在于他那个阶级的无能，以及他那种社会制度的无能。

正如形势发展的曲线从七月武装示威向十月起义攀升一样，科尔尼洛夫叛乱也正是克伦斯基在10月最后几天开始从事的反革命进军的预演。在美国国旗掩护下逃脱的民主派最高总司令在前线找到的反对布尔什维克的唯一兵力就是第三骑兵军，而它正好是两个月前被科尔尼洛夫预定用来推翻克伦斯基本人的部队。军长依旧是那位哥萨克将军克拉斯诺夫。他是一个作战勇敢的保
374 皇派分子，是科尔尼洛夫任命他担任此职的：似乎始终找不到比他更合适的保卫民主制度的军事首长了。

其实，这个军已经只留下一个番号：它只剩下几个哥萨克连队。在彼得格勒城外进攻红色军队的尝试失败以后，这几个连与

革命水兵握手言欢了，并且把克拉斯诺夫交给了布尔什维克。克伦斯基只得逃开哥萨克和水兵。于是，在推翻帝制过后 8 个月，工人成了国家的主人，而且是牢牢地成了主人。

对此，一个名叫扎列斯基的俄国将军愤怒地写道："谁能相信，法院里扫院子的或者说看守突然变成了世界法官代表大会的主席呢？或者医院护理变成了医院经理，理发匠当上了大官。昨天的准尉变成了总司令，昨天的仆役与杂工变成了城市行政长官，昨天的车厢给油工变成了段长和站长，昨天的钳工变成了工场主任。"

"谁能相信？"可不得不相信。当准尉打败将军的时候，当杂工出身的城市行政长官制伏昨天的老爷反抗的时候，当车厢给油工把运输系统安排得井井有条的时候，当作为经理的钳工使工业产量增加的时候，也就不能不相信了。

依照众所周知的一句英国格言的说法，那就是政治制度最重要的任务就在于把合适的人放在合适的位置上。怎样从这个视角来看待 1917 年的经验呢？开头两个月，根据世袭君主制权利统治俄国的还是一个没有天赋的人，他相信圣徒的干尸并且听从拉斯普京。在随后的 8 个月期间，自由主义者和民主主义者企图从自己所处的政府高层职位向人民证明，革命只是为了一切照旧而发生的。如果说这些人像飘忽不定的阴影一样从国家上空掠过，没有留下任何踪迹，那也没有什么可奇怪的。从 10 月 25 日起，俄国政治史上最伟大的人物列宁成了俄国的首脑。在他周围形成了一个由其同事组成的司令部，即使最凶恶的敌人也承认这些人知道自己想要什么，并且善于为达到自己的目标而奋斗。上述三种制度中究竟哪一种在其所处的具体环境里能够选拔合适的人放到合适的位置上呢?

整体上看,人类历史的上升过程可以概括为自觉意识对盲目力量的一连串胜利,在自然领域,在社会领域乃至在人本身无不如此。迄今为止,批评性和创造性思维在与自然界的斗争中取得了最大的成功,这是值得称许的。物理与化学科学已经走到了人类显然即将成为物质世界主人的临界点。但是在社会关系方面还是像过去那样处于类似珊瑚岛那么缓慢的形成过程。议会制度照亮的仅仅是社会的表层,因此用人工光源就足够了。与君主制度以及其他人神同形和史前野蛮的遗产相比,民主制度当然算是巨大的成就。然而,它仍然使人们的彼此社会关系中力量的盲目作用原封不动保留下来了。恰恰是十月革命头一次无意识地把手插进了这个深奥的领域。苏维埃制度想把目的与计划纳入社会基础本身之中去,而迄今为止充斥社会基础中的仅仅是积累起来的后果。

对于革命过了 15 年以后苏维埃国家仍然不像是一个幸福安宁的国度,敌人很是幸灾乐祸。这种论据之所以可能为人所接受,仅仅是因为对社会主义方式的魔力崇拜过度了,如果它真的不是用仇恨的盲目来进行解释的话。资本主义花了好几百年来提高科学与技术,却又使人类陷入战争和危机的地狱。敌人只允许社会主义花 15 年时间建成和安排好人间天堂。我们不能承担这样的责任。任何时候也没有规定这样的期限。伟大改造的过程必须用与它完全相符的尺度来测量。

可是,压在活人身上的灾难呢?国内战争的战火与鲜血呢?革命的结果总的来说能补偿它所带来的牺牲吗?这些问题是有目的的,又是没有结果的。面对个人生存的困难与痛苦,就可以有这样的权利发问:来到这世上值得吗?不过到目前为止,忧郁的沉思既不会妨碍人们生育,也不会妨碍有人出生。即使在眼下到处充斥着难以忍受的灾难的时代,跑去自杀的人毕竟只占我们这个行星上居民的一个不大的比例。人民还是在寻找摆脱无法承受的重负而走向革命的道路。

不太对劲的是,有些人总是带着最愤怒的情绪诉说社会革命造成的牺牲,而他们即便不是世界大战所造成的牺牲的直接罪人,那也是曾经准备制造牺牲,颂扬牺牲,或者至少容忍了此类行为的人。现在该轮到我们发问了:战争本身值得吗?它给人提供了什么?它让人学会了什么?

1275

现在未必值得去谈论满腔委屈的俄国私有者的断言,即好像是革命导致了国家的文化毁灭。十月革命所摧毁的贵族文化归根结底只不过是更加高级的西方范例的肤浅模仿。这种让俄国人民很难理解的贵族文化没有给人类文化宝库带来任何实质性的贡献。

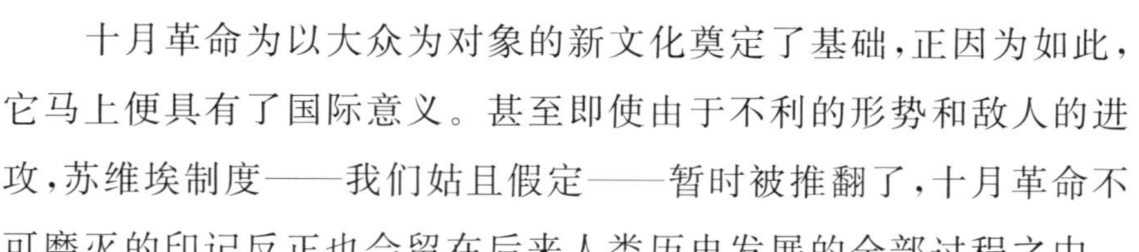

十月革命为以大众为对象的新文化奠定了基础,正因为如此,它马上便具有了国际意义。甚至即使由于不利的形势和敌人的进攻,苏维埃制度——我们姑且假定——暂时被推翻了,十月革命不可磨灭的印记反正也会留在后来人类历史发展的全部过程之中。

文明民族的语言清晰地划出了俄国发展的两个时代。如果说贵族文化把诸如沙皇、暴行、鞭子这样一些野蛮的因素带进了世界的日常生活,那么十月革命就是使布尔什维克、苏维埃和五年计划这样一些词汇国际化了。单凭这一点便证明无产阶级革命是正确的,如果的确认为它需要证明的话。

381 # 附　录

382 除开对不断革命的理论进行的历史检验之外，我把所写的独立两章也移进了本书的附录：《官僚制度的传奇》和《在一个国家建设社会主义？》。《官僚制度的传奇》这一章是专门为批判性地恢复被篡改的历史编纂学所歪曲的十月革命一系列事实和情节的原貌而写的。这一章其中一个附带的目的就是阻止那些不去认真研究真实资料的懒惰学者满足于毫无价值的主观结论："真相也许就在正中间某个地方。"

1276

《在一个国家建设社会主义？》这一章专门论述布尔什维克党最重要的意识形态和纲领问题。过去已经为我所阐明的这个问题，不仅今天仍然保留着自己的全部理论兴趣，而且在最近时期具有了头等重要的实践意义。

上述两章是全书的有机组成部分，我之所以把它们从全书中单独抽出来，仅仅是为了让那些并不爱好钻研有争议的次要问题或者复杂的理论问题的读者减轻阅读负担。不过，如果有十分之一甚至百分之一的本书读者愿意认真读完这个附录，那么作者本人便认为因为他所做的大量工作受到了充分奖赏，并且通过这些勤于思考、热爱劳动和有批判能力的人，真相最终会为自己开辟通向更广阔范围的道路。

一　官僚制度的传奇 383

本书所发挥的十月革命的主题思想，其实作者早在苏维埃制度初年就已经多次论述过了，只不过是大体上论述的。为了更明显地突出自己的思想，他有时给它做定量的表述：他曾写过，革命的任务在 10 月 25 日之前通过“平静”的或者“枯燥”的起义方式，就已经解决了“四分之三，如果不是十分之九的话”。如果不赋予这些数字比它们在这种场合能够指望得到的更大的意义，那么思想本身便仍然是无可争辩的。但是从开始重估其价值时起，我们的主题思想就在这个独特的方面遭到了无情的批判。

“……如果说 10 月 9 日十分之九‘必胜无疑’的起义已经成了既成事实，”加米涅夫写道，“那么如何评价布尔什维克中央委员会那些人的智力呢？他们 10 月 10 日还在就是否发动起义，如果发动，那又在什么时候发动的问题展开激烈争论。对那些 10 月 16 日聚集在一起……一遍又一遍判断起义时机的人又该说些什么呢？……可是要知道，原来它已经在 10 月 9 日就‘平静地’和‘合法地’安排妥当了，它是多么平静啊，以至无论是党还是中央委员会都不知道有这么一回事。”这个表面上给人留下如此深刻印象
的论据在篡改之徒的作品里被奉为经典，其政治生命比其作者还 384
要长，实际上它不过是博得了好感的一堆错误而已。

10 月 9 日，起义无论如何还不可能是“十分之九”的既成事实，因为那天只是在苏维埃把调走卫戍部队的问题提出来了，还不可能知道此事随后会怎样发展。正因为如此，托洛茨基在次日，即

10月10日强调调走军队这个问题的重要性的同时，还没有足够的理由来要求把卫戍部队与指挥机关之间的冲突作为全部计划的依据。只是经过两个星期坚持不懈地连续工作，起义的主要任务——把政府军队牢牢地争取到人民这边来——才解决了“3/4，如果不是9/10的话”。这不仅不是10月10日，而且也不是10月16日的现实。10月16日的会议再次讨论了起义问题，当时克雷连柯已经十分确定地把卫戍部队问题当作最重要问题提出来了。

可是，假如革命即使如同加米涅夫错误地猜测我的想法那样，在10月9日取得了9/10的胜利，那也完全不等于可以凭猜想便把握十足地断定这一点，而是要通过行动，也就是说要通过起义才行。在这种纯粹猜测的场合，中央委员们的“智力”也丝毫没有因他们卷入了10月10日和16日的激烈争论而受到贬损。但是，即使中央委员们在10月10日就能够根据主观估计毫不动摇地判定，实际上已经取得了9/10的胜利，那么还剩下最后1/10的事情需要做完；而这又要求付出与做完10/10的事情同样的努力。历史曾经展示出，有如此之多的“几乎”就要取得胜利的战斗和起义结果却走向了失败，其原因仅仅是没有把彻底粉碎敌人的事业进行到底！最后，加米涅夫居然还忘记了这一点：军事革命委员会的活动区域只限于彼得格勒一地。首都无论有多么重大的意义，但
385 是除了它以外，毕竟还存在着整个国家。从这一点出发，中央委员会有充足的理由来仔细权衡起义的良机，不仅10月10日和16日，而且10月26日，即彼得格勒取得胜利之后也要考虑。

在上面已经分析过的推论中，加米涅夫在捍卫列宁的借口下——所有篡改者都在这个大得吓人的借口下来替自己辩护：如

果起义已经完成了 9/10,那么列宁又怎么会如此强烈地为争取起义而斗争呢？可是列宁本人在 10 月初曾经写过:“很可能正是现在还可以不起义而夺得政权……”换句话说,列宁认为“平静的”革命在 10 月 9 日之前发生是可能的,而且不是 9/10,而是 10/10。不过他也明白,除了行动以外,没有什么可检验这种乐观的推测。因此在同一封信当中,列宁又写道:“既然不起义就不能夺得政权,那就应当立即举行起义。”(《列宁全集》中文第二版第 32 卷,第 333 页)在 10 日、16 日和其他一些日子里讨论的正是这个问题。

现代苏联历史编纂学把反映列宁跟中央委员会的分歧的极其重要和很有教益的章节从十月革命中删除了。无论是在反映列宁是正确的那些带根本性和原则性问题上,还是正确在中央委员会一边的那些局部的,不过又是极重要的问题上,按照新的理论,不管中央委员会还是列宁都不可能错,因此它们之间不可能发生冲突。在无法否定分歧时,遵照统一的指令,把它们都推到托洛茨基头上。

然而事实表明不是这样的。列宁在民主会议期间就坚持举行起义,中央委员会里面没有一个人支持他。过了一个星期之后,列宁吩咐斯米尔加在芬兰组建起义指挥部,利用水兵的力量从那里向临时政府发起进攻。又过了 10 天,他坚持认为北方地区代表大会就是起义的发动时机,可是在代表大会上谁也没有支持这个提
议。9 月月底的时候,列宁认为把起义拖延 3 个星期,直到苏维埃 386
代表大会召开之际是非常危险的。然而,延迟到代表大会前夜举行的起义是在其开会期间结束的。列宁还曾建议在莫斯科开始斗争,因为在那里,事情可以不经过战斗就能解决。事实上,尽管彼

得格勒率先取得了胜利，莫斯科的起义还是持续了 8 天，而且付出了许多牺牲。

列宁不是做出绝对正确决定的自动装置。他“仅仅是”一个天才人物，凡是人的特性他都具备，也包括犯错误的特性。列宁评论过篡改之徒对待伟大革命家的态度：“他们死后，出现了把他们变成无害圣像的企图，如果可以这样说的话，就是把他们尊为圣徒，给他们的名字赋予非凡的荣誉……”这事实上是为了更加保险地背叛他们。篡改之徒要求承认列宁是绝对正确的，就是为了把这个教条更容易推及自己。[①]

能在政治上说明列宁特性的就是大胆展望前景与仔细评估微小事实及征兆的结合。列宁的孤独处境并没有妨碍他无比深刻地判断运动的基本发展阶段和转折，但是使他失去及时评价突发的偶然事件和暂时发生的变化的可能性。总之，相对起义而言，政治形势是如此有利，以至在各种情况下都认为胜利是可能的。假如列宁人在彼得格勒，并且于 10 月月初做出了撇开苏维埃代表大会实施马上举行起义的决定，那么他无疑会在政治上安排实施他个人的计划，通过采用把对其不利的后果降到最低程度的方式。不过，至少同样可能的是：在那样的场合，他本人也会赞成实际得到执行的计划。

---

① 在共产国际第三次代表大会期间，为了缓和自己对“极左派”的抨击，列宁声称他也犯过“极左派”的错误，特别是在侨居国外期间，其中包括 1917 年在芬兰那段最后“侨居期间”。当时他坚持比后来实际执行的起义计划不利的起义计划。如果我没有记错的话，列宁在代表大会德国事件委员会发表的书面声明里提到了自己的这一错误。遗憾的是，我无法接触到共产国际的档案材料，而令我们很感兴趣的列宁的声明看来也没有公布。

我在另外单独一章里面对列宁在革命总体战略中的作用已经 387
做了评价。为了更准确地表达我对列宁的策略建议所持的观点，这里补充一点：没有来自列宁的压力，没有他的坚持、提议和不同方案，要完成向起义道路的转变就会遇到无比巨大的困难；如果情况紧急的几个星期里，列宁身在斯莫尔尼宫，那么对起义总的领导就会站在更加高得多的地方；并且不仅在彼得格勒，而且在莫斯科也是如此。可是，处在“侨居”状态的列宁不可能代替身在斯莫尔尼宫的列宁。

列宁本人也感觉到了自己的策略定向存在着严重不足。他在9月24日的《工人之路》上写道：“现在新的革命浪潮显然正在高涨，遗憾的是我们还不大知道这种高涨的规模和速度。”（《列宁全集》中文第二版第32卷，第245页）这些话既是对党的领导层的责难，也是对自己消息闭塞的抱怨。列宁在自己的信件当中提醒大家注意起义的重要法则，同时也没有忘记补充声明：“当然，这都是大概而言的。”（《列宁全集》中文第二版第32卷，第241页）10月8日，列宁致信给北方地区代表大会说：“我还是想提出我的‘局外人的意见’，说不定彼得格勒及其‘四周’的工人和士兵可能很快发起行动，但是还没有真正行动。”（《列宁全集》中文第二版第32卷，第373页）在自己与季诺维也夫和加米涅夫辩论时，列宁一开始便说：“一个受命运摆布而稍微离开历史主流的政论家，经常有放马后炮或消息不灵的危险，如果他的文章发表迟了，就更是如此。”（《列宁全集》中文第二版第32卷，第390页）这里再次流露出对自己孤独处境的抱怨，同时伴随着对阻挠印发列宁过于尖锐的文章或者把最关键之处从文章中删除的编辑部的指责。在革命爆发前

一个星期，列宁在致党员的秘密信件中写道："现在离 10 月 20 日已经很近了，至于说到目前起义问题的情况，我从远方无法判断工
388 贼(指季诺维也夫和加米涅夫。——托洛茨基)在非党报纸上发表声明使事业究竟受了多大的损失。"(《列宁全集》中文第二版第 32 卷，第 413 页)"从远方"一词的着重号是列宁加上去的。

篡改学派是怎样解释在列宁的策略建议与彼得格勒起义的实际过程之间出现的不一致的呢？它要么赋予冲突匿名和模糊的性质，要么把意见分歧忽略不计，声称这些分歧并不值得注意；要么试图推翻已经彻底查明了的事实，要么把列宁整体上评论中央委员会或谈论中央委员会内部起义反对者的话移到托洛茨基名下；要么最后把这一切手段组合起来，而不管它们协调与否。

斯大林写道："举行十月起义可以说是这种(布尔什维克。——托洛茨基)战略的模范。违背这个条件(即正确地选择时机。——托洛茨基)，就会造成危险的错误，即所谓'失其速度'，就是说，党就会落在运动进程的后面，或者向前跑得太远，因而造成失败的危险。有一部分同志在一九一七年九月企图从逮捕民主会议代表来开始起义，可以说是这种'失其速度'的例子，不善于选择起义时机的例子。"(《斯大林全集》第 6 卷，第 139 页)在"一部分同志"的名义下，列宁也被列入了其中。因为除了他以外，谁也没有提议从逮捕民主会议成员开始举行起义，也没有任何人支持这个建议。斯大林是把列宁的策略计划当作"不善于选择起义时机的例子"来介绍的。同时，不点名叙述的形式让斯大林彻底否认了列宁和中央委员会的分歧。

雅罗斯拉夫斯基摆脱困境的办法还要简单一些。他写道："当

然,问题不是局部性的,问题不在于起义是在莫斯科开始还是在彼得格勒开始,”——问题在于时局的全部演变过程证明了“列宁的路线的正确性,我们党的路线的正确性”。这位随机应变的历史学家非常明白自己的任务。十月革命检验了列宁的战略,其中也证 389
明了他在4月战胜“老布尔什维克”领导层具有怎样的意义——这是无可辩驳的。然而如果说,总的看来问题并不在于起义是在什么地方、什么时候和怎样开始的,那么不仅与列宁的短暂分歧,就连策略总的来说也没有留下任何东西。

约翰·里德的书里面有一个情节,好像10月21日布尔什维克的领袖们还开过“第二次历史性会议”。据说有人转告里德,列宁在会上说过:“10月24日行动太早了,因为起义需要全俄国的基础,而24日代表还没有全部到达代表大会会场。另一方面,10月26日行动又太迟了,……我们应该在25日——代表大会开幕的那一天行动……”里德是非常敏锐的观察家,善于把革命处于关键时刻的感受和激情搬到自己著作的字里行间中来。正因为如此,列宁才希望在适当的时候把里德无与伦比的纪事在世界各国数以百万计地发行。但是在事变烈火中诞生的作品,在走廊里,在街道上,在篝火旁所做的记录,匆匆听到的交谈和片言只语,何况还必须依靠翻译,所有这一切难免造成局部的错误。有关10月21日会议的描述就是约翰·里德书中最明显的错误之一。起义“必须有全俄国苏维埃基础”的话无论如何不可能是列宁说的,因为正好是他不止一次把追求这一基础称为“十足的白痴”或“彻底背叛”。(参见《列宁全集》中文第二版第32卷,第276—277页)列宁也不可能说出24日起义太早了这样的话,因为自9月月底以来

他就认为起义哪怕是多拖延一天也是不能容许的:起义也可能推迟,但是“在这方面,现在绝不可能说什么‘为时尚早’”。(《列宁全集》中文第二版第32卷,第288页)不过,除开这些本身就具有决
390 定意义的政治考虑不谈,里德的报道被那个简单的事实,即10月21日并没有召开什么“第二次历史性会议”推翻了。这样的会议过后不可能不在文献和与会人员的回忆中留下踪迹。列宁总共参加过10月10日和16日两次会议。这是里德不可能知道的。但是在那以后出版的著作文献中没有任何一处提到了10月21日“历史性会议”。然而,篡改派历史编纂学毫不犹豫就把约翰·里德明显错误的记载写进了所有的官方出版物。这样一来,就使得列宁的指示与局势的实际进程表面上一天不差地吻合了。官方历史编纂学固然迫使列宁陷入了难以理解和无法解释的自相矛盾的境地,可是,要知道实际上问题根本不在于是否牵涉到列宁本人:篡改者毫不客气地把列宁变成了自己历史上的笔名,肆无忌惮地利用他来事后证明自己是永远正确的。

官方历史学家沿着把事实驱赶到路线之下的道路继续走下去。例如,雅罗斯拉夫斯基在自己所著的《党的历史》中写道:“列宁出席了10月24日举行的最后一次中央委员会会议,那是起义前夕最后一次会议。”正式出版的会议记录提供的与会者准确名单证明列宁没有出席这次会议。“列宁和加米涅夫受托与左派社会革命党人进行谈判。”雅罗斯拉夫斯基如此写道。会议记录显示,这一委托是给了加米涅夫和别尔津。但是即使没有记录也应该是清楚的:中央委员会不会把这种次要的“外交”任务委托给列宁。决定性的中央委员会会议是上午召开的,而列宁直到晚上才抵达

斯莫尔尼宫。党的彼得格勒委员会委员斯韦什尼科夫讲述说，列宁“(24 日)晚上去某个地方了，他把一张便条放在了委员会，也不知他什么时候离开的。我们得知此事以后，心里为伊里奇担心……”区里已经是“很晚”才知道列宁去了军事革命委员会。 391

可是，令人十分奇怪的是，雅罗斯拉夫斯基无视一份头等重要的政治和个人文献，即起义实际上已经开始了的时候列宁写给各区领导人的一封信。“同志们：我写这封信是在 10 月 24 日晚上……我力劝同志们相信，现在正是千钧一发的关头，目前提上日程的问题绝不是会议或代表大会(即使是苏维埃代表大会)所能解决的，而只有各族人民，只有群众，只有武装起来的群众的斗争才能解决。……无论如何必须在今天晚上，今天夜里逮捕政府成员，解除士官生的武装(如果他们抵抗，就击败他们)……”(《列宁全集》中文第二版第 32 卷，第 430 页)列宁是如此担心中央委员会优柔寡断，以至在最后时刻他还在试图动员下层对它施加压力。他写道：“必须立刻把各区、各团、各种力量都动员起来，立即派遣代表团到军事革命委员会，到布尔什维克的中央委员会去，坚决要求：无论如何不能让克伦斯基一伙人手中的政权保留到 25 日，一定要在今天晚上或夜里解决问题。”(《列宁全集》中文第二版第 32 卷，第 431 页)当列宁写这些文字的时候，他为了对军事革命委员会施加压力而号召进行动员的各团和各区，实际上已经被军事革命委员会动员起来去攻占城市，推翻临时政府。从这封每一行字都充满着担忧和激情的信当中可以看出来，无论如何列宁在 10 月 21 日既不可能建议把起义推迟到 25 日，也不可能参加 24 日上午那次决定立即转入进攻的会议。

不管怎样，毕竟这封信还是含有谜一样的成分：藏身在维堡区的列宁在那天晚上之前为何不知道如此非常重要的决定？从那位斯韦什尼科夫的讲述以及其他历史学家的叙述中可以看得出来，
392 那天同列宁取得联系要经斯大林同意。剩下的推测就是，斯大林也没有出席中央委员会上午召开的会议，直到夜晚前他同样不知道已经做出的决定。

导致列宁担忧的直接因素可能就是那天从斯莫尔尼宫故意与肯定地传出的风声，说是在苏维埃代表大会做出决定之前，不会采取任何坚决步骤。当天晚上，托洛茨基在彼得格勒苏维埃紧急会议上的报告中谈到军事革命委员会的活动时说道："在全俄苏维埃代表大会临近之际，今天或明天，武装冲突不会被纳入我们的计划。我们认为代表大会将会贯彻我们威力强大和威信极高的口号。但是，假如政府想利用它剩下的生存期限——24 小时、48 小时或 72 小时——来反对我们，那我们就将用反攻来回答，以打击回答打击，以钢回答铁。"那一整天的主旨就是这样的。那些防御声明的目的其实就是在发动攻击前的最后时刻麻痹敌人本来就不很活跃的警惕性。想必正是这个策略手段使得达恩有理由让克伦斯基在 24 日夜间还相信布尔什维克现在根本不打算举行起义。不过另一方面，如果斯莫尔尼宫发表的这些叫人感到快慰的声明中有一个传到了列宁那里，那么处于紧张疑虑中的他就有可能把军事上的狡诈手法当作真有那么一回事。

狡诈成了战争艺术中的一个必要因素。但是，可能连带欺骗自己阵营的人的狡诈就不那么好了。假如事情是指没有充分理由便号召群众走上街头，那么关于"最近 72 小时"这话就会导致出现

极为有害的行为。但是10月24日的革命已经不再需要泛泛而谈的革命号召了。为占领首都最重要的地点而事先武装起来的队伍正整装待发,等候自己的指挥官(他们通过电话与最近的指挥部保 393
持联络)发出出动信号。在这种情况下,军事指挥部利弊参半的狡诈完全是合适的。

每当官方研究人员碰到了大伤脑筋的文献资料时,他们就改变其所涉及的对象。例如,雅科夫列夫写道:“布尔什维克没有陷入‘宪法幻想’,拒绝了托洛茨基提出的务必使起义与第二次苏维埃代表大会同时举行的建议,结果在苏维埃代表大会召开之前就夺取了政权。”这里指的是托洛茨基的什么建议,它在何时何地讨论过,有哪些布尔什维克拒绝了它,作者统统没有指出来,这当然不是偶然的:那就让我们动手在会议记录和无论谁的回忆录当中去细心寻找托洛茨基提出“务必使起义与第二次苏维埃代表大会同时举行”的建议的证据吧。雅科夫列夫论断所依据的乃是一个有点儿是故意仿照的误会,这误会早就解释清楚了,而解释它的不是别人,正是列宁。

如同很久以前出版的回忆录中所能看见的那样,托洛茨基从9月底开始就不止一次向反对起义的人指出过,规定代表大会召开的日期对于布尔什维克来说就等于规定了起义的日期。当然,这并不等于说革命应该非得根据苏维埃代表大会的决定发动不可,——问题不可能是如此幼稚的形式主义。这里指的是最后期限:不可能把起义推迟到代表大会以后某个不确定的时候。中央委员会发生的这些争论到底是通过谁以及以何种形式传到列宁那里去的,光从文献是看不出来的。与过分暴露在敌人视线之下的托洛茨基见面，对于列宁来说实在是太危险了。当时自己处于高度警惕之中的列宁很可能担心托洛茨基把重点放在代表大会而不是起义上面，以及在任何场合都不给予季诺维也夫和加米涅夫的
394 “宪法幻想”必要的反击。同样可能令列宁感到不放心的还有他不太熟悉的中央委员会新成员、前区联派人士（或者联合派人士）越飞和乌里茨基。关于这一点，列宁在胜利之后于 11 月 1 日举行的彼得格勒委员会会议上的讲话中就已经直接提出来了。“发动起义的问题在（10 月 10 日）会议上已经提出来了。我担心来自国际主义联合派方面的机会主义，但是这个担心消失了；正是在我们党内，（中央委员会某些老的）成员不赞成。这使我极其难过。”[①]用列宁自己的话来说，10 月 10 日他确信不仅托洛茨基，而且处于托洛茨基直接影响之下的越飞和乌里茨基都坚决赞成起义。日期问题本来也是在这次会议上第一次提出来的。到底是什么时候以及由什么人驳斥过没有苏维埃代表大会事先的决定就不开始起义这样一个“托洛茨基的建议”呢？正如我们所见到的那样，好像是专门为了进一步扩大混乱的范围，官方的小册子引用传闻中的 10 月 21 日的决定，却把同样的建议说成是列宁提出来的。

在这里，斯大林带着一种新的说法插手争论，这种说法驳斥了雅科夫列夫以及和他在一起的其他许多人。原来，把起义推迟到代表大会召开那一天，即 10 月 25 日这事本身并不会引起列宁的反对；但是事情是被事先公布起义的日期弄糟的。我们还是让斯大林本人来说话吧：“彼得格勒苏维埃公开规定并公布起义日期

---

① 列宁在这次会议上的讲话不见于《列宁全集》。——译者

(十月二十五日)的错误,只能用在这个公开的起义日期以前举行起义来纠正。”(《斯大林全集》第 6 卷,第 299 页)这种断语因自身站不住脚叫人无从反驳。似乎与列宁的争论仅仅涉及在 10 月 24 日和 25 日之间做出选择!实际上列宁差不多是在起义前一个月就写过:“‘等待’苏维埃代表大会就是十足的白痴,因为这样就要耽误几个星期,而现在几个星期,甚至几天可以决定一切。”(《列宁全集》中文第二版第 32 卷,第 276 页)另一方面,苏维埃在什么时候和什么地方公布过起义的日期呢?甚至很难想出他能够据之做 395
出类似荒谬行为的动机是什么,其实事先和公开规定(10 月)25 日不是举行起义,而是召开苏维埃代表大会,而且这事也不是彼得格勒苏维埃,而是妥协主义的中央执行委员会所为的。对于敌人而言,从这个事实而不是从虚构的苏维埃疏忽行为中得出众所周知的结论是:布尔什维克如果不想退出舞台,那必定会在代表大会召开之际图谋夺取政权。我后来写过:“可见依据事物的逻辑,我们预定好了于 10 月 25 日举行起义,所有资产阶级报纸正是这样理解事态的。”在斯大林那里,有关“事物逻辑”的模糊回忆变成了公布起义日期的“疏忽行为”。[①] 历史就是这样写出来的!

在纪念十月革命两周年之际,本书作者在上面刚刚解释过的意思上引用了这段话:“可以这样说,十月起义事先规定了确切的日期——10 月 25 日。”而且它正是这一天实现的。他还补充说明:如果我们着手从历史上细心寻找另一次起义的范例,它同样是事先被时局的发展进程安排好一个确定的日期,那么这是找不到

---

① 参见本卷末单子出版社出版本书的附件。

的。有人说，1792 年 8 月 10 日的起义同样大概是一个星期前确定日期的，而且同样不是出于疏忽行为，而是出于事物的逻辑。这个论断是错误的。

8 月 3 日，立法会议决定，巴黎各区提交的废黜国王的请愿书将于 9 月进行讨论。若列斯发现了许多为前辈历史学家所忽略的因素，他写道："就这样，会议规定了辩论的日期，因而也就规定了起义的日期。"各区的领导人丹东采取的是防御立场，他坚定地声明："如果新的革命爆发，那它……就是对当局背信弃义行为的回答。"各区把问题提交立法会议审议，根本不是什么"宪法幻想"，它
396 仅仅是准备起义的方法，与合法掩护一同使用的起义方法。众所周知，为了维护自己的请愿，各区一听到警钟声便手持武器行动起来。

前后相隔 125 年的两次革命具有类似特征绝不是偶然的。两次起义都不是在革命开始之际，而是在其第二阶段猛烈爆发的。这种状况使得它们在政治上要自觉得多，也周密得多。革命危机在两个场合都达到了充分成熟。群众事前就看清楚了革命是不可避免的，而且已经迫近了。统一行动的需要使得他们把自己的注意力集中到了已经确定的"合法"日期上，就像集中在日益迫近的事变焦点上一样。领导集团也得服从这种群众运动的逻辑。群众运动已经在主宰政治形势，也已经差不多胜利在握了，同时它表面上却采取防御的立场。在刺激已被削弱的敌人的同时，它事先就把即将到来的冲突的责任加到后者身上。起义就是这样在"事先规定"的日期爆发的。

斯大林以自己毫不讲理的态度而让人吃惊的那些论断（其中

有些在前面介绍过了)表明,他对1917年事件内在联系的考虑是何等的肤浅,以及这些事件在他的记忆中留下的印象又是何等的模糊。该如何解释这种现象呢?众所周知,人们在创造历史时并不知晓它的规律,就如人们消化食物时一点也不了解消化生理一样。可是,这种说法似乎不可能适用于政治领导人,以及依据科学制定纲领的政党领袖的状况。事实其实是这样的,即许多投身革命并且获得显著地位的革命家只过了很短一段时间,便暴露出缺乏从内心认清他们直接参与下发生的事件的能力。篡改学派汗牛
充栋的作品让人产生的印象仿佛宏伟事件是在这些人的头脑里碾 397
过去的,并且轧伤了它们,就如同铁辊轧伤了手脚一样。在一定程度上真是这样:心理上的过度紧张会迅速损耗一个人;不过,另一种情形还要重要得多,那就是已经获胜的革命根本改变了昨日革命家的处境,有可能令他们丧失穷根究底的科学精神,使他们对陈规旧习抱容忍态度,并且促使他们在新的利益影响下去评价昨天。于是,官僚制度传奇的罗网就会更加严密地把事件的真实轮廓掩盖起来。

1924年,本书作者试图在自己的《十月的教训》一文中说明,列宁在带领党走向起义时为什么不得不同以季诺维也夫和加米涅夫为代表的右翼展开如此激烈的斗争。斯大林另有回答说:“当时在我们党内是否有过意见分歧呢?是的,是有过的。但是同企图发现党内有‘右’翼和‘左’翼的托洛茨基的说法相反,这种意见分歧仅仅是实际问题上的分歧。”(见《斯大林全集》第6卷,第293页)“托洛茨基肯定说,加米涅夫和季诺维也夫在十月革命时是我们党内的右翼……我们同加米涅夫和季诺维也夫的意见分歧怎么

只继续了几天？……分裂所以没有发生，意见分歧所以只延续了几天，是因为而且仅仅是因为加米涅夫和季诺维也夫是列宁主义者，是布尔什维克。”（《斯大林全集》第 6 卷，第 283—284 页）正好是 7 年前，也就是起义之前 5 天时，斯大林不是同样指责过列宁夸大了事情的严重程度，并且断言季诺维也夫和加米涅夫站在“布尔什维主义”的共同立场上吗？不是出自缜密考虑的世界观，而是出自总的性格气质的某种连续性贯穿着斯大林的全部摇摆行踪。革命过去了 7 年，可是还像起义前夕一样，他同样还在模糊不清地想象党内分歧的深度。

对于革命的政治家来说，跟国家有关的问题就是一块试金石。在 10 月 11 日反对起义的信件中，季诺维也夫和加米涅夫写道：
398 “在正确策略指导下，我们有可能在立宪会议得到 1/3，或许更多的席位……立宪会议加苏维埃——这就是我们朝之前进的那种国家机关的组合形式。”“正确策略”等于无产阶级放弃夺取政权。国家的“组合形式”则意味着资产阶级政党占 2/3 的立宪会议和无产阶级政党占统治地位的苏维埃的结合。这种组合的国家形式后来成了希法亭的思想基础：把苏维埃纳入魏玛宪法。1918 年 11 月 7 日，勃兰登堡军区司令官冯・林辛根将军禁止成立苏维埃，理由就是“业已胜利的机关与现存制度是格格不入的”。不管怎样，他表现得比奥地利马克思主义和德国独立社会民主党更有远见得多。

列宁从四月起就预先提醒过，立宪会议要退居到次要地位。但是，无论他本人还是整个党在 1917 年全年期间表面上都没有拒绝民主代表制的思想，因为事先不可能很有把握地断定革命到底能走多远。只能推测，夺取政权以后，苏维埃会十分迅速地把军队和农民争取过来。因此立宪会议，特别是在扩大选举权的情况下（列宁的建议，其中包括把年龄资格降低到 18 岁），有可能让布尔什维克获得多数，它仅仅是在形式上给苏维埃制度加冕。在这个意义上，列宁有时也提到过国家的“组合形式”，也就是让立宪会议去适应苏维埃专政。事实上的发展却走上了另一条道路。尽管列宁一再坚持，夺取政权后中央委员会还是没有下决心推迟几个星期召开立宪会议。没有立宪会议，既不能扩大选举权，更主要的是也不能让农民以新的方式来确定自己对社会革命党和布尔什维克 399
的态度。立宪会议跟苏维埃发生了冲突，结果被解散了。在立宪会议中有代表的敌对阵营开始发动了延续数年的内战。于是在苏维埃专政体制中，民主代表制连次要地位也没有了。“组合形式”的问题结果在实践上消失了。但是在理论上，它仍然保持着自己的全部意义，就如后来德国独立党的经验所证明的那样。

1924 年，斯大林出于党内斗争的需要，第一次尝试独立评价过去的经验。他为季诺维也夫的“组合国家”理论进行辩护，并且在这种场合引用了列宁的话。斯大林以他特有的风格写道：“托洛茨基不了解布尔什维克策略的这个特点，把立宪会议和苏维埃配合的‘理论’看作希法亭主义而嗤之以鼻。（《斯大林全集》第 6 卷，第 341 页）被托洛茨基准备变成希法亭分子的季诺维也夫则完全赞同列宁的观点。”（这句话不见于此。——译者）这就是说，在 1917 年的理论斗争和政治斗争过了 7 年以后，斯大林还根本不明白，问题在季诺维也夫那里就像在希法亭那里一样，所主张的都是两个阶级的政权——资产阶级通过立宪会议，无产阶级通过苏维埃——来实现妥协与和解。然而列宁所说的则表现为同一个阶级即无产阶级的政权各机关的组合。季诺维也夫的思想，其实正如列宁阐明的那样，是跟马克思主义关于国家的学说的基础本身背道而驰的。10 月 17 日，列宁在反对季诺维也夫和加米涅夫时写道："在苏维埃掌握政权的条件下……这种'配合形式'是大家都承认的，但是现在有人以'配合形式'为托词拒绝把政权交给苏维埃，而且偷偷摸摸地干……能找得出议会用语来形容这种行为吗？"（《列宁全集》中文第二版第 32 卷，第 395 页）我们看到，为了评价被斯大林宣布为"布尔什维克策略的特殊性"的，而似乎托洛茨基
400 不能理解的季诺维也夫的思想，列宁甚至对为它找到一个议会术语也感到为难，尽管他在这件事上完全不是过分苛求的。过了一年多，列宁写下了适合于德国的话："企图把资产阶级专政同无产阶级专政结合起来，就是完全背弃了马克思主义和社会主义……"（《列宁全集》中文第二版第 36 卷，第 381 页）列宁还能写下别的什么话么？

季诺维也夫的"组合形式"实质上就是试图使两个政权永远并存下去，也就是复活为孟什维克用尽了的手法。如果说斯大林在这个问题上到 1924 年还在像以前那样站在与季诺维也夫相同的立场，那么这就意味着尽管他本人附和了列宁的提纲，他至少还在半信守他自己在 1917 年 3 月 29 日所做的报告中发挥的两个政权哲学："角色已经分派好了，苏维埃事实上完成了革命成就的首创……临时政府起着革命人民成果固色剂的作用。"资产阶级与无产阶级之间的关系在这里是作为政治上简单的劳动分工确定下来的。

在起义之前最后一个星期，斯大林明显在一方面是列宁、托洛

茨基与斯维尔德洛夫，另一方面是季诺维也夫和加米涅夫之间玩
弄手段。为让反对起义的人免遭列宁抨击而于 20 日发表的编辑
部声明恰好出自斯大林之手，这不可能是偶然的。在党内玩弄手
段的问题上，他的技巧是无可争辩的。例如在 4 月，列宁回国之
后，斯大林小心谨慎地把加米涅夫推到前面，而自己在再次受到邀
请之前在一旁默默地等候；现在到了革命前夜，为了防备可能的失
败，他同样明显在准备让自己沿着季诺维也夫—加米涅夫的路线
后退。斯大林沿着这条路一直走到了极限，过了这极限，就是与中 401
央委员会多数决裂。这种前景让他感到害怕。在 10 月 21 日的会
议上，斯大林努力修复通向中央委员会左翼毁坏过半的桥梁，他建
议由列宁就苏维埃代表大会的主要议题准备提纲，并且让托洛茨
基承担做政治报告的任务。两个提议都被一致采纳了。给自己上
了向左转的保险以后，斯大林在最后一刻消失在阴影里了：他还在
等待观望。从雅罗斯拉夫斯基算起的全体现代历史学家都精心避
开这样一个事实：斯大林没有出席 24 日在斯莫尔尼宫召开的中央
委员会会议，也没有在起义组织中担任任何职务！其实这个被文
献资料无可辩驳地证实了的事实，再好不过地描绘出了斯大林的
政治个性以及他的手段。

从 1924 年起，付出了无数努力来填补十月革命在斯大林政治传记中留下的空白。这一切都是在两个名义——“中央委员会”和“实践中心”——之下做出来的。如果在这里不去进一步弄清楚当时中央委员会组成人员的话，我们便既不能了解十月革命领导层的内幕，也不能了解后来篡改学派杜撰的传奇的内幕。

列宁是大家公认的和很有威信的领袖，但是正如事实表明的

那样，他在党内绝不是一个“独裁者”。有 4 个月时间他没有直接参加中央委员会的工作，在一系列策略问题上，他遇到过激烈的反对。季诺维也夫和加米涅夫被认为是老布尔什维克核心当中最著名的领导人，他们与列宁之间有很大距离，而且与追随他们的人之间也有很大距离。季诺维也夫像列宁一样躲藏起来了。十月革命前夕，季诺维也夫和加米涅夫坚决反对列宁和中央委员会多数；这使他们两人失去了影响力。斯维尔德洛夫从老布尔什维克中间迅速脱颖而出。不过，当时他在中央委员会还是个新手。他的组织家才干只是后来到了建设苏维埃国家时才发挥出来。不久前才入
402 党的捷尔任斯基以自己的革命激情而著称，但是他还不认为自己有独立的政治威信。布哈林、李可夫和诺根住在莫斯科。布哈林被认为是一个颇有才华却又靠不住的理论家；李可夫和诺根则是起义的反对者。洛莫夫、布勃诺夫和米留京一到处理重大问题的场合，未必会有什么人很注意他们。何况洛莫夫在莫斯科工作；米留京则经常在外面奔跑。越飞和乌里茨基过去侨居国外时跟托洛茨基关系密切，仿照后者的方式行事。年轻的斯米尔加在芬兰工作。中央委员会内部的人员构成足以说明，直到列宁回到直接领导岗位之前，党的司令部为什么没有起到，也不能起到后来属于它的那种作用，哪怕是略微地。记录表明，关于苏维埃代表大会、卫戍部队和军事革命委员会这类最重要的问题事先不是在中央委员会讨论的，也不是出自它的首倡，而是经由苏维埃的实践在斯莫尔尼宫提出来的，并且多半是在斯维尔德洛夫参与下提出来的。

斯大林一般来说不在斯莫尔尼宫露面。革命群众的进逼显得愈坚决，事变波及的范围愈大，斯大林就愈会退居到次要地位，他

的政治主张就愈发黯然失色，他的主动精神就愈发衰退枯竭。1905 年是如此，1917 年秋还是如此。后来每当重大历史事件登上世界舞台时，同样的情形一再反复出现。1917 年中央委员会记录的公开发表，正好暴露了斯大林传记中的十月空白。当此事真相大白的时候，官僚制度的历史编纂学创造了“实践中心”这个传奇。对最近几年广泛流传的这个说法的解释作为一个必不可少的成分进入了十月革命的批评史。

在 10 月 16 日森林街举行的中央委员会会议上，搬出来反对
加紧发动起义的借口之一就是“我们甚至还没有一个中心”。根据 403
列宁的提议，中央委员会当即在房间一角召开的短暂会议上决定填补这个空白。会议记录称：“中央委员会组建军事革命中心，由下列人员组成：斯维尔德洛夫、斯大林、布勃诺夫、乌里茨基和捷尔任斯基。这个中心作为苏维埃革命委员会的组成部分。”这个已经被大家遗忘了的决定于 1924 年首次在档案中发现了。有人开始把它当作最重要的历史文献来引用。例如，雅罗斯拉夫斯基写道：“这个机关（不是任何别的机关）领导了参加起义的所有组织（革命的军队、赤卫队）。”事后，“不是任何别的机关”这个短语足够露骨地揭示了这整个句子结构的目的。斯大林则更加露骨地写道：“托洛茨基‘奇怪地’没有被选入这个负有领导起义使命的实践总部。”（《斯大林全集》第 6 卷，第 285 页）为了有可能就这个论题大肆发挥，斯大林不得不省略了决定的后半部分：“这个中心作为苏维埃革命委员会的组成部分。”如果注意到军事革命委员会是由托洛茨基领导的，那么便不难理解，中央委员会为什么只限于任命几个新的工作人员来协助那些其实已经身在中心工作中的人员。何况无

论斯大林还是雅罗斯拉夫斯基都没有讲清楚，为什么到1924年才第一次想起了“实践中心”。

正如我们所见，10月16—20日之间，起义终于走上了苏维埃的轨道。军事革命委员会采取的第一批步骤就是不仅把卫戍部队，而且把赤卫队（它从10月13日起就已经开始服从彼得格勒苏维埃执行委员会了）的直接领导权集中到了自己手里，没有给其他无论什么领导中心留下任何位置。总而言之，不管在中央委员会
404 会议记录中，还是10月下半月任何别的文献资料中，都无法找出那个看起来是如此重要的机关活动的蛛丝马迹。谁也不清楚它的工作情况，也没有人把任何任务委托给它，就连它的名称也没有人提起过。尽管它的成员出席了中央委员会会议，也参与了解决本应属于“实践中心”直接职权范围内的问题。

为了保持同斯莫尔尼宫的联系，彼得格勒党委会委员斯韦什尼科夫在10月下半月几乎从未间断过值班。他无论如何都该知道可以在哪里寻求就起义问题发出的实际指令。下面就是他所写的：“军事革命委员会诞生了。从它一诞生开始，无产阶级自发的革命积极性就有了一个领导中心。”在二月革命期间我们就十分熟悉的卡尤罗夫讲述了维堡区如何紧张地等待斯莫尔尼宫发出信号的情景：“到24日晚上收到了军事革命委员会的答复——赤卫队准备投入战斗。”在转向公开起义的时刻，卡尤罗夫丝毫也不知道还有其他什么中心。可以基于同样的理由来援引萨多夫斯基、波德沃伊斯基、安东诺夫、梅霍诺申、布拉贡拉沃夫以及其他直接参加革命的人士的回忆：他们之中没有一个人提起过“实践中心”，而雅罗斯拉夫斯基断定，该中心好像是领导着全部组织似的。最后，

雅罗斯拉夫斯基在自己那本历史著作中也仅限于纯粹地宣布中心的建立，至于其活动，他也未置一词。由此能自然得出如下结论：领导人当中谁也不知道的那个中心在历史上根本不存在。

不过还可以找到更直接的证据来证明实践中心纯属子虚乌有。在 10 月 20 日举行的中央委员会会议上，斯维尔德洛夫宣读了军事组织的一份声明。如同我们从讨论中所看到的，它含有吸收军事组织领导人参加解决起义问题的要求。越飞建议拒绝这个 405
要求，理由是："凡是愿意工作的人都可以进入苏维埃领导下的革命中心。"托洛茨基则使越飞建议的措辞变得更委婉一些了："我们所有的组织都可以进入革命中心，完全可以在我们党团讨论它们所关心的一切问题。"以这种方式做出的决定表明，苏维埃领导下的革命中心只有一个，那就是军事革命委员会。如果说还存在其他什么领导起义的中心，那么至少应该有人提到它的存在。可是谁也没有提到，甚至连名列"实践中心"组成人员首位的斯维尔德洛夫也没有提到。

对于此事来说，10 月 24 日会议的记录可能更有说服力。在直接占领城市之前的时刻，不仅没人提到过起义的实践中心，而且关于成立这个中心的决定本身在流逝过去的 8 天时间旋涡里也被遗忘得一干二净，结果以致根据托洛茨基的建议，指定斯维尔德洛夫、捷尔任斯基、布勃诺夫"听从军事革命委员会指挥"。根据 10 月 16 日决定的内容，这些人其实是应该参加军事革命委员会的中央委员会委员。发生这场误会的可能性，其本身可以这样解释，刚刚走出地下状态的中央委员会按照组织原则和工作方式，跟后来年代无所不包的强大办公机关还很少相似。斯维尔德洛夫把机关的主要部分放在体侧的口袋里。

在那些火热的日子里，临近会议结束之际成立的旋即又被人忘却的偶然性机关还不少。在 10 月 7 日举行的中央委员会会议上，成立了一个“同反革命斗争情报局”：这是深入探讨起义问题的第一个机关，取了一个暗号般的名称。记录谈到了其组成情况：
406 “从中央委员会选进情报局的有三人：托洛茨基、斯维尔德洛夫、布勃诺夫，委托他们组建这个机构。”这第一个起义的“实践中心”存在吗？显然并不存在，因为它身后没有留下任何踪迹。在 10 月 10 日会议上成立的政治局同样没有什么生命力，自身根本没有任何表现：它恐怕连一次会也没有开过。为了让直接在各区工作的彼得格勒党组织不脱离军事革命委员会，根据列宁（他喜欢双重或三重保险系统）的倡议，在局势紧张的那几个星期，托洛茨基被纳入了彼得格勒委员会的领导高层。可是，这个决议也仅仅是停留在纸面上，因为它没有开过一次有托洛茨基参加的会议。同样的命运落到了“实践中心”的头上。按照构想，它也不应该作为独立的机构而存在，而且作为附属机构也是不存在的。

在被指定为“中心”组成人员的五人当中，捷尔任斯基和乌里茨基直到革命过后才完全参加军事革命委员会的工作。在军事革命委员会与党组织联络方面，斯维尔德洛夫起到了最重要的作用。斯大林没有参与军事革命委员会的任何工作，也从来没有出席过它的会议。在大量出自目击者和当事人之手的文献与记述里面，如同后来出的回忆录一样，一次都没有见到斯大林的名字。

在官方出版的革命史手册中，十月这个月单独编成了一卷，按照日期次序把从报纸、记录、档案、当事人的回忆以及其他文献里

面所有的实际资料分门别类编写而成。这部汇编是1925年出版
的，尽管当时已经在加足马力对过去的事情进行审查，书末的索引
还是只有一个页码附上了斯大林的名字。当我们翻开这本汇编相
关的那一页，就会看到还是中央委员会关于成立“实践中心”那个
决定的原文，斯大林作为五个成员之一名列其中。我们假如着手 407
在这部汇编（即使很不重要的资料，它也收集得如此丰富）里寻找
斯大林在“中心”里面或者它的外面从事了什么工作，那全是白费
力气。

如果用一句话来判定斯大林的政治面貌，那么可以说他一直是布尔什维主义的“中派分子”，也就是在天性上力求居于马克思主义者与机会主义者之间的中间立场。不过，这是一个害怕列宁的中派分子。直到1924年为止，斯大林每一段活动轨迹总是可以拆分为这么两种力：自己的中派分子本性和列宁的革命压力。中派主义站不住脚在伟大历史事件的考验中势必会无比充分地暴露出来。“我们的地位是矛盾的。”10月20日斯大林如此为季诺维也夫和加米涅夫辩解。中派主义的矛盾天性实际上不允许斯大林在革命当中占有无论什么样的独立地位。相反，当群众运动开始退潮，而那些竭力巩固既得利益，亦即首先要使自己个人的地位不再受到动摇的官员走向前台之际，那些令他在大的历史十字路口茫然不知所措的特征——观望等待和经验主义的机变——却定会保证他获得重大的优势。以革命名义掌权的官员需要革命的权威，作为“老布尔什维克”的斯大林便成了这种权威最合适不过的化身。排除了群众之后，官员集体对他说：“这一切是我们为您所做的。”他们不仅开始主宰现在，而且也开始主宰过去。官员历史

学家篡改历史、修补传记、制造声望。在斯大林能给革命加冕之前，需要把革命官僚化。

408 用马克思主义去分析，斯大林是饶有兴趣的人物，在他的个人命运中，我们可以观察到所有革命固有的法则的新见解：革命创建的制度的发展难免要经历以年来计数的涨潮与落潮。在这个过程中，思想反动时期就会把这样一些人物推到了前台，完全按其自身的基本素质而言，他们在运动高涨之际没有起也不可能起领导作用。

斯大林直接领导了对党和革命的历史进行官僚主义的重新审查。这项工作的各个步骤鲜明地标出了苏维埃机构发展演变的几个阶段。1918 年 11 月 6 日（新历），斯大林在《真理报》上发表的革命一周年纪念文章写道："以列宁同志为首的党中央自始至终是革命的鼓舞者。弗拉基米尔·伊里奇当时住在彼得格勒维波尔格区[①]一个秘密住宅里。十月二十四日傍晚，他被请到斯莫尔尼宫去领导运动。（《斯大林全集》第 4 卷，第 138—139 页）起义的全部实际组织工作都是在彼得格勒苏维埃主席托洛茨基同志直接领导下进行的。可以有把握地说，党应该把卫戍部队迅速转到苏维埃一边，以及军事革命委员会井然有序的工作首先和主要要归功于托洛茨基同志。安东诺夫同志和波德沃伊斯基同志是托洛茨基同志的主要助手。"[②]

无论本书作者，想必还有列宁（当时他已从社会革命党人的子

① 即维堡区。——译者

② 后面这段话不见于《斯大林全集》此处。——译者

弹击伤中康复）在那些日子里都没有注意到这种事后分配角色和功劳的做法。只是过了好几年以后，这篇文章因有了新的光源而变得明亮起来。它显示斯大林在 1918 年艰难的秋季就在准备描绘（暂时还是非常小心地）10 月期间党的领导层的新图画。“以列宁同志为首的党中央自始至终是革命的鼓舞者。”这句话是论战性的，它用来反对的那些人完全正确地认为，当时在相当大程度上处 409
在跟中央委员会斗争中的列宁是起义的真正鼓舞者。在这一时期，斯大林除了用没有个人色彩的中央委员会的名义，还不可能有别的什么来掩盖自己在十月革命期间的动摇。接下来的两句话谈到列宁住在彼得格勒一个秘密处所里，以及为了对运动实行总的领导于 24 日晚上被请到了斯莫尔尼宫，其用意就是要削弱党内占上风的认识：托洛茨基是革命的领导人。接着专门评价托洛茨基的那些话在今天的政治声学中听起来就像是过誉的颂词，实际上这是斯大林为了掩饰自己的论战性暗示而不得不说的调子最低的话。这篇“纪念”文章的复杂结构和精心涂抹的保护色本身就提供了有关当时党内舆论颇为流行的观念。

顺便说明一下，他在这篇文章中根本没有提到“实践中心”。相反，斯大林十分肯定地宣布：“起义的全部实际组织工作都是在彼得格勒苏维埃主席托洛茨基同志直接领导下进行的。”可是，托洛茨基并没有进入实践中心；我们正是从雅罗斯拉夫斯基那里听到了，似乎正是“这个机关（不是任何别的机关）领导了参加起义的所有组织。”这种矛盾的答案其实很简单：1918 年的时候，事情在大家的记忆中实在是太清晰了；从记录中抽出关于成立无论何时都不曾存在的“中心”的决定的企图不可能有成功的希望。

到 1924 年，许多事情已经被遗忘了，于是斯大林以下面的方
式来解释托洛茨基为什么没有进入“实践中心”：“必须说，托洛茨
基在十月起义中没有起而且不可能起任何特殊的作用。”（《斯大
林全集》第 6 卷，第 284 页）同年，斯大林毫不掩饰地宣称历史学家
的任务就是要戳穿“托洛茨基在十月起义中的特殊作用的奇谈”。
410 （参见《斯大林全集》第 6 卷，第 284 页）然而，斯大林是怎样调和这
种新说法跟 1918 年他自己写的那篇文章的说法的呢？其实很简
单，他禁止引用自己的旧文章。试图在 1918 年的斯大林与 1924
年的斯大林之间找出一条中间线的历史学家立即被开除出党了。

但是，还有比斯大林第一篇周年纪念文章更有权威的证据。在官方出版的列宁著作的注释中，“托洛茨基”这个词条下面写着：“彼得格勒苏维埃转到布尔什维克手中之后，他当选为它的主席，他以主席的身份组织和领导了 10 月 25 日的起义。”这样一来，“特殊作用的奇谈”在列宁还活着的时候出版的列宁文集中就牢固确立了。

对照官方书刊可以逐年追踪修改历史资料的过程。在反对托洛茨基的战役已经处于白热化的 1925 年，官方的年鉴《共产党人日志》仍然这样写着：“托洛茨基以领导人的身份最积极地参加了十月革命。1917 年 10 月选举他担任组织武装起义的彼得格勒革命委员会主席。”1926 年的出版物在这个地方被一段简短的中立性句子代替了：“1917 年任列宁格勒革命委员会主席。”从 1927 年起，斯大林学派提出了新的说法，并且写进了所有的苏联教科书：托洛茨基成了“一国建设社会主义的反对者”，因此实质上不可能不是十月革命的反对者。幸运的是有一个“实践中心”，是它把起义事

业推进到了幸运的终点！只不过见风使舵的历史学家没有解释清楚，为什么布尔什维克的苏维埃选举托洛茨基当主席，为什么正是党领导的同一个苏维埃让托洛茨基担任军事革命委员会的首脑。

列宁不会轻信，尤其在涉及革命命运的问题上更是如此。口头上的保证并不能让他放心。不在现场的他宁愿把每一个征兆往 411
最坏的方面去解释。当他亲眼所见时，也就是到了斯莫尔尼宫以后，他终于相信，事态在朝着正确的方向发展。托洛茨基在 1924 年的回忆文章中谈到了这样一件事："我记得，我下达书面命令召来立陶宛团一个连队来保证我们党和苏维埃报纸的出版，消息给列宁留下了深刻的印象……列宁显得十分兴奋，他大发感慨，发出笑声，不停地搓手。接着他开始沉默，思索了一会儿说道：'好的，可以这样做。只要能夺取政权。'我明白了，只是到了这个时候，他才最后原谅我们拒绝通过密谋夺取政权的做法。直到最后时刻，他还在担心敌人会不会跑来切断道路，打我们一个措手不及。……只是到了现在……他才感到放心，才最终认同事态走过的那条路径。"

这个情节后来同样引起了争议。然而它在客观形势中为自己找到了坚不可摧的依据。10 月 24 日晚，列宁的忧虑最后一次爆发。当时列宁怀有的忧虑是如此强烈，以致他企图动员士兵和工人来向斯莫尔尼宫施加压力，尽管这样做为时已晚了。可是几小时后，当他在斯莫尔尼宫了解到实际情况的时候，他的情绪又是多么急剧地转变过来了！他不可能不对自己的忧虑，对自己对斯莫尔尼宫发出的直接和间接的责难做个了结，哪怕是几句话、几个词汇，这不是很清楚的吗？不需要进行复杂的解释。对于在这非常时刻两个当面对话的人中间的每一个人来说，完全清楚误会的根源何在。现在误会消除了，不值得再提起它们。一句话就够了："可以这样做！"这话的意思是："有时候我可能过于挑剔多疑了，不
412 过，你们毕竟还是能理解吧？……"列宁不喜欢多愁善感。"可以这样做！"他带着特别的笑声说出来的这句话完全足以消除昨天偶然出现的误会，从而加强互相信赖的关系。

列宁 10 月 25 日的情绪在他通过沃洛达尔斯基提出的决议中再清楚不过地体现出来了，该决议把起义描述为"罕有流血和罕见顺利的"。如同往常一样，列宁对革命做出了言辞不多实质上却又是很高的评价，这个事实不是偶然的。恰恰是作为提出"旁观者的建议"的人，他认为自己不仅可以最自由地给予群众的英雄主义，而且给予领导人的功绩应有的赞扬。大概不至于怀疑，列宁对此有另外的心理动机：他一直都在担心斯莫尔尼宫实行的是过于迟缓的方针，而现在他又赶紧第一个承认它实际上显示出来的优势。

自从列宁来到斯莫尔尼宫那一刻起，他自然担负起了全部工作，政治、组织和技术工作的领导责任。10 月 29 日，彼得格勒发生了士官生暴动。克伦斯基率领几个哥萨克连队向彼得格勒发起进攻。军事革命委员会面临着防守的任务，列宁领导了这项工作。托洛茨基在自己的回忆文章中这样写道："也像失败一样，迅速取得的胜利也叫人无法抗拒。不要看不清时局的基本线索；每一次胜利过后都要对自己说：什么都还没有得到，什么都还没有保证；在取得决定性胜利之前 5 分钟，正是要带着如此高度的警惕性和如此顽强的毅力，同时带着如此强大的压力去做事，就像开始武装行动之前 5 分钟那样；胜利过去 5 分钟之后，还在第一波欢呼声平

息下来之前就要对自己说：胜利成果仍然还没有保证，一分钟也不能浪费——这就是应有的态度，这就是运动的方式，这就是列宁的方法，也是他的政治性格和革命精神的本质。” 413

在前面提到过的11月1日召开的彼得格勒党委会会议上，列宁谈到了自己对区联派人士其实不必要的担心。那次会议专门讨论了同孟什维克和社会革命党组建联合政府的问题。起义胜利以后，右翼成员季诺维也夫、加米涅夫、李可夫、卢那察尔斯基、梁赞诺夫、米留京等人坚持联合，列宁和托洛茨基坚决反对任何超越苏维埃第二次代表大会范围的联合。托洛茨基声明：“直至起义爆发之际，在我党中央委员会以及更大范围内，分歧是相当深的……同以前有人说过的一样，现在起义胜利了，还是有人说：你们没有技术干部。以前有人大肆渲染这一点，是为了吓唬人；现在同样有人大肆渲染这一点，是为了不让我们享受胜利而加重语调。”托洛茨基与列宁齐心协力，既与反对联合的人进行斗争，又与革命前夕反对起义的人进行斗争。在这同一次会议上，列宁说过：“达成协议？我简直不能郑重地提起这件事。托洛茨基早就说过，联合是不可能的。托洛茨基明白这一点。从那时起，没有比他更好的布尔什维克了。”①

在列举出来达成协议的最重要的条件中，社会革命党人和孟什维克提出了把他们最痛恨的两个人——“十月政变由个人负责的肇事者列宁和托洛茨基”排除在政府之外的要求。对于这个要求，中央委员会和党的态度是这样的，加米涅夫（他本是极其拥护妥协的人，他个人准备做出这种让步）认为有必要在11月2日的

① 列宁在这次会议上的讲话不见于《列宁全集》。——译者

中央执行委员会会议上做如下声明："有人建议排除列宁和托洛茨基，这个建议将使我们失去首脑，因此我们不会接受它。"

革命的观点——赞成起义，反对与妥协主义者联合——在各区被称为"列宁和托洛茨基的观点"。就如文献与记录所证明的那
414 样，这种说法具有普及的性质。在中央委员会内部出现危机的时刻，人数众多的彼得格勒女工会议一致通过决议："赞成列宁和托洛茨基领导的我党中央委员会的政策。"巴隆·布登堡在1917年11月自己的日记中已经提到了"列宁和托洛茨基两个新寡头"。据一个叫鲍里斯·索科洛夫的阴谋者讲述，12月，当一小撮社会革命党人决定要"割下布尔什维克的头颅的时候"，他们"头脑里清晰地浮现出来的是，列宁和托洛茨基是最凶险和最重要的布尔什维克。这事务必就从他们下手"。内战期间，这两个人的名字总是被连同提及，如果提到了其中一个人的话。曾经一度是革命的马克思主义者，后来成了十月革命凶恶敌人的帕尔乌斯写过："列宁和托洛茨基——这对于那些所有沿着布尔什维克道路前进的理想主义者来说是一个结成一体的名字……"罗莎·卢森堡在严厉批评十月革命的政策时把自己的批评矛头不加分别地指向列宁和托洛茨基。她写道："列宁和托洛茨基以及他们的朋友头一回为全世界无产阶级做出了榜样。他们现在是唯一能与胡滕[①]一起大声喊叫的人：我敢做这件事！"在1918年10月举行的中央执行委员会纪念十月革命一周年的会议上，列宁援引外国资产阶级报刊的话说："意大利工人的态度是这样的，好像他们只让列宁和托洛茨基

① 胡滕，16世纪德国宗教改革人士。——译者

在整个意大利自由旅行。"这样的例子不胜枚举。它们作为主题贯穿了苏维埃制度和共产国际的初期年代。当事人和观察家、朋友和敌人、亲近者和疏远者，都用如此结实的纽带把列宁和托洛茨基在十月革命中的活动紧紧地联结在一起，以致篡改学派的历史编纂学既无法拆开它，也无法砍断它。

二　一国建设社会主义 415

"工业较发达的国家向工业较不发达的国家所显示的，只是后者未来的景象。"(《马克思恩格斯全集》第 23 卷，第 8 页)这是马克思的论点。从方法论来看，它不是从作为整体的世界经济，而是从作为典型的个别资本主义国家的分析中得出的论点。资本主义的发展越是广泛地普及所有国家，而不论其过去的命运和经济水平如何，上述论点就越不适用。英国在一定时候展现了法国的未来，在小得多的程度上也展现了德国的未来，可是无论如何也没有展现出俄国和印度的未来。然而俄国的孟什维克把马克思有条件的论点理解为无条件的：落后的俄国不应该往前超越，而要恭恭敬敬地仿效现成的形态。就连自由主义者也赞成这样的"马克思主义"。

另外还有一个同样流行的马克思的公式："无论哪一个社会形态，在它们所能容纳的全部生产力发挥出来以前，是绝不会灭亡的；……"(《马克思恩格斯选集》第 2 卷，第 83 页)跟前面的论点相反，这个公式不是从个别列举的国家，而是从普遍适用的社会制度(奴隶制、中世纪、资本主义)的更替中得出的。然而孟什维克从个

别国家的角度来看待这个公式，因而得出结论称：俄国资本主义在达到欧洲或者美国的水平之前，还有漫长的道路要走。可是生产
416 力不是在真空里面发展起来的！不能在谈论民族资本主义的可能性时一方面忽略在其基础上展开的阶级斗争；另一方面忽略它对世界环境的依赖。无产阶级推翻资产阶级是俄国现实资本主义的产物，因而把它的资本主义抽象经济的可能性化为了乌有。俄国的经济结构也同俄国的阶级斗争的性质一样，都在很大程度上取决于国际环境。资本主义在世界舞台上达到了这样的地步，即到了它不再补偿——不是从商业意义上，而是从社会学意义上来理解的——自己的生产费用的时候。海关、军国主义、危机、战争、外交会议以及其他祸害正在消耗和浪费如此之多的创造力，以至于尽管拥有全部技术成就，它还是没有为福利的增加和文化的发展留下多少余地。

落后国家的资产阶级成了其世界体系罪孽的第一个牺牲品，这么一个表面上看似反常的事实，实际上是完全合乎规律的。马克思还对自己所处的时代做出了他的解释："在资产阶级躯体中，猛烈的震荡在四肢自然要比在心脏发生得早一些，因为心脏得到补救的可能性是比较大的。"(《马克思恩格斯全集》第 7 卷，第 513 页)在帝国主义极其可怕的重压之下，那些还没有来得及积累大量民族资本，而世界性的竞争又没有给它减轻任何负担的国家势必首先会走向崩溃。俄国资本主义的破产就是总体社会结构的一个局部崩溃。列宁说："只有用国际观点才能对我国革命做出正确评价。"

说到底，我们不是把十月革命归结为俄国落后这个事实，而是

归结为叠合发展的规律。历史辩证法并不知道有纯粹的落后性，就如不知道有化学般纯粹的进步性一样。一切事物都处在具体的相互关系之中。人类当今的历史充满了“反常现象”，它们并非都 417
像在落后国家出现了无产阶级专政那么宏大，但同属于相似的历史类型。落后的中国的大学生和工人正在如饥似渴地吸收马克思主义学说，可是与此同时，文明的英国的工人领袖却相信教会咒语的魔力，这样的事实无疑证明了，在某些领域中国跑在了英国的前面。但是，中国工人鄙视麦克唐纳的中世纪愚昧，并没有理由得出这样的结论：中国在总体发展上超过了大不列颠。相反，后者的经济和文化优势可以通过精确的数据体现出来。不过数据的威力并不妨碍中国的工人有可能比大不列颠的工人更早夺得政权。同时，中国的无产阶级专政绝不意味着就在中国万里长城的范围内建设社会主义。学院式的、赤裸道学气的和过于短视的民族标准不适应我们这个时代。世界的发展打破了俄国的落后习性和亚洲习气。如果置身于俄国繁难复杂的道路之外，就不可能弄清楚它未来的命运。

资产阶级革命是同样地反对封建所有制关系和外省割据的。在解放的旗帜下跟自由主义并肩而立的是民族主义。西方人早就穿坏了这双童年的鞋。我们这个时代的生产力不仅超越了资产阶级所有制形式，而且超越了民族国家的国界。自由主义和民族主义同样都成了世界经济的桎梏。无论生产资料的私有制还是世界经济被民族国家分割，无产阶级革命都一概予以反对。东方各国人民争取独立的斗争也包括在这个世界进程之中，以便随后与之
汇合起来。在民族国家建立社会主义社会——如果这样的目标可 418

以普遍实现的话——那就意味着极大地削弱人类的经济实力；不过也正因为如此，它才无法实现。国际主义不是抽象的原则，而是经济现实的反映。就如自由主义是民族的一样，社会主义是国际的。源自世界劳动分工的社会主义正面临着把财富和服务的交换引向高度发达的任务。

革命无论何时何地都不曾也不可能与它的参加者为自己定制的概念完全一致。然而斗争参加者的观念与目的也是其中非常重要的成分。对于十月革命来说尤其是这样，因为过去任何时候革命者关于革命的概念都没有像 1917 年时那样如此接近事件的真实本质。

时局最紧张的时候党怎样设想革命的后续发展？以及党在革命中期待些什么？如果不尽一切可能通过历史的准确性来回答这样一些问题，那么论述十月革命的著作就是很不完美的。昨天被新的利益作弄得越朦胧，该问题具有的意义就越大。政策总是从过去寻找依据，假如不能自行找到它，那么往往会动用强制力量来敲诈它。苏联今天官方政策的出发点就是“一国建设社会主义”理论，仿佛它是出自布尔什维克传统观点的。不仅共产国际，而且其他政党的年轻一代大概也是在这种信念中教育成长起来的：苏维埃政权是以在俄国一个国家建设独立的社会主义社会的名义争取到的。

历史的真实情况与这种无稽之谈毫无共同之处。直到 1917 年之前，党一直不认同这样的见解，即俄国的无产阶级革命能够比
419 西方得以更早实现。在彻底明朗的形势的压力下，党在四月代表会议上第一次认可了夺取政权的任务。这在布尔什维主义的历史

上揭开了新的篇章，但是这种认可与独立的社会主义社会的前景毫无共同之处。相反，布尔什维克断然拒绝了孟什维克偷偷加在他们身上的可笑思想——在落后国家建设“农民社会主义”。对于布尔什维克来说，俄国无产阶级专政是通向西方革命的桥梁。对社会进行社会主义改造的任务——就其自身实质而言——被宣布为国际的任务。

只是到了 1924 年，才在这个根本问题上发生了急剧转变。首次宣布社会主义社会可以不依赖其他人类的发展在苏联一国范围内完全建成，只要帝国主义没有采用武装干涉颠覆苏维埃政权的话。新的理论马上被赋予了回溯效力。篡改之徒宣称，如果说党在 1917 年不相信在俄国建成独立的社会主义社会，那么它就无权去夺取政权。1926 年，共产国际谴责了不承认一国社会主义理论的言行，而且把这种谴责的时限扩展到了自 1905 年以来的整个时期。

有三类观点从此被认为是敌视布尔什维主义的，它们是：否定苏联在不确定的长时期内处于资本主义包围之中的可能性（武装干涉问题）；否定依靠自身的力量在一个国家范围内克服城乡矛盾的可能性（经济落后问题和农民问题）；否定建设孤立的社会主义社会的可能性（全世界劳动分工问题）。按照新学派的理论，即使
其他国家不爆发革命，也可以通过“使资产阶级中立化”来捍卫苏 420
联不受侵犯。在社会主义建设领域中，农民的合作应该是有保证的。对世界经济的依赖性被十月革命和苏维埃经济成就消除了。不承认这三个原则就是“托洛茨基主义”，也就是与布尔什维主义水火不相容的学说。

历史著作在这里遇到了思想体系方面的修复任务：必须把革命政党的真正观点和目标从后来的政治沉积层中抽出来。尽管各个时期的前后更替是短暂的，这个任务还是越来越类似于破译天书，因为篡改学派的理论体系远非总是比神学的自作聪明更高明，正是基于这种自作聪明，7—8 世纪的僧侣毁掉了用羊皮纸和莎草纸书写的古代经典作品。

如果说我总是避免把夹有大量引文的叙述塞进本书，那么现在这一章书就必须把原本的文字献给读者，这是为了符合任务本身的实质，而且是在排除了对其进行人为挑选的意图这样一个范围之内。必须让布尔什维主义用自己特有的语言说话。在斯大林官僚制度下，它丧失了这种可能性。

从自己诞生的那一天起，布尔什维克党就是一个革命的社会主义政党。但是它又必然要把推翻沙皇制度和建立民主制度视为直接的历史任务。用民主方式解决土地问题势必成了革命的主要内容。社会主义革命被推到了相当遥远的，不管怎样也是很不确定的未来。大家认为无可争辩的是，只有西方无产阶级取得胜利之后，它才能开始从实践方面进入议事日程。俄国马克思主义者
421 在同民粹主义和无政府主义的斗争中锤炼出来的这些原理成为了党不可动摇的财富。由此后来产生了一种假设：当民主革命在俄国达到宏大规模时，它就能够直接推动西方的社会主义革命，后者然后又反过来使俄国无产阶级能够加快走向政权的步伐。总的历史前景在这种最有利的设想中并没有发生变化：只是发展的进程加快了，期限缩短了。

正是本着这种观点的精神，列宁于 1905 年 9 月写道：“我们立

刻就由民主革命开始向社会主义革命过渡,并且正是按照我们的力量,按照有觉悟有组织的无产阶级的力量开始向社会主义革命过渡。我们主张不断革命。我们绝不半途而废。”(《列宁全集》中文第二版第 11 卷,第 113 页)不管多么令人惊讶,这段引文竟然被用来为斯大林把党原先的预测与 1917 年时局的实际进程混为一谈的做法服务。只是不明白,党的干部为什么一碰上列宁的“四月提纲”就显得那么措手不及。

按照先前的观点,无产阶级争取政权的斗争实际上只能在土地问题在资产阶级民主革命范围内解决以后才应该开展起来。然而不幸的是,自己渴求土地的愿望得到满足的农民没有任何动机来拥护新的革命。既然在国内人数明显居于少数的俄国工人不能单独依靠自己的力量夺取政权,因此列宁始终一贯认为在西方无产阶级取得胜利之前谈论俄国无产阶级专政是不可能的。

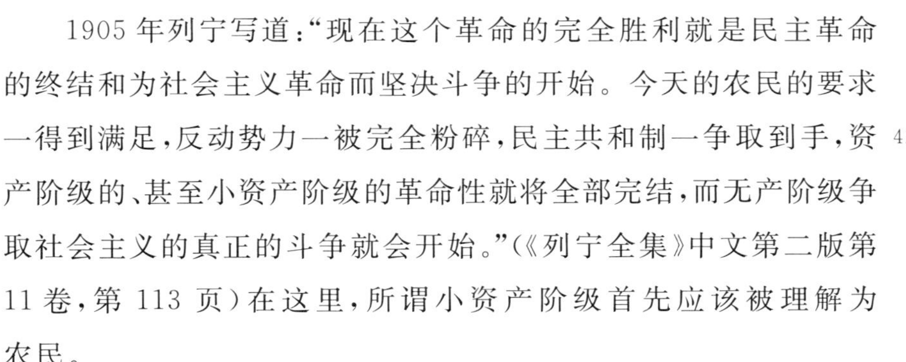

1905 年列宁写道:“现在这个革命的完全胜利就是民主革命的终结和为社会主义革命而坚决斗争的开始。今天的农民的要求一得到满足,反动势力一被完全粉碎,民主共和制一争取到手,资 422
产阶级的、甚至小资产阶级的革命性就将全部完结,而无产阶级争取社会主义的真正的斗争就会开始。”(《列宁全集》中文第二版第 11 卷,第 113 页)在这里,所谓小资产阶级首先应该被理解为农民。

在这种环境下,“不断革命”为什么还能发生呢?列宁回答了这个问题:站在欧洲一大批革命前辈肩上的俄国革命者有权“幻想”,他们将做到“空前完满地实现一切民主改革,实现我们的全部最低纲领;……如果能做到这一点,那时候……那时候革命的火焰将燃遍欧洲；……欧洲工人也将奋起，并且向我们表明‘该怎么办’；那时候欧洲的革命高潮就会反过来影响俄国，使几个年头的革命时代变成几十个年头的革命时代”。(《列宁全集》中文第二版第 10 卷，第 12 页)俄国革命，甚至在其最高发展阶段的独立内容也没有越出资产阶级民主革命的界限。只有西方革命的胜利才能开启夺取政权和建立无产阶级专政斗争的纪元。直到 1917 年 4 月之前，这个观念在党内完全维持着自己的影响力。

如果撇开插曲性质的沉积、过甚其词的论战和局部范围的错误不论，那么 1905—1917 年就不断革命问题展开的辩论的实质不是归结为俄国无产阶级夺取政权后能不能在一个国家建设社会主义(直至 1924 年之前，俄国马克思主义者中间从来没有一个人在任何时候稍微谈到过这一点)，而是要归结为在俄国，究竟是有可能发生真正有能力解决土地问题的资产阶级革命呢？还是需要无产阶级专政来完成这项工作？

在自己的四月提纲中，列宁修改了原先旧观点中的哪一个部
423 分呢？他既一分钟也没有放弃过，社会主义革命的国际性质的学说，也没有放弃过，只有在西方帮助下我们才能使落后的俄国转而走上社会主义道路的观念。不过，列宁在这里第一次宣布，恰恰是由于国家条件的后发性，俄国无产阶级才有可能比先进国家的无产阶级更早地走向政权。

二月革命无力解决土地问题以及民族问题。俄国的农民和被压迫民族只得通过自己争取民主任务的斗争来支持十月革命。仅仅因为俄国小资产阶级民主派不能完成其西方大姐完成了的那种历史任务，所以俄国无产阶级找到了比西方无产阶级更早走向政权的途径。1905 年，布尔什维主义打算只有在完成民主任务以后才转向争取无产阶级专政的斗争。而 1917 年，无产阶级专政从尚未完成的民主任务中冒了出来。

俄国革命的叠合性质没有停留在此处。工人阶级夺取政权使“最低纲领”和“最高纲领”之间的分水岭自动消失了。在无产阶级专政的条件下——但仅仅是在这个条件下！——由民主任务向社会主义任务的转变不可避免地逐步形成了，尽管欧洲工人阶级还没来得及向我们指明“这事该怎样做”。

西方和东方之间革命顺序的转换虽然其自身对于俄国以及全世界的命运都具有极端的重要性，但是它的历史意义还是有限的。俄国革命无论往前走多远，它对世界革命的依赖性都不会消失，甚至也不会减少。民主改造转变为社会主义改造的可能性因国内各种条件的组合，首先是无产阶级跟农民之间的相互关系而揭示出 424
来。但是，社会主义改造的限度最终是由世界舞台上的经济和政治状况决定的。一个国家的起跑力不管有多大，它也不可能跳出我们这个行星。

在谴责“托洛茨基主义”的过程中，共产国际特别卖力地抨击一种观点，说是根据这种观点，俄国无产阶级在执掌权柄却没有得到来自西方的援助时，“就将……与曾经帮助过它走向政权的广大农民发生冲突……”即使认为历史的经验彻底驳倒了托洛茨基于 1905 年做出的这一预测（时下任何一个批评家在当时都不容忍他关于无产阶级专政的思想），如今在俄国无产阶级专政正在成为千真万确的事实这样的情况下，把农民视为很不可靠和背信弃义的盟友的观点，那也仍然构成了包括列宁在内的全体俄国马克思主

义者的共同财富。布尔什维主义的真实传统与关于工人和农民的利益是先定一致的学说之间毫无共同之处。相反,对这种小资产阶级理论的批评总是作为最重要的成分进入了马克思主义者跟民粹主义者的多年斗争之中。

1905年,列宁写道:“到一定的时候……俄国的民主革命的时代就会成为过去;那时再说什么无产阶级和农民的‘意志的统一’……就是可笑的了。”(《列宁全集》中文第二版第11卷,第69页)“农民是土地占有者阶级,他们在这个斗争(争取社会主义的斗争。——托洛茨基)中,也会像资产阶级现在在争取民主的斗争中一样地扮演叛卖的、不稳定的角色。忘记这一点就是忘记社会主义,就是在无产阶级的真正利益和任务问题上自欺欺人。”(《列宁全集》中文第二版第11卷,第120页)

1905年年底,在为自己拟订革命进程中阶级关系的提纲时,
425 列宁用下面一段话描述了消灭地主所有制以后定将出现的局面:“无产阶级已在进行为社会主义革命而维护民主主义成果的斗争。如果没有欧洲的社会主义无产阶级对俄国无产阶级的支援,那么,这个斗争对于孤军作战的俄国无产阶级,几乎是毫无希望的,而且必然要遭到失败……在这个阶段里,自由派资产阶级和富裕农民(加上一部分中等中农)组织反革命。俄国无产阶级加上欧洲无产阶级则组织革命。在这种条件下,俄国无产阶级能够取得第二次胜利。事情已经不是没有希望。第二次胜利将是欧洲的社会主义革命。欧洲的工人会告诉我们‘怎样干’……”(《列宁全集》中文第二版第12卷,第142页)

大约也是在那个时候,托洛茨基写道:“在一个农村居民占绝

大多数的落后国家的工人政府处境的矛盾，只有在国际范围内，在世界无产阶级革命的舞台上，才能得到自己的解决。”斯大林后来正是引用这些话来证明“横在列宁的无产阶级专政理论和托洛茨基的‘不断革命’论之间的鸿沟”。(《斯大林全集》第6卷，第318页)

然而引文证明，在列宁和托洛茨基当时的革命观念存在着毋庸置疑的分歧的情况下，恰恰就是在农民起的是“不稳定”和“叛卖”的作用的问题上，他们的观点实质上早就已经是一致的。

1906年2月，列宁写道：“我们要始终不渝地支持农民运动，但是我们应当记住，这是另一个阶级的运动，而不是那个能够实现并且定会实现社会主义革命的阶级的运动。”(《列宁全集》中文第二版第12卷，第237页)[①]1906年4月他声明：“俄国革命自己有足够的力量取得胜利，但是它缺乏足够的力量来维持胜利的果实……因为在一个包括农民在内的小商品生产者的小规模经济占
极大优势的国家，他们不可避免地会转过来反对无产阶级，当后者 426
从自由走向社会主义的时候……为了不让复辟出现，俄国革命需要的不是俄国的后备力量，它需要来自外界的援助。世上有这样的后备力量吗？有，它就是西方的社会主义无产阶级。”(《列宁全集》中文第二版第12卷，第327页)

这些思想观念贯穿着整个反动年代和战争年代，虽有各种不同的组合，但是基本上没有发生变化。再没有必要多举例了。党关于革命的概念在革命事件的烈火中必将呈现出最大限度的完整性和明晰性。假如在革命爆发前布尔什维主义就已经在理论上倾

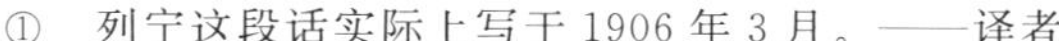

① 列宁这段话实际上写于1906年3月。——译者

向于在个别国家建设社会主义，那么这个理论在争取政权的直接斗争期间就会大放异彩。实际情况是这样吗？1917 年会给予回答。

在二月革命后前往俄国的途中，列宁在写给瑞士工人的告别信里说：“俄国无产阶级单靠自己的力量是不能胜利地完成社会主义革命的。但它能……使自己主要的、最忠实的、最可靠的战友——欧洲和美洲的社会主义无产阶级易于进入决战。”（《列宁全集》中文第二版第 29 卷，第 91 页）

四月代表会议赞成的列宁提出的决议写道：“俄国无产阶级是在欧洲最落后国家中的一个国家内，在大量小农居民中间进行活动的，因此它不能抱定立即实行社会主义改造的目的。”在这段开场白当中，决议在跟党的理论传统保持紧密联系的同时，还是在新的道路上迈出了决定性的一步。它宣告：在农民的俄国不可能独自完成社会主义改造，但这无论如何也无权拒绝夺取政权。这不仅是为了民主任务，而且是为了“采取若干实际上已经成熟的向社
427 会主义迈进的步骤”，诸如土地国有化，对银行实行监督，等等。（见《列宁全集》中文第二版第 29 卷，第 442—443 页）

由于最发达的先进国家存在着……社会主义革命的客观前提，因此反资本主义的措施有可能得到进一步扩展。正是以此为出发点，列宁在自己的报告中解释说：“只谈俄国的情况，这是错误的。……全世界的运动使我们面临社会革命，在这种条件下俄国无产阶级的任务将是什么呢？这就是这个决议案里所分析的主要问题。”（《列宁全集》中文第二版第 29 卷，第 435 页）显然，在列宁克服了“老布尔什维克”的民主局限性以后，党在 1917 年 4 月所立

足的出发阵地与在个别国家建设社会主义的理论有天壤之别！

从此，在首都以及外省任何一个党的组织中，我们遇到了关于问题的相同提法：在争取政权的斗争中务必记住，社会主义革命的前途将取决于先进无产阶级国家的胜利。谁也没有对这个公式予以反驳；相反，在争论中它总是作为大家一致承认的原理首先讲到。

在 7 月 16 日举行的彼得格勒党的代表会议上，跟列宁同坐“铅封”车厢回来的布尔什维克之一哈里托诺夫声明：“我们四处都讲，如果西方革命不取得胜利，那我们的事业也将失败。”哈里托诺夫不是理论家，他是党内一个中层宣传人员。在这同一次会议的记录中，我们读到了：“巴甫洛夫指出了布尔什维克提出的普遍原理，那就是俄国革命唯有得到世界革命支持时才能兴起，而世界革命唯有作为社会主义革命才能考虑……”数以百十计的哈里托诺夫和巴甫洛夫在发挥四月代表会议的基本思想。没有谁的脑袋里产生过要同他们争论或者要纠正他们的念头。

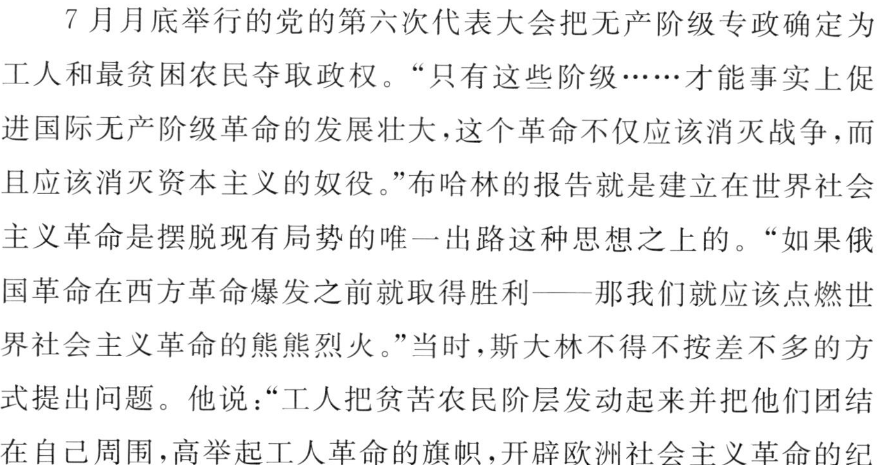

7 月月底举行的党的第六次代表大会把无产阶级专政确定为工人和最贫困农民夺取政权。“只有这些阶级……才能事实上促 428
进国际无产阶级革命的发展壮大，这个革命不仅应该消灭战争，而且应该消灭资本主义的奴役。”布哈林的报告就是建立在世界社会主义革命是摆脱现有局势的唯一出路这种思想之上的。“如果俄国革命在西方革命爆发之前就取得胜利——那我们就应该点燃世界社会主义革命的熊熊烈火。”当时，斯大林不得不按差不多的方式提出问题。他说：“工人把贫苦农民阶层发动起来并把他们团结在自己周围，高举起工人革命的旗帜，开辟欧洲社会主义革命的纪

元。”(《斯大林全集》第 3 卷,第 166 页)

8 月月初,莫斯科地区代表会议让我们能够再好也不过地去了解党的思想实验室。中央委员索科利尼科夫在其说明第六次代表大会决定的指导报告中说道:“需要说明,俄国革命必将反对全世界的帝国主义,或者必将被全世界的帝国主义扼杀。”一大批代表表达出了同样的心情。维托林说:“我们需要准备社会革命,它是推动西欧社会革命发展的动力。”代表别列尼基说:“如果只在本国范围内解决问题,那我们就没有出路。索科利尼科夫说得很正确:俄国革命只有作为国际革命才能胜利……俄国的社会主义条件还没有成熟,但是革命如果在欧洲开始,那么我们就跟着西欧走。”斯图科夫说:“俄国革命只有作为国际革命才能胜利——对这个原理不能有任何怀疑……社会主义革命只有在全世界范围内才是可能的。”

429 在下面三个基本原理上大家彼此是一致的,即工人国家即使不被帝国主义颠覆的话,也不可能坚持下去;俄国的社会主义条件还没有成熟;就自身实质而言,社会主义革命的任务是国际任务。假如当时在党内,与这些过了七八年还在遭到谴责的观点一道还存在着如今正为正统和习惯见解所承认的别的观点,那么它们在莫斯科代表会议上以及在此前的代表大会上应该得到反映。可是,无论报告人还是参与争论的人,或是报刊文章,一句话都没有提到党内还存在着与“托洛茨基主义”对立的布尔什维主义观点。

在党的代表大会之前举行的基辅全城代表会议上,报告人戈洛维茨说:“挽救我国革命的斗争只有在国际范围内才能进行。我们面临着两种前途:如果革命取得胜利,我们将建立一个向社会主义过渡的国家；如果没有胜利，我们就将落到国际帝国主义统治之下。”在党的代表大会开过之后的 8 月月初，皮亚塔科夫在再次召开的基辅代表会议上说：“从革命一开始我们就肯定地说过，俄国无产阶级的命运完全取决于西方无产阶级革命的进程……我们就是这样进入不断革命阶段的。”关于皮亚塔科夫的报告，已经为我们所知的戈洛维茨宣布：“我完全赞成皮亚塔科夫把我国革命确定为不断革命的观点……”皮亚塔科夫还说：“挽救俄国革命的唯一可能存在于开启社会主义革命的世界革命中。”也许这两位报告人是居少数吧？不，在这个根本问题上，没有任何人反对他们。在选举基辅委员会时，两人均以最高票数当选。

于是，可以认为事情完全弄清楚了：在 4 月全党代表会议、 430
7 月党的代表大会以及彼得格勒、莫斯科和基辅的代表会议上，代表们用投票表达和重申了同样的观点，但它们后来被宣布为与布尔什维主义是格格不入的。此外，党内并没有冒出任何一种声音可以解释为已经预感到了未来的一国建设社会主义的理论，哪怕是在大卫王的赞美诗里能让人预先体会基督布道这样的程度上。①

8 月 13 日，党的中央机关报上一篇文章解释说：“苏维埃拥有全部权利，这还绝对不等于‘社会主义’，但它还是能打垮资产阶级的反抗，能依靠现有的生产力和西方形势安排和改造经济生活，使之有利于劳动群众。挣脱了资本主义政权的枷锁以后，革命便成

① 大卫是比基督耶稣早了将近一千年的以色列国王，《圣经》称耶稣是上帝应许给大卫的后裔。——译者

了不断的，也就是连续性的了。它运用国家政权不是为了巩固资本主义剥削制度，而是为了取缔它。它在这条道路上的最后成功要倚靠欧洲无产阶级革命的成功……革命继续发展的唯一前景过去是如此，今后也将如此。”文章的作者是托洛茨基，他是在十字监狱里写出来的。报纸的编辑是斯大林。上述引文的意义是由这样的事实决定的，即直至 1917 年前，“不断革命”这个术语在布尔什维克党内仅仅是被当作托洛茨基观点的标志。过了几年以后，斯大林宣称：“列宁把反对不断革命论的斗争一直进行到自己生命的最后一刻。”无论如何斯大林本人没有为此斗争过：文章是在编辑部未加任何按语的情况下发表的。

10 天以后，托洛茨基再次在同一份报纸上写道：“国际主义对
431 我们而言不是抽象的观念……而是直接的指导原则和深刻的实践原则。对我们而言，没有欧洲革命，要取得稳固的和决定性的成功是不可想象的。”斯大林仍然没有表示反对。其实两天后他本人也在重复说：“让他们（工人和士兵。——托洛茨基）知道，只有同西方的工人结成联盟，只有动摇西方资本主义的基础，才能指望俄国革命的胜利！”（《斯大林全集》第 3 卷，第 239—240 页）这里“革命胜利”的含义不是建设社会主义（关于这一点，一般都没有提到），而仅仅是夺取政权和保持政权。

列宁在 9 月间写道：“资产者叫喊道，即使无产阶级夺取了政权，俄国公社的失败，即无产阶级的失败也是必然的。”不必害怕这类喊叫：“俄国无产阶级一旦夺得政权，就完全有可能保持政权，并且使俄国一直坚持到西欧革命的胜利。”（《列宁全集》中文第二版第 32 卷，第 179 页）在这里，决定革命前途的因素是十分明了的：

保持政权直到欧洲社会主义革命开始爆发。这个公式不是仓促抛出来的；它曾经在列宁那里日复一日地重复着。列宁用下面的话给纲领性文章《布尔什维克能保住国家政权吗？》做了概括："……如果布尔什维克不让别人吓倒而能夺得政权，那么，地球上就没有一种力量能阻挡他们把政权一直保持到全世界社会主义革命的胜利。"（《列宁全集》中文第二版第32卷，第324页）

布尔什维克右翼要求同妥协主义者联合，其借口是布尔什维克"独自"保持不住政权。11月1日（已经是革命以后了），列宁回答他们说："有人说我们独自保持不住政权，等等。但是我们并非独自，我们面对着整个欧洲。必须由我们来开始。"从列宁跟右翼的对话中可以清楚地看出，争论的任何一方都没有产生过在俄国单独建设社会主义的念头。

约翰·里德讲述了在彼得格勒举行的一次集会的情形，一个从罗马尼亚战线回来的士兵在奥布霍夫工厂大声呼唤："我们要用尽全力坚持下去，直到全世界人民起来援助我们为止。"这个公式 432
不是从天上掉下来的，也不是那个无名士兵或者里德凭空想象出来的。它是布尔什维克宣传员教育群众的结果。来自罗马尼亚战线的那位士兵的声音就是党的声音，就是十月革命的声音。

《被剥削劳动人民权利宣言》——这是以苏维埃政权的名义提交给立宪会议的纲领性法令。它宣布新政权的任务是"建立社会主义的社会组织，使社会主义在一切国家获得胜利……苏维埃政权将坚定地沿着这条道路前进，直到国际工人奋起反对资本压迫的斗争获得完全胜利"。（《列宁全集》中文第二版第33卷，第224、228页）迄今为止，列宁起草的《权利宣言》并没有正式取消，它把不断革命变成了苏维埃共和国的根本法则。

罗莎·卢森堡怀着强烈而又略带醋意的关注从监狱里注视布尔什维克的一言一行，在那些日子里，她非常严厉地——基本上也是错误地——批评了布尔什维克的政策。如果她从后者那里觉察到了一国社会主义的气味，那么就会马上拉响警报。但是没有发生这种事情，下面就是她对我党总路线所做的评论："布尔什维克奉行世界革命的方针，这恰恰是他们政治上富有远见和他们坚定的原则性，是他们的政策体现的勇敢气魄。"

这些正是列宁日复一日不断发展的观点，也是斯大林任编辑期间党中央机关报所宣传的观点，也是大大小小的宣传员演讲所鼓动的观点，也是前线某些地段的士兵所重复的观点，同时也是罗莎·卢森堡视为布尔什维克政治上有远见的最好证据的观点，而这些观点恰恰又是共产国际的官僚 1926 年所谴责的观点。共产国际第七次全体会议的决定宣称："托洛茨基及其志同道合者在我
433 们的革命性质和前途这个根本问题上的观点与我们党的观点，与列宁主义毫无共同之处。"歪曲布尔什维主义的人就是这样清算自己的过去。

如果说有谁在 1917 年真正反对不断革命的斗争理论，那么这就是立宪民主党人和妥协主义者。米留科夫和达恩揭发"托洛茨基主义的幻想"是导致 1905 年革命失败的主要原因。齐赫泽在民主会议发表的演讲中猛烈抨击了"通过把革命变成社会主义革命和世界革命的方式来扑灭资本主义战火"的企图。10 月 13 日，克伦斯基在预备国会说："现在，革命、民主和自由的全部成果面对的没有比那样一些人更危险的敌人了……他们在深化革命和把它转变为不断的社会革命的幌子下把群众引入歧途，看来已经把他们引入歧途了……”齐赫泽和克伦斯基是不断革命的反对者是基于同样的原因，即他们是布尔什维克的敌人。

在正当夺取政权之际召开的苏维埃第二次代表大会上，托洛茨基说过：“如果欧洲的起义人民不打垮帝国主义，那我们就将被打垮——这是毫无疑问的。要么俄国革命在西方掀起斗争的旋风，要么各国资本家扼杀我国的革命……”“存在着第三条道路”，听众席上有人说。有可能这是斯大林的声音吗？不，这是孟什维克的声音。布尔什维克只是在几年后才开辟出“第三条道路”。

在全世界的斯大林派报刊无数次重复的影响下，形形色色的政治团体的人几乎认为可以肯定的是，似乎在布列斯特—里托夫斯克和约问题上分歧的基础是两种观念。一种观念的出发点是不仅可以坚持下去，而且可以依靠俄国的力量建设社会主义；另一种观念的出发点是唯有指望欧洲的起义。实际上这种对立是几年后制造出来的，而且其作者哪怕是表面上也不肯让自己的杜撰与历 434
史文献相符。这的确是不容易的：因为在布列斯特谈判期间，所有布尔什维克无一例外地一致认为，如果最近的将来革命未在欧洲爆发，那么苏维埃共和国是注定要遭到毁灭的。有些人算出只需几个星期，另一些人计算的结果要几个月，但是没有谁认为需要几年。

1918 年 1 月 28 日，布哈林写道：“俄国革命一开始……革命无产阶级政党就宣布，或者是为俄国革命所发动起来的国际革命扼杀战争和资本，或者是国际资本扼杀俄国革命。”但是，那些日子里作为力主同德国开展革命战争的带头人，布哈林没有把自己一派的观点算作全党的观点吗？无论这种假设多么自然，它还是被文献彻底驳倒了。

1929 年出版的 1917 年和 1918 年年初中央委员会的记录尽管很不完整，并且经过了别有用心的加工，不过在这个问题上它还是提供了无比宝贵的证明。“1918 年 1 月 18 日会议。谢尔盖耶夫（阿尔乔姆）同志指出，所有发言人都同意这一点，即我们的社会主义共和国正面临着由于西方没有发生社会主义革命而遭到毁灭的危险。”谢尔盖耶夫站在列宁的立场上，因而也是支持签订和约的。谁也没有反对谢尔盖耶夫。所有斗争着的三个集团都急于发出同样的一致信号：没有世界革命，我们便逃脱不了失败的命运。

斯大林果真把特殊的音调带进了争论。他用以说明单独签订和约的必要性的理由是：“现在西方没有革命运动，不存在革命运动的事实，而只有可能性。但是我们不能在实践中单单依靠可能性。”（《斯大林全集》第 4 卷，第 26 页）距离一国社会主义理论还十分遥远的他，在这些话语里面还是明显地暴露出自己对国际运动本能的不信任。好一个“我们不能依靠可能性”！列宁旋即就在
435 “相当程度上”与斯大林的支持划清界限：西方革命还没有开始，这是对的；“然而，假如由于这一点我们就改变我们的策略，我们就会成为国际社会主义的叛徒。”（《列宁全集》中文第二版第 33 卷，第 260 页）如果说列宁主张马上单独缔结和约，不是因为他不相信西方革命运动，那么更不是因为他相信孤立的俄国革命的生命力：“对我们来说，重要的是要坚持到总的社会主义革命出现，而要做到这一点，只有签订和约。”（《列宁全集》中文第二版第 33 卷，第 261 页）布列斯特屈服的含义对列宁来说只限于两个字——

"喘息"。

记录表明，在列宁发出警告以后，斯大林寻求改正的机会。"1918 年 2 月 23 日会议。斯大林同志说……我们同样指望革命，不过你们算出来只要几个星期，而我们估计要几个月。"在这里，斯大林逐字逐句地重复了列宁的公式。在世界革命问题上，中央委员会两个极端之间的距离就是几个星期和几个月的距离。

在 1918 年 3 月举行的党的第七次代表大会上，列宁为布列斯特和约辩护说："如果没有德国的革命，我们就会灭亡，——灭亡的地方也许不在彼得格勒，不在莫斯科，而在符拉迪沃斯托克，或更远的地方，我们也许不得不迁到那里去……但不管怎样，无论发生什么可能设想的情况，如果德国革命不爆发，我们就会灭亡，这是绝对的真理。"(《列宁全集》中文第二版第 34 卷，第 12 页)然而问题不仅仅涉及德国。"国际帝国主义拥有……真正实力……它在任何情况下，在任何条件下，都不能和苏维埃共和国和睦相处……在这方面，冲突是不可避免的。在这里……最大的历史课题就是：……必须唤起国际革命。"(《列宁全集》第 34 卷，第 6 页)大会通过的秘密决定内称："代表大会认为，只有把已在俄 436
国取得胜利的社会主义革命转变为国际工人革命，才是这个革命能够巩固的最可靠的保证。"(《列宁全集》中文第二版第 34 卷，第 33 页)

过了几天，列宁在苏维埃代表大会上做报告说："全世界帝国主义和同它一起并存的胜利行进的社会主义革命不可能和睦共处。"(列宁全集中文版所收报告中没有这段话。——译者)4 月 23 日，他在莫斯科苏维埃会议上说："我们的落后使我们走在了前面，而如果不能坚持到其他各国工人起来大力支援我们，我们就会灭亡。”（《列宁全集》中文第二版第 34 卷，第 219 页）1918 年 5 月他写道：“……应该（在……帝国主义面前）退却，甚至退到乌拉尔一带，……因为在西欧的革命还在酝酿的时期，这是赢得时间的唯一希望……”（《列宁全集》中文第二版第 34 卷，第 269 页）

列宁看得很清楚，布列斯特的紧张谈判使和平的条件变得恶化起来。但是，他还是把国际革命的任务置于“各国革命”之上。尽管与托洛茨基因为签订和约产生了短暂分歧，列宁还是在 1918 年 6 月 28 日莫斯科工会代表会议上这样说：“当布列斯特条约谈判开始的时候，托洛茨基同志向全世界进行了揭露，……我们实行这一政策……使敌对国家在战争期间爆发了大规模的革命运动。”（见《列宁全集》中文第二版第 34 卷，第 427 页）又过了一星期，他在苏维埃第五次代表大会上做人民委员会报告时再次回到了同一个问题：“我们履行了对各国人民所负的义务……通过我们以托洛茨基同志为首的布列斯特代表团……”（见《列宁全集》中文第二版第 34 卷，第 461 页）一年以后，列宁回忆说：“在布列斯特和约时期，……苏维埃政权把全世界的无产阶级专政和全世界的革命看得高于一切民族牺牲（不管这种牺牲是多么惨重）……”（见《列宁全集》中文第二版第 36 卷，第 121 页）

当时间磨灭了自己记忆中本来就不太清晰的界线时，斯大林问道：“托洛茨基的关于革命的俄罗斯不能在保守的欧洲面前站
437 得住脚的说法能有什么意义呢？只能有一个意义：……托洛茨基没有感觉到我国革命的内部力量。”（《斯大林全集》第 6 卷，第 325 页）

实际上，在确信苏维埃共和国“不能在保守的欧洲面前坚持下去”的信念方面，全党是一致的。然而，这只不过是下面这种信念的反面：保守的欧洲不能在俄国革命面前坚持下去。否定形式中反映出来的是对俄国革命的国际效应坚不可摧的信心。因此从根本上看，党并没有错。十足保守的欧洲无论如何也坚持不下去。甚至被社会民主党背叛了的德国革命的力量还足以斩断鲁登道夫和霍夫曼的魔爪。假如没有这次行动，苏维埃共和国未必能逃脱灭亡的命运。

然而，在摧毁了德国军国主义以后，对国际形势的评价并没有发生改变。在 1918 年 7 月月底举行的苏维埃中央执行委员会会议上，列宁说：“我们的努力必然会导致世界革命”，“现在的情况是：我们在一个方面摆脱了同一个联盟的战争，立刻又在另一方面遭到帝国主义的进攻。”(《列宁全集》中文第二版第 35 卷，第 8、12 页)8 月，正当由于捷克斯洛伐克人的卷入，国内战争在伏尔加河流域打得异常激烈之际，列宁在莫斯科举行的一次集会上说道：“我们的革命是全世界的革命……无产阶级群众一定能保证苏维埃共和国战胜捷克斯洛伐克军，使它能够支持到世界社会主义革命爆发。”(《列宁全集》中文第二版第 35 卷，第 74 页)在西方革命还没有爆发时，就一直坚持下去——党以前的公式就是如此。

也正是在那个时候，列宁写信给美国工人说：“在国际社会主义革命的其他队伍来援助我们之前，我们就好像守在一个被包围的要塞里。”(《列宁全集》中文第二版第 35 卷，第 63 页)11 月，他说得更加肯定：“世界历史用事实……表明，把我们俄国的革命变成社会主义革命并不是冒险，而是必然，因为当时没有别的选择，438

如果世界社会主义革命、世界布尔什维主义不能取得胜利，英、法、美三国帝国主义就必然会扼杀俄国的独立和自由。”(《列宁全集》中文第二版第35卷，第187—188页)借用斯大林的话来说就是，列宁显然没有感觉到“我国革命的内部力量”。

革命第一个周年已经过去了，党有充足的时间来认清形势。可是在1919年3月召开的党的第八次代表大会上所做的报告中，列宁再次声明：“我们不仅生活在一个国家里，而且生活在许多国家组成的体系里，苏维埃共和国和帝国主义国家长期并存是不可思议的。最后不是这个胜利就是那个胜利。”(《列宁全集》中文第二版第36卷，第126页)

在伴随着粉碎白卫军的革命第三个周年之际，列宁回忆往事并且做出了总结：“如果在那天晚上(十月革命那一天晚上。——托洛茨基)有人对我们说，再过三年……就会取得我们现在这样的胜利，那是任何人甚至最乐观的人都不会相信的。那时我们知道，只有我们的事业在全世界取得胜利，我们的胜利才会巩固，因为我们在开始我们的事业时，就把全部希望都寄托在世界革命上。”(《列宁全集》中文第二版第40卷，第1—2页)不可能要求还有比这更不容争辩的证据了。在十月革命爆发之际，“最乐观的人”不仅没有指出一国建设社会主义，而且不相信没有来自外界的直接援助还可以保住革命！“我们在开始我们的事业时，就把全部希望都寄托在世界革命上。”为了确保在历时三年的战斗中战胜成堆的敌人，无论党还是红军都不需要一国社会主义的神话！

世界形势变得比能够预料的更为有利了。群众表现出了为达到新目标而做出牺牲的超凡能力。在最初也是最困难的时期，领导人善于利用帝国主义的矛盾。结果革命显得比“最乐观的人”所估计的还要稳固得多。但是在这种情况下，党还是在整体上维持 439
了以前的国际主义立场。

1918 年 1 月，列宁解释说：“要是没有战争的话，我们就会看到全世界资本家的联合，因为他们会在共同对付我们的基础上团结起来。”(《列宁全集》中文第二版第 33 卷，第 328 页)“为什么在十月革命后……的几个星期或几个月中我们能够如此容易地节节取得胜利。”他在党的第七次代表大会上发问，“其实这只是因为当时特殊的国际形势暂时使……帝国主义顾不上我们。”(《列宁全集》中文第二版第 34 卷，第 6 页)4 月，列宁在苏维埃中央执行委员会会议上说道：“我们之所以获得了喘息时机，只是因为在西欧帝国主义大厮杀还在进行，在远东帝国主义竞争日益激烈，仅仅由于这一点，苏维埃共和国才得以生存。”(《列宁全集》中文第二版第 34 卷，第 233 页)

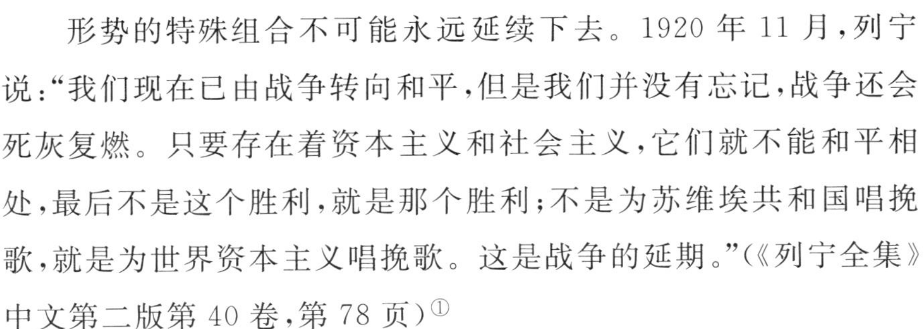

形势的特殊组合不可能永远延续下去。1920 年 11 月，列宁说：“我们现在已由战争转向和平，但是我们并没有忘记，战争还会死灰复燃。只要存在着资本主义和社会主义，它们就不能和平相处，最后不是这个胜利，就是那个胜利；不是为苏维埃共和国唱挽歌，就是为世界资本主义唱挽歌。这是战争的延期。”(《列宁全集》中文第二版第 40 卷，第 78 页)[①]

保证把初期的“喘息”变成长期不稳定的平衡的不仅有资本主义集团之间的斗争，而且有国际革命运动。在德国十一月革命的

① 这段话是列宁在 12 月 6 日所做的报告中所说的。——译者

影响下，德国军队不得不撤离乌克兰、波罗的海沿岸和芬兰。协约国军队里出现的反叛情绪迫使法国、英国和美国政府从俄国的南北沿海地带撤走本国的军队。西方的无产阶级革命没有取得胜利，但是多年来它掩护着苏维埃国家走上通向胜利的道路。

440 1921 年 7 月，列宁做了如下总结："这样就形成了一种均势，虽然极不可靠，极不稳定，但社会主义共和国毕竟能在资本主义包围中存在下去了，——当然不是长期的。"(《列宁全集》中文第二版第 43 卷，第 2 页)可见，从几个星期到几个月，从几个月到几年，党只是逐步在习惯那样一种观点：一定时期内——"当然不是长期的"——工人国家能够在资本主义包围中和平生存下去。

从上面引用的根本不容置辩的资料中可以得出一个相当重要的结论：根据布尔什维克的普遍信念，既然没有西方无产阶级的胜利，苏维埃国家便不可能长期坚持下去，那么这一点实际上已经排除了一国建设社会主义的纲领；这个问题本身似乎在预定的议程中被取消了。

可是，假如像篡改学派最近数年竭力叫人相信的那样，以为党似乎把资本主义军队视为走上一国社会主义道路的唯一障碍，那就大错特错了。武装干涉的危险在实践中确实被提到了首位，但是军事方面的危险本身只不过是资本主义国家工业技术优势最强烈的体现而已。最后，问题要归结为苏维埃共和国的孤立和落后。

社会主义是为了满足人的需要的有计划的社会化大生产的组织。生产资料的集体所有制还不是社会主义，而仅仅是它的法律前提。社会主义社会问题不能脱离生产力问题。在人类发展的现阶段，生产力就其自身实质而言是世界性的。相对于资本主义，单

个国家显得太狭小了，更不能够成为完美的社会主义社会的舞台。441
而且，对革命国家来说，其落后性增加了被往后抛向资本主义的危险。布尔什维克在拒绝社会主义孤立发展的前景的同时，要注意的不是被机械划分出来的军事干涉问题，而是跟社会主义的国家经济基础相关的全部问题的总和。

在党的第七次代表大会上，列宁说道："如果说俄国现在是在从'蒂尔西特'和约走向——它无可争辩地是在走向——民族复兴……那么这个复兴的出路就不是走向资本主义国家，而是走向国际社会主义革命。"(《列宁全集》中文第二版第34卷，第77)[①]要么是国际革命，要么是向后滚到资本主义去，二者必居其一，没有一国社会主义的位置。"我们不知道，而且也不可能知道，过渡到社会主义还要经过多少阶段。这取决于具有相当规模的欧洲社会主义革命何时开始。"(《列宁全集》中文第二版第34卷，第44—45页)

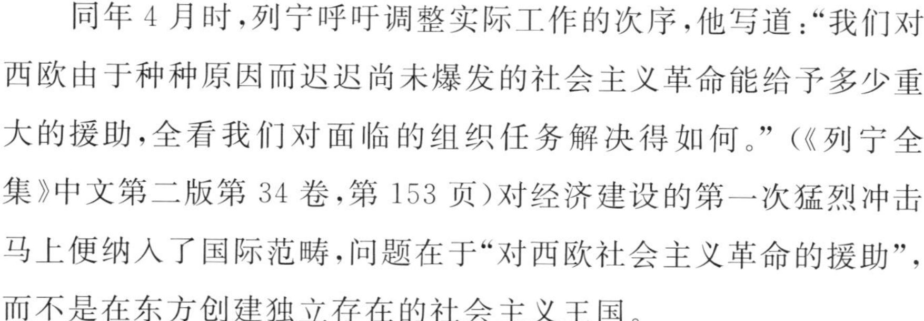

同年4月时，列宁呼吁调整实际工作的次序，他写道："我们对西欧由于种种原因而迟迟尚未爆发的社会主义革命能给予多少重大的援助，全看我们对面临的组织任务解决得如何。"(《列宁全集》中文第二版第34卷，第153页)对经济建设的第一次猛烈冲击马上便纳入了国际范畴，问题在于"对西欧社会主义革命的援助"，而不是在东方创建独立存在的社会主义王国。

列宁对莫斯科工人谈到了正在迫近的饥荒："在自己的一切鼓

① 列宁这段话不是在代表大会上讲的，而是在会后写的一篇文章中说的。——译者

动和宣传中，……都要……说明，我们遭到的灾难，是国际性的灾难；要摆脱这个灾难，除了国际性的革命，没有其他出路。”（《列宁全集》中文第二版第 34 卷，第 413 页）为了战胜饥荒，需要世界无产阶级革命——这是列宁说的话。为了建设社会主义社会，一个国家的革命就够了——这是篡改之徒的回答。分歧的幅度就是如
442 此之大！究竟谁是对的？不管怎样，我们都不要忘记，尽管工业化取得了成就，但至今还没有战胜饥荒。

1918 年 12 月，国民经济委员会代表大会用下面一段话表述社会主义建设的蓝图：“世界无产阶级专政是历史的必然……由此决定的既有全世界社会的发展，也有每个国家的单独发展。在其他国家建立无产阶级专政，以及苏维埃形式的制度将使各国间建立紧密的经济联系，在生产方面实行国际劳动分工，最后还有组建国际经济管理机关成为可能。”面临纯实践任务（如煤炭、木柴、甜菜等）的国家机关的代表大会尚且做出这类决议的事实再好不过地证明，当时不断革命的前景是独自高居于党的意识之上的。

在布哈林和普列奥布拉任斯基编写并且大量发行的党的教科书《共产主义 ABC》当中，我们读到了这样的话：“共产主义革命只有作为世界革命才能胜利……在工人只在一个国家获胜的情况下，要开展经济建设是很困难的。……世界革命的胜利是共产主义革命胜利必不可少的条件。”

在以同样的思想写的一本由党多次重版并且译成外文的小册子里，布哈林写道：“……国际革命问题从未如此尖锐地摆在俄国无产阶级面前……俄国的不断革命正在向欧洲无产阶级革命过渡。”

由列宁主编并且作序的斯捷潘诺夫—斯克沃尔措夫那本著名
的著作《电气化》当中，有一章是主编特别热情地推荐读者要注意 443
的，其中写道：“俄国无产阶级任何时候都不想建立孤立的社会主义共和国。自给自足的‘社会主义’国家是小资产阶级的理想。在小资产阶级占有经济和政治优势的情况下，在一定程度上走近它是预料中的事情；小资产阶级在与外部隔绝的环境中寻找巩固自己的经济制度的方法，而这种制度已经被新技术和新经济变成了最不稳定的制度。”这些无疑经过列宁亲手修改的精彩文字把一道明亮的光线投射到了后来发生的篡改之徒演化上面！

在提交给共产国际第二次代表大会的关于民族和殖民地问题的提纲中，列宁把超越斗争的民族阶段之上的社会主义总任务确定为：“建立统一的、由各国无产阶级按总计划调整的完整的世界经济的趋势，这种趋势在资本主义制度下已经十分明显地表现出来，在社会主义制度下必然会继续发展而臻于完善。”（《列宁全集》中文第二版第 39 卷，第 162—163 页）相对这种世代相传和不断进步的趋势而言，在单独一个国家建设社会主义社会就是反动。

产生无产阶级专政的条件和建设社会主义社会的条件不是完全相同的，也不是同一类型的，在某些方面甚至是对立的。俄国无产阶级率先夺得政权这种情况还不完全等于它第一个走向社会主义。导致十月革命发生的矛盾不平衡性并没有随着革命胜利完成而消失：它结果却奠定了第一个工人国家自身的基础。

1918 年 3 月，列宁说过：“由于历史进程的曲折而不得不开始
社会主义革命的那个国家愈落后，它由旧的资本主义关系过渡到 444
社会主义关系就愈困难。”（《列宁全集》中文第二版第 34 卷，第

3—4 页)这个思想贯穿着列宁年复一年的讲话和文章。同年 5 月,他说:“我们的革命是开始容易,继续比较困难,而西欧的革命是开始困难,继续比较容易。”(《列宁全集》中文第二版第 34 卷,第 343 页)12 月,列宁在农民听众(把他们的视线迅速转移出国界是困难的)面前进一步发挥了同样的思想,他说:“在那里(指西方。——托洛茨基),向社会主义经济的过渡……会比我国进展得更迅速,实现得更容易。……由于同全世界社会主义无产阶级结成联盟,俄国劳动农民……定会克服重重困难,……”(《列宁全集》中文第二版第 34 卷,第 358 页)1919 年他又重复说道:“与各先进国家相比,俄国人开始伟大的无产阶级革命是比较容易的,但是把它继续到获得最终胜利,即完全组织起社会主义社会,就比较困难了。”(《列宁全集》中文第二版第 36 卷,第 293—294 页)1920 年 4 月 27 日,列宁再次坚持说:“俄国……开始社会主义革命是容易的,而要把革命继续下去,把革命进行到底,却要比欧洲各国困难。我还在 1918 年年初就指出了这个情况,此后两年来的经验也完全证实了这种看法是正确的。”(《列宁全集》中文第二版第 39 卷,第 43—44 页)

各个历史时代都是以各种不同文化条件的形式存在的。为了战胜过去需要时间,虽不需要几个新的世纪,但也需要好几十年。“即使是我们的下一代,他们更加成熟一些,也未必能完全过渡到社会主义。”(《列宁全集》中文第二版第 34 卷,第 243 页)列宁在 1918 年 4 月 29 日召开的苏维埃中央执行委员会会议上这样说。差不多过了两年以后,他在农业公社代表大会上暗示了更加遥远的期限:“现在我们还不能实行社会主义制度,希望我们的儿辈或者孙辈能把这种制度建成就好了。”(《列宁全集》中文第二版第37卷,第367页)俄国工人比其他国家的工人启程要早,但是到达目的地比其他国家的工人要迟。这不是悲观主义,而是历史现实主义。

1918年5月,列宁写道:“……我们俄国无产阶级在政治制度 445
方面,……比不管什么英国或德国都要先进……但在从物质上和生产上‘实施’社会主义的准备程度方面,却比西欧最落后的国家还要落后。”(《列宁全集》中文第二版第34卷,第285页)同样的观点也反映在他对两个国家的比较之中:“德国和俄国在1918年最明显地分别体现了具体实现社会主义的两方面的条件:一方面是经济、生产、社会经济条件,另一方面是政治条件。”(《列宁全集》中文第二版第34卷,第281页)未来社会的各种成分似乎分散在各国之间了,使它们互相汇聚和互相隶属是组成世界革命的一系列国家革命的任务。

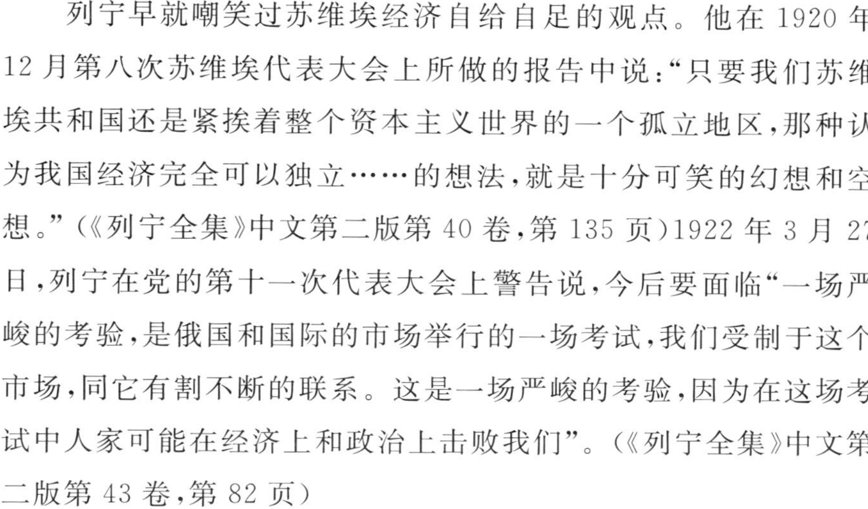

列宁早就嘲笑过苏维埃经济自给自足的观点。他在1920年12月第八次苏维埃代表大会上所做的报告中说:“只要我们苏维埃共和国还是紧挨着整个资本主义世界的一个孤立地区,那种认为我国经济完全可以独立……的想法,就是十分可笑的幻想和空想。”(《列宁全集》中文第二版第40卷,第135页)1922年3月27日,列宁在党的第十一次代表大会上警告说,今后要面临“一场严峻的考验,是俄国和国际的市场举行的一场考试,我们受制于这个市场,同它有割不断的联系。这是一场严峻的考验,因为在这场考试中人家可能在经济上和政治上击败我们”。(《列宁全集》中文第二版第43卷,第82页)

而今,共产国际认为苏维埃经济依赖世界经济的思想是“反革命思想”:社会主义绝不能依赖资本主义!篡改者们居然忘记了,资本主义如同社会主义一样,也要依赖世界性劳动分工。而恰恰是在社会主义社会,这一分工应该达到最发达的程度。在一个孤立的工人国家开展经济建设,无论其本身有多么重要,都将是狭隘的、有限的和矛盾的,它不可能达到一个新的和谐社会的高度。

446 1922 年,托洛茨基写道:“俄国社会主义经济的真正高涨只有无产阶级在最重要的欧洲国家取得胜利之后才是可能的。”这些话现在已经成了罪状,尽管它们反映的是当时党的共同观念。列宁曾于 1919 年写过:“建设事业整体上要依赖革命在最重要的欧洲国家迅速取得胜利。只有在这胜利之后,我们才能认真地着手从事建设事业。”这些话反映的并非不相信俄国革命,而是对世界革命即将来临充满信心。可是到现在,即苏联取得了最大的经济成就以后,“社会主义经济的真正高涨”只有建立在国际基础上才是可能的这话仍然是正确的。

1340

党也是从同样的视角分析农业集体化问题的。农民在许多国家构成了居民的绝大多数,在整个地球也占有明显多数,无产阶级不经过一系列过渡阶段把农民引上社会主义道路,便不能建成新社会。解决这个最困难的问题最终要取决工业和农业之间数量和质量方面的相互关系:城市越有能力慷慨地使农民的经济文化繁荣起来,他们就越能自愿和顺利地走上集体化道路。

可是,要改造农村,存在着有足够实力的工业吗?列宁还是让这个问题越出国界。他在第九次苏维埃代表大会上说:“就世界范围来说,这种能给全世界提供一切产品的发达的大工业是有的……我们就是在这个基础上做出自己的估计的。”(《列宁全集》中文第二版第 42 卷,第 334 页)俄国工业和农业的比例关系与西欧国家相比是无可比拟的不利,至今它还是在一定时刻威胁苏维埃制度稳定的经济和政治危机的根源。 447

据上所说可以清楚地看出,所谓“战时共产主义”政策根本不是出于一国范围内建设社会主义的考虑,只有羞辱苏维埃政权的孟什维克,才把它说成是这样的计划。在布尔什维克看来,由经济崩溃和国内战争强加给他们的斯巴达式制度的未来命运要直接依赖西方革命的发展。1919 年 1 月,正值战时共产主义高潮之际,列宁说道:“我们……坚持自己的共产主义粮食政策的原则,并把这些原则坚决贯彻下去,直到共产主义在全世界彻底胜利。”(《列宁全集》中文第二版第 35 卷,第 412 页)列宁和全党一起犯了错误。共产主义粮食政策不得不取消了。现在可以有把握地认为,即使在十月革命过后最初两三年内欧洲发生革命,后退到新经济政策的道路上同样是不可避免的。但是,在对无产阶级专政第一阶段进行事后评价时,事情显得特别清楚:战时共产主义方式及其幻想与不断革命的前途竟然如此紧密地纠结在一起了。

根源于三年内战的深刻国内危机意味着在无产阶级和农民之间,党和无产阶级之间的关系存在着直接破裂的危险。需要对苏维埃政权的方式实行根本转变。列宁是这样解释的:“……我们必须在经济上满足中农的要求,实行流转自由,否则,在国际革命推迟爆发的情况下,要在俄国保住无产阶级政权是不可能的。”(《列宁全集》中文第二版第 41 卷,第 62 页)可是,向新经济政策过渡不会在原则上引起国内问题与国际问题之间的断裂吗?

列宁在自己提交给共产国际第三次代表大会的提纲中对业已
448 开始的新阶段做出了总的评价："……从世界无产阶级革命发展的整个进程来看，俄国所处的时代的意义，就是在实践中考验和检验掌握国家政权的无产阶级对待小资产阶级群众的政策。"(《列宁全集》中文第二版第 42 卷，第 4 页)界定新经济政策范围本身就已经彻底排除了一国社会主义问题。

在讨论和制定新的经济方法的日子里，列宁为自己写下的那些话至少是有教训意义的："只要在 10—20 年内和农民保持正常的关系，就能保证全世界范围内的胜利(甚至在日益发展的各国无产阶级革命推迟爆发的情况下)……"(《列宁全集》中文第二版第 41 卷，第 378 页)目标确定下来了，那就是它要适应西方革命走向成熟可能需要一个更长的新期限。在这个方面，也只有在这个方面，列宁才显示出相信"新经济政策的俄国将变成社会主义的俄国。"(《列宁全集》中文第二版第 43 卷，第 302 页)

无须多说，国际革命的思想没有受到过修改。在某些方面，现在它得到了更加深入和清楚的表述。列宁在党的第十次代表大会上解释新经济政策的历史地位时说道："在发达的资本主义国家里，有几十年中形成的农业雇佣工人阶级。……只有在这个阶级相当成熟的国家里，才能够从资本主义直接向社会主义过渡。……我们在许许多多的著作中，在我们所有的讲话中，在所有的报刊上都一再强调说，俄国的情况不同，这里产业工人仅占少数，而小农则占大多数。在俄国这样的国家里，社会主义革命只有具备两个条件才能获得彻底的胜利。第一个条件是及时得到一个或几个先进国家社会主义革命的支援。……另一个条件，就是实现自己专政的或者说掌握国家政权的无产阶级和大多数农民之间达成妥协。……在其他国家的革命还没有到来之前，只有同农民 449
妥协，才能拯救俄国的社会主义革命。”（《列宁全集》中文第二版第 41 卷，第 50—51 页）问题的各种成分都是紧紧地联系在一起的。同农民的联盟是苏维埃政权生存本身必不可少的。但是它不能取代国际革命，唯有国际革命才能建立社会主义社会的经济基础。

也正是在这第十次代表大会上，安排了一个题为《资本主义包围中的苏维埃共和国》的特别报告，它是迫于西方革命延迟爆发而提出来的。加米涅夫被委派充当中央委员会报告人。他是把它作为大家没有争议的话题来谈的：“……无论什么时候我们都没有提出在一个孤立的国家建设共产主义的任务。但是我们处在这样一种境地，即我们必须保住共产主义制度的基础，保住社会主义国家的基础，必须在资本主义关系的四面包围中保住苏维埃无产阶级共和国。我们能解决这个任务吗？我想，这是一个烦琐哲学的问题。这样提出这个问题是无法回答的。问题要这样提出，在现有的关系中怎样保住苏维埃政权，怎样保住它一直到无论哪个国家的无产阶级对我们进行支援的时候呢？”报告人无疑拿自己的提纲跟列宁多次商量过，如果说他的思想与布尔什维主义传统有矛盾，那么代表大会怎么就没有提出抗议呢？怎么就找不出一个指出加米涅夫在最根本问题上发挥的观点跟布尔什维主义的观点“毫无共同之处”的代表呢？全党就怎么没有一个人觉察到这种无稽之谈呢？

斯大林断言：“列宁认为革命首先要从俄国本国的工人和农民

中间汲取力量。而托洛茨基却认为只有‘在无产阶级世界革命舞台上’才能汲取必要的力量。”（《斯大林全集》第 6 卷，第 318 页）
450 对于这种对立，如同对于其他许多对立一样，列宁早就做出了回答。他在 1918 年 5 月 14 日举行的苏维埃中央执行委员会会议上说过：“我们一直说，我们没有忘记俄国工人阶级比国际无产阶级的其他队伍要弱一些。……但是我们应该坚守自己的岗位，直到我们的同盟者——国际无产阶级到来。”（《列宁全集》中文第二版第 34 卷，第 318 页）在十月革命三周年之际，列宁重申：“……我们的希望是寄托在国际革命上的，而这在当时无疑是正确的。（《列宁全集》中文第二版第 40 卷，第 2 页）……我们一贯强调，像社会主义革命这样的事业在单独一个国家是不可能完成的……”①1921 年 2 月，列宁在缝纫工人代表大会上声明：“……我们就经常地、不止一次地向工人指出，我们根本的、主要的任务和取得胜利的基本条件就是至少要把革命扩展到几个最先进的国家中去。”（《列宁全集》中文第二版第 40 卷，第 319 页）不，列宁因为自己固执地努力在世界舞台上“吸取”力量而使名誉受到了太大的损害，要为他洗刷是做不到的！

与托洛茨基跟列宁形成对照相类似，列宁本人跟马克思也形成了对照，而且理由是相同的。如果说马克思曾经预测革命将在法国开始，而一定会是在英国完成，那么按照斯大林的观点，解释这种说法的理由就是马克思还不知道不平衡发展的规律。实际上，马克思把革命首创国家与社会主义得以实现的国家进行对照

① 后面这句话不见于《列宁全集》此处。——译者

的预测完全是建立在不平衡发展规律之上的。不管怎样，从不容许在重大问题上吞吞吐吐的列宁本人，无论何时何地，都没有在怎样看待革命的国际性质一事上，出现过跟马克思和恩格斯的分歧。事情刚好相反！列宁在第三次苏维埃代表大会上说过，如果说“现在的形势与马克思和恩格斯所预料的不同了”，那仅仅表现在不同国家的历史轮替方面。事物的发展进程把“国际社会主义革命先锋队的光荣使命”赋予了俄国无产阶级。“我们现在清楚地看到革 451
命的发展会多么远大；俄国人开始了，德国人、法国人和英国人将去完成，社会主义定将胜利。”（《列宁全集》中文第二版第 33 卷，第279 页）

源于国家威信方面的理由还在继续暗中守候我们。用斯大林的话来说就是，否定一国社会主义的理论“将导致我们国家丧失尊严”。单是这种令马克思主义者耳朵无法忍受的用语就暴露出了布尔什维主义传统的裂口有多深。列宁所担心的不是“丧失尊严”，而是国家的高傲自大。他在 1918 年 4 月的莫斯科苏维埃会议上教导说：“我们是工人阶级革命队伍中的一支部队，我们所以走在前面，不是因为我们比其他国家的工人能干……而仅仅是因为我国曾是世界上最落后的国家之一。……我们只有同世界各国的工人一道才能取得胜利。”（《列宁全集》中文第二版第 34 卷，第 219 页）

呼吁进行冷静的自我评价是列宁历次讲话的主旨。1918 年 6 月 4 日，他说道：“俄国革命……绝不是由于俄国无产阶级的特殊功劳，而是由于历史事变的总进程造成的，这些历史事变遵照历史的意志暂时把俄国无产阶级推到第一位，使它暂时成为世界革命

的先锋队。”(《列宁全集》中文第二版第34卷，第370页)1918年7月23日，列宁在工厂委员会代表会议上说：“俄国无产阶级在世界工人运动中所以起了先导作用，并不是因为我国经济发达。恰恰相反，是因为俄国落后……俄国无产阶级……清楚地看到，全世界或某些先进的资本主义国家的工人的联合发动是他们取得胜利的必要条件和基本前提。”(《列宁全集》中文第二版第34卷，第498页)十月革命之所以最终发生，不仅仅是因为俄国的落后性，列宁其实非常清楚这一点，只不过为了把木棍弄直，而先有意把它弯曲起来。

452 1918年5月26日，在国民经济委员会，也就是专门负责社会主义建设的机关的代表大会上，列宁说道：“我们并没有闭眼不看这件事实：我们单靠自己的力量是不能在一个国家内全部完成社会主义革命的，即使这个国家远不像俄国这样落后。”讲话人在这里向未来的官僚主义伪善行为提出了警告，同时也做了说明：“那也丝毫不会使我们悲观失望，因为我们给自己提出的任务，是具有世界历史意义的困难任务。”(《列宁全集》中文第二版第34卷，第357页)

在11月8日召开的苏维埃第六次代表大会上，他又说道：“社会主义革命要在一个国家内取得完全胜利是不可思议的，它至少需要几个先进国家(我们俄国还算不上先进国家)最积极的合作。”(《列宁全集》中文第二版第35卷，第150页)列宁不仅否认俄国有单独建设社会主义的权利，而且示威性地认为它在其他国家建设社会主义面前第二等的地位都没有。罪孽多么深重的“我们国家的尊严”！

1919 年 3 月召开的党的代表大会上，列宁在制止想冒险的人的时候说："我们积累了在一个存在着无产阶级和农民的特殊关系的国家里实行摧毁资本主义的最初步骤的实践经验。如此而已。如果我们硬装成青蛙，一个劲儿地憋气，鼓肚子，我们就将成为全世界的笑柄，成为纯粹的吹牛家。"(《列宁全集》中文第二版第 36 卷，第 163 页)又有谁觉得这是受了委屈呢？1921 年 5 月 19 日，列宁大发感慨："只有所有的至少几个最先进的国家都进行革命的时候，革命才能获得最后胜利，难道有哪一个布尔什维克在什么时候否认过这一点吗？"(《列宁全集》中文第二版第 36 卷，第 325 页)[①] 1920 年 11 月，在莫斯科省党的代表会议上，他再次提醒大家，布尔什维克并不承诺也不幻想"用俄国一国的力量来改造全世界……我们从来没有这种狂想，我们总是说，我们的革命只有在得到全世界工人支持的时候才能取得胜利"。(《列宁全集》中文第二版第 40 卷，第 25—26 页)

1922 年年初，他写道："我们连社会主义经济的基础也没有建设完成。仇视我们的垂死的资本主义势力还有可能把这夺回去。必须清楚地认识到这一点，公开地承认这一点，因为再也没有什么比产生错觉(和冲昏头脑，特别是在极高的地方)更危险的了。承认这一痛苦的真理根本没有什么'可怕'，也绝不会使人有正当的理由可以有一丝一毫的灰心失望，因为我们向来笃信并一再重申马克思主义的一个起码的真理，即要取得社会主义的胜利，必须有几个先进国家的工人的共同努力。"(《列宁全集》中文第二版第 42

① 这段话实际上是列宁在 1919 年 5 月 19 日说的。——译者

卷，第 450 页）

两年多以后，斯大林要求大家在这个根本问题上抛弃马克思主义。理由是什么呢？原来是马克思不懂得不平衡发展，也就是不懂得自然辩证法以及社会辩证法的基本规律。但是，列宁本人会怎么做呢？据斯大林说，列宁好像是在帝国主义经验的基础上首次“揭示了”不平衡规律，可是又固执地坚持“马克思主义起码的真理”。如果我们要着手寻找解释，那必定是徒劳的。

共产国际的有罪判决如下：“托洛茨基依据的出发点过去是，今后依旧是：我们的革命自身（!）就其本质而言不是社会主义事业，十月革命仅仅是西方社会主义革命的信号、推动力和出发点。”在此处，一国论的蜕化被最纯净的经院哲学掩盖起来了。十月革命“自身”总之是不存在的。没有欧洲此前的全部历史，它是不可能发生的；没有自己在欧洲和全世界的延续，它是毫无希望的。“……俄国革命只是国际革命链条中的一环。”（《列宁全集》中文第二版第 39 卷，第 348 页）它的威力恰恰就在篡改者认为它“丧失尊
454 严”的地方。正因为，也仅仅是因为它不是自给自足的整体，而是“信号”、“推动力”、“出发点”、“一环”，所以它便具有社会主义性质。

“当然，在一个国家内取得社会主义的最终胜利是不可能的。”列宁在 1918 年 1 月举行的苏维埃第三次代表大会上说道，但是存在另外一种可能：“某个国家的某个地方实际行动起来的活榜样的作用，比任何宣言和任何会议都要大，正是这点使各国劳动群众感到振奋。”（《列宁全集》中文第二版第 33 卷，第 277—278 页）在 7 月召开的苏维埃中央执行委员会会议上，列宁又说：“我们的任务……

就是……保持住这个社会主义的火炬，继续使它尽可能迸发出更多的火花，促使社会主义革命的熊熊烈火烧得更旺。”（《列宁全集》中文第二版第 35 卷，第 8 页）在一个月以后举行的一次工人集会上，他说：“西欧革命……在逐渐成熟，……因此我们必须把苏维埃政权保持到西欧革命开始的时候，我们的错误应当成为西欧无产阶级的教训。”（《列宁全集》中文第二版第 35 卷，第 70 页）又过了几天，列宁在教育工作者代表大会上谈道：“俄国革命只是一个榜样，只是一系列革命的第一步……”（《列宁全集》中文第二版第 35 卷，第 77 页）1919 年 3 月，他在党的代表大会上指出：“俄国革命实质上是……世界无产阶级革命的总演习……”（《列宁全集》中文第二版第 36 卷，第 125 页）不是革命“自身”，而是火炬、教训，仅仅是榜样，仅仅是第一步，仅仅是一环！不是独立的演出，而仅仅是总演习！多么顽强和残酷的“丧失尊严”啊！

但是列宁并没有在这里停步不前，1918 年 11 月他这样说： *1349*
“假如我们突然被消灭了……我们不会掩饰错误，我们有权利说，我们已经把命运给予我们的时间完全用于世界社会主义革命了。”（《列宁全集》中文第二版第 35 卷，第 153 页）这无论在思维方式还是在政治心理方面，跟那些自命为世界永久中心的篡改之徒傲慢自大的自给自足相距是多么遥远啊！

如果政治利益迫使人在根本问题上死死抱住作假不放，那么就会导致数不清的派生错误，以致逐渐改变整个思维。斯大林 1926 年在共产国际执行委员会会议上说道：“正因为我们党没有
权利欺骗工人阶级，它就应该直截了当地说：对我国建成社会主义
的可能性缺乏信心，就会使我们党放弃政权，使我们党由执政党的

地位转到在野党的地位。”(《斯大林全集》第 9 卷,第 21 页)共产国际把这个观点奉为经典写进了自己的决议:“反对派方面否认这种可能性(一国建设社会主义社会的可能性。——托洛茨基)不外乎是要否认俄国社会主义革命的前提。”这“前提”不是世界经济的普遍状况,也不是帝国主义的内部矛盾,也不是俄国国内各阶级的相互关系,而是早就已经得到了的在一个国家实现社会主义的保证!

可以用与 1905 年春托洛茨基回答孟什维克时完全相同的理由来回答 1926 年秋篡改者提出的目的论论据:“既然阶级斗争的客观发展使无产阶级在革命的某个时刻面临做出二者必居其一的选择:承担起国家政权的权利和责任,或者放弃自己的阶级立场,那么社会民主工党要把夺取国家政权当作自己目前首要的任务。同时它一点也不忽视更深程度发展的客观进程,生产增长和集中的进程。但是它要说,既然最终要依靠经济发展过程的阶级斗争逻辑推动无产阶级在资产阶级完成自己的使命之前实行专政……那么这仅仅意味着历史让无产阶级承担起极为困难的任务。无产阶级甚至有可能在斗争中弄得筋疲力尽,落到上述任务的重压之下,——这是有可能的。但是在发生阶级分裂和使整个国家陷入野蛮状态的可怕场合,它不能放弃这些任务。”对这样的说法,直到现在我也不能补充任何东西了。

1350

456 1918 年 5 月,列宁写道:“……如果说我们既然承认我国经济‘力量’和政治力量不相称,‘因而’就不应该夺取政权,那就犯了不可救药的错误。所谓的‘套中人’就是这样推论的,他们忘记了,‘相称’是永远不会有的,在自然界的发展中,也和在社会的发展中一样,这样的相称都是不可能有的,只有经过多次的尝试——其中每次单独的尝试都会是片面的，都有某种不相称的毛病——才能从一切国家无产者的革命合作中建立起完整的社会主义。”（《列宁全集》中文第二版第 34 卷，第 285 页）要战胜国际革命的困难，不是靠消极的适应，不是靠放弃政权，也不是靠一个国家坐等普遍的起义，而是靠积极行动，靠解决矛盾，靠活跃的斗争以及扩大斗争的范围。

如果真的接受篡改者的哲学，那么布尔什维克在十月革命前就应该预先知道：既有要面对一大群敌人坚持下来，也有从战时共产主义向新经济政策过渡，还有需要时在本国建设社会主义。一句话，在夺取政权之前他们就该推断出精确的平衡表，并且计算出盈余的数额。然而实际出现的情况很少能符合这样一幅可笑的漫画。

1919 年 3 月党的代表大会上做总结报告时，列宁说：“我们往往不得不摸索前进。……当我们回顾过去，这个事实最惹人注目。但甚至在 1917 年 10 月 10 日解决夺取政权问题的时候，这也丝毫没有使我们动摇过。我们没有怀疑：我们必须，按托洛茨基同志的话来说，进行试验，做实验。我们从事的是世界上谁也没有这样大规模进行过的事业。”（《列宁全集》中文第二版第 36 卷，第 125 页）接着他继续说道：“好像进行一场最伟大的革命竟可以预先知道怎样把它进行到底似的！好像这种知识可以从书本上得来似的！不，我们的解决办法只能从群众的经验中产生。”（《列宁全集》中文第二版第 36 卷，第 127 页）

布尔什维克不寻求在俄国可以建成社会主义社会的信心，他们不需要它，拿它也做不了任何事情，它跟他们在马克思主义的学校里学到的东西是抵触的。列宁在反对考茨基时写道:“布尔什维克的策略……是唯一国际主义的策略,因为它不是建筑在害怕世界革命的怯懦心理上面,不是建筑在‘不相信’世界革命的市侩心理上面……”布尔什维克“尽力做到在一个国家内所能做到的一切,以便发展、援助和激起世界各国的革命”。(《列宁全集》中文第二版第35卷,第294页)在这种策略下不可能提前为自己确定绝对正确的路线,保证自己一国胜利的可能性就更小了。但是布尔什维克知道,危险是革命的固有成分,就如是战争的固有成分一样。他们睁大双眼去迎接危险。

1352

列宁在为世界无产阶级指出榜样以及谴责资产阶级为了自己的利益敢于冒战争的风险时,愤怒地抨击了某些社会主义者,指责他们“在无法‘保证’轻易获得成功的时候害怕开始战斗……那些国际社会主义的下流坯,那些资产阶级道德的奴仆,只配受到三倍的蔑视。他们就是这样想的”。大家都知道,在愤慨使列宁感到气急的时候,他选择词句时并不会让自己觉得难为情。

斯大林追问说:“如果国际革命竟来迟了,那又怎么办呢?我国革命有没有什么光明前途呢?托洛茨基认为没有任何光明的前途。”(《斯大林全集》第6卷,第318页)篡改者要求让俄国无产阶级得到历史特权:它应该拥有已经为不间断地向社会主义前进准备好了的轨道,不必去管其他所有国家发生的事情。可惜,历史并没有准备好这样的轨道。列宁在党的第七次代表大会上指出:“从全世界历史范围来看,如果我国革命始终孤立无援,……那么毫无疑问,我国革命的最后胜利是没有希望的。”(《列宁全集》中文第二版第34卷,第8页)

但即使是在这样的场合，它也并非没有留下任何成果。在1919年5月召开的教师代表大会上，列宁说道："即使明天帝国主义者把布尔什维克的政权推翻，我们一点也不会为我们夺取了政权而后悔。任何一个……觉悟的工人都不会为这一点而后悔，都不会怀疑我们的革命毕竟是胜利了。"（《列宁全集》中文第二版第36卷，第354页）因为列宁仅仅是在发展和斗争的国际继承性方面思考胜利。"新社会还是一种抽象的东西，它只有经过一系列建立这个或那个社会主义国家的各种各样的，不尽完善的具体尝试才会成为现实。"（《列宁全集》中文第二版，第34卷，第281页）"社会主义国家"与"新社会"之间清晰的界线以及某些方面的矛盾提供了看破被篡改学派的文献认定要高于列宁提纲的大量舞弊行为的方法。

夺取政权后的第五年，列宁非常简要地阐述了布尔什维克的战略思想。"当初国际革命是由我们来开头的，我们这样做，并不是由于我们相信我们能够使国际革命的发展提前，而是因为有许多客观情况促使我们这样做。我们曾这样想：或者是国际革命将会援助我们，那我们的胜利就有充分的保证；或者是我们将做自己的一份小小的革命工作，即使遭到失败，我们为革命事业仍然尽了力量，我们的经验可供其他国家的革命借鉴。我们懂得，没有国际上世界革命的支持，无产阶级革命是不可能取得胜利的。还在革命以前，以及在革命以后，我们都是这样想的：要么是资本主义比较发达的其他国家立刻爆发或至少很快爆发革命，要么是我们灭 459
亡。尽管有这种想法，我们还是尽力而为，做到不管出现什么情况无论如何都要保住苏维埃制度，因为我们知道，我们的工作不仅是

为了自己，而且是为了国际革命。这一点我们是知道的，我们在十月革命以前、在十月革命刚胜利的时候以及在签订布列斯特—里托夫斯克和约时期，都一再表示了这种信念。这样想总的来说是正确的。”(《列宁全集》中文第二版第 42 卷，第 39—40 页）期限发生了变动，令人目眩的时局在很多方面出现了不曾意想到的演变，但是基本的方针没有改变。

还可以对这些话补充什么吗？“国际革命是由我们来开头的”，如果革命在西方没有“立刻爆发或至少很快”爆发，布尔什维克便认为是“我们灭亡”。可是即使在这种场合，夺取政权仍然是正确的：其他国家将会从失败的经验中得到教益。“我们的工作不仅是为了自己，而且是为了国际革命。”

时间又过了五年，斯大林在共产国际执行委员会第七次全体会议上发挥了性质简直完全相反的观点。这个观点已经为我们所熟知了：如果“对我国建成社会主义的可能性缺乏信心”，那么党就势必会“由执政党的地位转到在野党的地位”。在夺取政权之前务必有成功的事先保险，只有在一个国家的环境中才可以寻求这种保险；需要树立在农民的俄国建设社会主义的信心；不过，没有对世界无产阶级取得胜利的信心也可以完全行得通。这些逻辑环节中的每一环都是在扇布尔什维主义传统的耳光！

460 为了掩盖与过去之间的断裂，斯大林学派力图利用列宁说过的某些本来最不适合它的话。1915 年发表的关于欧洲联邦的文章顺便提到，工人阶级应该在每一个国家单独夺取政权并且着手社会主义建设，而不必等待其他国家。假如说这些没有争议的话后面隐藏着一国建设社会主义社会的想法，那么列宁怎么可能在以后的年代又如此彻底地忘记了这个想法，以及如此坚持让每一个步骤与这个想法相矛盾呢？然而，有直接论据的时候就用不着采用间接论据。列宁同时在1915年拟定的纲领性提要里面正确而直接地回答了这个问题：“俄国无产阶级的任务就是把俄国的资产阶级民主革命进行到底，以便点燃欧洲的社会主义革命。这第二个任务现在已非常接近第一个任务，但它仍然是另一个任务，是第二个任务，因为这里牵涉到同俄国无产阶级实行合作的不同阶级：在实现第一个任务时，合作者是俄国的小资产阶级农民，在实现第二个任务时，合作者是其他国家的无产阶级。”（《列宁全集》中文第二版第27卷，第54页）不能要求他说得更清楚了吧。

列宁那篇没有写完的论述合作社的文章说到，即便没有发生新的革命，苏维埃共和国内部也存在着实现向社会主义过渡“所需要的一切”。（见《列宁全集》中文第二版第43卷，第362页）从原文中可以完全清楚地看出，这里指的是政治和法律前提。作者并没有忘记提示缺乏生产和文化前提。总之，列宁多次反复提出过这一思想。列宁在同是那个时候即1923年年初写的另一篇文章中写道：“我们的文明程度也还够不上直接向社会主义过渡，虽然我们已经具有这样做的政治前提。”（《列宁全集》中文第二版第43卷，第391页）。在这里，像在其他所有地方一样，列宁的出发点都
是西方无产阶级与俄国无产阶级同时或者在后者之前走向社会主 461
义。论述合作社的文章并没有包含下面这种暗示，即苏维埃共和国似乎能够通过改良与调和的方式创建自己的一国社会主义社会，而不是在敌对势力和革命力量的发展演变过程中进入世界社会主义社会。甚至已经载入了共产国际纲领正文的两段引文早就

在托洛茨基写的《纲领批判》里面解释清楚了，可是对方一次也未曾尝试维持自己的牵强和错误。其实，这种尝试是太没有希望的。

1923 年 3 月，也就是在自己从事写作的最后日子里，列宁写道："现在我们面临这样一个问题：在我国这种小农和极小农的生产条件下，在我国这种经济破坏的情况下，我们能不能支持到西欧资本主义国家发展到社会主义的那一天呢？"（《列宁全集》中文第二版第 43 卷，第 389 页）我们再一次看到，期限变动了，时局的内容也发生了变化，但是政策的国际主义基础仍然没有动摇。国际革命的信念——按照斯大林的说法就是"不相信"俄国革命的内在力量——伴随着一位伟大的国际主义者直至墓地。只有用陵墓压住了列宁以后，篡改之徒才有可能把他的观点一国化。

*　*　*

从世界劳动分工中，从各国发展不平衡中，从它们的经济相互依赖中，从各个不同国家文化各领域的不均衡中，从现代生产力的活动中产生的结果是：社会主义制度只有遵照经济螺旋曲线的方式，通过把个别国家内部的不适应性搬到一系列国家，通过各国间
462 的互相服务，及其各个经济和文化领域的互相补充，也就是最终要在世界舞台上才能建立起来。

1903 年通过的老党纲开头一句话就是："交换的发展在文明世界各个民族之间建立的如此紧密的联系，使得无产阶级大规模的解放运动势必成为，而且早已成为了国际的运动……"无产阶级准备发动即将到来的社会革命被确定为"国际社会民主党的"任务。但是，"在通向他们共同的最终目的的道路上……各国社会民主党人不得不对自己提出不同的迫切任务"。在俄国，这个任务就是推翻沙皇制度。民主革命事先就被视为国际社会主义革命的民族阶段。

同样的观念构成了夺取政权以后党通过的新纲领的基础。在第七次代表大会预先讨论纲领条文时，米留京提出对列宁起草的决议进行文字上的增补。他说："我提议，把'国际社会主义革命'这个词汇插进写有'社会革命最新时代'那个地方去……对此，我想用不着说明理由……我国的社会革命只有作为国际革命才能胜利。它不可能只在周围都是资本主义制度的国家俄国取得胜利……我提议，为了避免产生误解插进这句话。"会议主席斯维尔德洛夫说："列宁同志接受这处增补，所以用不着投票了。"议会程序中的小小插曲（"用不着对此说明理由"和"用不着投票"！）看来比最认真的研究都更有说服力地推翻了篡改之徒造假的历史编纂学！米留京本人也像前面引述过其话的斯克沃尔措夫-斯捷潘诺夫[①]以及其他成百上千人一样，很快又谴责自己说过的观点，它们被说成是"托洛茨基主义"。不过，这种状况并没有改变事物的任何本质，巨大的历史潮流比人的脊椎更加强大有力。涌浪托起了， 463
而退潮又冲走了整整几代政治人物；另一方面，思想在自己的负载者肉体和精神死亡以后仍然有它的生命力。

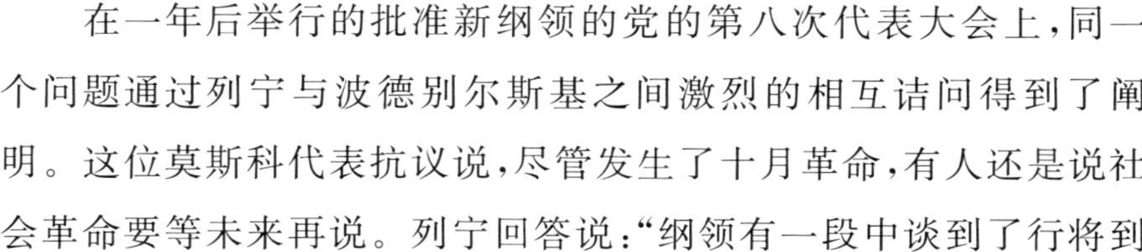

在一年后举行的批准新纲领的党的第八次代表大会上，同一个问题通过列宁与波德别尔斯基之间激烈的相互诘问得到了阐明。这位莫斯科代表抗议说，尽管发生了十月革命，有人还是说社会革命要等未来再说。列宁回答说："纲领有一段中谈到了行将到

① 原书本卷第442页作斯捷潘诺夫-斯克沃尔措夫。——译者

来的社会革命，这一点也受到了波德别尔斯基同志的攻击。……这种论据显然是站不住脚的，因为我们的纲领指的是世界范围内的社会革命。”（《列宁全集》中文第二版第 36 卷，第 159 页）党的历史确实没有留给篡改者任何一种暧昧的遮掩物！

在 1921 年通过的共产主义青年团的纲领中，同一个问题以特别通俗和简单的形式提出来了。其中有一段这样写道：“俄国尽管拥有丰富的自然资源，可是在工业方面仍然是一个落后的国家，它的居民以小资产阶级占多数。只有通过无产阶级世界革命俄国才能走向社会主义，现在我们进入了这个革命的时代。”当时政治局是赞成该纲领的，其成员不仅有列宁和托洛茨基，而且有斯大林。直到共产国际把不承认一国社会主义与死罪相提并论的 1926 年秋天，这个纲领仍然是完全有效的。

但是最近两年，篡改者们不得不把列宁时代的纲领性文献束之高阁。他们把断章取义拼贴起来的新文献说成是共产国际的纲领。如果说列宁的“俄国”纲领中谈论的是国际革命，那么篡改者的国际纲领谈论的则是“俄国”社会主义。

464 与过去之间的断裂是什么时候以及是怎样出现的呢？要找出这个有历史意义的日子是比较容易的，因为它正好跟斯大林生平中一个标志性事件巧合。还是在列宁去世以后 3 个月的 1924 年 4 月，斯大林简朴地论述了党的传统观点。他在自己的《论列宁主义问题》里面写道：“……在一个国家内推翻资产阶级政权，建立无产阶级政权，还不等于保证社会主义的完全胜利。组织社会主义生产这项社会主义的主要任务还要留到后面去完成。没有几个先进国家无产阶级的共同努力，这项任务能够解决吗？能够在一个国家取得社会主义的彻底胜利吗？不，那是不可能的。对于推翻资产阶级来说，一个国家的努力就足够了，我国革命的历史向我们证明了这一点。为了取得社会主义的彻底胜利，为了组织社会主义生产，一个国家，尤其是像俄国这样落后的农民国家的努力就不够了。为了做到这一切，几个先进国家的无产阶级的共同努力是必不可少的……”斯大林用下面的话作为论述这一思想的结束语：“列宁主义的无产阶级革命论的特征大体上就是这样。”[①]

到那年秋季，在同托洛茨基主义进行斗争的影响下，突然发现正是在与其他国家不同的俄国，可以依靠自身的力量来建设社会主义社会，如果没有外国干涉它的话……斯大林在上述那部作品的新版本里写道：“革命获得胜利的国家的无产阶级既然已经巩固自己的政权并领导着农民，就能够而且应当建成社会主义社会。”能够而且应当！只是，为了“完全保障国家免除外国武装干涉……至少必须有几个国家内革命的胜利”。这种新观念赋予世界无产阶级边境守备队的作用，宣布它时是用完全相同的话作为结束语
的：“列宁主义的无产阶级革命论的特征大体上就是这样。”（《斯 465
大林全集》第 6 卷，第 95—96 页）一年之内，斯大林把在社会主义根本问题上两种截然相反的观点偷偷塞给了列宁。

在 1927 年召开的一次中央委员会全体会议上，托洛茨基谈到了斯大林两种截然相反的观点：“可以说斯大林错了，而后来又改正了。可是，他怎么能在这样一个问题上犯错误至如此地步呢？

① 参见《斯大林全集》第 6 卷，第 95—96 页，托洛茨基的引文与现行版本文字有出入。——译者

假若相信列宁在 1915 年就已经提出了一国建设社会主义的理论(这是根本无法相信的),假若相信列宁后来不过是巩固与发展了这个观点(这也是根本无法相信的),那么请问,在列宁在世时和他生命的最后时刻,斯大林怎么可能在如此重要的问题上为自己提出这个观点,即在 1924 年斯大林的引文中反映出来的观点呢?由此可见,在这个根本问题上,斯大林简直一贯就是一个托洛茨基分子,只是到了 1924 年以后,他才不再是他了……假如斯大林在自己的著作里面找出哪怕是一处引文能证明他在 1924 年以前说过一国建设社会主义,那也就很不错了。但是找不到!”没有人随后对这个挑战做出回应。

不过,也不必夸大斯大林完成的转变的实际深度。如同在战争以及对待临时政府问题上或者在民族问题上一样,在革命总的前途问题上斯大林也有两种立场:一种是独立的,本性方面的,但并不总是说出来的,无论何时都不曾说透彻的立场;另一种则是象征性的、说得漂亮的、顺从列宁的立场。既然这里谈论的是同属一个政党的人,那就不可能有比把斯大林跟列宁分开的更深的鸿沟了。在革命观念的根本问题上是如此,在政治心理上也是如此。斯大林的机会主义本性被他倚靠的已经获胜的无产阶级革命掩盖起来了。可是在 1917 年 3 月的时候,我们看到过斯大林的独立立
466 场:他不顾资产阶级革命已经完结了的现实,提出党的任务是“阻止资产阶级出轨”,也就是事实上抵制无产阶级革命。而如果这个革命实现了,那他也不会有什么罪过。斯大林便与整个官僚体系一起站在了事实的基础上。既然存在着无产阶级专政,那么应该也就有了社会主义。斯大林转身走到了孟什维克用以反对在俄国

开展无产阶级革命的理由的反面，他开始用一国社会主义理论把自己跟国际革命隔离开来。既然他任何时候都没有彻底考虑原则问题，那么他不可能不觉得他“实质上”总是像1924年秋季那样进行思考的。况且既然他无论何时都没有与党的主流意见相对抗，那么他不可能不以为党“实质上”也是像他那样进行思考的。

最初的改变具有不自觉的性质。问题不在于伪造作假，而在于思想意识方面的蜕化。但是随着一国社会主义理论遇到了无法反驳的批判，便需要对机关实施有组织的而且多半是外科手术式的干涉。一国社会主义理论是由上面颁布的，证明它的方法是逆向的，即逮捕那些不赞成它的人。与此同时，系统地篡改党的过去的时代开始了。党的历史变成了刮过以后再重写的羊皮书。损坏羊皮纸的行为至今仍在继续，而且这种猖獗行为越来越肆无忌惮。

1361

具有决定性意义的毕竟不是镇压和伪造。适应官僚地位与利益的新观点的胜利，所凭借的是暂时的却又极为强劲的客观形势。苏维埃共和国面临的对内政策以及对外政策的机会，比谁对革命所期望的都要大得多。孤立的工人国家不仅在众多敌人中间坚持 467
下来了，而且经济上也高涨起来了。这些很有分量的事实塑造出了年轻一代的舆论，他们还没有学会进行历史思考，也就是说没有学会比较和预见。

欧洲资产阶级在最近这次战争中失败得太惨重了，以至可能轻率地决定发动新的战争。迄今为止，由于对革命后果的恐惧，从而使武装干涉的计划陷入瘫痪。但是恐惧因素是不稳定的因素。革命的威胁无论何时都不可代替革命本身。不会长期存在的危险在渐渐失去自己的作用。同时，工人国家与帝国主义世界之间不可调和的矛盾正准备急遽地向外爆发。最近的时局是如此明确，以至对直到社会主义建设完成之际世界资产阶级保持“中立”的希望被现今的当权集团抛弃了。在某些领域，这希望甚至转化成了自己的对立物。

和平年代取得的工业成就永远都是计划经济无比威力的令人倾心的证明。在这一事实里面，不存在与革命的国际性质之间的任何矛盾。如果社会主义的成分和可靠基础没有在单个国家准备妥当，那它就不可能在世界舞台上得以实现。一国社会主义理论的反对者恰好就是工业化、计划原理、五年计划和集体化的普罗泰戈拉主义者[①]，这不是偶然的。拉科夫斯基以及同他一道数以千计的其他布尔什维克用多年流放与监禁来偿付力争实现大胆的经济首创的代价。然而另一方面，正是他们最先起来反对过高地评价所取得的成就和民族自负情绪。相反，那些疑心重重和目光短浅的“实践家”早先认为落后的俄国的无产阶级不可能维持政权，而夺取政权后他们又否认普遍工业化和集体化的可能性，然后又站到了截然相反的立场上。他们随心所欲地夸大几个五年计划取得的出乎他们意料的成就，用夸大的统计表偷换历史前景——这就是一国社会主义理论。

今天苏维埃经济的增长实际上是一个对抗过程。经济建设的成就巩固了工人国家，却根本没有自动导致和谐社会的建立。相反，它们正在为在更高基础上进行孤立的社会主义建设的矛盾激化做准备。像以往一样，农村的俄国需要与城市的欧洲打交道的

① 普罗泰戈拉是古希腊哲学家，他提出“人是万物的尺度”。——译者

总的经济计划。世界劳动分工高于个别国家的无产阶级专政，它无条件地规定着后者今后的道路。十月革命并没有把俄国从其他人类的发展中排除出去；相反，把它同它们更紧密地联系起来了。俄国已经不再是野蛮的犹太人隔离区，不过也还不是社会主义的阿卡迪亚乐土[①]。它是我们这个过渡时代最具过渡特征的国家。“俄国革命只是国际革命链条中的一环。”（《列宁全集》中文第二版，第39卷，第348页）目前的世界经济状况允许我们毫不迟疑地说：资本主义走向无产阶级革命比苏联走向社会主义要快得多。第一个工人国家的命运同西方和东方的解放运动的命运不可分割地连在一起了。不过，这个重大课题要求进行单独的研究，托洛茨基希望有朝一日能回到这个课题上来。

三 “不断革命”理论问题的历史问答

在《俄国革命史》第一卷的附录中，托洛茨基广泛摘录了本书作者于1917年3月间在纽约撰写的一系列文章以及后来他反驳波克罗夫斯基教授的论战性文章。在这两个场合，涉及的都是对俄国革命，部分地是对国际革命动力的研究。从本世纪初开始，俄国革命阵营中的根本原则分化都是以这个问题为试金石确定的。随着革命潮流的高涨，这些分化越来越具有纲领性质和战略性质，然后还带有直接的策略性质。1903—1905年是当时俄国社会民主工党政治方针的强化形成时期。我的作品《总结和展望》就属于

① 古希腊传说中的乐土。——译者

这个时期。它是在种种动机推动下逐段逐段写成的。1905 年 12 月被捕入狱让作者更有系统地研究了自己在俄国革命的性质及其前途方面的观点。这本汇集起来的著述以单行本的形式于 1906 年用俄文出版。为了让下面刊印出来的那本书的摘录在读者意识里面占有相应的位置，我再次提醒，在 1904—1905 年间俄国马克思主义者中间没有任何一个人为可能在一个国家，特别是在俄国
470 建设社会主义的思想辩护过，也没有人提出过这一思想。这个观点是直到 20 年后的 1924 年秋才第一次见诸报刊的。[①] 在第一次革命期间以及两次革命之间的年代，争论是围绕资产阶级革命的动力，而不是围绕社会主义革命的机运与可能展开的。今天的一国社会主义理论的所有拥护者在那个时期，都无一例外地把俄国革命局限在资产阶级民主共和国的范围内，直到 1917 年 4 月之前还认为不仅一国建设社会主义是不可能的，而且俄国无产阶级要在比较先进的国家建立无产阶级专政之前夺取政权也是不可能的。

1905—1917 年期间的所谓“托洛茨基主义”指的是那种革命观念，即除非让无产阶级掌握政权，否则资产阶级革命不可能解决自己的任务。只是到了 1924 年秋，“托洛茨基主义”才开始理解为这种观念，即俄国无产阶级掌握政权以后，也不可能单凭自己的力量在一个国家建设社会主义社会。

为了读者方便起见，我们以对话的形式概括介绍这一争论。这里以字母 T 作为持“托洛茨基分子”见解的代表，以字母 C 作为

① 事情过后想在列宁 1915 年的文章的几行字中间找出“一国社会主义”这个问题的肯定答复的企图，乃是人类谬见历史上无数奇事中最令人惊讶的奇事之一。托洛茨基的共产国际纲领批判里面谈到了这一点。（见《国际革命与共产国际》）

一个现在领导苏维埃官僚制度的俄国“实践家”。

1905—1917 年

T：不让无产阶级掌握政权，俄国革命便不可能解决自己的民主任务，首先是土地问题。

C：可是，这不就是意味着无产阶级专政吗？ 471

T：显然是的。

C：在落后的俄国？在先进的资本主义国家之前？

T：正是如此。

C：但是您忽视了俄国的农村，也就是落后的农民，要知道他们还身陷半农奴制中。

T：恰恰相反，只有土地问题的深刻性才能开辟无产阶级专政的直接前景。

C：由此您便否认资产阶级革命么？

T：不，我只是力图证明它的发展进程将导致无产阶级专政。

C：但是，这意思是说俄国建设社会主义的条件成熟了吗？

T：不，不是这个意思。历史的发展并不具有如此系统和协调的性质。无产阶级在俄国夺取政权是资产阶级革命的力量对比必然出现的结果。至于无产阶级专政以后将开辟怎样的经济前景，这要取决于它建立时所处的国内环境和世界环境。俄国当然不可能独自走向社会主义。但是，它开辟了社会主义改造的时代，就能够给欧洲的社会主义发展以推动力，这样一来，也就能够跟随先进国家走向社会主义。

1917—1923 年

C：托洛茨基“早在 1905 年革命前就提出了别出心裁的和现

在特别值得注意的不断革命论，他断言 1905 年的资产阶级革命将
472 直接转变为社会主义革命，它是一连串国家的革命的第一个革命。”（摘自列宁生前出版的《文集》的一条注释。）

1924—1932 年

C：这么说，您是在否认我国革命能够导致社会主义吗？

T：我一如既往地认为，我国革命可以而且应当导致社会主义，如果它带有国际性质的话。

C：因此您便不相信俄国革命的内在力量？

T：这并不妨碍我预见和鼓吹无产阶级专政，在您把它视为乌托邦而拒绝的时候。

C：可是您毕竟否认俄国的社会主义革命呀？

T：1917 年 4 月之前，您指责我否认资产阶级革命。我们的理论冲突的奥秘就在于您在很长一段时间里落在了历史进程的后面，而如今又企图跑到它前面去。顺便说一句，你们在经济领域所犯错误的奥秘也正是在这里。

读者应该经常高度注意俄国革命发展的这三个历史阶段，以便正确地评价俄国共产主义内部今天派别和集团斗争的真实内容。

473 四　1905 年《总结与展望》一文摘录

（四）革命与无产阶级

随着资本主义的增长，无产阶级同时不断成长与壮大起来。从这个意义上来说，资本主义的发展就是无产阶级向专政的发展。

但是政权转到工人阶级手中的时日并不直接取决于生产力的水平，而是取决于阶级斗争的关系，取决于国际形势，最后还要取决于一系列主观因素：传统、首创精神、战斗准备……

经济比较落后的国家的无产阶级有可能比资本主义先进国家的无产阶级更早地夺得政权……

那种关于无产阶级专政自动依赖于一个国家的技术力量和资源的观念，乃是简单化到了极点的“经济”唯物主义的偏见。这种观点同马克思主义毫无共同之处。

根据我们的观点，俄国革命创造了这样的条件，在这种条件下，政权有可能（在革命已经胜利的时候也应该）在资产阶级自由主义政客有机会充分施展其统治天才之前转移到无产阶级手中。

马克思主义首先是一种分析方法，——不是分析文句，而是分 474
析社会关系。资本主义自由主义的软弱必然意味着工人运动的软弱，这对俄国来说就一定是正确的吗？

工业无产阶级的数量，它的集中程度，它的文化水平以及它在政治上的重要性，无疑都依赖于资本主义工业的发展程度。但是这种依赖性不是直接的。在每一个特定时刻，一个国家的生产力跟其各阶级政治力量之间混杂着各种不同的民族与国际性质的社会政治因素，这些因素可使经济关系的政治反映发生偏离甚至完全变形。尽管美国的生产力比我国高出十倍，然而俄国无产阶级的政治作用，以及它对政治的影响还是要比美国无产阶级的作用与意义大得无法比拟。

（五）无产阶级掌握政权与农民

革命一旦取得了决定性胜利，政权就会转移到在斗争中起领导作用的那个阶级的手中，换句话说，就是转移到无产阶级手中。当然，我们即刻就要说明，这根本不排斥让非无产阶级社会集团的革命代表参加政府……全部问题就在于由谁决定政府政策的内容，由谁在其中团结本质一致的多数？但是，当国民的民主阶层的代表参加工人政府（工人在其中占多数）的时候，是一回事；当无产阶级作为或多或少受尊敬的人质参加确定的资产阶级民主政府的时候，则是另一回事。

475 不扩大革命的基础，无产阶级就不能巩固自己的政权。只有在作为革命先锋队的城市无产阶级掌握了国家政权以后，劳动群众，特别是农村的劳动群众的多个阶层才能第一次被吸引到革命中来，并且在政治上组织起来。

……我国的社会—历史关系把资产阶级革命的全部重负压在了无产阶级肩上，这些关系的特性不仅给工人政府制造巨大的困难，而且至少在其存在的初期也给它造成无法估量的优越性。这一点就表现在无产阶级跟农民的关系当中。

俄国革命现在不允许，而且将来长期也不会允许建立解决最简单的民主任务的资产阶级宪法秩序，不论它是什么样的……由于这一命运，革命把农民（甚至作为一个阶层的全体农民）最基本的革命利益同整个革命，也就是同无产阶级的命运紧密联系在一起。执政的无产阶级是作为阶级的解放者出现在农民面前的。

但是，农民自己就不能挤走无产阶级并且占据后者的位置么？

这是不可能的。全部历史经验都是跟这种假设对立的。历史经验表明，农民根本没有能力发挥独立的政治作用。

俄国资产阶级将把所有革命阵地让给无产阶级。它也不得不放弃对农民的革命领导权。在政权转给无产阶级所造成的形势下，农民只剩下追随工人民主制度这一条路。即使农民这样做，其觉悟也不比他们通常追随资产阶级制度时更高！但是在这样的时刻，即每一个资产阶级政党控制了农民的选票，赶紧利用政权来掠夺农民，并且用各种期望和许诺来欺骗农民，随后在对自己很不利的场合把位子让给另一个资本主义政党的时刻，无产阶级则依靠农 476
民，动用全部力量来提高农民的文化水平和发展农民的政治意识。

（六）无产阶级政治制度

无产阶级只有依靠整个国家的热情高涨和全体人民的精神振奋才能取得政权。无产阶级将作为全民的革命代表，作为跟专制制度和农奴制野蛮进行斗争的公认的人民领袖进入政府。不过一旦掌握政权以后，无产阶级就将开辟一个新的时代——实行革命立法与积极政策的时代，在这里，绝无保证能为它保留全民公认的代言人角色。

每一个新的日子都将深化执政的无产阶级的政策，并且越来越明确它的阶级性质。与此同时，无产阶级与全民之间的革命关系将遭到破坏，农民的阶级分化将以政治的形式出现，随着工人政府自行决定政策，随着这政策由全民民主变成阶级民主，农民各个组成部分之间的对抗也将不断加强。

等级农奴制的废除能得到身为劳役阶层的全体农民的拥

护……但是保护农业无产阶级的立法措施不仅不能得到多数农民
的同样积极的同情，相反会遭到少数农民的积极抵制。无产阶级
将被迫把阶级斗争带进农村，于是必将破坏无疑存在于全体农民
之中（不过范围比较狭窄）的共同利益。无产阶级必须在自己统治
477 的初期在农村的贫困阶层跟富裕阶层，即农业无产阶级跟农业资
产阶级的对抗中寻找支持。

一旦政权掌握在社会主义者占多数的革命政府手上，那时最高纲领与最低纲领之间的差异就会既立即失去其原则意义，也会失去其直接实践的意义。无产阶级政府无论如何也不能在这个区别的范围内坚持不动。

无产阶级的代表不是以无能为力的人质身份，而是以领导力量的身份进入政府的，因而就会消除最高纲领与最低纲领之间的界线，也就是会把集体主义提上议事日程。无产阶级将在这个方向的哪一个点上停下来，这取决于力量的对比，不过不管怎样也不取决于无产阶级政党原先的打算。

这就是不能谈论什么资产阶级革命中的无产阶级专政某种特殊形式，亦即无产阶级（或者无产阶级和农民）的民主专政的原因所在。工人阶级不可能在保证自己专政的民主性质的同时，又不让自己的民主纲领越出界限。对这一点抱有的各种幻想都是极其有害的。

无产阶级政党一旦夺得政权，它就将为政权斗争到底。如果说宣传和组织（特别在农村）是这种为保持和巩固政权的斗争的一个手段，那么集体主义政策就是另一个手段。集体主义不仅将成为由党的地位得出的必然结论，而且将成为依靠无产阶级来保住

这种地位的一个手段。

伴随着日益增加的社会冲突、更多的群众阶层参加起义、无产 478
阶级对统治阶级的政治与经济特权发起不停顿的攻击，不断革命的思想把专制制度和世俗农奴制的覆灭跟社会主义革命联系起来了。当社会主义报刊阐述这种不断革命的思想时，我们的“进步”报刊响起了一致的仇恨叫嚣。

同一个民主派的更加激进的代表……不仅认为俄国工人政府思想本身是离奇幻想，而且否认在当前历史时期欧洲发生社会主义革命的可能性。还不存在必要的“前提”。果真是这样吗？当然，关键不在于规定社会主义革命的期限，而在于为它确定现实的历史前景……

（接下来是对社会主义经济一般前景的分析，证明这种前景在今天即二十世纪初已经存在了，如果把这个问题放到欧洲和世界范围内来考察的话。）

……在单个国家闭塞的国界内已经不可能容纳得下社会主义生产力，——无论出于经济原因，还是政治原因。

（七）俄国的工人政府与社会主义

上面我们已经说明，社会主义革命的客观前提已经为先进资本主义国家的经济发展创造出来了。但是在这个方面，关于俄国又能说些什么呢？可否期望政权转到无产阶级手里成为利用社会主义原则改造我国国民经济的开端吗？

正如马克思所说的，巴黎工人并没有要求公社出现奇迹。现在也不能指望无产阶级专政出现瞬间的奇迹。国家政权不是万能

的。无产阶级就该得到政权，以及它借助法令让社会主义代替资
479 本主义的想法是荒谬的。经济制度不是国务活动的产物。为了使朝着集体主义方向的经济发展道路变得容易，为了缩短这条道路，无产阶级只能竭尽全力地运用政权。

生产的社会化将从那些面临的困难最小的部门开始。在第一个阶段，社会化的生产将是一座通过商品流通规律同私营经济企业联系起来的孤岛。社会化经济已经占据的领域越广阔，它的好处就越明显，新的政治制度就觉得自己越巩固，无产阶级后续的经济措施就越大胆。在实施这些措施时，它能够而且定将依靠的不仅有本国的生产力，而且有国际的技术，正如它在实施自己的革命政策时一样，不仅依靠国内的阶级关系经验，而且依靠国际无产阶级的全部历史经验。

无产阶级制度在初期就应该着手解决土地问题，居住在俄国的广大群众的命运问题跟这个问题息息相关。在解决这个问题的时候，如同解决其他所有问题一样，无产阶级将以自己的经济政策的基本倾向为出发点，即为了组织社会主义经济占领尽可能大的领域。而且在土地问题上，该政策的形式与速度应该既由无产阶级所能占有的物质资源来决定，也由这样一种必要性来决定，那就是运用自己的影响不要把可能的盟友推到反革命队伍里去。

可是在俄国的经济条件下，工人阶级的社会主义政策到底能
480 走多远呢？有一点可以很有把握地说：它遇到政治障碍将比碰到国家技术落后还要早。没有欧洲无产阶级的直接国家援助，俄国工人阶级不可能保持政权，不可能把自己的暂时统治变成长久的社会主义专政。

政治上的“乐观主义”可能有两种：可能过高地估计自己的实力和革命形势的有利方面，或者给自己提出现有的力量对比尚不容许解决的任务。但是，相反也可以把自己的革命任务乐观地限定在一个界线内，而我们的处境的逻辑却必定会把我们抛出这个界线之外。

可以用这样的论点限定革命全部要求的范围，那就是我们的革命就其自身客观目的，亦即就其自身的必然结果而言，它是资产阶级革命，因此也可以闭眼不看那样一个事实，即这次资产阶级革命的主要活动家乃是为革命的全速所推动而奔向政权的无产阶级……

可以用俄国的社会条件还没有成熟到建立社会主义经济的程度来安慰自己，因此也可以不去思考下面的问题，即无产阶级执政以后，在自身处境的全部逻辑推动下，必将走上引导经济依靠国家的道路。

一般社会学概念的资产阶级革命根本解决不了本次资产阶级革命复杂结构提出的政策与策略任务，克服不了涌现出来的矛盾与困难。

18 世纪末的资产阶级革命把资本统治树为自己的客观任务，在它的范围内出现了无套裤汉专政的可能性。20 世纪初的革命就其直接的客观任务而言，同样是资产阶级革命，然而在它的最近前景中正在出现无产阶级政治统治的必然性，或者哪怕仅仅是可能性。为了不让这个统治如现实主义庸人所希望的那样，成为昙 481
花一现的“插曲”，无产阶级自己就要注意这件事。但是现在马上就可以给自己提出一个问题：无产阶级专政一旦触动资产阶级革命的框框，就必定会失败吗？或者在现有的世界历史基础上，它打破这些限制性框框以后，能够给自己开辟胜利的前景吗？

（接下来发挥这样的思想：俄国革命现在能发动，将来也完全有可能发动西方无产阶级革命，同样也保证俄国社会主义的发展。

还要补充说明一点，上面援引的著作在共产国际存在的初期曾用多种外文正式出版，作为对十月革命的理论解释。）

五　单子出版社的附件*

关于本附件的说明（单子出版社编辑部）

本附件是由托洛茨基给他写完《俄国革命史》以后收到的一份文献所做的注释构成的。这里指的是一本最稀有的小册子，里面公布了斯大林就1917年十月事变发表的谈话。托洛茨基在自己以“阿尔法”的笔名写的一篇题为《斯大林再次面对斯大林做证》（见《反对派公报》，1932年12月，第32期第29—31页）的文章中第一次谈到了这件事。一年以后的1933年12月，托洛茨基完成了《〈俄国革命史〉注释》，以缩写的形式提供了同样的题材。这份《注释》原件收藏在哈佛大学托洛茨基档案馆，（卷宗T3629号）根据作者本人指出，与它相关的内容在《俄国革命史》最后一部的第359页第16行，即属于题为“列宁号召起义”那一章。但是可以看出来，这份注释在最近无论哪个《俄国革命史》的版本里面都没有印出来。在档案馆后来的查找过程中，发现了托洛茨基后来于1936年重写的更完整和更全面的同样内容的材料（关于斯大林的谈话）。（卷宗T3736号和T2727号）作者建议译者采用后面这种说法。我们在这里第一次用俄文出版的正是采用了这种说法，根

* 说明：附录五在原书最末，没有延续第481页的页码，而是另标第4页。故未标出。

据哈佛大学图书馆的决定由档案馆把它打印出来了。

十月革命实际上究竟是怎样发生的？

众所周知，十月革命的大体面貌在官方的描绘中经历了不曾间断的改动，以适应当权集团的政治需要。最终确定的说法从此可以用下面的话简略地表达出来：列宁要求尽量加快发动起义。季诺维也夫和加米涅夫反对起义。托洛茨基力图把起义问题拖延到10月25日（公历11月7日）苏维埃代表大会召开。列宁毫不妥协地开展了反对托洛茨基"宪法幻想"的斗争，因为后者提出解决实现夺取政权的问题要取决于苏维埃代表大会。斯大林领导下的中央委员会支持列宁的立场，因而确保十月革命取得了胜利。

托洛茨基敢这样认为，在托洛茨基的《俄国革命史》一书中关于事变真实过程的叙述彻底摧毁了这个历史伪造品。现在应该说，如果在写作《俄国革命史》时我手中的文献是直到很迟才找到的，那么我是绝不会轻易着手论证的。

1920年4月23日，莫斯科党组织举行列宁50岁诞辰纪念会，列宁确实没有出席，因为他不喜欢这类举动。斯大林是庆祝会上的演讲人之一，正如我们现在所看到的，他错过了沉默的良好机会。莫斯科委员会把纪念会上的演说辞结集成一本灰纸小册子发行（1920年！）。从那时起，小册子就成了一本稀有的传记。大家忘记了这本小册子，而熟悉内情的人不敢提起它，因为不合时宜地提起它可能要付出掉脑袋的代价。

在这篇非常简短和漫无条理的演讲中，斯大林把指出"还没有人谈到的一个特点，就是列宁同志的谦虚和他勇于承认自己错误的精神”作为自己的任务。这位演讲人举了两个事例:第一个是关于抵制 1905 年国家杜马的;第二个是关于十月起义方法和日期的。我们就逐字逐句地引用斯大林谈论列宁第二个“错误”的原话:

“1917 年 7 月,在克伦斯基执政时期,那时民主会议召开了,孟什维克和社会革命党人成立了新机构——预备国会,以便走上向立宪会议过渡的轨道。就是在这个时候,我们中央委员会决定沿着巩固苏维埃的道路前进,召开苏维埃代表大会,开始举行起义,以及宣布苏维埃代表大会是国家政权机关。伊里奇当时处在地下状态,他不同意上述决定,他写道,必须解散这群混蛋(民主会议)并把他们逮捕起来。我们觉得事情并不这样简单,因为我们知道,民主会议的半数代表,至少 1/3 的代表是从前线来的,逮捕和解散只会让我们把全部事情弄糟,把和前线的关系搞坏。我们道路上的一切小沟、泥坑和坎坷,我们看得更清些。但是伊里奇是伟大的(?),他不怕自己道路上的泥坑、坎坷或深沟(?!),他不怕危险(?),他说:‘站起来,一直往前走。’党团认为,当时这样做是不利的,应当绕过这些障碍,以便击中要害。于是,我们不顾伊里奇一切要求,沿着巩固(苏维埃)的道路继续前进,直到 10 月 25 日面对(?)起义场景(?)。伊里奇微笑着,狡黠地瞅着我们说:‘是的,你们是对的。’这又使我们感到非常惊讶。有时候列宁同志在极其重要的问题上坦白承认自己的缺点(?)……”(《В·И·乌里扬诺夫-列宁五十诞辰》,1920 年,第 27—28 页)(人民出版社 1979 年出版的《斯大林选集》上册第 137—138 页收录了这篇演说,题目是《在俄共(布)莫斯科委员会庆祝弗·伊·列宁 50 寿辰大会上的演说》,托洛茨基的引文略有出入,括号也是托洛茨基加的。——译者)

斯大林的演讲没有收进他的任何一本“著作”集子。其实，这篇演讲是极富教育意义的。首先，它彻底推翻了后来的奇谈：好像列宁领导下的中央委员会粉碎了托洛茨基在起义的日期和方法方面的“宪法幻想”。可见，根据斯大林的说法（即根据斯大林1920年的说法）则相反，在这个问题上中央委员会是支持托洛茨基反对列宁的。

托洛茨基在自己1924年的回忆文章中讲述了列宁来到斯莫尔尼宫的情形。24日深夜他对托洛茨基说：“好的，这样就可以了，只要能夺取政权。”“历史学家”雅罗斯拉夫斯基1930年满怀愤恨情绪驳斥这种说法的可靠性：“须知革命是中央委员会遵照反对托洛茨基的列宁的路线实现的；列宁怎么可能说：‘这样就可以了？’”其实，我们从斯大林那里得知，中央委员会“不顾伊里奇所有要求”，实行自己的苏维埃代表大会路线，“10月25日便出现在起义场景的面前”。到达斯莫尔尼宫的列宁却宣布：“是的，你们是对的。”还能想象有对托洛茨基的叙述更加心悦诚服的、哪怕是迫不得已的承认和对后来所有臆造的更具毁灭性的驳斥吗？

可是，斯大林1920年说的“沿着巩固苏维埃的道路前进，决定召开苏维埃代表大会，开始准备起义，以及宣布苏维埃代表大会是国家政权机关”，并没有正确描述中央委员会的真实计划。须知这是最机械的提要，列宁指责它是“宪法幻想”并非没有根据，因为召开预定的苏维埃代表大会仅仅是出于宣布起义的想法，目的是降低敌人在起义前对苏维埃代表大会实施打击的可能性。无意中产生了一个问题：列宁的担忧是不是他从斯大林那里得到的消息的结果呢？事实上，托洛茨基建议实际执行的计划是在苏维埃代表大会作为国家最高机关的口号下动员群众的过程中，在这个合法举动的掩护下准备起义，在距苏维埃代表大会很近的关键时刻，但不一定是在代表大会开幕以后发起攻击。

谁要是仔细阅读我的《俄国革命史》里面有关评论党在十月革命之前的意见分歧那几章，那他就不难相信，斯大林在自己的演讲中谈论中央委员会跟列宁的分歧的话比我所说的要尖锐得多。那时的分歧与争论仅仅是局部的，并且是以间接的形式出现的，其原因在来往信件和其他文献中反映出来了。我在自己的叙述中小心回避个人记忆提供的证据，如果不能用其他资料充实它们的话。既然事情牵涉到与列宁那么大的策略分歧，我就得加倍的小心，在这里时局的发展过程证实了我的立场的正确性。我要指出，斯大林在1920年纪念集会上的演讲没有遭到，也不可能遭到来自不论什么人的驳斥。如果说基于演讲人总的智力的演讲使问题简单化了，那么它便是对后来在斯大林参与下制造出来的那些说法更为有力的驳斥。

列夫·托洛茨基

图书在版编目(CIP)数据

俄国革命史:全3卷/(苏)列夫·托洛茨基著;丁笃本译.—北京:商务印书馆,2017
(汉译世界学术名著丛书:120年纪念版:珍藏本)
ISBN 978-7-100-14415-5

Ⅰ.①俄… Ⅱ.①列… ②丁… Ⅲ.①俄国二月革命—革命史 ②十月社会主义革命—革命史 Ⅳ.①K512.46 ②K512.51

中国版本图书馆CIP数据核字(2017)第153135号

汉译世界学术名著丛书
(120年纪念版·珍藏本)
俄国革命史
(全三卷)
〔苏〕列夫·托洛茨基 著
丁笃本 译

商 务 印 书 馆 出 版
(北京王府井大街36号 邮政编码100710)
商 务 印 书 馆 发 行
北京通州皇家印刷厂印刷
ISBN 978-7-100-14415-5

2017年12月第1版 开本 710×1000 1/16
2017年12月北京第1次印刷 印张 86¾
定价:420.00元